政府采购
招投标书编制指南

姜晨光 主编

化学工业出版社

·北京·

内容简介

本书以最新的国家法律及规定为依据，通俗、系统地阐述了目前我国政府采购的基本原则、程序和要求，介绍了我国政府采购项目招投标书编制的基本要求及相关规定，以及政府采购项目招投标的招标书和投标书典型实例，包括我国政府采购招投标的特点及相关要求、S12 地块新建学校配套用电施工项目竞争性磋商招标文件、学院校区学生食堂餐桌椅采购及安装项目招标书、老渔业码头整治维护工程趸船修复采购项目竞争性磋商文件、学院物业管理服务招标文件、综合监测监管中心设计与施工及配套设施设备一体化技术服务招标文件、产业园施工阶段工程造价全过程控制服务采购招标文件、PET/MR 机房项目工程施工招标文件、楼体亮化整治项目投标书技术标、通信楼项目投标书技术标、安置房项目投标书技术标、综合客运枢纽站前广场项目投标书技术标、商业城办公楼项目投标书技术标，具有很好的针对性、指导性和实用性。

本书是各级政府采购管理部门工作人员、政府采购招标代理机构工作人员、标书编制人员工作和学习的参考书，可作为高等学校大土木工程类专业、经济管理类专业的教材使用，也是政府采购部门进行业务培训的不可多得的教科书。

图书在版编目（CIP）数据

政府采购招投标书编制指南 / 姜晨光主编. -- 北京：化学工业出版社，2025.3. -- ISBN 978-7-122-47050-8

Ⅰ. F810.2-62

中国国家版本馆 CIP 数据核字第 2025SE6134 号

责任编辑：董　琳　　　　　文字编辑：罗　锦
责任校对：田睿涵　　　　　装帧设计：刘丽华

出版发行：化学工业出版社
　　　　　（北京市东城区青年湖南街 13 号　邮政编码 100011）
印　　装：三河市君旺印务有限公司
787mm×1092mm　1/16　印张 18¾　字数 412 千字
2025 年 4 月北京第 1 版第 1 次印刷

购书咨询：010-64518888　　　售后服务：010-64518899
网　　址：http://www.cip.com.cn
凡购买本书，如有缺损质量问题，本社销售中心负责调换。

定　　价：98.00 元　　　　　　版权所有　违者必究

《政府采购招投标书编制指南》
编委会

主　　编　姜晨光

副　主　编（以汉语拼音为序）

　　　　　陈　茜　胡春春　戢朝辉　孙胡斐　严立梅

主要参编人员（以汉语拼音为序）

　　　　　陈惠荣　陈　茜　陈伟清　崔　专　盖玉龙
　　　　　胡春春　戢朝辉　姜晨光　李少红　李　雪
　　　　　刘进峰　彭建国　彭建湘　任　荣　石伟南
　　　　　宋金轲　孙胡斐　王风芹　王世周　严立梅
　　　　　杨吉民　杨　麒　叶　军　翟艳青　张　斌
　　　　　张协奎

主　　审　严伯铎

前言

▶▶▶▶

政府采购是各级国家机关、事业单位、团体组织等采购实体为履行自身职能或提供公共服务的需要，使用纳入预算管理的财政性资金或其他国有资产，以合同方式取得货物、工程和服务的行为。2018 年 11 月，中央全面深化改革委员会第五次会议审议通过了《深化政府采购制度改革方案》，明确了改革目标，强调深化政府采购制度改革要坚持问题导向，强化采购人主体责任，建立集中采购机构竞争机制，改进政府采购代理和评审机制，健全科学高效的采购交易机制，强化政府采购政策功能措施，健全政府采购监督管理机制，加快形成采购主体职责清晰、交易规则科学高效、监管机制健全、政策功能完备、法律制度完善、技术支撑先进的现代政府采购制度。

近 10 年，我国政府采购规模不断扩大，由 2012 年的近 1.4 万亿元增加到 2021 年的 3.64 万亿元，占财政支出比重持续超过 10%，占 GDP 比重保持在 3% 以上。同时，采购范围不断扩大，从传统办公用品采购逐步扩大到服务保洁、会展服务、政策研究、标准制定、基础设施建设、医疗服务、养老服务等，涵盖货物类、工程类和服务类。2021 年工程类、服务类采购在全国政府采购中的占比超过了 75%。另外，采购方式也在日趋丰富，以公开招标方式为主导，结合实际情况采用了邀请招标、竞争性谈判、竞争性磋商、询价、单一来源采购等多种方式。政府采购制度改革加快推进，政府采购制度不断完善。政府采购政策功能持续拓展，在支持市场主体创新发展、中小企业发展、绿色发展等方面的政策作用凸显。近 10 年来政府采购在完善国家预算管理制度、提升财政资金使用效率、有力支持经济社会发展等方面发挥了重要作用。

招投标书是政府采购的重要基础文件，编制招投标书是经常让人们感到头疼的问题，如何编制合规的、严谨的招投标书也是笔者长年关注的问题之一，通过不断探索和实践，笔者逐渐积累了一些编制招投标书的经验。在化学工业出版社的鼓励下，《政府采购招投标书编制指南》编写完成了，希望本书能对读者编写招投标书有所帮助，能为我国政府采购事业的健康可持续发展有所贡献。

全书由江南大学姜晨光主笔完成，青岛农业大学杨吉民、李少红、任荣、盖玉龙、崔专、陈惠荣、严立梅，苏州科技大学天平学院孙胡斐，山东省国土测绘院翟艳青、戢朝辉，湖南省交通运输厅规划与项目办公室彭建湘，山东省水利综合事业服务中心石伟南，莱阳市环境卫生管理中心宋金轲、张斌、王世周，湖南省交通水利建设集团有限公司彭建国，涟源市自然资源局杨麒，广西大学张协奎、陈伟清，韶关学院胡春春，广州工程技术职业学院陈茜，莱阳市财政局李雪，江南大学叶军、刘进峰、王风芹等同志（排名不分先后）参与了相关章节的撰写工作。初稿完成后，中国工程勘察大师严伯铎老先生以耄耋之躯审阅全书并提出了不少改进意见，为本书的最终定稿做出了重大奉献，谨此致谢！

　　限于水平、学识和时间，书中内容难免存在疏漏与不足之处，敬请读者多多提出批评及宝贵意见。

姜晨光
2024 年 9 月于江南大学

目录

▶▶▶

第1章 我国政府采购招投标的特点及相关要求 001

1.1 政府采购的相关规定 001
1.1.1 政府采购应把握的基本原则 001
1.1.2 政府采购当事人的基本要求 002
1.1.3 政府采购方式的特点 003
1.1.4 政府采购程序的特点 003
1.1.5 政府采购合同的特点 005
1.1.6 质疑与投诉的基本要求 005
1.1.7 监督检查的基本要求 006
1.1.8 相关的法律责任 006
1.1.9 其他 008

1.2 招标投标的相关规定 008
1.2.1 招标投标的基本要求 008
1.2.2 招标的基本原则 008
1.2.3 投标的基本原则 010
1.2.4 开标与评标及中标的基本原则 010
1.2.5 相关的法律责任 012
1.2.6 其他 014

1.3 招标书的基本要求 014
1.3.1 招标书的特点 014
1.3.2 招标书的格式 015
1.3.3 招标书的编制原则 015

1.4 投标书的基本要求 017
1.4.1 投标书的特点 017
1.4.2 投标文件的组成 018

1.5 技术标投标 019
1.5.1 投标策划阶段的基本要求 019
1.5.2 正式投标阶段的基本要求 020
1.5.3 投标扫尾阶段的基本要求 021
1.5.4 技术标答辩阶段的基本要求 021
1.5.5 其他 021

第2章　××省××市 S12 地块新建学校配套用电施工项目竞争性磋商招标文件 ···· 022

2.1　封面与目录 ·· 022
2.2　采购邀请书 ·· 022
2.3　项目服务需求 ·· 024
2.4　项目商务需求 ·· 025
2.5　磋商程序及方法、评审标准、无效响应和采购终止 ···················· 032
2.6　供应商须知 ·· 036
2.7　政府采购合同 ·· 039
2.7.1　合同正文 ··· 039
2.7.2　合同附件 ··· 046
2.8　响应文件编制要求 ··· 054
2.8.1　经济部分 ··· 054
2.8.2　服务部分 ··· 055
2.8.3　商务部分 ··· 055
2.8.4　资格条件及其他 ··· 056
2.8.5　其他资料 ··· 057
2.8.6　各行业划型标准 ··· 058

第3章　××学院××校区学生食堂餐桌椅采购及安装项目招标书 ··················· 061

3.1　招标文件封面及目录 ··· 061
3.2　投标邀请 ·· 061
3.3　供应商须知 ·· 062
3.3.1　采购文件 ··· 062
3.3.2　投标文件 ··· 063
3.3.3　投标细则 ··· 064
3.3.4　开标与评标 ··· 064
3.3.5　评标方法及评分标准 ··· 065
3.3.6　定标 ··· 067
3.3.7　中标通知书及合同的签订 ·· 067
3.3.8　其他 ··· 067
3.4　招标货物及有关说明 ··· 067
3.5　合同主要条款 ·· 071
3.6　附件 ·· 072
3.6.1　附件1　报名投标确认函 ··· 072
3.6.2　附件2　投标函 ··· 072

3.6.3　附件3　开标一览表 ⋯⋯⋯⋯⋯⋯⋯⋯⋯⋯⋯⋯⋯⋯⋯⋯⋯⋯⋯⋯⋯⋯ 073

3.6.4　附件4　报价明细表 ⋯⋯⋯⋯⋯⋯⋯⋯⋯⋯⋯⋯⋯⋯⋯⋯⋯⋯⋯⋯⋯⋯ 074

3.6.5　附件5　法定代表人资格证明 ⋯⋯⋯⋯⋯⋯⋯⋯⋯⋯⋯⋯⋯⋯⋯⋯⋯⋯ 075

3.6.6　附件6　法定代表人授权书 ⋯⋯⋯⋯⋯⋯⋯⋯⋯⋯⋯⋯⋯⋯⋯⋯⋯⋯⋯ 075

第4章　××市××县老渔业码头整治维护工程——趸船修复采购项目竞争性磋商文件

第4章　××市××县老渔业码头整治维护工程——趸船修复采购项目竞争性
　　　　磋商文件 ⋯⋯⋯⋯⋯⋯⋯⋯⋯⋯⋯⋯⋯⋯⋯⋯⋯⋯⋯⋯⋯⋯⋯⋯⋯⋯⋯ 076

4.1　竞争性磋商文件封面及目录 ⋯⋯⋯⋯⋯⋯⋯⋯⋯⋯⋯⋯⋯⋯⋯⋯⋯⋯⋯ 076

4.2　竞争性磋商公告 ⋯⋯⋯⋯⋯⋯⋯⋯⋯⋯⋯⋯⋯⋯⋯⋯⋯⋯⋯⋯⋯⋯⋯⋯ 076

4.3　磋商须知 ⋯⋯⋯⋯⋯⋯⋯⋯⋯⋯⋯⋯⋯⋯⋯⋯⋯⋯⋯⋯⋯⋯⋯⋯⋯⋯⋯ 079

4.3.1　适用范围 ⋯⋯⋯⋯⋯⋯⋯⋯⋯⋯⋯⋯⋯⋯⋯⋯⋯⋯⋯⋯⋯⋯⋯⋯⋯⋯ 079

4.3.2　定义 ⋯⋯⋯⋯⋯⋯⋯⋯⋯⋯⋯⋯⋯⋯⋯⋯⋯⋯⋯⋯⋯⋯⋯⋯⋯⋯⋯⋯ 079

4.3.3　供应商的资格要求（×重点关注） ⋯⋯⋯⋯⋯⋯⋯⋯⋯⋯⋯⋯⋯⋯⋯ 079

4.3.4　磋商费用 ⋯⋯⋯⋯⋯⋯⋯⋯⋯⋯⋯⋯⋯⋯⋯⋯⋯⋯⋯⋯⋯⋯⋯⋯⋯⋯ 079

4.3.5　磋商报价 ⋯⋯⋯⋯⋯⋯⋯⋯⋯⋯⋯⋯⋯⋯⋯⋯⋯⋯⋯⋯⋯⋯⋯⋯⋯⋯ 079

4.3.6　磋商有效期 ⋯⋯⋯⋯⋯⋯⋯⋯⋯⋯⋯⋯⋯⋯⋯⋯⋯⋯⋯⋯⋯⋯⋯⋯⋯ 080

4.3.7　磋商响应文件的形式和效力 ⋯⋯⋯⋯⋯⋯⋯⋯⋯⋯⋯⋯⋯⋯⋯⋯⋯⋯ 080

4.3.8　磋商响应文件的组成 ⋯⋯⋯⋯⋯⋯⋯⋯⋯⋯⋯⋯⋯⋯⋯⋯⋯⋯⋯⋯⋯ 081

4.3.9　磋商响应文件的签署盖章（×重点关注） ⋯⋯⋯⋯⋯⋯⋯⋯⋯⋯⋯ 081

4.3.10　磋商响应文件的密封、标记、份数 ⋯⋯⋯⋯⋯⋯⋯⋯⋯⋯⋯⋯⋯⋯ 081

4.3.11　磋商响应文件的递交 ⋯⋯⋯⋯⋯⋯⋯⋯⋯⋯⋯⋯⋯⋯⋯⋯⋯⋯⋯⋯ 082

4.3.12　竞争性磋商文件的澄清或修改 ⋯⋯⋯⋯⋯⋯⋯⋯⋯⋯⋯⋯⋯⋯⋯⋯ 082

4.3.13　质疑 ⋯⋯⋯⋯⋯⋯⋯⋯⋯⋯⋯⋯⋯⋯⋯⋯⋯⋯⋯⋯⋯⋯⋯⋯⋯⋯⋯ 082

4.3.14　预算价（×重点关注） ⋯⋯⋯⋯⋯⋯⋯⋯⋯⋯⋯⋯⋯⋯⋯⋯⋯⋯⋯⋯ 083

4.3.15　评审 ⋯⋯⋯⋯⋯⋯⋯⋯⋯⋯⋯⋯⋯⋯⋯⋯⋯⋯⋯⋯⋯⋯⋯⋯⋯⋯⋯ 083

4.3.16　成交结果通知 ⋯⋯⋯⋯⋯⋯⋯⋯⋯⋯⋯⋯⋯⋯⋯⋯⋯⋯⋯⋯⋯⋯⋯ 083

4.3.17　签订合同 ⋯⋯⋯⋯⋯⋯⋯⋯⋯⋯⋯⋯⋯⋯⋯⋯⋯⋯⋯⋯⋯⋯⋯⋯⋯ 083

4.3.18　代理服务费 ⋯⋯⋯⋯⋯⋯⋯⋯⋯⋯⋯⋯⋯⋯⋯⋯⋯⋯⋯⋯⋯⋯⋯⋯ 083

4.3.19　特别说明 ⋯⋯⋯⋯⋯⋯⋯⋯⋯⋯⋯⋯⋯⋯⋯⋯⋯⋯⋯⋯⋯⋯⋯⋯⋯ 084

4.4　评定成交的标准 ⋯⋯⋯⋯⋯⋯⋯⋯⋯⋯⋯⋯⋯⋯⋯⋯⋯⋯⋯⋯⋯⋯⋯⋯ 085

4.4.1　评审方法 ⋯⋯⋯⋯⋯⋯⋯⋯⋯⋯⋯⋯⋯⋯⋯⋯⋯⋯⋯⋯⋯⋯⋯⋯⋯⋯ 085

4.4.2　磋商小组 ⋯⋯⋯⋯⋯⋯⋯⋯⋯⋯⋯⋯⋯⋯⋯⋯⋯⋯⋯⋯⋯⋯⋯⋯⋯⋯ 085

4.4.3　评审程序 ⋯⋯⋯⋯⋯⋯⋯⋯⋯⋯⋯⋯⋯⋯⋯⋯⋯⋯⋯⋯⋯⋯⋯⋯⋯⋯ 085

4.4.4　磋商的澄清 ⋯⋯⋯⋯⋯⋯⋯⋯⋯⋯⋯⋯⋯⋯⋯⋯⋯⋯⋯⋯⋯⋯⋯⋯⋯ 086

4.4.5　其他说明 ⋯⋯⋯⋯⋯⋯⋯⋯⋯⋯⋯⋯⋯⋯⋯⋯⋯⋯⋯⋯⋯⋯⋯⋯⋯⋯ 087

4.4.6　附表 ⋯⋯⋯⋯⋯⋯⋯⋯⋯⋯⋯⋯⋯⋯⋯⋯⋯⋯⋯⋯⋯⋯⋯⋯⋯⋯⋯⋯ 087

4.5 合同条款 -- 089

4.5.1 合同文本 --- 089

4.5.2 用户需求书-采购清单 -- 091

4.5.3 趸船修缮技术要求 -- 092

4.6 商务条款 -- 094

4.7 附件 --- 095

4.7.1 资格文件 --- 095

4.7.2 商务和技术文件 -- 095

4.7.3 响应文件 --- 099

4.7.4 残疾人福利性单位和中小微行业划型标准规定 ----------------------- 100

第5章 ××学院物业管理服务招标文件 --------------------------- 103

5.1 封面与目录 --- 103

5.2 投标邀请函 --- 103

5.3 投标人须知 --- 105

5.4 项目技术要求和有关说明 --- 110

5.4.1 项目概况 --- 110

5.4.2 具体物业管理的范围和内容 -- 110

5.4.3 各项标准及要求 -- 112

5.4.4 其他物业管理要求和有关说明 --- 116

5.4.5 其他要求 --- 117

5.4.6 关于投标报价的界定 --- 117

5.4.7 附件1 ××学院学校基本情况 -- 119

5.4.8 附件2 ××学院物业外包服务考核实施办法 ------------------------------ 119

5.4.9 附件3 ××学院物业管理考核办法 --------------------------------------- 120

5.4.10 有关说明 --- 122

5.5 合同书（格式文本） --- 124

5.6 合同条款 -- 125

5.7 附件 --- 127

5.7.1 附件1 评分标准 --- 127

5.7.2 附件2 投标文件格式 -- 130

第6章 ××市综合监测监管中心设计、施工及配套设施设备一体化技术服务
招标文件 --- 137

6.1 封面与目录 --- 137

6.2 投标邀请书 ⋯⋯⋯⋯⋯⋯⋯⋯⋯⋯⋯⋯⋯⋯⋯⋯⋯⋯⋯⋯⋯⋯⋯⋯⋯⋯⋯⋯⋯ 137

6.3 项目技术规格、数量及质量要求 ⋯⋯⋯⋯⋯⋯⋯⋯⋯⋯⋯⋯⋯⋯⋯⋯ 140

6.4 项目商务要求 ⋯⋯⋯⋯⋯⋯⋯⋯⋯⋯⋯⋯⋯⋯⋯⋯⋯⋯⋯⋯⋯⋯⋯⋯⋯⋯ 151

6.5 资格审查及评标办法 ⋯⋯⋯⋯⋯⋯⋯⋯⋯⋯⋯⋯⋯⋯⋯⋯⋯⋯⋯⋯⋯⋯ 152

6.6 投标人须知 ⋯⋯⋯⋯⋯⋯⋯⋯⋯⋯⋯⋯⋯⋯⋯⋯⋯⋯⋯⋯⋯⋯⋯⋯⋯⋯⋯ 156

6.7 合同主要条款和格式合同（样本） ⋯⋯⋯⋯⋯⋯⋯⋯⋯⋯⋯⋯⋯⋯⋯ 161

6.8 投标文件格式 ⋯⋯⋯⋯⋯⋯⋯⋯⋯⋯⋯⋯⋯⋯⋯⋯⋯⋯⋯⋯⋯⋯⋯⋯⋯⋯ 162

6.8.1 经济文件 ⋯⋯⋯⋯⋯⋯⋯⋯⋯⋯⋯⋯⋯⋯⋯⋯⋯⋯⋯⋯⋯⋯⋯⋯⋯⋯ 162

6.8.2 技术文件 ⋯⋯⋯⋯⋯⋯⋯⋯⋯⋯⋯⋯⋯⋯⋯⋯⋯⋯⋯⋯⋯⋯⋯⋯⋯⋯ 163

6.8.3 商务文件 ⋯⋯⋯⋯⋯⋯⋯⋯⋯⋯⋯⋯⋯⋯⋯⋯⋯⋯⋯⋯⋯⋯⋯⋯⋯⋯ 164

6.8.4 其他 ⋯⋯⋯⋯⋯⋯⋯⋯⋯⋯⋯⋯⋯⋯⋯⋯⋯⋯⋯⋯⋯⋯⋯⋯⋯⋯⋯⋯ 165

6.8.5 资格文件 ⋯⋯⋯⋯⋯⋯⋯⋯⋯⋯⋯⋯⋯⋯⋯⋯⋯⋯⋯⋯⋯⋯⋯⋯⋯⋯ 166

第7章 ××市产业园施工阶段工程造价全过程控制服务采购招标文件 ⋯⋯⋯⋯⋯ **168**

7.1 封面与目录 ⋯⋯⋯⋯⋯⋯⋯⋯⋯⋯⋯⋯⋯⋯⋯⋯⋯⋯⋯⋯⋯⋯⋯⋯⋯⋯⋯ 168

7.2 采购邀请书 ⋯⋯⋯⋯⋯⋯⋯⋯⋯⋯⋯⋯⋯⋯⋯⋯⋯⋯⋯⋯⋯⋯⋯⋯⋯⋯⋯ 168

7.3 项目服务需求 ⋯⋯⋯⋯⋯⋯⋯⋯⋯⋯⋯⋯⋯⋯⋯⋯⋯⋯⋯⋯⋯⋯⋯⋯⋯⋯ 170

7.4 采购商务需求 ⋯⋯⋯⋯⋯⋯⋯⋯⋯⋯⋯⋯⋯⋯⋯⋯⋯⋯⋯⋯⋯⋯⋯⋯⋯⋯ 170

7.5 磋商程序及方法、评审标准、无效响应和采购终止 ⋯⋯⋯⋯⋯⋯ 171

7.6 供应商须知 ⋯⋯⋯⋯⋯⋯⋯⋯⋯⋯⋯⋯⋯⋯⋯⋯⋯⋯⋯⋯⋯⋯⋯⋯⋯⋯⋯ 175

7.7 政府采购合同 ⋯⋯⋯⋯⋯⋯⋯⋯⋯⋯⋯⋯⋯⋯⋯⋯⋯⋯⋯⋯⋯⋯⋯⋯⋯⋯ 178

7.8 响应文件编制要求 ⋯⋯⋯⋯⋯⋯⋯⋯⋯⋯⋯⋯⋯⋯⋯⋯⋯⋯⋯⋯⋯⋯⋯ 179

7.8.1 经济部分 ⋯⋯⋯⋯⋯⋯⋯⋯⋯⋯⋯⋯⋯⋯⋯⋯⋯⋯⋯⋯⋯⋯⋯⋯⋯⋯ 179

7.8.2 技术部分 ⋯⋯⋯⋯⋯⋯⋯⋯⋯⋯⋯⋯⋯⋯⋯⋯⋯⋯⋯⋯⋯⋯⋯⋯⋯⋯ 181

7.8.3 商务部分 ⋯⋯⋯⋯⋯⋯⋯⋯⋯⋯⋯⋯⋯⋯⋯⋯⋯⋯⋯⋯⋯⋯⋯⋯⋯⋯ 181

7.8.4 资格条件及其他 ⋯⋯⋯⋯⋯⋯⋯⋯⋯⋯⋯⋯⋯⋯⋯⋯⋯⋯⋯⋯⋯⋯ 182

7.8.5 其他应提供的资料 ⋯⋯⋯⋯⋯⋯⋯⋯⋯⋯⋯⋯⋯⋯⋯⋯⋯⋯⋯⋯⋯ 183

7.8.6 竞争性磋商最终报价单 ⋯⋯⋯⋯⋯⋯⋯⋯⋯⋯⋯⋯⋯⋯⋯⋯⋯⋯ 184

第8章 ××市PET/MR机房项目工程施工招标文件 ⋯⋯⋯⋯⋯⋯⋯⋯⋯⋯⋯ **186**

8.1 封面与目录 ⋯⋯⋯⋯⋯⋯⋯⋯⋯⋯⋯⋯⋯⋯⋯⋯⋯⋯⋯⋯⋯⋯⋯⋯⋯⋯⋯ 186

8.2 采购邀请书 ⋯⋯⋯⋯⋯⋯⋯⋯⋯⋯⋯⋯⋯⋯⋯⋯⋯⋯⋯⋯⋯⋯⋯⋯⋯⋯⋯ 186

8.3 项目技术需求 ⋯⋯⋯⋯⋯⋯⋯⋯⋯⋯⋯⋯⋯⋯⋯⋯⋯⋯⋯⋯⋯⋯⋯⋯⋯⋯ 189

8.4 项目商务需求 ⋯⋯⋯⋯⋯⋯⋯⋯⋯⋯⋯⋯⋯⋯⋯⋯⋯⋯⋯⋯⋯⋯⋯⋯⋯⋯ 190

8.5 磋商程序及方法、评审标准、无效响应和采购终止 ⋯⋯⋯⋯⋯⋯ 194

8.6 供应商须知 ⋯⋯⋯⋯⋯⋯⋯⋯⋯⋯⋯⋯⋯⋯⋯⋯⋯⋯⋯⋯⋯⋯⋯⋯⋯⋯⋯ 198

8.7 政府采购合同（样本） ⋯⋯⋯⋯⋯⋯⋯⋯⋯⋯⋯⋯⋯⋯⋯⋯⋯⋯⋯⋯⋯ 202

8.7.1 第一部分 合同协议书 ………………………………………………… 202

8.7.2 第二部分 通用合同条款 ………………………………………… 204

8.7.3 第三部分 专用合同条款 ………………………………………… 204

8.7.4 合同附件 ……………………………………………………………… 204

8.7.5 附件1 工程质量保修书 ………………………………………… 205

8.7.6 附件2 主要建设工程文件目录 ………………………………… 206

8.7.7 附件3 承包人项目管理机构组成表 …………………………… 206

8.7.8 附件4 履约担保（如有） ……………………………………… 206

8.7.9 附件5 预付款担保（如有） …………………………………… 208

8.7.10 附件6 支付担保（如有） ……………………………………… 208

8.7.11 附件7 专业工程暂估价表 ……………………………………… 210

8.7.12 附件8 廉洁从业协议 …………………………………………… 210

8.7.13 附件9 安全管理协议 …………………………………………… 211

8.7.14 附件10 保障农民工工资支付协议 …………………………… 216

8.7.15 附件11 质量保证金保函（如有） …………………………… 218

8.8 响应文件编制要求 ……………………………………………………… 219

8.8.1 经济部分 ……………………………………………………………… 220

8.8.2 技术部分 ……………………………………………………………… 220

8.8.3 商务部分 ……………………………………………………………… 221

8.8.4 资格条件 ……………………………………………………………… 221

8.8.5 其他资料 ……………………………………………………………… 223

第9章 ××市楼体亮化整治项目投标书技术标 ………………………… 225

9.1 技术标编制原则及依据 ………………………………………………… 225

9.1.1 编制原则 ……………………………………………………………… 225

9.1.2 编制依据 ……………………………………………………………… 225

9.1.3 工程概况 ……………………………………………………………… 226

9.2 施工方案 ………………………………………………………………… 226

9.3 施工准备工作计划 ……………………………………………………… 230

9.4 施工进度计划 …………………………………………………………… 231

9.5 施工技术组织保证措施 ………………………………………………… 233

第10章 ××通信楼项目投标书技术标 …………………………………… 240

10.1 项目概况 ………………………………………………………………… 240

10.1.1 工程基本情况 ……………………………………………………… 240

10.1.2　工程特点 ———————————————————————————— 241

10.1.3　工程实施目标 ———————————————————————— 241

10.2　技术标编制依据与编制说明 ————————————————— 242

10.2.1　编制依据 ———————————————————————————— 242

10.2.2　编制说明 ———————————————————————————— 242

10.3　施工组织与施工准备 ————————————————————— 242

10.3.1　施工组织 ———————————————————————————— 242

10.3.2　主要职责 ———————————————————————————— 243

10.3.3　施工准备 ———————————————————————————— 243

10.4　施工部署 —————————————————————————————— 245

10.4.1　施工总体部署 ———————————————————————— 245

10.4.2　主要单位工程施工部署 ————————————————— 245

10.4.3　主要分部分项工程的施工方法 ————————————— 246

10.5　总平面布置 ———————————————————————————— 249

10.5.1　现场平面布置 ———————————————————————— 249

10.5.2　用电负荷计算 ———————————————————————— 250

10.5.3　配电方式与现场用电布置 ——————————————— 250

10.5.4　施工供水管线布置 ———————————————————— 250

10.5.5　总平面管理措施 —————————————————————— 251

10.5.6　质量目标、质量保证体系及措施 ——————————— 251

第 11 章　××安置房项目投标书技术标 ————————————— **252**

11.1　安置房施工项目技术标编制依据及原则 ———————— 252

11.2　施工技术方案 ———————————————————————————— 253

11.2.1　施工段划分 ————————————————————————— 253

11.2.2　施工部署要求 ———————————————————————— 253

11.2.3　关键施工技术、工艺及工程实施的重点、难点和解决方案 ——— 254

11.2.4　施工难点解决方案 ———————————————————— 254

11.3　施工现场平面布置 ————————————————————————— 258

11.4　施工进度计划 ———————————————————————————— 259

11.5　施工保障措施 ———————————————————————————— 260

11.6　文明施工措施 ———————————————————————————— 261

11.7　环境保护及防尘施工措施 ———————————————————— 262

11.8　施工现场交通组织方案 —————————————————————— 262

11.9　冬/雨季施工措施 —————————————————————————— 263

11.10　紧急情况的处理预案、保证措施 ——————————————— 264

11.11　项目单位关系协调措施 ————————————————————— 266

第 12 章　××综合客运枢纽站前广场项目投标书技术标 ------------------------------ 267

12.1　工程概况 -- 267

12.2　施工部署 -- 267

12.2.1　主要工程管理目标 -- 267

12.2.2　施工安排 -- 268

12.2.3　工程重难点分析 -- 268

12.2.4　施工进度安排 -- 269

12.2.5　施工总体资源配置 -- 269

12.2.6　施工平面布置 -- 270

12.3　主要工程施工方案 -- 270

12.3.1　深基坑施工 -- 270

12.3.2　主体结构施工 -- 270

12.4　施工保障管理体系 -- 271

12.4.1　安全管理措施 -- 271

12.4.2　质量管理措施 -- 271

12.4.3　进度保证措施 -- 272

12.4.4　成本控制措施 -- 272

12.4.5　环境保护和文明施工管理措施 -------------------------------------- 273

第 13 章　××商业城办公楼项目投标书技术标 ------------------------------ 274

13.1　编制依据 -- 274

13.2　工程概况 -- 274

13.3　总体施工部署 -- 275

13.3.1　施工部署的指导思想 -- 275

13.3.2　施工总体部署 -- 275

13.3.3　主要施工方案选择 -- 275

13.3.4　总体施工准备 -- 277

13.3.5　施工器具准备 -- 277

13.3.6　施工管理组织机构 -- 278

13.4　工程质量保证措施及成本控制措施 -------------------------------------- 278

13.4.1　工程质量保证 -- 278

13.4.2　成本控制 -- 280

13.5　职业健康安全管理及施工安全保证措施 ---------------------------------- 281

13.5.1　安全生产管理体系 -- 281

13.5.2　现场安全工作检查与整改 -- 281

13.6 施工进度计划及保障措施 ··· 282

13.6.1 施工进度计划说明 ··· 282

13.6.2 进度计划保证措施 ··· 282

13.7 绿色施工及环境卫生措施 ··· 283

13.7.1 现场管理原则 ··· 283

13.7.2 扬尘治理措施 ··· 283

13.8 季节性施工措施 ··· 284

13.8.1 夏季施工方案 ··· 284

13.8.2 冬季施工方案 ··· 284

13.8.3 雨季施工方案 ··· 284

参考文献 ·· 286

第1章 ▶▶▶

我国政府采购招投标的特点及相关要求

1.1 政府采购的相关规定

1.1.1 政府采购应把握的基本原则

为了规范政府采购行为，提高政府采购资金的使用效益，维护国家利益和社会公共利益，保护政府采购当事人的合法权益，促进廉政建设，我国专门制定有《中华人民共和国政府采购法》。在中华人民共和国境内进行的政府采购适用《中华人民共和国政府采购法》。《中华人民共和国政府采购法》所称政府采购，是指各级国家机关、事业单位和团体组织，使用财政性资金采购依法制定的集中采购目录以内的或者采购限额标准以上的货物、工程和服务的行为。政府集中采购目录和采购限额标准依照《中华人民共和国政府采购法》规定的权限制定。《中华人民共和国政府采购法》所称采购，是指以合同方式有偿取得货物、工程和服务的行为，包括购买、租赁、委托、雇用等。《中华人民共和国政府采购法》所称货物，是指各种形态和种类的物品，包括原材料、燃料、设备、产品等。《中华人民共和国政府采购法》所称工程，是指建设工程，包括建筑物和构筑物的新建、改建、扩建、装修、拆除、修缮等。《中华人民共和国政府采购法》所称服务，是指除货物和工程以外的其他政府采购对象。

政府采购应当遵循公开透明原则、公平竞争原则、公正原则和诚实信用原则。政府采购工程进行招标投标的，适用《中华人民共和国招标投标法》。任何单位和个人不得采用任何方式，阻挠和限制供应商自由进入本地区和本行业的政府采购市场。政府采购应当严格按照批准的预算执行。政府采购实行集中采购和分散采购相结合。集中采购的范围由省级以上人民政府公布的集中采购目录确定。属于中央预算的政府采购项目，其集中采购目录由国务院确定并公布。属于地方预算的政府采购项目，其集中采购目录由省、自治区、直辖市人民政府或者其授权的机构确定并公布。纳入集中采购目录的政府采购项目，应当实行集中采购。政府采购限额标准，属于中央预算的政府采购项目，由国务院确定并公布；属于地方预算的政府采购项目，由省、自治区、直辖市人民政府或者其授权的机构确定并公布。政府采购应当有助于实现国家的经济和社会发展政策目标，包括保护环境，扶持不发达地区和少数民族地区，促进中小企业发展等。

政府采购应当采购本国货物、工程和服务，但有下列 3 种情形之一的除外，即需要采购的货物、工程或者服务在中国境内无法获取或者无法以合理的商业条件获取的；为在中国境外使用而进行采购的；其他法律、行政法规另有规定的。以上所称本国货物、工程和服务的界定，依照国务院有关规定执行。

政府采购的信息应当在政府采购监督管理部门指定的媒体上及时向社会公开发布，但涉及商业秘密的除外。在政府采购活动中，采购人员及相关人员与供应商有利害关系的，必须回避。供应商认为采购人员及相关人员与其他供应商有利害关系的，可以申请其回避。以上所称相关人员，包括招标采购中评标委员会的组成人员，竞争性谈判采购中谈判小组的组成人员，询价采购中询价小组的组成人员等。各级人民政府财政部门是负责政府采购监督管理的部门，依法履行对政府采购活动的监督管理职责。各级人民政府其他有关部门依法履行与政府采购活动有关的监督管理职责。

1.1.2 政府采购当事人的基本要求

政府采购当事人是指在政府采购活动中享有权利和承担义务的各类主体，包括采购人、供应商和采购代理机构等。采购人是指依法进行政府采购的国家机关、事业单位、团体组织。集中采购机构为采购代理机构。设区的市、自治州以上人民政府根据本级政府采购项目组织集中采购的需要设立集中采购机构。集中采购机构是非营利事业法人，根据采购人的委托办理采购事宜。集中采购机构进行政府采购活动，应当符合采购价格低于市场平均价格、采购效率更高、采购质量优良和服务良好的要求。采购人采购纳入集中采购目录的政府采购项目，必须委托集中采购机构代理采购；采购未纳入集中采购目录的政府采购项目，可以自行采购，也可以委托集中采购机构在委托的范围内代理采购。纳入集中采购目录属于通用的政府采购项目的，应当委托集中采购机构代理采购；属于本部门、本系统有特殊要求的项目，应当实行部门集中采购；属于本单位有特殊要求的项目，经省级以上人民政府批准，可以自行采购。采购人可以委托集中采购机构以外的采购代理机构，在委托的范围内办理政府采购事宜。采购人有权自行选择采购代理机构，任何单位和个人不得以任何方式为采购人指定采购代理机构。采购人依法委托采购代理机构办理采购事宜的，应当由采购人与采购代理机构签订委托代理协议，依法确定委托代理的事项，约定双方的权利义务。

供应商是指向采购人提供货物、工程或者服务的法人、其他组织或者自然人。供应商参加政府采购活动应当具备下列 6 方面条件，即具有独立承担民事责任的能力；具有良好的商业信誉和健全的财务会计制度；具有履行合同所必需的设备和专业技术能力；有依法缴纳税收和社会保障资金的良好记录；参加政府采购活动前三年内，在经营活动中没有重大违法记录；法律、行政法规规定的其他条件。采购人可以根据采购项目的特殊要求，规定供应商的特定条件，但不得以不合理的条件对供应商实行差别待遇或者歧视待遇。

采购人可以要求参加政府采购的供应商提供有关资质证明文件和业绩情况，并根据

《中华人民共和国政府采购法》规定的供应商条件和采购项目对供应商的特定要求，对供应商的资格进行审查。两个以上的自然人、法人或者其他组织可以组成一个联合体，以一个供应商的身份共同参加政府采购。以联合体形式进行政府采购的，参加联合体的供应商均应当具备《中华人民共和国政府采购法》第二十二条规定的条件，并应当向采购人提交联合协议，载明联合体各方承担的工作和义务。联合体各方应当共同与采购人签订采购合同，就采购合同约定的事项对采购人承担连带责任。

政府采购当事人不得相互串通损害国家利益、社会公共利益和其他当事人的合法权益；不得以任何手段排斥其他供应商参与竞争。供应商不得以向采购人、采购代理机构、评标委员会的组成人员、竞争性谈判小组的组成人员、询价小组的组成人员行贿或者采取其他不正当手段谋取中标或者成交。采购代理机构不得以向采购人行贿或者采取其他不正当手段谋取非法利益。

1.1.3　政府采购方式的特点

政府采购采用以下 6 种方式，即公开招标；邀请招标；竞争性谈判；单一来源采购；询价；国务院政府采购监督管理部门认定的其他采购方式。公开招标应作为政府采购的主要采购方式。采购人采购货物或者服务应当采用公开招标方式的，其具体数额标准，属于中央预算的政府采购项目，由国务院规定；属于地方预算的政府采购项目，由省、自治区、直辖市人民政府规定；因特殊情况需要采用公开招标以外的采购方式的，应当在采购活动开始前获得设区的市、自治州以上人民政府采购监督管理部门的批准。采购人不得将应当以公开招标方式采购的货物或者服务化整为零或者以其他任何方式规避公开招标采购。

符合下列 2 种情形之一的货物或者服务，可以依照《中华人民共和国政府采购法》采用邀请招标方式采购，即具有特殊性，只能从有限范围的供应商处采购的；采用公开招标方式的费用占政府采购项目总价值的比例过大的。符合下列 4 种情形之一的货物或者服务，可以依照《中华人民共和国政府采购法》采用竞争性谈判方式采购，即招标后没有供应商投标或者没有合格标的或者重新招标未能成立的；技术复杂或者性质特殊，不能确定详细规格或者具体要求的；采用招标所需时间不能满足用户紧急需要的；不能事先计算出价格总额的。符合下列 3 种情形之一的货物或者服务，可以依照《中华人民共和国政府采购法》采用单一来源方式采购，即只能从唯一供应商处采购的；发生了不可预见的紧急情况不能从其他供应商处采购的；必须保证原有采购项目一致性或者服务配套的要求，需要继续从原供应商处添购，且添购资金总额不超过原合同采购金额百分之十的。采购的货物规格、标准统一，现货货源充足且价格变化幅度小的政府采购项目，可以依照《中华人民共和国政府采购法》采用询价方式采购。

1.1.4　政府采购程序的特点

负有编制部门预算职责的部门在编制下一财政年度部门预算时，应当将该财政年度政府采购的项目及资金预算列出，报本级财政部门汇总。部门预算的审批，按预算管理权限和程序进行。货物或者服务项目采取邀请招标方式采购的，采购人应当从符合相应资格条件的供应商中，通过随机方式选择三家以上的供应商，并向其发出投标邀请书。货物和服务项目实行招标方式采购的，自招标文件开始发出之日起至投标人提交投标文件截止之日止，不得少于 20 日。

在招标采购中，出现下列 4 种情形之一的，应予废标，即符合专业条件的供应商或者对招标文件作实质响应的供应商不足 3 家的；出现影响采购公正的违法、违规行为的；投标人的报价均超过了采购预算，采购人不能支付的；因重大变故，采购任务取消的。废标后，采购人应当将废标理由通知所有投标人。废标后，除采购任务取消情形外，应当重新组织招标；需要采取其他方式采购的，应当在采购活动开始前获得设区的市、自治州以上人民政府采购监督管理部门或者政府有关部门批准。

采用竞争性谈判方式采购的，应当遵循下列 5 方面程序。其一是成立谈判小组。谈判小组由采购人的代表和有关专家共 3 人以上的单数组成，其中专家的人数不得少于成员总数的三分之二。其二是制定谈判文件。谈判文件应当明确谈判程序、谈判内容、合同草案的条款以及评定成交的标准等事项。其三是确定邀请参加谈判的供应商名单。谈判小组从符合相应资格条件的供应商名单中确定不少于 3 家的供应商参加谈判，并向其提供谈判文件。其四是谈判。谈判小组所有成员集中与单一供应商分别进行谈判。在谈判中，谈判的任何一方不得透露与谈判有关的其他供应商的技术资料、价格和其他信息。谈判文件有实质性变动的，谈判小组应当以书面形式通知所有参加谈判的供应商。其五是确定成交供应商。谈判结束后，谈判小组应当要求所有参加谈判的供应商在规定时间内进行最后报价，采购人从谈判小组提出的成交候选人中根据符合采购需求、质量和服务相等且报价最低的原则确定成交供应商，并将结果通知所有参加谈判的未成交的供应商。

采取单一来源方式采购的，采购人与供应商应当遵循《中华人民共和国政府采购法》规定的原则，在保证采购项目质量和双方商定合理价格的基础上进行采购。

采取询价方式采购的，应当遵循下列 4 方面程序。其一是成立询价小组。询价小组由采购人的代表和有关专家共 3 人以上的单数组成，其中专家的人数不得少于成员总数的三分之二。询价小组应当对采购项目的价格构成和评定成交的标准等事项作出规定。其二是确定被询价的供应商名单。询价小组根据采购需求，从符合相应资格条件的供应商名单中确定不少于三家的供应商，并向其发出询价通知书让其报价。其三是询价。询价小组要求被询价的供应商一次报出不得更改的价格。其四是确定成交供应商。采购人根据符合采购需求、质量和服务相等且报价最低的原则确定成交供应商，并将结果通知所有被询价的未成交的供应商。

采购人或者其委托的采购代理机构应当组织对供应商履约的验收；大型或者复杂的政府采购项目，应当邀请国家认可的质量检测机构参加验收工作。验收方成员应当在验收书上签字，并承担相应的法律责任。采购人、采购代理机构对政府采购项目每项采购活动的采购文件应当妥善保存，不得伪造、变造、隐匿或者销毁。采购文件的保存期限为从采购结束之日起至少保存十五年。采购文件包括采购活动记录、采购预算、招标文件、投标文件、评标标准、评估报告、定标文件、合同文本、验收证明、质疑答复、投诉处理决定及其他有关文件、资料。采购活动记录至少应当包括下列 7 方面内容，即采购项目类别、名称；采购项目预算、资金构成和合同价格；采购方式，采用公开招标以外的采购方式的，应当载明原因；邀请和选择供应商的条件及原因；评标标准及确定中标人的原因；废标的原因；采用招标以外采购方式的相应记载。

1.1.5　政府采购合同的特点

政府采购合同适用《中华人民共和国民法典》合同编。采购人和供应商之间的权利和义务，应当按照平等、自愿的原则以合同方式约定。采购人可以委托采购代理机构代表其与供应商签订政府采购合同。由采购代理机构以采购人名义签订合同的，应当提交采购人的授权委托书，作为合同附件。政府采购合同应当采用书面形式。国务院政府采购监督管理部门应当会同国务院有关部门，规定政府采购合同必须具备的条款。采购人与中标、成交供应商应当在中标、成交通知书发出之日起 30 日内，按照采购文件确定的事项签订政府采购合同。中标、成交通知书对采购人和中标、成交供应商均具有法律效力。中标、成交通知书发出后，采购人改变中标、成交结果的，或者中标、成交供应商放弃中标、成交项目的，应当依法承担法律责任。政府采购项目的采购合同自签订之日起 7 个工作日内，采购人应当将合同副本报同级政府采购监督管理部门和有关部门备案。经采购人同意，中标、成交供应商可以依法采取分包方式履行合同。政府采购合同分包履行的，中标、成交供应商就采购项目和分包项目向采购人负责，分包供应商就分包项目承担责任。政府采购合同履行中，采购人需追加与合同标的相同的货物、工程或者服务的，在不改变合同其他条款的前提下，可以与供应商协商签订补充合同，但所有补充合同的采购金额不得超过原合同采购金额的百分之十。政府采购合同的双方当事人不得擅自变更、中止或者终止合同。政府采购合同继续履行将损害国家利益和社会公共利益的，双方当事人应当变更、中止或者终止合同。有过错的一方应当承担赔偿责任，双方都有过错的，各自承担相应的责任。

1.1.6　质疑与投诉的基本要求

供应商对政府采购活动事项有疑问的，可以向采购人提出询问，采购人应当及时作出答复，但答复的内容不得涉及商业秘密。供应商认为采购文件、采购过程和中标、成交结果使自己的权益受到损害的，可以在知道或者应知其权益受到损害之日起 7 个工作日内，以书面形式向采购人提出质疑。采购人应当在收到供应商的书面质疑后 7 个工作日内作出答复，并以书面形式通知质疑供应商和其他有关供应商，但答复的内容不得涉及商业秘密。采购人委托采购代理机构采购的，供应商可以向采购代理机构提出询问或者质疑，采购代理机构应当依照《中华人民共和国政府采购法》第五十一条、第五十三条的规定就采购人委托授权范围内的事项作出答复。质疑供应商对采购人、采购代理机构的答复不满意或者采购人、采购代理机构未在规定的时间内作出答复的，可以在答复期满后 15 个工作日内向同级政府采购监督管理部门投诉。政府采购监督管理部门应当在收到投诉后 30 个工作日内，对投诉事项作出处理决定，并以书面形式通知投诉人和与投诉事项有关的当事人。政府采购监督管理部门在处理投诉事项期间，可以视具体情况书面通知采购人暂停采购活动，但暂停时间最长不得超过 30 日。投诉人对政府采购监督管理部门的投诉处理决定不服或者政府采购监督管理部门逾期未作处理的，可以依法申请行政复议或者向人民法院提起行政诉讼。

1.1.7 监督检查的基本要求

政府采购监督管理部门应当加强对政府采购活动及集中采购机构的监督检查。监督检查的主要内容是以下 3 个，即有关政府采购的法律、行政法规和规章的执行情况；采购范围、采购方式和采购程序的执行情况；政府采购人员的职业素质和专业技能。政府采购监督管理部门不得设置集中采购机构，不得参与政府采购项目的采购活动。采购代理机构与行政机关不得存在隶属关系或者其他利益关系。集中采购机构应当建立健全内部监督管理制度。采购活动的决策和执行程序应当明确，并相互监督、相互制约。经办采购的人员与负责采购合同审核、验收人员的职责权限应当明确，并相互分离。集中采购机构的采购人员应当具有相关职业素质和专业技能，符合政府采购监督管理部门规定的专业岗位任职要求。集中采购机构对其工作人员应当加强教育和培训；对采购人员的专业水平、工作实绩和职业道德状况定期进行考核。采购人员经考核不合格的，不得继续任职。

政府采购项目的采购标准应当公开。采用《中华人民共和国政府采购法》规定的采购方式的，采购人在采购活动完成后，应当将采购结果予以公布。采购人必须按照《中华人民共和国政府采购法》规定的采购方式和采购程序进行采购。任何单位和个人不得违反《中华人民共和国政府采购法》规定，要求采购人或者采购工作人员向其指定的供应商进行采购。政府采购监督管理部门应当对政府采购项目的采购活动进行检查，政府采购当事人应当如实反映情况，提供有关材料。政府采购监督管理部门应当对集中采购机构的采购价格、节约资金效果、服务质量、信誉状况、有无违法行为等事项进行考核，并定期如实公布考核结果。依照法律、行政法规的规定对政府采购负有行政监督职责的政府有关部门，应当按照其职责分工，加强对政府采购活动的监督。审计机关应当对政府采购进行审计监督。政府采购监督管理部门、政府采购各当事人有关政府采购活动，应当接受审计机关的审计监督。监察机关应当加强对参与政府采购活动的国家机关、国家公务员和国家行政机关任命的其他人员实施监察。任何单位和个人对政府采购活动中的违法行为，有权控告和检举，有关部门、机关应当依照各自职责及时处理。

1.1.8 相关的法律责任

采购人、采购代理机构有下列 6 种情形之一的，责令限期改正，给予警告，可以并处罚款，对直接负责的主管人员和其他直接责任人员，由其行政主管部门或者有关机关给予处分，并予通报。6 种情形分别是应当采用公开招标方式而擅自采用其他方式采购的；擅自提高采购标准的；以不合理的条件对供应商实行差别待遇或者歧视待遇的；在招标采购过程中与投标人进行协商谈判的；中标、成交通知书发出后不与中标、成交供应商签订采购合同的；拒绝有关部门依法实施监督检查的。

采购人、采购代理机构及其工作人员有下列 4 种情形之一，构成犯罪的，依法追究刑事责任；尚不构成犯罪的，处以罚款，有违法所得的，并处没收违法所得，属于国家机关工作人员的，依法给予行政处分。4 种情形分别是与供应商或者采购代理机构恶意串通的；在采购过程中接受贿赂或者获取其他不正当利益的；在有关部门依法实施的监督检查中提供虚假情况的；开标前泄露标底的。

有前述 2 种违法行为之一影响中标、成交结果或者可能影响中标、成交结果的，按下列 3 种情况分别处理，即未确定中标、成交供应商的，终止采购活动；中标、成交供应商已经确定但采购合同尚未履行的，撤销合同，从合格的中标、成交候选人中另行确定中标、成交供应商；采购合同已经履行的，给采购人、供应商造成损失的，由责任人承担赔偿责任。

采购人对应当实行集中采购的政府采购项目，不委托集中采购机构实行集中采购的，由政府采购监督管理部门责令改正；拒不改正的，停止按预算向其支付资金，由其上级行政主管部门或者有关机关依法给予其直接负责的主管人员和其他直接责任人员处分。采购人未依法公布政府采购项目的采购标准和采购结果的，责令改正，对直接负责的主管人员依法给予处分。采购人、采购代理机构违反《中华人民共和国政府采购法》规定隐匿、销毁应当保存的采购文件或者伪造、变造采购文件的，由政府采购监督管理部门处以 2 万元以上 10 万元以下的罚款，对其直接负责的主管人员和其他直接责任人员依法给予处分；构成犯罪的，依法追究刑事责任。

供应商有下列 6 种情形之一的，处以采购金额千分之五以上千分之十以下的罚款，列入不良行为记录名单，在 1～3 年内禁止参加政府采购活动，有违法所得的，并处没收违法所得，情节严重的，由工商行政管理机关吊销营业执照；构成犯罪的，依法追究刑事责任。6 种情形分别是提供虚假材料谋取中标、成交的；采取不正当手段诋毁、排挤其他供应商的；与采购人、其他供应商或者采购代理机构恶意串通的；向采购人、采购代理机构行贿或者提供其他不正当利益的；在招标采购过程中与采购人进行协商谈判的；拒绝有关部门监督检查或者提供虚假情况的。供应商有上述 1～5 种情形之一的，中标、成交无效。

采购代理机构在代理政府采购业务中有违法行为的，按照有关法律规定处以罚款，可以在 1～3 年内禁止其代理政府采购业务，构成犯罪的，依法追究刑事责任。政府采购当事人有《中华人民共和国政府采购法》第七十一条、第七十二条、第七十七条违法行为之一，给他人造成损失的，并应依照有关民事法律规定承担民事责任。

政府采购监督管理部门的工作人员在实施监督检查中违反《中华人民共和国政府采购法》规定滥用职权，玩忽职守，徇私舞弊的，依法给予行政处分；构成犯罪的，依法追究刑事责任。政府采购监督管理部门对供应商的投诉逾期未作处理的，给予直接负责的主管人员和其他直接责任人员行政处分。政府采购监督管理部门对集中采购机构业绩的考核，有虚假陈述，隐瞒真实情况的，或者不作定期考核和公布考核结果的，应当及时纠正，由其上级机关或者监察机关对其负责人进行通报，并对直接负责的人员依法给予行政处分。集中采购机构在政府采购监督管理部门考核中，虚报业绩，隐瞒真实情况的，处以 2 万元以上 20 万元以下的罚款，并予以通报；情节严重的，取消其代理采购的资格。任何单位或者个人阻挠和限制供应商进入本地区或者本行业政府采购市场的，责令限期改正；拒不改正的，由该单位、个人的上级行政主管部门或者有关机关给予单位责任人或者个人处分。

1.1.9 其他

使用国际组织和外国政府贷款进行的政府采购，贷款方、资金提供方与中方达成的协议对采购的具体条件另有规定的，可以适用其规定，但不得损害国家利益和社会公共利益。对因严重自然灾害及其他不可抗力事件所实施的紧急采购和涉及国家安全和秘密的采购，不适用《中华人民共和国政府采购法》。军事采购法规由中央军事委员会另行制定。《中华人民共和国政府采购法》实施的具体步骤和办法由国务院规定。

1.2 招标投标的相关规定

1.2.1 招标投标的基本要求

招标投标活动应规范，应保护国家利益、社会公共利益和招标投标活动当事人的合法权益，应提高经济效益、保证项目质量。在中华人民共和国境内进行招标投标活动，适用《中华人民共和国招标投标法》。在中华人民共和国境内进行下列 3 类工程建设项目包括项目的勘察、设计、施工、监理以及与工程建设有关的重要设备、材料等的采购，必须进行招标，即大型基础设施、公用事业等关系社会公共利益、公众安全的项目；全部或者部分使用国有资金投资或者国家融资的项目；使用国际组织或者外国政府贷款、援助资金的项目。以上所列项目的具体范围和规模标准，由国务院发展计划部门会同国务院有关部门制订，报国务院批准。法律或者国务院对必须进行招标的其他项目的范围有规定的，依照其规定。

任何单位和个人不得将依法必须进行招标的项目化整为零或者以其他任何方式规避招标。招标投标活动应当遵循公开、公平、公正和诚实信用的原则。依法必须进行招标的项目，其招标投标活动不受地区或者部门的限制。任何单位和个人不得违法限制或者排斥本地区、本系统以外的法人或者其他组织参加投标，不得以任何方式非法干涉招标投标活动。招标投标活动及其当事人应当接受依法实施的监督。有关行政监督部门依法对招标投标活动实施监督，依法查处招标投标活动中的违法行为。对招标投标活动的行政监督及有关部门的具体职权划分，由国务院规定。

1.2.2 招标的基本原则

招标人是依照《中华人民共和国招标投标法》规定提出招标项目、进行招标的法人或者其他组织。招标项目按照国家有关规定需要履行项目审批手续的，应当先履行审批手续，取得批准。招标人应当有进行招标项目的相应资金或者资金来源已经落实，并应当在招标文件中如实载明。

招标分为公开招标和邀请招标。公开招标是指招标人以招标公告的方式邀请不特定的法人或者其他组织投标；邀请招标是指招标人以投标邀请书的方式邀请特定的法人或者其他组织投标。国务院发展计划部门确定的国家重点项目和省、自治区、直辖市人民政府确定的地方重点项目不适宜公开招标的，经国务院发展计划部门或者省、自治区、直辖市人民政府批准，可以进行邀请招标。

招标人有权自行选择招标代理机构，委托其办理招标事宜。任何单位和个人不得以任何方式为招标人指定招标代理机构。招标人具有编制招标文件和组织评标能力的，可以自行办理招标事宜。任何单位和个人不得强制其委托招标代理机构办理招标事宜。依法必须进行招标的项目，招标人自行办理招标事宜的，应当向有关行政监督部门备案。

招标代理机构是依法设立、从事招标代理业务并提供相关服务的社会中介组织。招标代理机构应当具备下列 2 个条件，即有从事招标代理业务的营业场所和相应资金；有能够编制招标文件和组织评标的相应专业力量。招标代理机构与行政机关和其他国家机关不得存在隶属关系或者其他利益关系。招标代理机构应当在招标人委托的范围内办理招标事宜，并遵守《中华人民共和国招标投标法》关于招标人的规定。

招标人采用公开招标方式的，应当发布招标公告。依法必须进行招标的项目的招标公告，应当通过国家指定的报刊、信息网络或者其他媒介发布。招标公告应当载明招标人的名称和地址，招标项目的性质、数量、实施地点和时间以及获取招标文件的办法等事项。招标人采用邀请招标方式的，应当向三个以上具备承担招标项目的能力、资信良好的特定的法人或者其他组织发出投标邀请书。投标邀请书应当载明《中华人民共和国招标投标法》第十六条第二款规定的事项。招标人可以根据招标项目本身的要求，在招标公告或者投标邀请书中，要求潜在投标人提供有关资质证明文件和业绩情况，并对潜在投标人进行资格审查；国家对投标人的资格条件有规定的，依照其规定。招标人不得以不合理的条件限制或者排斥潜在投标人，不得对潜在投标人实行歧视待遇。

招标人应当根据招标项目的特点和需要编制招标文件。招标文件应当包括招标项目的技术要求、对投标人资格审查的标准、投标报价要求和评标标准等所有实质性要求和条件以及拟签订合同的主要条款。国家对招标项目的技术、标准有规定的，招标人应当按照其规定在招标文件中提出相应要求。招标项目需要划分标段、确定工期的，招标人应当合理划分标段、确定工期，并在招标文件中载明。招标文件不得要求或者标明特定的生产供应者以及含有倾向或者排斥潜在投标人的其他内容。招标人根据招标项目的具体情况，可以组织潜在投标人踏勘项目现场。

招标人不得向他人透露已获取招标文件的潜在投标人的名称、数量以及可能影响公平竞争的有关招标投标的其他情况。招标人设有标底的，标底必须保密。招标人对已发出的招标文件进行必要的澄清或者修改的，应当在招标文件要求提交投标文件截止时间至少15 日前，以书面形式通知所有招标文件收受人。该澄清或者修改的内容为招标文件的组成部分。招标人应当确定投标人编制投标文件所需要的合理时间；但是，依法必须进行招标的项目，自招标文件开始发出之日起至投标人提交投标文件截止之日止，最短不得少于20日。

1.2.3 投标的基本原则

投标人是响应招标、参加投标竞争的法人或者其他组织。依法招标的科研项目允许个人参加投标的，投标的个人适用《中华人民共和国招标投标法》有关投标人的规定。投标人应当具备承担招标项目的能力；国家有关规定对投标人资格条件或者招标文件对投标人资格条件有规定的，投标人应当具备规定的资格条件。投标人应当按照招标文件的要求编制投标文件。投标文件应当对招标文件提出的实质性要求和条件作出响应。招标项目属于建设施工的，投标文件的内容应当包括拟派出的项目负责人与主要技术人员的简历、业绩和拟用于完成招标项目的机械设备等。

投标人应当在招标文件要求提交投标文件的截止时间前，将投标文件送达投标地点。招标人收到投标文件后，应当签收保存，不得开启。投标人少于3个的，招标人应当依照《中华人民共和国招标投标法》重新招标。在招标文件要求提交投标文件的截止时间后送达的投标文件，招标人应当拒收。投标人在招标文件要求提交投标文件的截止时间前，可以补充、修改或者撤回已提交的投标文件，并书面通知招标人。补充、修改的内容为投标文件的组成部分。投标人根据招标文件载明的项目实际情况，拟在中标后将中标项目的部分非主体、非关键性工作进行分包的，应当在投标文件中载明。

两个以上法人或者其他组织可以组成一个联合体，以一个投标人的身份共同投标。联合体各方均应当具备承担招标项目的相应能力；国家有关规定或者招标文件对投标人资格条件有规定的，联合体各方均应当具备规定的相应资格条件。由同一专业的单位组成的联合体，按照资质等级较低的单位确定资质等级。联合体各方应当签订共同投标协议，明确约定各方拟承担的工作和责任，并将共同投标协议连同投标文件一并提交招标人。联合体中标的，联合体各方应当共同与招标人签订合同，就中标项目向招标人承担连带责任。招标人不得强制投标人组成联合体共同投标，不得限制投标人之间的竞争。

投标人不得相互串通投标报价，不得排挤其他投标人的公平竞争，损害招标人或者其他投标人的合法权益。投标人不得与招标人串通投标，损害国家利益、社会公共利益或者他人的合法权益。禁止投标人以向招标人或者评标委员会成员行贿的手段谋取中标。投标人不得以低于成本的报价竞标，也不得以他人名义投标或者以其他方式弄虚作假，骗取中标。

1.2.4 开标与评标及中标的基本原则

开标应当在招标文件确定的提交投标文件截止时间的同一时间公开进行，开标地点应当为招标文件中预先确定的地点。开标由招标人主持，邀请所有投标人参加。开标时，由投标人或者其推选的代表检查投标文件的密封情况，也可以由招标人委托的公证机构检查并公证；经确认无误后，由工作人员当众拆封，宣读投标人名称、投标价格和投标文件的其他主要内容。招标人在招标文件要求提交投标文件的截止时间前收到的所有投标文件，开标时都应当当众予以拆封、宣读。开标过程应当记录，并存档备查。

评标由招标人依法组建的评标委员会负责。依法必须进行招标的项目，其评标委员会由招标人的代表和有关技术、经济等方面的专家组成，成员人数为五人以上单数，其中技术、经济等方面的专家不得少于成员总数的三分之二。上述专家应当从事相关领域工作满八年并具有高级职称或者具有同等专业水平，由招标人从国务院有关部门或者省、自治区、直辖市人民政府有关部门提供的专家名册或者招标代理机构的专家库内的相关专业的专家名单中确定；一般招标项目可以采取随机抽取方式，特殊招标项目可以由招标人直接确定。与投标人有利害关系的人不得进入相关项目的评标委员会；已经进入的应当更换。评标委员会成员的名单在中标结果确定前应当保密。

招标人应当采取必要的措施，保证评标在严格保密的情况下进行。任何单位和个人不得非法干预、影响评标的过程和结果。评标委员会可以要求投标人对投标文件中含义不明确的内容作必要的澄清或者说明，但是澄清或者说明不得超出投标文件的范围或者改变投标文件的实质性内容。评标委员会应当按照招标文件确定的评标标准和方法，对投标文件进行评审和比较；设有标底的，应当参考标底。评标委员会完成评标后，应当向招标人提出书面评标报告，并推荐合格的中标候选人。招标人根据评标委员会提出的书面评标报告和推荐的中标候选人确定中标人。招标人也可以授权评标委员会直接确定中标人。国务院对特定招标项目的评标有特别规定的，从其规定。

中标人的投标应当符合下列两方面条件之一，即能够最大限度地满足招标文件中规定的各项综合评价标准；能够满足招标文件的实质性要求，并且经评审的投标价格最低，但是投标价格低于成本的除外。评标委员会经评审，认为所有投标都不符合招标文件要求的，可以否决所有投标。依法必须进行招标的项目的所有投标被否决的，招标人应当依照《中华人民共和国招标投标法》重新招标。在确定中标人前，招标人不得与投标人就投标价格、投标方案等实质性内容进行谈判。

评标委员会成员应当客观、公正地履行职务，遵守职业道德，对所提出的评审意见承担个人责任。评标委员会成员不得私下接触投标人，不得收受投标人的财物或者其他好处。评标委员会成员和参与评标的有关工作人员不得透露对投标文件的评审和比较、中标候选人的推荐情况以及与评标有关的其他情况。

中标人确定后，招标人应当向中标人发出中标通知书，并同时将中标结果通知所有未中标的投标人。中标通知书对招标人和中标人具有法律效力。中标通知书发出后，招标人改变中标结果的，或者中标人放弃中标项目的，应当依法承担法律责任。

招标人和中标人应当自中标通知书发出之日起 30 日内，按照招标文件和中标人的投标文件订立书面合同。招标人和中标人不得再行订立背离合同实质性内容的其他协议。招标文件要求中标人提交履约保证金的，中标人应当提交。依法必须进行招标的项目，招标人应当自确定中标人之日起 15 日内，向有关行政监督部门提交招标投标情况的书面报告。

中标人应当按照合同约定履行义务，完成中标项目。中标人不得向他人转让中标项目，也不得将中标项目肢解后分别向他人转让。中标人按照合同约定或者经招标人同意，可以将中标项目的部分非主体、非关键性工作分包给他人完成。接受分包的人应当具备相应的资格条件，并不得再次分包。中标人应当就分包项目向招标人负责，接受分包的人就分包项目承担连带责任。

1.2.5 相关的法律责任

违反《中华人民共和国招标投标法》规定，必须进行招标的项目而不招标的，将必须进行招标的项目化整为零或者以其他任何方式规避招标的，责令限期改正，可以处项目合同金额千分之五以上千分之十以下的罚款；对全部或者部分使用国有资金的项目，可以暂停项目执行或者暂停资金拨付；对单位直接负责的主管人员和其他直接责任人员依法给予处分。

招标代理机构违反《中华人民共和国招标投标法》规定，泄露应当保密的与招标投标活动有关的情况和资料的，或者与招标人、投标人串通损害国家利益、社会公共利益或者他人合法权益的，处 5 万元以上 25 万元以下的罚款；对单位直接负责的主管人员和其他直接责任人员处单位罚款数额百分之五以上百分之十以下的罚款；有违法所得的，并处没收违法所得；情节严重的，禁止其 1～2 年内代理依法必须进行招标的项目并予以公告，直至由工商行政管理机关吊销营业执照；构成犯罪的，依法追究刑事责任。给他人造成损失的，依法承担赔偿责任。前述所列行为影响中标结果的，中标无效。

招标人以不合理的条件限制或者排斥潜在投标人的，对潜在投标人实行歧视待遇的，强制要求投标人组成联合体共同投标的，或者限制投标人之间竞争的，责令改正，可以并处 1 万元以上 5 万元以下的罚款。

依法必须进行招标的项目的招标人向他人透露已获取招标文件的潜在投标人的名称、数量或者可能影响公平竞争的有关招标投标的其他情况的，或者泄露标底的，给予警告，可以并处 1 万元以上 10 万元以下的罚款；对单位直接负责的主管人员和其他直接责任人员依法给予处分；构成犯罪的，依法追究刑事责任。前述所列行为影响中标结果的，中标无效。

投标人相互串通投标或者与招标人串通投标的，投标人以向招标人或者评标委员会成员行贿的手段谋取中标的，中标无效，处中标项目金额千分之五以上千分之十以下的罚款，对单位直接负责的主管人员和其他直接责任人员处单位罚款数额百分之五以上百分之十以下的罚款；有违法所得的，并处没收违法所得；情节严重的，取消其 1～2 年内参加依法必须进行招标的项目的投标资格并予以公告，直至由工商行政管理机关吊销营业执照；构成犯罪的，依法追究刑事责任。给他人造成损失的，依法承担赔偿责任。

投标人以他人名义投标或者以其他方式弄虚作假，骗取中标的，中标无效，给招标人造成损失的，依法承担赔偿责任；构成犯罪的，依法追究刑事责任。依法必须进行招标的项目的投标人有前述所列行为尚未构成犯罪的，处中标项目金额千分之五以上千分之十以下的罚款，对单位直接负责的主管人员和其他直接责任人员处单位罚款数额百分之五以上百分之十以下的罚款；有违法所得的，并处没收违法所得；情节严重的，取消其 1～3 年内参加依法必须进行招标的项目的投标资格并予以公告，直至由工商行政管理机关吊销营业执照。

依法必须进行招标的项目，招标人违反《中华人民共和国招标投标法》规定，与投标人就投标价格、投标方案等实质性内容进行谈判的，给予警告，对单位直接负责的主管人员和其他直接责任人员依法给予处分。前述所列行为影响中标结果的，中标无效。

评标委员会成员收受投标人的财物或者其他好处的，评标委员会成员或者参加评标的有关工作人员向他人透露对投标文件的评审和比较、中标候选人的推荐以及与评标有关的其他情况的，给予警告，没收收受的财物，可以并处 3000 元以上 5 万元以下的罚款，对有所列违法行为的评标委员会成员取消担任评标委员会成员的资格，不得再参加任何依法必须进行招标的项目的评标；构成犯罪的，依法追究刑事责任。

招标人在评标委员会依法推荐的中标候选人以外确定中标人的，依法必须进行招标的项目在所有投标被评标委员会否决后自行确定中标人的，中标无效，责令改正，可以处中标项目金额千分之五以上千分之十以下的罚款；对单位直接负责的主管人员和其他直接责任人员依法给予处分。

中标人将中标项目转让给他人的，将中标项目肢解后分别转让给他人的，违反《中华人民共和国招标投标法》规定将中标项目的部分主体、关键性工作分包给他人的，或者分包人再次分包的，转让、分包无效，处转让、分包项目金额千分之五以上千分之十以下的罚款；有违法所得的，并处没收违法所得；可以责令停业整顿；情节严重的，由工商行政管理机关吊销营业执照。

招标人与中标人不按照招标文件和中标人的投标文件订立合同的，或者招标人、中标人订立背离合同实质性内容的协议的，责令改正，可以处中标项目金额千分之五以上千分之十以下的罚款。

中标人不履行与招标人订立的合同的，履约保证金不予退还，给招标人造成的损失超过履约保证金数额的，还应当对超过部分予以赔偿；没有提交履约保证金的，应当对招标人的损失承担赔偿责任。中标人不按照与招标人订立的合同履行义务，情节严重的，取消其 2～5 年内参加依法必须进行招标的项目的投标资格并予以公告，直至由工商行政管理机关吊销营业执照。因不可抗力不能履行合同的，不适用前述规定。

以上规定的行政处罚，由国务院规定的有关行政监督部门决定。《中华人民共和国招标投标法》已对实施行政处罚的机关作出规定的除外。

任何单位违反《中华人民共和国招标投标法》规定，限制或者排斥本地区、本系统以外的法人或者其他组织参加投标的，为招标人指定招标代理机构的，强制招标人委托招标代理机构办理招标事宜的，或者以其他方式干涉招标投标活动的，责令改正；对单位直接负责的主管人员和其他直接责任人员依法给予警告、记过、记大过的处分，情节较重的，依法给予降级、撤职、开除的处分。个人利用职权进行前述违法行为的，依照前述规定追究责任。

对招标投标活动依法负有行政监督职责的国家机关工作人员徇私舞弊、滥用职权或者玩忽职守，构成犯罪的，依法追究刑事责任；不构成犯罪的，依法给予行政处分。依法必须进行招标的项目违反《中华人民共和国招标投标法》规定，中标无效的，应当依照《中华人民共和国招标投标法》规定的中标条件从其余投标人中重新确定中标人或者依照《中华人民共和国招标投标法》重新进行招标。

1.2.6 其他

投标人和其他利害关系人认为招标投标活动不符合《中华人民共和国招标投标法》有关规定的，有权向招标人提出异议或者依法向有关行政监督部门投诉。涉及国家安全、国家秘密、抢险救灾或者属于利用扶贫资金实行以工代赈、需要使用农民工等特殊情况，不适宜进行招标的项目，按照国家有关规定可以不进行招标。使用国际组织或者外国政府贷款、援助资金的项目进行招标，贷款方、资金提供方对招标投标的具体条件和程序有不同规定的，可以适用其规定，但违背中华人民共和国的社会公共利益的除外。

1.3 招标书的基本要求

1.3.1 招标书的特点

招标书是一种实用性文书。招标书又称招标通告、招标启事、招标广告，它的作用是将招标主要事项和要求公告于世，从而招使众多的投资者前来投标。招标书一般通过报刊、广播、电视等公开传播媒介发表。在整个招标过程中，它是属于首次使用的公开性文件，也是唯一具有周知性的文件。招标书是吸引竞争者加入的一种文书，它具有相当的竞争性。招标书要求在短时间内获得结果，因此，又具有时间的紧迫性。

招标书是招标人利用投标者之间的竞争达到优选买主或承包方的目的，从而利用和吸收各地优势于一家的交易行为所形成的书面文件，属于要约的范畴。所谓招标书，即业主按照规定条件发招标书，邀请投标人投标，在投标人中选择理想合作伙伴的一种方式。招标书是招标过程中介绍情况、指导工作、履行一定程序所使用的一种实用性文书。招标书也是一种告示性文书，它提供全面情况，便于投标方根据招标书提供的情况做好准备工作，同时指导招标工作的开展。

招标书一般由标题、正文、结尾三部分组成。标题写在第一行的中间，常见写法有三种，一是由招标单位名称、招标性质及内容、招标形式、文种四元素构成的标题；二是由招标性质及内容、招标形式、文种三元素构成的标题；三是只写文种名称"招标书"的标题。正文由引言、主体部分组成。引言部分要求写清楚招标依据、原因；主体部分要翔实交代招标方式（公开招标、邀请招标）、招标范围、招标程序、招标内容的具体要求、双方签订合同的原则、招标过程中的权利和义务、组织领导、其他注意事项等内容。招标书的结尾，应签具招标单位的名称、地址、电话、电报挂号等，以便投标者参与。

招标书是签订合同的依据，是一种具有法律效力的文件，内容和措辞都要周密严谨。招标书没有必要长篇大论，只要把所要讲的内容简要介绍，突出重点即可，切忌没完没了地胡乱罗列、堆砌。招标涉及的是交易贸易活动，要遵守平等、诚恳的原则。招标书按时间有长期招标书和短期招标书；按内容及性质有企业承包招标书、工程招标书、大宗商品交易招标书；按招标范围有国际招标书和国内招标书。建筑行业的招标书主要内容是业主（招标单位）或招标代理机构向建筑单位所提供的有关招标工程的一些基本信息，比如工程的资金来源、建筑规模、开标时间及地点、所要求的资质等级、建筑单位所要提供的相关资料等，以及便于建筑单位编制投标文件的一些要求和注意事项。

1.3.2　招标书的格式

1）标题。由招标单位名称、招标项目名称和文种三部分构成，如《××大学修建图书馆楼的招标通告》。由招标单位名称和招标文种构成，如《××集团招标公告》。也可只写招标文种，比如《招标公告》《招标书》。

2）正文。一般用条文式，有的也可用表格式。

引言应写明招标目的、依据以及招标项目的名称。如《××里住宅小区建筑安装工程施工招标通告》，"本公司负责组织建设的××里住宅小区工程的施工任务，经××市城乡建设委员会批准，实行公开招标，择优选定承包单位，现将招标有关事项通告如下："。

主体是招标公告的核心。要详细写明招标的内容、要求及有关事项。一般采用横式并列结构，将有关要求逐项说明，有的还需要列表。具体包括了如下四个部分。第一部分是招标内容，包括工程名称、建筑面积、设计要求、承包方式、交工日期等，如《××里住宅小区建筑安装工程施工招标通告》，"工程名称和地址：××里住宅小区，坐落于××市东城区内城东北角。工程主要内容：总建筑面积 10.7 万平方米，其中 14～18 层大模外挂板住宅楼 7 座，计 7.85 万平方米；框架结构 6 层住宅楼 5 座，计 2.25 万平方米；其余为配套附属建筑，也是框架结构。工程质量要求应符合国家施工验收规范。承包方式：全部包工包料（建设单位提供三材指标）"。又如《××大学修建图书馆的招标通告》，"工程名称：××大学图书馆楼。建筑面积：××平方米。施工地址：×市×路×号。设计及要求：见附件（略）。交工日期：20××年×月"。第二部分是招标范围，包括投标单位资格及应提交的文件，如凡持有一、二级建筑安装企业营业执照的单位皆可报名参加投标；报名时应提交下列文件：投标单位概况表；技术等级证书（复制件）；工商营业执照（复制件）；外地建筑企业在本市参加投标许可证。第三部分是招标程序，包括报名及资格审查；领取招标文件；招标交底会（交代要求及有关说明）；接受标书；开标；交招标文件押金或购买招标文件。第四部分是招投标双方的权利和义务、双方签订合同的原则、组织领导以及其他事项等。

3）结尾。应写明招标单位名称、地址、电话、电报、邮政编码等。

1.3.3　招标书的编制原则

1）遵守法律法规。招标文件是一份具有法律效力的文件，接到采购项目委托以后，首先要考虑该项目是否有可行性论证报告、是否通过国家相关管理部门的批准、资金来源是否已落实等。招标文件的内容应符合国内法律法规、国际惯例、行业规范等。这就要求政府采购从业人员不仅要具有精湛的专业知识、良好的职业素养，还要有一定的法律法规知识，如合同条款不得和《民法典》相抵触。有的招标文件中要求必须有本省的某行业领域资格证书，限制外地供应商竞争的规定，就与我国法律相背离。

2）反映采购人需求。招标代理机构面对的采购单位千差万别，各采购单位对自己的项目了解程度也深浅不一，再加上采购项目门类繁多，招标代理机构编制招标文件前就要对采购单位状况、项目复杂情况、具体要求等所有需求有一个真实全面的了解。在编招标文件时应该考虑的都要考虑到，即使当时不能确定具体要求，也应把考虑到的要求提出来。想到了，但不能确定的也应该把想到了的提出来，让投标者根据自己的经验来建议。有时一个细微疏漏，就可能造成被动局面，比如只注意设备的技术性能而忽略其整体几何尺寸，最后设备可能进不了厂房的门，进了门可能又没有适合的面积来安装调试；考虑报价要求时可能对设备报价提出了要求，偏偏把分项报价忽略了，这都会给实际工作带来困难。

3）公正合理。公正是指公正、平等对待使用单位和供应商。招标文件是具有法律效力的文件，双方都要遵守，都要承担义务。合理是指采购人提出技术要求、商务条件必须依据充分并切合实际。技术要求根据可行性报告、技术经济分析确定，不能盲目提高标准、提高设备精度等，否则会多花不必要的钱。合理的特殊要求，可在招标文件中列出，但这些条款不应过于苛刻，更不允许将风险全部转嫁给中标方。由于项目的特殊要求需要提供出合同条款，如支付方式、售后服务、质量保证、主保险费及投标企业资格文件等，这部分要求的提出也要合理。验收方式和标准应采用我国通用的标准，或我国承认的国外标准、欧洲标准等。

4）公平竞争。公平竞争是指招标文件不能存有歧视性条款。只有公平才能吸引真正感兴趣、有竞争力的投标厂商。招标文件不能含有歧视性条款，政府采购监管部门对招标工作的监管最重要的任务之一就是审查招标文件中是否存有歧视性条款。当然技术规格要求制订得过低，看似扩大了竞争面，实则给评标带来了很大困难，评标的正确性很难体现，最后选择的结果可能还是带有倾向性的。为了减少招标文件的倾向性，首先根据使用要求和使用目的确定货物档次，建议采用同档次产品开展市场调查进行比较，或向有水平的行业专家咨询，找出各匹配产品质量、性能、价格等差异所在。多分析、多观察，制订一些必须满足的基本指标，既要满足采购人的要求，又要保证有足够的供应商参与竞争。招标文件应载明配套的评标因素或方法，尽量做到科学合理，这样会使招标更加公开，人为因素相对减少，会使潜在的投标人更感兴趣。招标文件成形后，最好组织有关专家审定、把关。这些都是保证招标公平、公正的关键环节。

5）科学规范。以最规范的文字，把采购的目的、要求、进度、服务等描述得简洁有序、准确明了，使有兴趣参加投标的所有投标人都能清楚地知道需要提供什么样的货物、服务才能满足采购需求。不允许使用大概、大约等无法确定的语句，不要委婉描述，不要字句堆砌，表达上的含混不清，会造成理解上的差异。不要将在某一部分说清楚了的事，又在另外章节中复述，弄不好，可能产生矛盾，让投标人无所适从。对设备的软件问题，也应根据需要合理提示，以防在签约时出现价格问题。

6）维护政府、企业利益。招标文件的编制要注意维护采购单位的利益，如给公安系统招标网络设备就要考虑安全问题。不得损害国家利益和社会公众利益，如为了维护国家安全，给广电部门招标宽带网项目时就要注意这个问题。总之考虑得越细致、全面，执行起来就越顺当。招标项目门类繁多，只有多积累、多调查、多思索，才能深入浅出，编出一份合乎规范的招标文件来。

1.4　投标书的基本要求

1.4.1　投标书的特点

投标书是指投标单位按照招标书的条件和要求，向招标单位提交的报价并填具标单的文书。它要求密封后邮寄或派专人送到招标单位，故又称标函。它是投标单位在充分领会招标文件，进行现场实地考察和调查的基础上所编制的投标文书，是对招标公告提出的要求的响应和承诺，并同时提出具体的标价及有关事项来竞争中标。投标书是招标工作时甲乙双方都要承认遵守的具有法律效力的文件，因此逻辑性要强，不能前后矛盾，模棱两可，用语要精练，要简短。对政策法规的准确理解与执行，有利于标书制作者剔除歧视性条款。

投标书的特点是针对性、求实性、合约性。投标书是为特定项目而准备的，必须针对招标文件中提出的要求和条件进行编写，从项目背景、技术要求、服务承诺到价格策略，每一部分都要与招标文件的要求相符，不能有偏离。投标书包含了企业的基本信息、技术方案、服务承诺、价格明细等各个方面，内容必须完整，不得遗漏关键信息；同时，由于涉及专业领域，投标书必须具备较高的专业性，确保技术方案的可行性和先进性。投标书的结构必须清晰，逻辑严密；从封面、目录到正文，每一部分都要有明确的主题和逻辑关系，方便评审人员快速理解和评估；正文部分通常按照项目概述、技术部分、商务部分等顺序排列，条理分明。投标书的格式和内容通常都有明确的标准要求，这有利于评审人员快速识别和评估投标书的可靠性；企业在进行投标时，必须按规定的格式和要求进行编制，确保投标书的合规性。投标过程通常具有严格的时间要求，投标书必须在规定的时间内准备和提交；这要求企业在短时间内完成高质量的投标书编制，考验企业的应变能力和组织能力。

投标书的封面应包含标题（如"投标书"）、项目名称、投标日期、投标方名称及联系方式等，封面应简洁明了，突出关键信息。目录应列出投标书的各个部分及其页码，方便阅读者查找。正文中的公司或组织简介应包括背景、经验、专业领域等。应准确理解招标项目的需求、目标、范围等，分析项目的关键成功因素、潜在风险和挑战。应提供针对招标项目的详细解决方案，包括技术路线、方法、工具等。应全面描述实施方案，包括时间表、人员配置、资源需求、项目管理计划等。应清晰地说明如何确保项目的质量和进度。应提出针对潜在风险的控制措施和应对策略。应提供详细的成本预算，包括人力成本、材料成本、设备成本等，并给出合理的报价及解释报价的依据和合理性。应完整描述项目完成后将提供的售后服务和支持，包括保修期、维护服务、培训等。投标书开头应写明投标的依据和主导思想，概述投标的目的和意愿，应详细阐述投标方的经营思想、经营方针、经营目标、经营措施、要求及外部条件等内容。投标书结尾应总结全文，表达合作意愿和信心，并感谢招标方给予投标机会。附件应提供与投标书相关的附件和证明文件，如公司资质证书、项目经验证明、技术方案详细说明等。投标书必须针对招标项目的具体需求和特点撰写，避免泛泛而谈；应确保投标书各个部分之间逻辑连贯、条理清晰；应避免使用过于复杂或模糊的词汇和句子，确保阅读者能够轻松理解；在提供成本预算、报价等关键数据时要确保准确无误；应遵循招标文件要求的格式和排版规范，确保投标书的专业性和可读性；投标书提交前应仔细校对投标书的内容、格式和拼写错误等，确保投标书的准确性和完整性；应按照招标文件要求密封包装投标书，并加盖正副本章、密封章等；在投标过程中要遵守相关法律法规和招标文件的规定，确保投标的合法性和公正性。

1.4.2　投标文件的组成

工程招标和政府采购项目中，投标书通常分为商务标和技术标两大部分，当然如果更细分点，也可分为商务标、技术标、经济标三部分。

商务标就是投标报价中的价格，也就是预算书，其中有每一项的报价分析或说明。商务标书包括企业资质、营业执照、相关获奖证书、证明公司业绩的相关文件，有的还需要安全生产许可证、企业简介，具体需根据招标文件要求确定。商务标是一种应对招标的文件。通常情况下，投标文件商务部分内容主要由以下 12 部分组成，即法定代表人身份证明；法人授权委托书（正本为原件）；投标函；投标函附录；投标保证金交存凭证复印件；对招标文件及合同条款的承诺及补充意见；工程量清单计价表；投标报价说明；报价表（又称投标一览表）；投标文件电子版（U 盘或光盘）；企业营业执照、资质证书、安全生产许可证等；附件。投标文件中应在投标文件商务部分所述内容后附以下文件及资料（未注明的为复印件），比如当地施工安全管理部门出具的安全生产证明材料及安全资格证。商务标主要判断该投标企业是否符合招标文件要求的资格等，一般在投标报名时就会进行资格预审，达标后才有资格参加投标活动。

技术标通常属于建筑术语，包括全部施工组织设计内容，用以评价投标人的技术实力和建设经验。技术复杂的项目对技术文件的编写内容及格式均有详细要求，应当认真按照规定填写标书文件中的技术部分，包括技术方案、产品技术资料、实施计划等。技术部分主要包括以下 10 方面内容，即施工部署；施工现场平面布置图；施工方案；施工技术标准；施工组织及施工进度计划（包括施工段的划分、主要工序及劳动力安排以及施工管理机构或项目经理部组成）；施工机械设备配备情况；质量保证措施；工期保证措施；安全施工措施；文明施工措施。技术标又分明标和暗标。明标是招标方公开标底，包括技术指标，项目预算案等的招标方式。暗标即将投标人的投标文件分为明标商务标和暗标技术标两部分进行分别评审的一种评标方法。商务标署名为明标，而技术标只能在包装袋上署名，进入评标阶段后，由公证处和监督单位对所有的技术标进行拆封、编号、封存，待技术评标结束后，再当场公布各投标人技术编号，而后才进行技术评审。技术标如果使用暗标的方式进行评审，暗标标书的具体编制方法应在招标文件中予以明确。对较大工程，可以要求投标的注册建造师就技术标的有关问题进行现场答辩。技术标如果是建设项目，则应包括全部施工组织设计内容，用以评价投标人的技术实力和经验。技术复杂的项目对技术文件的编写内容及格式均有详细要求，投标人应当认真按照规定填写标书文件中的技术部分，包括技术方案，产品技术资料，实施计划等。

经济标主要是指投标报价的组成文件，不过有的地方将其看作是控制成本的依据，因此又可以看作是成本价；设计确定以后，企业能否入围，取决于经济标。经济标如果没有特殊规定应该由以下 11 方面内容组成，即报价封面；投标报价汇总表；规费、税金项目清单与计价表；措施项目清单计价表一；措施项目清单计价表二；单位工程工程量清单汇总表；分部分项工程量清单；零星项目计价表；乙供材料价格表；单价分析表；投标文件电子版（U 盘或光盘）。

1.5　技术标投标

1.5.1　投标策划阶段的基本要求

1）第一次标前会议。完成投标资源组织工作，包括确定投标技术人员、投标工作后勤保障人员；投标组应设置单独办公场地且办公环境安静；办公场地内办公设备齐全（桌椅、电脑、纸笔、打印机、电源、网络、投影仪）；规定作息时间、纪律及投标人员后勤保障要求。进行招标文件及相关经济技术研读，要求通篇阅读。明确废标条件，技术标评分标准，业主特殊需求，工期、质量、安全、创优等要求；初步分析投标工程重点、难点及应对措施。同时将投标文件中不明确的地方标出，为投标答疑做准备。根据投标会议研讨结果，投标负责人负责编制技术标投标策划书。

2）现场踏勘。踏勘现场时应考察施工现场及周围地形、地貌、水文、气候、地质、沟渠、交通道路、可作为合理土方堆放的场地、可搭设临设的场地等情况，检查现有的建筑物以及可作为储存和施工用途的空间。了解现场内临水、临电接入位置，临时排污口、雨水井位置，已有施工临时路口、临时设施搭建位置，施工用围墙大门可设置位置等现场基本情况；顺便还需留意场地内"三通一平"已平整情况，是否有沟渠、地下管线，临时围墙、大门等建设单位是否已设置。了解工程所在地的劳动力、建材市场的供应情况等，以获得一切可能影响投标报价的直接资料。

3）第二次标前会议。项目投标负责人组织技术人员与商务人员研讨投标完成进度要求、人员组织架构、各技术人员分工及协作的具体要求。项目投标负责人负责技术标内部协作、市场部对接工作、商务标编制人员对接工作。项目投标负责人组织投标小组人员对招标文件进行阅读和交流，对现场踏勘情况进行交底，明确技术标重点难点，使之有针对性。研讨技术标总体施工部署、施工段划分及大型设备选择方案，形成初步工作思路。

1.5.2 正式投标阶段的基本要求

1）技术标编制原则。完全满足招标文件的要求。合理安排施工程序与顺序。用流水作业法和网络计划合理制订进度计划。满足经济节约的原则。实施目标管理及各项保障措施。

2）技术标编制要求。通读招标文件及相关资料，同时根据招标文件向招标人提出疑问。根据招标文件要求，投标小组于2天内讨论确定施工总体部署思路，编制技术标目录或大纲。搜集相关工程技术参考资料，投标小组成员根据确定的技术标目录按各自分工编制技术标。

3）技术标编制内容。总平面布置图应包括施工区域划分图、地下施工阶段平面布置图、地上施工阶段平面布置图、装饰装修阶段平面布置图、临电平面布置图、临水平面布置图、生活区平面布置图等；可根据投标文件及实际需要对上述平面布置图进行细化（如地下施工阶段可划分为：土方施工阶段、基础施工阶段、地下室施工阶段）。施工总进度计划应合理，根据投标文件中规定的工期节点及施工部署绘制施工总进度计划，确保编排的严密性和科学性，一般包括横道图与网络图。劳动力计划应合理，根据工期要求、施工部署情况及结构特点编制劳动力计划；计划中内容应包括：各施工阶段及时间段（年、月）内施工所需各工种人员数量。机械设备投入计划应合理，内容包括大型机械设备、加工机械等投入数量、型号、设备参数、设备进退场时间等。物资需求计划应合理，包括主要施工材料、周转材料数量、规格、使用时间等。场地需求计划应合理，包括工人生活区面积、办公区面积、加工场地面积、施工道路面积等临时用地计划使用面积。主要技术方案编制应合理，选择的工程施工工艺及方法要与投标工程内容相关，图表并茂；针对招标文件要求结合技术标评分点审查有无漏项和冗余项；工程重点、难点分析到位、切中要害，并提出相应的合理的应对措施；施工组织方案按照工程特点和要求进行任务划分，各区域施工任务划分均衡合理；技术方案编制突出技术亮点，表现企业技术优势，将公司成形的新工艺、新技术、新方法应用融合到技术方案中。技术标排版应规范，应符合投标文件中对技术标字体、格式、页面布局等格式的规定，同时注意技术标页数控制，避免内容上繁冗拖沓。

4）技术标修订。投标负责人负责与商务标编制人员沟通，结合公司市场部投标信息，整体把控标书编制整体工作思路，及时调整技术标编制内容。第一次评审修订应合规，根据投标答疑文件对技术标电子版文件进行第一次修订，评审包括自检与互检，对编制的内容进行通读，检查是否有漏项、是否存在与招标答疑文件相违背的内容，其次检查标书中单位名称、地点、方案中主要参数是否修改完善，本次修订工作于2天内完成；按投标文件中格式要求打印第一版技术标，要求仅打印一版纸质技术标，准备第二次评审修订。第二次评审修订应合规，对打印的第一版技术标进行评审修订；评审包括自检与互检，包括优化主要方案、修改标书中前后矛盾事项、各专业各工序之间衔接是否合理；本次修订工作于3天内完成；按投标文件中格式要求打印第二版技术标，要求仅打印一版纸质技术标，准备技术标终审。

5）BIM建模或动漫制作。采用草图大师（Sketchup）软件对各个施工阶段及主要施工工序进行动漫演示，能够反映关键工期节点完成效果，动漫时间控制在15～20min；同时选取关键工期节点完成效果图插入施工组织设计中，配合文字内容使表述更清晰直观。

6）技术终审及定稿。针对第二版技术标进行终审，通读技术标全部内容，同时注意文字及图表格式是否有误，修改完善后定稿；修改时间为投标截止日前 2～3 天；将技术标所有技术资料转化为 PDF 格式打印，同时准备好电子版原稿。

1.5.3　投标扫尾阶段的基本要求

1）技术标正副本制作。先打印正本技术标，检查文字及图表是否清晰完整，无误后可以复印成副本；一般正本一份副本四份，按投标文件中标书制作要求确定具体打印数量；打印正副本封皮，注意副本下面的第一页也必须是印有副本的招标文件的首页。签字应规范，在标书中，有需要被授权人签字的地方和法人签字的地方要注意，不可以签错地方，同时要确保不是同一个人签两个；每一页都要求被授权人在标书的右下方签字，这里首先注意位置不要太靠边以有利于装订，其次要保证每一页的名字都是一样的。盖章应规范，每一页都要盖上公司的章，认真审查尽量不要遗漏。

2）电子标书制作。根据投标文件中电子标书格式及数量要求准备电子版技术标，并刻录成光盘。

3）封标。正本一份单独一袋分装，副本分装另一袋，然后密封，粘上密封条，注意密封上的时间；密封完毕后，在密封条上盖章，注意尽量一半在密封条上一半在密封袋上。

4）送达。按投标文件抄送时间委派专人对标书进行派送，确保送达时间内送达标书。

1.5.4　技术标答辩阶段的基本要求

1）答辩前的准备工作。标书答辩准备应充分。答辩人员准备应到位，主答辩人为项目经理，其他答辩人为技术负责人、商务经理。内容准备应充分，项目经理应对标书中所包含的作业常识、技术性指标、测算依据等有一个清醒的思路；答辩组成员（技术负责人、商务经理）对标书内容熟练掌握，包含承诺数据、投标的依据、测算方式、保障机制。时间准备应充分，提前一天到达述标地点，确保第二天准时到达投标答辩现场。述标文件制作应规范，正式投标前 2 天完成述标 PPT 及动画演示视频，项目经理提前一天熟悉述标文件 PPT 及动画演示内容。退场秩序应合规，业主单位宣布本轮答辩结束后，主答辩人向主持会议人员示意后，主答辩人员先行，其他人员随后退场。

2）正式答辩。进场时间应合规，提前 15min 入场，将答辩所需物品准备齐全，准备笔记本、记录笔、笔记本电脑与投影设备连接并试机。

3）答辩后跟踪。记录评分结果。

1.5.5　其他

根据评标结果，投标组全体成员对扣分部分进行讨论分析，找出问题所在，制订解决措施，形成文件记录，避免再次产生此类问题。给业主留下较好印象的部分，进行归纳总结，形成标准化文件。

第 2 章

××省××市 S12 地块新建学校配套用电施工项目竞争性磋商招标文件

2.1 封面与目录

竞争性磋商文件的封面应逐行依次注明竞争性磋商文件；项目号：MYC23D00012；磋商项目编号：XQZB-【2023】第 099 号；磋商项目名称：S12 地块新建学校配套用电（茂源城新建配套中学用电）施工；采购人：××市××区教育委员会、××乐成资产经营（集团）有限公司；采购代理机构：××凯乐工程项目管理有限公司；日期：2023 年 7 月。

竞争性磋商文件的目录应包括采购邀请书，内含竞争性磋商内容、资金来源、供应商资格条件、磋商有关说明、磋商保证金、履约保证金、采购项目需落实的政府采购政策、其他有关规定、联系方式；项目服务需求，内含项目基本概况介绍、工作内容、工程质量及施工要求、施工图及工程量清单、现场踏勘、其他；项目商务需求，内含服务期/地点及验收方式、报价要求、磋商报价、结算原则、付款方式、施工安全、其他要求；磋商程序及方法、评审标准、无效响应和采购终止，内含磋商程序及方法、评审标准、无效响应、采购终止；供应商须知，内含磋商费用、竞争性磋商文件、磋商要求、成交供应商的确认和变更、成交通知、关于质疑和投诉、签订合同、采购代理服务费、政府采购信用融资；政府采购合同；响应文件编制要求，内含经济部分、服务部分、商务部分、资格条件及其他、其他资料、各行业划型标准。

2.2 采购邀请书

采购邀请书格式如下。

××凯乐工程项目管理有限公司（以下简称采购代理机构）接受××市××区教育委员会、××乐成资产经营（集团）有限公司（以下简称采购人）的委托，对 S12 地块新建学校配套用电（茂源城新建配套中学用电）施工进行竞争性磋商采购。欢迎有资格的供应商前来参与磋商。

1）竞争性磋商内容。见表 2-1。

表 2-1 竞争性磋商内容

项目名称	最高限价/元	磋商保证金	成交供应商数量/名	采购标的对应的中小企业划分标准所属行业
S12 地块新建学校配套用电（茂源城新建配套中学用电）施工	2570015.36	无	1	建筑业

2）资金来源。财政预算资金，预算金额 271.99 万元。

3）供应商资格条件。满足《中华人民共和国政府采购法》第二十二条规定。落实政府采购政策需满足的资格要求：本项目专门面向中小微企业采购，提供中小企业声明函。本项目的特定资格要求是投标人须同时具备以下资质并在人员、设备、资金等方面具备相应的施工能力，即建设行政主管部门颁发的有效的输变电工程专业承包三级及以上资质或电力工程施工总承包三级及以上资质〔提供有效资质证书复印件并加盖投标人公章（鲜章）〕；国家电力主管部门核发的五级及以上承装（修、试）电力设施许可证〔提供有效资质证书复印件并加盖投标人公章（鲜章）〕。

4）磋商有关说明。供应商应通过××市政府采购网（www.ccgp-××.gov.cn）登记加入"××市政府采购供应商库"。凡有意参加磋商的供应商，请在××市政府采购网（https：//www.ccgp-××.gov.cn/）或××市公共资源交易网（××区）（https：//www.××ggzy.com/dadukouweb/）上下载本项目竞争性磋商文件以及图纸、澄清等磋商前公布的所有项目资料，无论供应商下载或领取与否，均视为已知晓所有磋商实质性要求内容。竞争性磋商公告期限：自采购公告发布之日起三个工作日。供应商须满足以下 2 种要件，其响应文件才被接受，即按时递交了响应文件；按时报名签到。递交响应文件地点：××市××区公共资源交易中心接标处（××市××区胜利路 2199 号）。响应文件递交时间：2023 年 8 月 5 日北京时间 09：00；截止时间：2023 年 8 月 5 日北京时间 09：30。磋商开始时间：2023 年 8 月 5 日北京时间 09：30。

5）磋商保证金。无。

6）履约保证金。成交人是否提供履约担保：提供。成交人提供履约担保的形式、金额及期限：履约担保的形式"支票、汇票、本票或者金融机构、担保机构出具的保函或电子保函等非现金形式提交"；履约担保的金额"签约合同价的 5%"；履约担保的提交时间"成交通知书发出后七天内，承包人按担保金额向发包人提交履约担保"。履约担保的期限：自提交履约担保之日起至完工验收合格之日止。履约担保的退还时间：工程完工验收合格，收到成交人申请后 14 天内按程序办理支付手续。账户信息：成交通知书发出后七天内（到账时间以乐成公司开具收据为准）将履约担保汇入下列账户。开户行：中国银行××支行；账号：　　　；账户名称：××乐成资产经营（集团）有限公司；联系人：×××；电话：　　　。

7）采购项目需落实的政府采购政策。按照《关于印发环境标志产品政府采购品目清单的通知》（财库〔2019〕18 号）和《关于印发节能产品政府采购品目清单的通知》（财库〔2019〕19 号）的规定，落实国家节能环保政策。按照《关于印发〈政府采购促进中小企业发展管理办法〉的通知》（财库〔2020〕46 号）的规定，落实促进中小企业发展政策。按照《财政部　司法部关于政府采购支持监狱企业发展有关问题的通知》（财库〔2014〕68 号）的规定，落实支持监狱企业发展政策。按照《关于促进残疾人就业政府采购政策的通知》（财库〔2017〕141 号）的规定，落实支持残疾人福利性单位发展政策。

8）其他有关规定。单位负责人为同一人或者存在直接控股、管理关系的不同供应商，不得参加同一合同项（分包）下的政府采购活动，否则均为无效响应。为采购项目提供整体设计、规范编制或者项目管理、监理、检测等服务的供应商，不得再参加该采购项目的其他采购活动。本项目的澄清文件（如果有）一律在××市政府采购网（https：//www.ccgp-××.gov.cn/）和××市公共资源交易网（××区）（https：//www.××ggzy.com/dadukouweb/）上发布，请各供应商注意下载；无论供应商下载或领取与否，均视同供应商已知晓本项目澄清文件（如果有）的内容。超过响应文件截止时间递交的响应文件，恕不接收。磋商费用：无论磋商结果如何，供应商参与本项目磋商的所有费用均应由供应商自行承担。本项目不接受联合体参与磋商。按照《财政部关于在政府采购活动中查询及使用信用记录有关问题的通知》（财库〔2016〕125 号），供应商列入失信被执行人、重大税收违法案件当事人名单、政府采购严重违法失信行为记录名单及其他不符合《中华人民共和国政府采购法》第二十二条规定条件的供应商，将拒绝其参与政府采购活动。

9）联系方式。采购人：××市××区教育委员会、××乐成资产经营（集团）有限公司；联系人：刘老师；电话：　　　。采购代理机构：××凯乐工程项目管理有限公司；联系人：孙老师；电话：　　　；地址：××市××区人民路金河大厦 A 座 1002。监督部门：××市××区财政局；电话：　　　；地址：××市××区文体路 126 号。

2.3　项目服务需求

1）项目基本概况介绍。S12 地块新建学校配套用电（茂源城新建配套中学用电）施工，业主为××市××区教育委员会，代理业主为××乐成资产经营（集团）有限公司。

工程主要内容为：新建配电房一座（2×1000kV·A），工程变压器总安装容量 2000kV·A。具体以采购人所提供的图纸及工程量清单为准。

2）工作内容。具体详见图纸及工程量清单。

3）工程质量及施工要求。达到国家现行有关施工质量验收规范要求，并达到合格标准。并通过市区供电分公司验收、通电运行。

4）施工图及工程量清单。工程量清单及施工图请供应商在××市政府采购网（https://www.ccgp-××.gov.cn/）和××市公共资源交易网（××区）（https://www.××ggzy.com/dadukouweb/）上自行下载。

5）现场踏勘。供应商应自行现场踏勘（无论供应商是否踏勘现场，均视为供应商已踏勘现场。因踏勘造成的人员伤亡、财务损失及产生的所有费用由供应商自行承担）。

6）其他。施工期间如不服从业主和监理管理，业主可根据实际情况按违约处理，并处相应罚款，从结算工程款中扣除。加强施工期间安全管理，发生的安全事故由成交单位自行负责。施工期间的用水、用电由成交单位自行解决，并承担相应费用。成交单位应做好安全文明施工、做好施工期间的清扫保洁工作。本合同未尽事宜双方协商解决。

2.4　项目商务需求

1）服务期、地点及验收方式。服务期：计划工期"90 日历天"；质保期、缺陷责任期"24 个月"。服务地点：××区。验收方式及标准依从惯例。验收单位：市区供电分公司。验收标准：达到国家现行有关施工质量验收规范要求，并达到合格标准。验收解决：采购人对工程质量提出异议要求检验或检测的"结果为合格的，费用由采购人承担；结果为不合格或达不到本条标准的，其费用由承包人承担"。施工单位须和建设单位等相关施工参与部门一起做好施工全过程中相关工程资料的留存，须有施工现场的施工前后及期间相应节点的对比影像资料（特别是隐蔽工程及暂列金额工程）用于后期结算。因缺少影像资料造成无法办理相关工程内容结算的损失由施工单位自行承担。

2）报价要求。本次磋商报价须为人民币报价，采用综合单价合同。供应商须严格按照随磋商文件一并发出的分部分项工程项目清单计价表逐项填报清单单价及总价，清单单价及总价不得超出采购人给出的限价，同时清单总价应与报价函中的总价一致，不一致的按清单总价修正。磋商过程中二次报价时，供应商只需对总价进行二次报价，分部分项工程项目清单计价表中的单项报价在签订合同时按照（二次报价/初始报价）的价格比例进行等比例调整即可，二次报价中供应商无须再逐项进行单项报价。供应商的报价中对于采购人给出的安全文明施工费以及暂列金额都不能进行改动，须按照采购人给出的金额报价，否则视为无效响应。磋商报价范围：各供应商对采购人提供的工程量清单和现场情况进行自主报价。

3）磋商报价。本项目设最高限价为人民币：贰佰伍拾柒万零壹拾伍元叁角陆分（¥2570015.36 元）。其中措施项目费：69298.88 元（含安全文明施工费 31937.33 元）。本工程采购将设置全部工程量清单综合单价最高限价，工程量清单综合单价最高限价详见工程量清单，竞标人的每项工程量清单综合单价报价不得超过其对应清单综合单价最高限价。否则按无效响应处理。使用国有资金投资的建设工程发承包，必须采用工程量清单计价。工程量清单应采用综合单价计价。

各竞标人以竞争性磋商文件、合同条件、工程量清单、本次采购范围的施工设计图纸、地勘报告、国家技术和经济规范及标准《建设工程工程量清单计价规范》（GB 50500—2013）、《××市建设工程工程量清单计价规则》（××JJGZ—2013）、《××市建设工程工程量计算规则》（××JLGZ—2013）、《××市市政工程计价定额》（××SZDE—2018）、《××市安装工程计价定额》（××AZDE—2018）、《××市房屋建筑与装饰工程计价定额》（××JZZSDE—2018）、《××市建设工程费用定额》（××FYDE—2018）、《混凝土及砂浆配合比表、施工机械台班定额》（××PSDE—2018）、《××市房屋修缮工程计价定额》（××JZDE—2018）、《关于适用增值税新税率调整建设工程计价依据的通知》（×建〔2019〕143号）及相关配套文件的规定，结合自身实力、市场行情自主合理报价。竞标报价应包括完成采购范围内工程项目的人工费、材料费、机械费、企业管理费、利润、风险费用、措施费、规费、安全文明施工费、税金、施工期间需要其他单位配合及办证所需的相关费用、政策性文件规定的所有费用。因成交竞标人自身原因造成漏报、少报皆由其自行承担责任，采购人不再补偿。

本工程采用固定综合单价。本工程各分部分项工程量清单已包括《建设工程工程量清单计价规范》（GB 50500—2013）、《××市建设工程工程量清单计价规则》（××JJGZ—2013）中相应项目编码和项目名称及施工图纸、相关规范、标准、政策性文件、规定、限制和禁止使用通告等所有工程内容及完成此工作内容而必需的各种主要、辅助工作；其综合单价应包括完成该子项所需的人工费、材料费、机械费、管理费、利润、风险费用等除措施费、安全文明施工费、规费、税金外的所有费用。

本工程招标将设置全部工程量清单综合单价最高限价，工程量清单综合单价最高限价详见随本招标文件发布的附件，投标人的每项工程量清单综合单价报价不得超过其对应清单综合单价最高限价。招标人在合同签订前将对中标人已标价工程量清单进行清标。若发现中标人的工程量清单综合单价报价超过招标时给出的工程量清单综合单价最高限价，在工程结算时招标人将以发出的工程量清单综合单价最高限价为基础，按照中标人的中标总报价与本工程的总价最高限价的下浮比例进行同比例下调，中标人必须无条件接受，否则按中标人违约处理。投标人须在投标文件商务部分提供承诺函（格式自拟），承诺函包括以下3方面内容，即符合"工程量清单"给出的范围及数量；招标文件中规定工程量清单不允许修改的内容不得修改；每项工程量清单综合单价报价不得高于对应工程量清单综合单价最高限价。

本工程由投标人以磋商文件、工程量清单及说明、施工图纸、国家技术和经济规范及标准、《建设工程工程量清单计价规范》（GB 50500—2013）、《房屋建筑与装饰工程工程量计算规范》（GB 50854—2013）、《市政工程工程量计算规范》（GB 50857—2013）、《通用安装工程工程量计算规范》（GB 50856—2013）。《××市房屋建筑与装饰工程计价定额》（××JZDE—2018）、《××市通用安装工程计价定额》（××AZDE—2018）、《××

市市政工程计价定额》（××SZDE—2018）及其配套文件为依据编制投标文件。预算编制办法及相关规定：2018 年《××市建设工程费用定额》及《建设工程工程量清单计价规范》（GB 50500—2013）。人工价格：执行《××工程造价信息》2022 年第三季度主城区价格。材料价格：执行《××工程造价信息》2022 年第 10 期主城区不含税价格及参考市场价格。营改增的相关规定：执行《关于适用增值税新税率调整建设工程计价依据的通知》（×建〔2019〕143 号）及其配套文件，以现场踏勘情况等为依据，由投标人结合自身实力及市场行情自主合理报价。

投标人应认真填写工程量清单中所列的本合同各工程子目的单价或总价。投标人没有填入单价或总价的工程子目，招标人将认为该子目的价款已包括在工程量清单其他子目的单价和总价中。投标人必须按招标工程量清单填报价格。项目编码、项目名称、项目特征、计量单位、工程量必须与招标工程量清单一致。否则交由评标委员会作否决投标处理。投标函中的总报价必须与已标价工程量清单总报价一致，且工程量清单总报价与依据单价、工程数量、分部分项工程合价计算出的结果应一致，否则由评标委员会作否决投标处理。招标人在工程量清单中所列出的价格（包括暂列金额、暂估价等），投标人不得修改，否则由评标委员会作否决投标处理。

根据《××城乡建设委员会关于印发〈××市建设工程安全文明施工费计取及使用管理规定〉的通知》（×建发〔2014〕25 号）规定，安全文明施工费由安全施工费、文明施工费、环境保护费及临时设施费组成。本项目所采用技术、工艺和产品等必须执行××市住房和城乡建设委员会《××市建设领域禁止、限制使用落后技术通告（2019 年版）》（×建发〔2019〕25 号）的规定。本工程若需混凝土，则必须使用商品混凝土，不得自建搅拌站。

投标报价应包括完成竞标范围内工程项目的人工费、材料费、机械费、企业管理费、利润、风险费用、措施费（含安全文明施工费和易撒漏物资密闭运输的费用）、规费、税金、政策性文件规定的所有费用。招标人除此以外不支付其他费用。投标报价不能低于工程建设成本；不可竞争费用（规费、税金、竣工档案编制费）严格执行××市建设行政主管部门发布的有关费用标准规定报价，不得低于标准进行报价。投标人因实施本合同工程需缴纳的一切税费由投标人承担，包含在所报的总价内；税金按规定费率进行计算，为不可竞争费用，按《××市建设工程费用定额》（××FYDE—2018）、《关于适用增值税新税率调整建设工程计价依据的通知》（×建〔2019〕143 号）要求执行。

投标人同时应将安全文明施工费用列入"施工组织措施项目清单计价表"中，汇总时在"单位工程费汇总表"的"措施费"项的"安全文明施工费"项中单列计入投标总报价。安全文明施工综合评定结果为不合格，则不计取。安全文明措施费的要求与内容、提取支付方法以及违反约定造成损失的赔偿等条款，按照现行规范性要求执行，做到专款专用。

本工程所需材料、设备由中标人自行采购，所采购的材料、设备必须符合国家规范标准及设计文件、招标文件要求，并提供相应合格证明资料、质保书等。招标人认为中标人所使用的材料品质存在缺陷的，或者偏离施工设计图及规范要求的（以设计及监理单位书面意见为准）不能适用于本工程，招标人有权按招标文件的技术参数要求，另行指定一种供中标人使用，由此造成的价格调整由中标人自行承担，招标人将不调整任何价格及费用。中标人拒绝按招标人要求更换的，该材料改为招标人供货，招标人收取中标人该类材料费总额的 20％作为违约金，和招标人实际支付的货款在中标人的结算价款中一并扣除。施工过程中的材料损耗、消耗，包括施工中试验用材料损耗和费用等，无论材料由何方供应，也无论这些损耗是否包含在消耗定额内，均由投标单位纳入相关工程量清单中的综合单价内，结算不作调整。材料的运杂费、装卸费、运输损耗费、采购及保管费、检测和试验费和保险费由投标单位根据自身情况及踏勘现场情况自行确定，中标后不调整。

本工程分部分项清单中的"余方弃置（按基础运距 1km，增运 39km，合计外运运距40km 估算）"，投标人在报价时按外弃 40km 考虑，如实际外运距离有所减少，结算时按招标人、监理单位等各方（如有全过程造价控制单位，则必须有全过程造价控制单位签字）核定的弃渣线路的运距进行等比例调整（例：若实际增运运距为 17km，则该清单子项结算价为：综合单价投标报价/39×实际方量×实际增运运距 17km）。若实际增运运距有所增加（即超过 39km），则结算时仍按增运 39km 计算，超过部分不予考虑。运距精确到小数点后一位。高温补贴按国家相关标准执行，各投标人应将此费用综合考虑纳入投标报价中，中标后招标人不再另行支付。根据×建〔2015〕420 号文件规定，"从 2016 年 1月 1 日起，我市新开工的房屋建筑工程和市政基础设施工程的质量检测业务应由工程项目建设单位委托，委托单位不是建设单位的质量检测报告不得作为竣工验收资料。"本次招标工程投标限价中不包含检验试验费用，检验试验费用由发包人承担。

4）结算原则。特别说明：本工程结算时，凡涉及营改增的，均按《关于建筑业营业税改增值税调整建设工程计价依据的通知》（×建发〔2016〕35 号）及《关于适用增值税新税率调整建设工程计价依据的通知》（×建〔2019〕143 号）调整。结算总价＝分部分项工程量清单综合单价×子项工程量＋措施项目费＋其他项目费＋安全文明施工费＋规费＋税金＋设计变更及新增部分金额＋合同约定的其他费用（合同如果没有约定，则取消此项目）。实际报价以竞标现场书面报价为准，成交单价将由报价文件（第一轮报价）中的清单价格按照实际报价下浮比例（第二轮报价的总价与第一轮报价总价相比的下浮比例）同比例下浮进行计算。

结算价按以下原则办理，按《建设工程工程量清单计价规范》（GB 50500—2013）、《××市建设工程工程量清单计价规则》（××JJGZ—2013）的规定及《关于建筑业营业税改增值税调整建设工程计价依据的通知》（×建发〔2016〕35 号）、《××市城乡建设委员会关于适用增值税新税率调整建设工程计价依据的通知》（×建〔2018〕195 号）及《关于适用增值税新税率调整建设工程计价依据的通知》（×建〔2019〕143 号）、《××市城乡建设委员会关于进一步加强建筑安装材料价格风险管控的指导意见》（×建〔2018〕61 号）结合招标文件的具体要求执行。结算总价＝各分部分项工程量清单结算价＋设计变更、招标工程量清单漏项或新增项目清单结算价＋其他项目清单计价表结算金额＋措施费＋规费＋安全文明施工费＋税金＋合同约定的其他费用－违约金。各部分的结算原则如下。

分部分项工程量清单结算价依从惯例。分部分项工程量清单项目按中标单价实行综合单价包干。工程结算时，以中标人在本项目投标文件中分部分项工程量清单综合单价为结算单价依据，乘以施工图及设计变更按《房屋建筑与装饰工程工程量计算规范》（GB 50854—2013）、《市政工程工程量计算规范》（GB 50857—2013）、《通用安装工程工程量计算规范》（GB 50856—2013）和《××市建设工程工程量计算规则》（××JLGZ—2013）约定的计量规则计算的实际合格的且经监理工程师及招标人审核的工程量，作为该子项的结算合价。各分部分项工程量清单子项合价累计相加，得分部分项工程量清单结算价。

措施费依从惯例。施工组织措施项目清单应合规，招标人给出的施工组织措施项目清单仅供投标人参考，投标人在投标报价时可参照招标人给出的施工组织措施项目清单并结合本工程的实际情况和国家及××市相关管理规定自行增减项目，并进行报价。中标后必须按招标人的指令及施工设计图完成该子项工作内容，结算时均按投标时施工组织措施项目费的报价作为结算价。按投标时施工组织措施项目费的报价包干使用，结算不作调整。施工技术措施项目清单应合规，技术措施清单中以项计列的项目，由投标人根据现场踏勘情况及本工程的实际情况结合自身施工组织设计，在投标报价时可参照招标人给出的措施项目清单并结合本工程的实际情况和国家及××市相关管理规定自行增加项目以项为单位自行报价，结算时均按投标时报价作为结算价。技术措施清单中以项目编码、项目名称、项目特征、工程内容、工程量及计量单位列项的项目，投标人必须按招标人给出的施工技术措施项目清单进行报价，不得擅自改变招标人提供的施工技术措施项目清单中的序号、项目编码、项目名称、项目特征、工程内容、工程量及计量单位，否则视为对招标文件不作实质性响应，其投标文件按废标处理。中标后不论何种因素影响，相应的综合单价不作调整，工程量按《房屋建筑与装饰工程工程量计算规范》（GB 50854—2013）、《市政工程工程量计算规范》（GB 50857—2013）、《通用安装工程工程量计算规范》（GB 50856—2013）、《××市建设工程工程量计算规则》（××JLGZ—2013）规定的计量规则及工程量清单说明按实计量。

本工程设计变更、招标工程量清单漏项或新增项目价款结算办法依从惯例。工程设计变更确定后，设计变更涉及工程价款调整的，或招标工程量清单中有漏项或工程施工中出现新增项目，由中标人在变更项目启动前十天内向招标人提出，经招标人审核同意后调整合同价款。调整方法如下。变更（包括签证）工程与投标报价的工程量清单中有相同（类似）的子项，原则上按投标时的相同（类似）子项的综合单价报价执行；如投标报价中相同（类似）子项的综合单价明显高于市场价格，其综合单价需由中标人报送招标人重新评审，以招标人审定的综合单价执行。变更（包括签证）工程与工程量清单中无相同子项或类似子项的，按照《建设工程工程量清单计价规范》（GB 50500—2013）、《房屋建筑与装饰工程工程量计算规范》（GB 50854—2013）、《市政工程工程量计算规范》（GB 50857—2013）、《通用安装工程工程量计算规范》（GB 50856—2013）、《××市建设工程工程量清单计价规则》（××JJGZ—2013）、《××市建设工程工程量计算规则》（××JLGZ—2013）、《××市房屋建筑与装饰工程计价定额》（××JZDE—2018）、《××市通用安装工程计价定额》（××AZDE—2018）、《××市园林绿化工程计价定额》（××YLDE—2018）、《××市政工程计价定额》（××SZDE—2018）、《××市绿色建筑工程计价定额》（××LSJLDE—2018）的规定进行组价，组价后按中标价与招标控制价的下浮比例同比例下浮并经结算审评认定后作为结算综合单价。其中的人工工日单价、材料价格和未计价材料价格按以下办法调整，即投标报价中有的材料价格则按中标价格进行结算。投标报价中没有的材料，由中标人进行采购，其中工程的主要材料部分采购前需报监理人和招标人核质核价后再行采购，按核定价格进行结算；如《××工程造价信息》中有的材料，核定价不得高于施工期间《××工程造价信息》信息价的算术平均值。人工工日单价按投标报价中的人工工日单价执行，投标报价中没有的人工工日单价则按施工期间《××工程造价信息》公布的××区人工指导价的算术平均值执行。若重新组价的人工价和材料价均采用投标价格则新组价的综合单价不参与下浮，若新组价的材料价采用的不是投标价，则应当参与下浮。

变更工程量按《房屋建筑与装饰工程工程量计算规范》（GB 50854—2013）、《市政工程工程量计算规范》（GB 50857—2013）、《通用安装工程工程量计算规范》（GB 50856—2013）和《××市建设工程工程量计算规则》（××JLGZ—2013）规定的计量规则计算。

安全文明施工费依从惯例。按《××市建设工程费用定额》（××FYDE—2018）的标准划分取费等级进行结算，若安全文明施工综合评定结果为不合格，则该项费用由中标人自行承担，并为由此带来的招标人损失负责。规费依从惯例，按规定费率结算。税金依从惯例，按规定费率进行计算，为不可竞争费用，按《××市建设工程费用定额》（××FYDE—2018）的规定执行。建设工程竣工档案编制费按×建〔2014〕26号文件及其规定费率计算不得浮动。暂列金额依从惯例，招标人给出的暂列金额项目招标人有权全部使用、部分使用或完全不用；如需实施，须经过招标人确认，结算原则参照本招标文件结算条款执行，费用须经过招标人及结算审核单位审核。

本工程分部分项清单中的"余方弃置（增运39km）"，投标人在报价时按增运39km填报，如实际外运距离有所减少，结算时按招标人、监理单位等各方（如有全过程造价控制单位，则必须有全过程造价控制单位签字）核定的弃渣线路的运距进行等比例调整（例：若实际增运运距为17km，则该清单子项结算价为：综合单价投标报价/39×实际方量×实际增运运距17km）。若实际增运运距有所增加（即超过39km），则结算时仍按39km计算，超过部分不予考虑。运距精确到小数点后一位。

违约金的扣除方式依从惯例。按照本竞争性磋商文件要求及合同条款中对各类违约责任的约定，招标人按此约定对中标人存在或发生的违约责任以书面形式告知，作为办理结算评审的依据；违约金累计计算，在结算审定金额中直接扣除。

合同约定费用依从惯例。招标人要求中标人完成合同以外零星项目，中标人应在接受招标人要求的7个工作日内就用工数量和单价、机械台班数量和单价、使用材料和金额等向招标人提出施工签证，招标人于7个工作日内予以签证后施工。如招标人未签证，中标人施工后发生争议，由中标人负责。合同其他条款约定的费用依约进行。

高温补贴按国家相关标准执行，各投标人应将此费用综合考虑纳入施工组织措施费清单中报价。施工单位须和建设单位等相关施工参与部门一起做好施工全过程中相关工程资料的留存，须有施工现场的施工前后及期间相应节点的对比影像资料（特别是隐蔽工程及暂列金额工程）用于后期结算；因缺少影像资料造成无法办理相关工程内容结算的损失由施工单位自行承担。

本工程施工期间主要材料（主要材料包括：钢筋、商品混凝土、砂、碎石、水泥、管材）价格波动在 ±5% 以内时不调整；主要材料价格波动在 ±5% 以外时，由招标人根据施工时实际情况，参照《建设工程工程量清单计价规范》（GB 50500—2013）中对应条款对主要材料 ±5% 以外部分调差。主要材料调差项目调差原则为主要材料价格以××市建设工程造价总站主办的 2022 年第 10 期《××工程造价信息》公布的指导价为基准，与施工期间××市建设工程造价总站主办的《××工程造价信息》公布的施工对应月指导价相比：若涨跌幅度在 ±5% 以内（含 ±5%）不作调整，该风险由中标人自行承担；若涨跌幅度超过 ±5%，则以中标人投标报价时所报的材料价格为基准，只对超出涨跌幅度 ±5% 以外部分进行调整。主要材料价差(涨价)={（施工期间每月材料用量×该材料使用对应月《××工程造价信息》公布的材料指导价)/该材料施工期间总用量－作为调整基数的那个月《××工程造价信息》公布的该材料的指导价×1.05}×该材料施工期间总用量。主要材料价差(跌价)={（作为调整基数的那个月《××工程造价信息》公布的该材料的指导价×0.95)－（施工期间每月材料用量×该材料使用对应月《××工程造价信息》公布的材料指导价)/该材料施工期间总用量}×该材料施工期间总用量。以上《××工程造价信息》公布的该材料的指导价不含网员信息价。

发承包双方按照《××市城乡建设委员会关于进一步加强建筑安装材料价格风险管控的指导意见》（×建〔2018〕61 号）执行建筑安装材料价格风险管控。本工程结算金额最终以评审机构审定的金额为准。在项目结算评审时，业主单位应先进行初审，再报结算评审。基本收费由业主承担，审减率在 5% 之内（含 5%）的审减效益费由业主单位承担；审减率超过 5% 的，全部审减效益费由施工单位承担，由业主单位统一支付后在工程款中扣减。（该审减率为不抵扣审增部分的净审减率）。施工单位原则上应当于 3 个月内完善工程结算资料，并积极配合业主单位做好竣工验收工作。若 3 个月未完成相关资料，业主可自行办理工程结算。若项目情况特殊，确需延长的，须报分管区领导批示后，报区财政开展结算评审。

5）付款方式。付款周期依从惯例。关于付款周期的约定：按节点计量支付进度款（按进度、按节点计量支付进度款的参考按月计量支付进度款原则执行）。

工程款支付依从惯例。预付款 50%，成交人提供相等金额的银行保函。安全文明施工费：合同签订后，招标人在开工前按签约合同价中安全文明施工费的 50% 支付中标人，用于现场安全文明施工建设，余下安全文明施工费按施工进度支付。工程完工并通过市电力公司验收合格后 30 天内，招标人向中标人支付至累计进度审定金额的 70%；完成结算审核后 30 天内，招标人向中标人支付至结算审定金额的 97%。剩余结算审定金额的 3%，待 2 年缺陷责任期（招标单位验收合格之日起算）满后 30 日内支付。招标人在工程费用支付前，中标人应开具足额的增值税普通发票，发票抬头开具为××市××区教育委员会。如中标人未按规定提交,造成的延期支付由中标人自行承担。施工期间如不服从采购人管理,采购人可根据实际情况按违约处理,并处相应罚款,从结算工程款中扣除。

6)施工安全。成交供应商负有安全施工责任,应保证所有现场施工人员及施工区域的人身财产安全。若出现任何安全事故的,由成交供应商承担所有责任。

7)其他要求。供应商必须在响应文件中对以上条款和服务承诺明确列出,承诺内容必须达到本部分及本竞争性磋商文件其他条款的要求。成交供应商确定后,由采购人和成交供应商按照相关规定和程序办理有关手续,签订合同。其他未尽事宜由供需双方在采购合同中详细约定。本项目不允许分包、转包、挂靠。

2.5 磋商程序及方法、评审标准、无效响应和采购终止

1)磋商程序及方法。磋商按竞争性磋商文件规定的时间和地点进行,供应商须有法定代表人或其授权代表参加并签到。磋商小组对各供应商的资格条件、响应文件的有效性、完整性和响应程度进行审查。各供应商只有在完全符合要求的前提下,才能参与正式磋商。

资格性检查依从惯例。依据法律法规和竞争性磋商文件的规定,对响应文件中的资格证明等进行审查,以确定供应商是否具备磋商资格。资格性检查资料见表2-2。

表 2-2　资格性检查资料

序号	检查因素		检查内容
1	《中华人民共和国政府采购法》第二十二条规定	(1)具有独立承担民事责任的能力	供应商法人营业执照(副本)或事业单位法人证书(副本)或个体工商户营业执照或有效的自然人身份证明或社会团体法人登记证书(提供复印件); 供应商法定代表人身份证明和法定代表人授权代表委托书
		(2)具有良好的商业信誉和健全的财务会计制度	供应商提供的"基本资格条件承诺函"
		(3)具有履行合同所必需的设备和专业技术能力	
		(4)有依法缴纳税收和社会保障金的良好记录	
		(5)参加政府采购活动前三年内,在经营活动中没有重大违法记录	
		(6)法律、行政法规规定的其他条件	
		(7)本项目的特定资格要求	按"供应商资格要求"中"本项目的特定资格要求"的要求提交(如果有)
2	落实政府采购政策需满足的资格要求		按"供应商资格要求"中"落实政府采购政策需满足的资格要求"的要求提交(如果有)

根据《中华人民共和国政府采购法实施条例》第十九条"参加政府采购活动前三年内,在经营活动中没有重大违法记录"中"重大违法记录",是指供应商因违法经营受到

刑事处罚或者责令停产停业、吊销许可证或者执照、较大数额罚款等行政处罚。行政处罚中"较大数额"的认定标准，按照《财政部关于〈中华人民共和国政府采购法实施条例〉第十九条第一款"较大数额罚款"具体适用问题的意见》（财库〔2022〕3 号）执行。供应商可于响应文件递交截止时间前通过"信用中国"网站（www. creditchina. gov. cn）、"中国政府采购网"（www. ccgp. gov. cn）等渠道查询信用记录。以联合体形式参与磋商的，共同联合协议中应确定主办方（主体），代表联合体进行磋商和澄清。联合体各方均应满足供应商资格要求（详见招标文件）。以联合体形式参加本项目的，联合体各方均为中小企业的，联合体视同中小企业（其中，联合体各方均为小微企业的，联合体视同小微企业）。

符合性检查依从惯例。依据竞争性磋商文件的规定，对响应文件的有效性、完整性和对竞争性磋商文件的响应程度进行审查，以确定是否对竞争性磋商文件的实质性要求作出响应。符合性检查资料见表 2-3。

表 2-3　符合性检查资料

序号	评审因素		评审标准
1	有效性审查	响应文件签署或盖章	按竞争性磋商文件"响应文件编制要求"要求签署或盖章
		法定代表人身份证明及授权委托书	法定代表人身份证明及授权委托书有效，符合竞争性磋商文件规定的格式，签署或盖章齐全
		响应方案	每个包只能有一个响应方案
		报价唯一	只能有一个有效报价，不得提交选择性报价
2	完整性审查	响应文件份数	响应文件正、副本数量[含电子文档(如果有)]符合竞争性磋商文件要求
3	响应程度审查	实质性响应	对竞争性磋商文件第二、三部分规定的磋商内容作出响应
		磋商有效期	响应文件及有关承诺文件有效期为提交响应文件截止时间起 90 天

澄清有关问题依从惯例。磋商小组在对响应文件的有效性、完整性和响应程度进行审查时，可以要求供应商对响应文件中含义不明确、同类问题表述不一致或者有明显文字和计算错误的内容等作出必要的澄清、说明或者更正。供应商的澄清、说明或者更正不得超出响应文件的范围或者改变响应文件的实质性内容。磋商小组要求供应商澄清、说明或者更正响应文件应当以书面形式作出。供应商的澄清、说明或者更正应当由法定代表人或其授权代表签字或者加盖公章；由授权代表签字的，应当附法定代表人授权书；供应商为自然人的，应当由本人签字并附身份证明。在磋商过程中磋商的任何一方不得向他人透露与磋商有关的服务资料、价格或其他信息。在磋商过程中，磋商小组可以根据竞争性磋商文件和磋商情况实质性变动采购需求中的服务、商务要求以及合同草案条款，但不得变动竞争性磋商文件中的其他内容。实质性变动的内容，须经采购人代表确认。对竞争性磋商文件作出的实质性变动是竞争性磋商文件的有效组成部分，磋商小组应当及时以书面形式同时通知所有参加磋商的供应商。供应商在磋商时作出的所有书面承诺须由法定代表人或其授权代表签字。

经磋商确定最终采购需求且磋商结束后，供应商应当按照竞争性磋商文件的变动情况和磋商小组的要求重新提交响应文件或重新作出相关的书面承诺，最后书面提交最后报价及有关承诺（填写《最后报价表》并密封提交）。已提交响应文件但未在规定时间内进行最后报价的供应商，视为放弃最后报价，以供应商响应文件中的报价为准。若最后报价高于响应文件报价的或被认定为无效响应的，价格部分按 0 分处理，且不能成为成交候选人。磋商小组采用综合评分法对提交最后报价的供应商的响应文件和最后报价（含有效书面承诺）进行综合评分。综合评分法，是指响应文件满足竞争性磋商文件全部实质性要求且按照评审因素的量化指标评审得分最高的供应商为成交候选供应商的评审方法。供应商总得分为价格、服务、商务等评定因素分别按照相应权重值计算分项得分后相加，满分为 105 分，其中：5 分为政策性加分（详见评审标准）。

磋商小组各成员独立对每个有效响应（通过资格性检查、符合性检查的供应商）的文件进行评价、打分，然后汇总每个供应商每项评分因素的得分，并根据综合评分情况按照评审得分由高到低顺序推荐 3 名以上成交候选供应商，并编写评审报告。若供应商的评审得分相同的，按照最后报价由低到高的顺序排列推荐。评审得分且最后报价相同的，按照服务指标优劣顺序排列推荐。以上都相同的，按商务条款的优劣顺序排列推荐。若供应商的服务部分为 0 分，将失去成为成交候选供应商的资格。

2）评审标准。综合评分法评审标准见表 2-4。

表 2-4　综合评分法评审标准

序号	评分因素及权值	分值	评分标准	说明
1	服务部分（25%）	施工组织设计（25 分）	1. 对本工程的理解；关键环节、重点难点分析；停电施工时的应急保障措施；对重点难点的解决措施。 （1）方案完整详细、科学、合理，适用性、针对性程度高，完全满足采购人实际需求得 5 分； （2）方案较完整、科学，并基本满足采购人需求得 3 分； （3）未提供或基本不满足得 0 分。 注：必须按本招标项目实际情况进行分析描述	磋商小组分别对供应商的施工组织设计按项独立打分，最高不得超过每项规定分值
			2. 需详细描述施工过程中影响的停电范围，如何减少停电范围和缩短停电时间。 （1）方案完整详细、科学、合理，适用性、针对性程度高，完全满足采购人实际需求得 5 分； （2）方案较完整、科学，并基本满足采购人需求得 3 分； （3）未提供或基本不满足得 0 分。 注：必须按本招标项目实际情况进行分析描述	
			3. 质量管理体系及措施 质量管理体系及措施是否健全有效，硬性措施是否切实可行，限期工程的赶工措施是否可行。保证措施具有针对性，材料的质量保证措施满足竞争性磋商文件所要求的工程质量要求。 （1）方案完整详细、科学、合理，适用性、针对性程度高，完全满足采购人实际需求得 5 分； （2）方案较完整、科学，并基本满足采购人需求得 3 分； （3）未提供或基本不满足得 0 分。 注：必须按本招标项目实际情况进行分析描述	

续表

序号	评分因素及权值	分值	评分标准	说明
1	服务部分（25%）	施工组织设计（25 分）	4. 环境保护管理体系措施 环境保护管理体系措施完善、健全,根据实际情况制订环境保护管理体系,保证计划全面周到、完整,关键地点、工序、环节控制保障措施得力,责任措施具体。 （1）方案完整详细、科学、合理,适用性、针对性程度高,完全满足采购人实际需求得 5 分; （2）方案较完整、科学,并基本满足采购人需求得 3 分; （3）未提供或基本不满得 0 分。 注:必须按本招标项目实际情况进行分析描述 5. 工程进度计划与措施 施工进度计划编制合理、可行,关键节点控制措施得力,可操作性强,保证措施可靠。 （1）方案完整详细、科学、合理,适用性、针对性程度高,完全满足采购人实际需求得 5 分; （2）方案较完整、科学,并基本满足采购人需求得 3 分; （3）未提供或基本不满得 0 分。 注:必须按本招标项目实际情况进行分析描述	磋商小组分别对供应商的施工组织设计按项独立打分,最高不得超过每项规定分值
2	商务部分（5%）	业绩	2019 年 1 月 1 日至投标截止日止承接的电力工程业绩,每提供一个得 1 分,最多得 3 分	提供中标通知书、合同协议书,并提供国家或政府招标采购平台网站中标公示截图及网址,若磋商小组根据网址查询不到该业绩,则视为提供虚假业绩,业绩分得 0 分。 提供复印件加盖单位鲜章
		人员	本工程技术负责人具有电力和电气类高级工程师职称得 2 分	提供技术负责人职称证书复印件、身份证复印件、社保机构出具的 2022 年 10 月—2023 年 3 月以投标人单位名义连续缴纳的在×个人社保（5 险）证明复印件并加盖投标人单位法人章
3	磋商报价（70%）	70 分	满足采购文件要求且最后报价最低的供应商的价格为磋商基准价,其价格分为满分。其他供应商的价格分统一按照下列公式计算: 磋商报价得分＝（磋商基准价/磋商报价）×价格权重×100	注意:本次项目现场须进行第二次报价（最终报价）,以第二次报价计算分值
4	政策性加分（5 分）		1. 投标产品属于《关于印发节能产品政府采购品目清单的通知》（财库〔2019〕19 号）范围内的节能产品,且"节能产品政府采购品目清单"中未标注"★"的,有一款得 0.5 分,最多得 2 分（清单中以"★"标注为政府强制采购的节能产品）。 说明:提供所投产品列入《关于印发节能产品政府采购品目清单的通知》（财库〔2019〕19 号）中"节能产品政府采购品目清单"所在页面打印件,及国家确定的认证机构出具的、处于有效期之内的节能产品认证证书复印件。 2. 投标产品属于《关于印发环境标志产品政府采购品目清单的通知》（财库〔2019〕18 号）范围内的环境标志产品的,有一款得 0.5 分,最多得 2 分。 说明:提供所投产品列入《关于印发环境标志产品政府采购品目清单的通知》（财库〔2019〕18 号）中"环境标志产品政府采购品目清单"所在页面打印件,及国家确定的认证机构出具的、处于有效期之内的环境标志产品认证证书复印件。 3. 所投分包的所有投标产品的原产地在西部地区的,得 1 分	

3）无效响应。供应商发生以下 10 种条款情况之一者，视为无效响应，其响应文件将被拒绝。即供应商不符合规定的基本资格条件或特定资格条件的；供应商的法定代表人或其授权代表未参加磋商；供应商所提交的响应文件不按"响应文件编制要求"规定签字、盖章；供应商的最后报价超过采购预算或最高限价的；法定代表人为同一个人的两个及两个以上法人、母公司、全资子公司及其控股公司，在同一分包采购中同时参与磋商；单位负责人为同一人或者存在直接控股、管理关系的不同供应商，参加同一合同项下的政府采购活动的；为采购项目提供整体设计、规范编制或者项目管理、监理、检测等服务的供应商，再参加该采购项目的其他采购活动；供应商磋商有效期不满足竞争性磋商文件要求的；供应商响应文件内容有与国家现行法律法规相违背的内容，或附有采购人无法接受的条件；法律、法规和竞争性磋商文件规定的其他无效情形。

4）采购终止。出现下列 3 种情形之一的，采购人或者采购代理机构应当终止竞争性磋商采购活动，发布项目终止公告并说明原因，重新开展采购活动。即因情况变化，不再符合规定的竞争性磋商采购方式适用情形的；出现影响采购公正的违法、违规行为的；在采购过程中符合要求的供应商或者报价未超过采购预算的供应商不足 3 家的，但《政府采购竞争性磋商采购方式管理暂行办法》第二十一条第三款规定的情形除外。

2.6　供应商须知

1）磋商费用。参与磋商的供应商应承担其编制响应文件与递交响应文件所涉及的一切费用，不论磋商结果如何，采购人和采购代理机构在任何情况下无义务也无责任承担这些费用。

2）竞争性磋商文件。竞争性磋商文件由采购邀请书，项目服务需求，项目商务需求，磋商程序及方法、评审标准、无效响应和采购终止，供应商须知，政府采购合同，响应文件编制要求七部分组成。采购人（或采购代理机构）所作的一切有效的书面通知、修改及补充，都是竞争性磋商文件不可分割的部分。本竞争性磋商文件中，磋商小组与供应商进行磋商可能发生实质性变动的内容为竞争性磋商文件第二、三、六部分全部内容。评审的依据为竞争性磋商文件和响应文件（含有效的书面承诺）。磋商小组判断响应文件对竞争性磋商文件的响应，仅基于响应文件本身而不靠外部证据。

3）磋商要求。响应文件依从惯例。供应商应当按照竞争性磋商文件的要求编制响应文件，并对竞争性磋商文件提出的要求和条件作出实质性响应，响应文件原则上采用软面订本，同时应编制完整的页码、目录。响应文件组成应合规，响应文件由"响应文件编制要求"规定的部分和供应商所作的一切有效补充、修改和承诺等文件组成，供应商应按照"响应文件编制要求"规定的目录顺序组织编写和装订，也可在基本格式基础上对表格进行扩展，未规定格式的由供应商自定格式。本项目不接受联合体参与磋商。磋商有效期：响应文件及有关承诺文件有效期为提交响应文件截止时间起 90 天。

磋商保证金依从惯例。供应商提交保证金金额和方式详见"磋商保证金"。发生以下 5 种情况之一者，磋商保证金不予退还，即供应商在提交响应文件截止时间后撤回响应文件的；供应商在响应文件中提供虚假材料的；除因不可抗力或竞争性磋商文件认可的情形以外，成交供应商不与采购人签订合同的；供应商与采购人、其他供应商恶意串通的；成交供应商不按规定的时间或拒绝按成交状态签订合同的。

修正错误依从惯例。若供应商所递交的响应文件或最后报价中的价格出现大写金额和小写金额不一致的错误，以大写金额为准修正。磋商小组按上述修正错误的原则及方法修正供应商的报价，供应商同意并签字确认后，修正后的报价对供应商具有约束作用。如果供应商不接受修正后的价格，将失去成为成交供应商的资格。

提交响应文件的份数和签署依从惯例。响应文件一式四份，其中正本一份，副本两份，电子文档一份（电子文档内容应与纸质文件正本一致，如不一致以纸质文件正本为准。推荐采用光盘或 U 盘为电子文档载体）；副本可为正本的复印件，应与正本一致，如出现不一致情况以正本为准。在响应文件正本中，竞争性磋商文件响应文件编制要求中规定签字、盖章的地方必须按其规定签字、盖章。

响应文件的递交依从惯例。响应文件的密封应合规，响应文件的正本、副本以及电子文档均应密封送达磋商地点，应在封套上注明磋商项目名称、供应商名称。若正本、副本以及电子文档是分别进行密封的，还应在封套上注明"正本""副本""电子文档"字样。封套的封口处应加盖供应商公章或由法定代表人授权代表签字。如果未按上述规定进行密封，采购代理机构对响应文件误投、丢失或提前拆封不负责任。

供应商参与人员依从惯例。各个供应商应当派 1～2 名代表参与磋商，至少 1 人应为法定代表人或具有法定代表人授权委托书的授权代表。

4）成交供应商的确认和变更。成交供应商的确认依从惯例，采购代理机构应当在评审结束后 2 个工作日内将评审报告送采购人确认。采购人应当在收到评审报告后 5 个工作日内，从评审报告提出的成交候选供应商中，按照排序由高到低的原则确定成交供应商，也可以书面授权磋商小组直接确定成交供应商。采购人逾期未确定成交供应商且不提出异议的，视为确定评审报告提出的排序第一的供应商为成交供应商。成交供应商的变更依从惯例，成交供应商拒绝与采购人签订合同的，采购人报财政部门同意后可以按照磋商报告推荐的成交候选供应商顺序，确定排名下一位的候选人为成交供应商，也可以重新开展政府采购活动。

5）成交通知。成交供应商确定后，采购代理机构将在××市政府采购网（https：//www.ccgp-××.gov.cn/）和××市公共资源交易网（××区）（https：//www.××ggzy.com/dadukouweb/）上发布成交结果公告。结果公告发出的同时，采购代理机构将以书面形式发出成交通知书。成交通知书一经发出即发生法律效力。《成交通知书》将作为签订合同的依据。

6）关于质疑和投诉。质疑依从惯例，供应商认为采购文件、采购过程和成交结果使自己的权益受到伤害的，可向采购人或采购代理机构以书面形式提出质疑。提出质疑的应当是参与所质疑项目采购活动的供应商。质疑时限、内容应合规，供应商认为采购文件、采购过程、成交结果使自己的权益受到损害的，可以在知道或者应知其权益受到损害之日起 7 个工作日内，以书面形式向采购人、采购代理机构提出质疑。供应商提出质疑应当提交质疑函和必要的证明材料，质疑函应当包括下列 8 方面内容，即供应商的姓名或者名称、地址、邮编、联系人及联系电话；质疑项目的名称、项目号以及磋商项目编号；具体、明确的质疑事项和与质疑事项相关的请求；事实依据；必要的法律依据；提出质疑的日期；营业执照（或事业单位法人证书，或个体工商户营业执照或有效的自然人身份证明）复印件；法定代表人授权委托书原件、法定代表人身份证复印件和其授权代表的身份证复印件（供应商为自然人的提供自然人身份证复印件）。供应商为自然人的，质疑函应当由本人签字；供应商为法人或者其他组织的，质疑函应当由法定代表人、主要负责人，或者其授权代表签字或者盖章，并加盖公章。

质疑答复依从惯例，采购人、采购代理机构应当在收到供应商的书面质疑后 7 个工作日内作出答复，并以书面形式通知质疑供应商和其他有关供应商。

不予受理或暂缓受理依从惯例。质疑有下列 3 种情形之一的，不予受理，即质疑供应商参与了磋商活动后，再对竞争性磋商文件内容提出质疑的；质疑超过有效期的；对同一事项重复质疑的。质疑有下列 3 种情形之一的，应暂不受理并告知供应商补充材料；供应商及时补充材料的，应予受理；逾期未补充的，不予受理。3 种情形分别是质疑书格式和内容不符合国家或××市相关规定的；质疑书提供的依据或证明材料不全的；质疑书副本数量不足的。

供应商应按照《政府采购质疑和投诉办法》（财政部令第 94 号）及相关法律法规要求，在法定质疑期内一次性提出针对同一采购程序环节的质疑。质疑函范本可在财政部门户网站和中国政府采购网下载。

投诉依从惯例。供应商对采购人、采购代理机构的答复不满意，或者采购人、采购代理机构未在规定时间内作出答复的，可以在答复期满后 15 个工作日内按照相关法律法规向财政部门提起投诉。供应商应按照《政府采购质疑和投诉办法》（财政部令第 94 号）及相关法律法规要求递交投诉书和必要的证明材料。投诉书范本可在财政部门户网站和中国政府采购网下载。投诉书应当使用中文，相关当事人提供外文书证或者外国语视听资料的，应当附有中文译本，由翻译机构盖章或者翻译人员签名；相关当事人向财政部门提供的在中华人民共和国领域外形成的证据，应当说明来源，经所在国公证机关证明，并经中华人民共和国驻该国使领馆认证，或者履行中华人民共和国与证据所在国订立的有关条约中规定的证明手续；相关当事人提供的在香港特别行政区、澳门特别行政区和台湾地区内形成的证据，应当履行相关的证明手续。在确定受理投诉后，财政部门自受理投诉之日起 30 个工作日内（需要检验、检测、鉴定、专家评审以及需要投诉人补正材料的，所需时间不计算在投诉处理期限内）对投诉事项作出处理决定。

7）签订合同。采购人应当自成交通知书发出之日起 20 日内，按照竞争性磋商文件和成交供应商响应文件的约定，与成交供应商签订书面合同。所签订的合同不得对竞争性磋商文件和供应商的响应文件作实质性修改。其他未尽事宜由采购人和成交供应商在采购合同中详细约定。采购人应当自政府采购合同签订之日起 2 个工作日内，将政府采购合同在××市政府采购网上公告，但政府采购合同中涉及国家秘密、商业秘密的内容除外。竞争性磋商文件、供应商的响应文件及澄清文件等，均为签订政府采购合同的依据。合同生效条款由供需双方约定，法律、行政法规规定应当办理批准、登记等手续后生效的合同，依照其规定。合同原则上应按照《××市政府采购合同》签订，相关单位要求适用合同通用格式版本的，应按其要求另行签订其他合同。采购人要求成交供应商提供履约保证金的，应当在竞争性磋商文件中予以约定。成交供应商履约完毕后，采购人根据采购文件规定退还其履约保证金。

8）采购代理服务费。供应商成交后向采购代理机构缴纳采购代理服务费，采购代理服务费的收取标准按照表 2-5 执行。供应商应将该费用纳入投标报价中，不单列；在中标通知书发出前由中标人一次性向采购代理机构支付采购代理服务费。

表 2-5　采购代理服务费的收取标准

中标金额/万元	招标类型/%		
	货物招标	服务招标	工程招标
100 以下	1.5	1.5	1.0
100~200	1.1	0.8	0.7
200~500	1.08	0.78	0.69
500~1000	0.76	0.43	0.52
1000~5000	0.45	0.23	0.32
5000~10000	0.23	0.09	0.18
10000~100000	0.045	0.045	0.045
1000000 以上	0.009	0.009	0.009

9）政府采购信用融资。供应商参与××市政府采购活动，成为成交供应商，并与采购人签订政府采购合同后，可按照××市政府采购支持中小企业信用融资办法的规定，向开展政府采购信用融资业务的银行申请贷款。具体内容详见××市政府采购网"信用融资"信息专栏。建设银行联系人：张三，电话：　　　　。工商银行联系人：李四，电话：　　　；王五，电话：　　　。兴业银行联系人：孙一，电话：　　　。光大银行联系人：孙六，电话：　　　。农业银行联系人：王七，电话：　　　。中国银行××分行联系人：李经理，电话：　　　；刘经理，电话：　　　。

2.7　政府采购合同

2.7.1　合同正文

政府采购合同格式如下。

> **S12 地块新建学校配套用电（茂源城新建配套中学用电）施工合同**
> 住房和城乡建设部
> 国家工商行政管理总局
> 制定

S12 地块新建学校配套用电（茂源城新建配套中学用电）施工合同

发包人：××市××区教育委员会

××乐成资产经营（集团）有限公司

承包人：

依照《中华人民共和国民法典》《中华人民共和国建筑法》及其他有关法律、行政法规，遵循平等、自愿、公平和诚实信用的原则，经双方协商，对 S12 地块新建学校正式用电工程施工达成以下协议，共同执行。

1）工程内容。新建配电房一座（2×1000kV·A），工程变压器总安装容量 2000kV·A。具体以发包人所提供的图纸及工程量清单为准。

2）合同工期。工期：九十个日历天，具体开工日期以甲方或监理单位下发书面通知为准。

3）签约合同价。签约合同价为（暂定合同金额）：　　　元，大写：　　　元整。其中，安全文明施工费人民币（大写）：　　　元（￥：　　　元）。

4）质量标准。达到国家现行有关施工质量验收规范要求，并达到合格标准。并通过市区供电分公司验收、通电运行。

5）价款支付。付款周期依从惯例。关于付款周期的约定：按节点计量支付进度款（按进度、按节点计量支付进度款的参考按月计量支付进度款原则执行）。

工程款支付依从惯例。预付款 50%，承包人提供相等金额的银行保函。安全文明施工费：合同签订后，发包人在开工前按签约合同价中安全文明施工费的 50% 支付承包人，用于现场安全文明施工建设，余下安全文明施工费按施工进度支付。工程完工并通过市电力公司验收合格后 30 天内，发包人向承包人支付至累计进度审定金额的 70%；完成结算审核后 30 天内，发包人向承包人支付至结算审定金额的 97%。剩余结算审定金额的 3%，待 2 年缺陷责任期（招标单位验收合格之日起算）满后 30 日内支付。发包人在工程费用支付前，承包人应开具足额的增值税普通发票，发票抬头开具为××市××区教育委员会。如承包人未按规定提交，造成的延期支付由承包人自行承担。施工期间如不服从发包人管理，发包人可根据实际情况按违约处理，并处相应罚款，从结算工程款中扣除。

6）履约保证金。承包人是否提供履约担保：提供。承包人提供履约担保的形式、金额及期限依从惯例。履约担保的形式：现金或不可撤销的见索即付银行保函。履约担保的金额：签约合同价的 5%。履约担保的提交时间：成交通知书发出后 7 天内，承包人按担保金额向发包人提交履约担保。履约担保的期限：自提交履约担保之日起至完工验收合格之日止。履约担保的退还时间：采用现金担保的，工程完工验收合格后 14 天内无息退还；采用银行保函的，工程完工验收合格后 14 天内退还。账户信息：成交通知书发出后 7 天内（到账时间以乐成公司开具收据为准）将履约担保汇入下列账户，开户行：中国银行××支行；账号：　　　；账户名称：××乐成资产经营（集团）有限公司；联系人：×××；电话：　　　。

7）结算原则。特别说明：本工程结算时，凡涉及营改增的，均按《关于建筑业营业税改增值税调整建设工程计价依据的通知》（×建发〔2016〕35号）及《关于适用增值税新税率调整建设工程计价依据的通知》（×建〔2019〕143号）调整。

结算总价＝分部分项工程量清单综合单价×子项工程量＋措施项目费＋其他项目费＋安全文明施工费＋规费＋税金＋设计变更及新增部分金额＋合同约定的其他费用（合同如果没有约定，则取消此项目）。实际报价以竞标现场书面报价为准，成交单价将由报价文件（第一轮报价）中的清单价格按照实际报价下浮比例（第二轮报价的总价与第一轮报价总价相比的下浮比例）同比例下浮进行计算。

结算价按以下原则办理，按《建设工程工程量清单计价规范》（GB 50500—2013）、《××市建设工程工程量清单计价规则》（××JJGZ—2013）的规定及《关于建筑业营业税改增值税调整建设工程计价依据的通知》（×建发〔2016〕35号）、《××市城乡建设委员会关于适用增值税新税率调整建设工程计价依据的通知》（×建〔2018〕195号）及《关于适用增值税新税率调整建设工程计价依据的通知》（×建〔2019〕143号）、《××市城乡建设委员会关于进一步加强建筑安装材料价格风险管控的指导意见》（×建〔2018〕61号）结合招标文件的具体要求执行。

结算总价＝各分部分项工程量清单结算价＋设计变更、招标工程量清单漏项或新增项目清单结算价＋其他项目清单计价表结算金额＋措施费＋规费＋安全文明施工费＋税金＋合同约定的其他费用－违约金。各部分的结算原则依从惯例。

分部分项工程量清单结算价应合规，分部分项工程量清单项目按中标单价实行综合单价包干。工程结算时，以承包人在本项目投标文件中分部分项工程量清单综合单价为结算单价依据，乘以施工图及设计变更按《房屋建筑与装饰工程工程量计算规范》（GB 50854—2013）、《市政工程工程量计算规范》（GB 50857—2013）、《通用安装工程工程量计算规范》（GB 50856—2013）和《××市建设工程工程量计算规则》（××JLGZ—2013）约定的计量规则计算的实际合格的且经监理工程师及发包人审核的工程量，作为该子项的结算合价。各分部分项工程量清单子项合价累计相加，得分部分项工程量清单结算价。措施费应合规。

施工组织措施项目清单应合规，发包人给出的施工组织措施项目清单仅供投标人参考，投标人在投标报价时可参照发包人给出的施工组织措施项目清单并结合本工程的实际情况和国家及××市相关管理规定自行增减项目，并进行报价。中标后必须按发包人的指令及施工设计图完成该子项工作内容，结算时均按投标时施工组织措施项目费的报价作为结算价。按投标时施工组织措施项目费的报价包干使用，结算不作调整。

施工技术措施项目清单应合规，技术措施清单中以项计列的项目，由投标人根据现场踏勘情况及本工程的实际情况结合自身施工组织设计，在投标报价时可参照发包人给出的措施项目清单并结合本工程的实际情况和国家及××市相关管理规定自行增加项目以项为单位自行报价，结算时均按投标时报价作为结算价。技术措施清单中以项目编码、项目名称、项目特征、工程内容、工程量及计量单位列项的项目，投标人必须按发包人给出的施工技术措施项目清单进行报价，不得擅自改变发包人提供的施工技术措施项目清单中的序号、项目编码、项目名称、项目特征、工程内容、工程量及计量单位，否则视为对招标文件不作实质性响应，其投标文件按废标处理。中标后不论何种因素影响，相应的综合单价不作调整，工程量按《房屋建筑与装饰工程工程量计算规范》（GB 50854—2013）、《市政工程工程量计算规范》（GB 50857—2013）、《通用安装工程工程量计算规范》（GB 50856—2013）、《××市建设工程工程量计算规则》（××JLGZ—2013）规定的计量规则及工程量清单说明按实计量。

本工程设计变更、招标工程量清单漏项或新增项目价款结算办法依从惯例，工程设计变更确定后，设计变更涉及工程价款调整的，或招标工程量清单中有漏项或工程施工中出现新增项目，由承包人在变更项目启动前10天内向发包人提出，经发包人审核同意后调整合同价款。调整方法如下。变更（包括签证）工程与投标报价的工程量清单中有相同（类似）的子项，原则上按投标时的相同（类似）子项的综合单价报价执行；如投标报价中相同（类似）子项的综合单价明显高于市场价格，其综合单价需由承包人报送发包人重新评审，以发包人审定的综合单价执行。变更（包括签证）工程与工程量清单中无相同子项或类似子项的，按照《建设工程工程量清单计价规范》（GB 50500—2013）、《房屋建筑与装饰工程工程量计算规范》（GB 50854—2013）、《市政工程工程量计算规范》（GB 50857—2013）、《通用安装工程工程量计算规范》（GB 50856—2013）、《××市建设工程工程量清单计价规则》（××JJGZ—2013）、《××市建设工程工程量计算规则》（××JLGZ—2013）、《××市房屋建筑与装饰工程计价定额》（××JZDE—2018）、《××市通用安装工程计价定额》（××AZDE—2018）、《××市园林绿化工程计价定额》（××YLDE—2018）、《××市市政工程计价定额》（××SZDE—2018）、《××市绿色建筑工程计价定额》（××LSJLDE—2018）的规定进行组价，组价后按中标价与招标控制价的下浮比例同比例下浮并经结算评审认定后作为结算综合单价。其中的人工工日单价、材料价格和未计价材料价格按以下办法调整。投标报价中有的材料价格则按中标价格进行结算。投标报价中没有的材料，由承包人进行采购，其中工程的主要材料部分采购前需报监理人和发包人核质核价后再行采购，按核定价格进行结算；如《××工程造价信息》中有的材料，核定价不得高于施工期间《××工程造价信息》信息价的算术平均值。人工工日单价按投标报价中的人工工日单价执行，投标报价中没有的人工工日单价则按施工期间《××工程造价信息》公布的××区人工指导价的算术平均值执行。若重新组价的人工价和材料价均采用投标价格则新组价的综合单价不参与下浮，若新组价的材料价采用的不是投标价，则应当参与下浮。

变更工程量按《房屋建筑与装饰工程工程量计算规范》（GB 50854—2013）、《市政工程工程量计算规范》（GB 50857—2013）、《通用安装工程工程量计算规范》

（GB 50856—2013）和《××市建设工程工程量计算规则》（××JLGZ—2013）规定的计量规则计算。

安全文明施工费依从惯例。按《××市建设工程费用定额》（××FYDE—2018）的标准划分取费等级进行结算，若安全文明施工综合评定结果为不合格，则该项费用由承包人自行承担，并为由此带来的发包人损失负责。规费：按规定费率结算。税金：按规定费率进行计算，为不可竞争费用，按《××市建设工程费用定额》（××FYDE—2018）的规定执行。建设工程竣工档案编制费按×建〔2014〕26号文件及其规定费率计算不得浮动。暂列金额：发包人给出的暂列金额项目发包人有权全部使用、部分使用或完全不用；如需实施，须经过发包人确认，结算原则参照本招标文件结算条款执行，费用须经过发包人及结算审核单位审核。

本工程分部分项清单中的"余方弃置（增运 39km）"，投标人在报价时按增运39km填报，如实际外运距离有所减少，结算时按发包人、监理单位等各方（如有全过程造价控制单位，则必须有全过程造价控制单位签字）核定的弃渣线路的运距进行等比例调整（例：若实际增运运距为 17km，则该清单子项结算价为：综合单价投标报价/39×实际方量×实际增运运距 17km）。若实际增运运距有所增加（即超过 39km），则结算时仍按 39km 计算，超过部分不予考虑。运距精确到小数点后一位。

违约金的扣除方式依从惯例。按照本竞争性磋商文件要求及合同条款中对各类违约责任的约定，发包人按此约定对承包人存在或发生的违约责任以书面形式告知，作为办理结算评审的依据；违约金累计计算，在结算审定金额中直接扣除。

合同约定费用依从惯例。发包人要求承包人完成合同以外零星项目，承包人应在接受发包人要求的 7 个工作日内就用工数量和单价、机械台班数量和单价、使用材料和金额等向发包人提出施工签证，发包人于 7 个工作日内予以签证后施工。如发包人未签证，承包人施工后发生争议，由承包人负责。合同其他条款约定的费用。

高温补贴按国家相关标准执行，各投标人应将此费用综合考虑纳入施工组织措施费清单中报价。施工单位须和建设单位等相关施工参与部门一起做好施工全过程中相关工程资料的留存，须有施工现场的施工前后及期间相应节点的对比影像资料（特别是隐蔽工程及暂列金额工程）用于后期结算。因缺少影像资料造成无法办理相关工程内容结算的损失由施工单位自行承担。

本工程施工期间主要材料（主要材料包括：钢筋、商品混凝土、砂、碎石、水泥、管材）价格波动在±5%以内时不调整；主要材料价格波动在±5%以外时，由发包人根据施工时实际情况，参照《建设工程工程量清单计价规范》（GB 50500—2013）中对应条款对主要材料±5%以外部分调差。主要材料调差项目调差原则为：主要材料价格以××市建设工程造价总站主办的 2022 年第 10 期《××工程造价信息》公布的指导价为基准，与施工期间××市建设工程造价总站主办的《××工程造价信息》公布的施工对应月指导价相比：若涨跌幅度在±5%以内（含±5%）不作调整，该风险由承包人自行承担；若涨跌幅度超过±5%，则以承包人投标报价时所报的材料价格为基准，只对超出涨跌幅度±5%以外部分进行调整。主要材料价差（涨价）＝{（施工期间每月材料用量×该材料使用对应月《××工程造价信息》公布的材料指导价）/该材料施工期间总用量－作为调整基数的那个月《××工程造价信息》公布的该材料的指导价×1.05}×该材料施工期间总用量。主要材料价差（跌价）＝{（作为调整基数的那个月《××工程造价信息》公布的该材料的指导价×0.95）－（施工期间每月材料用量×该材料使用对应月《××工程造价信息》公布的材料指导价）/该材料施工期间总用量}×该材料施工期间总用量。注：以上《××工程造价信息》公布的该材料的指导价不含网员信息价。发承包双方按照《××市城乡建设委员会关于进一步加强建筑安装材料价格风险管控的指导意见》（×建〔2018〕61号）执行建筑安装材料价格风险管控。

本工程结算金额最终以评审机构审定的金额为准。在项目结算评审时，业主单位应先进行初审，再报结算评审。基本收费由业主承担，审减率在5%之内（含5%）的审减效益费由业主单位承担；审减率超过5%的，全部审减效益费由施工单位承担，由业主单位统一支付后在工程款中扣减。（该审减率为不抵扣审增部分的净审减率）。施工单位原则上应当于3个月内完善工程结算资料，并积极配合业主单位做好竣工验收工作。若三个月未完成相关资料，业主可自行办理工程结算。若项目情况特殊，确需延长的，须报分管区领导批示后，报区财政开展结算评审。

8）双方权利及义务。发包人的权利及义务依从惯例。根据工程性质向承包人提供相应的相关图纸和资料。组织有关部门对承包人施工质量、进度、安全生产、文明施工、材料管理等进行监督检查工作。对违反发包人现场管理规定、制度和不按设计要求及有关规范规程施工者，有权责令其停工、限期纠正或返修。发包人有权对项目建设的各个阶段实施必要的检查和监督。

承包人的权利及义务依从惯例。承包人按照施工图纸、技术交底、施工规范及有关要求进行施工。承包人必须在计划完工日期内完工。承包人逾期完成，发包人有权解除合同，由此造成的损失由承包人负责。在施工过程中如对图纸等有不同理解，应和发包人及时交换意见，按发包人确认方案施工，承包人如需变更，应由发包人项目负责人签字并加盖公章认可，未经发包人同意承包人不得擅自修改图纸及变更施工，否则一切后果由承包人承担。发包人现场负责人驻施工现场督导，承包人应全力配合，确保进度满足要求。

9）其他约定事项。本合同若有未尽事宜，双方经协商后签订补充协议，与本合同具有同等的法律效力。如果发包人委托承包人承担本合同范围以外的任务，发包人应另行补签委托合同。

10）合同生效。本合同自双方签字盖章后生效。

11）违约责任。发包人违约依从惯例。因发包人原因未能在计划开工日期前7天内下达开工通知的违约责任：除工期顺延和补偿承包人实际发生的合理损失外，发包人不承担任何责任。因发包人原因未能按合同约定支付合同价款的违约责任：不承担责任。发包人提供的材料、工程设备的规格、数量或质量不符合合同约定，或因发包人原因导致交货日期延误或交货地点变更等情况的违约责任：除顺延工期外不承担其他责任。因发包人违反合同约定造成暂停施工的违约责任：除顺延工期外不承担其他责任。发包人无正当理由没有在约定期限内发出复工指示，导致承包人无法复工的违约责任：不承担。

承包人违约依从惯例。承包人违约的情形按相关规定认定。对承包人其他违约情况的处理依从惯例。承包人未按国家、行业和××市有关施工质量验收规范、技术规范、技术标准和规程、《工程建设标准强制性条文》及施工图纸（含设计变更和工程洽商或技术核定单）的要求进行施工，或偷工减料、弄虚作假的，每发现一次或一处，监理人和发包人有权对承包人处以 2000 元的违约金，违约金累计计算。如果因承包人的原因工程质量达不到合同约定的质量标准，承包人在发包人、发包人指定期限内不进行整改或经整改后仍不能达到要求的，发包人有权单方解除合同。因承包人原因，未按经监理人和发包人批准的进度计划组织施工，实际进度比进度计划滞后 30 天以上的；或承包人在执行本合同过程中，安全生产、文明施工、环保或环卫不能满足国家、××市和本合同有关规定要求的，承包人在发包人指定期限内不进行整改或经整改仍不能达到本合同要求的，发包人有权单方解除合同。承包人违反国家和××市安全生产、文明施工、环保及环卫有关规定的，除按相关规定进行处罚外，被市级部门发现、通报、查处一次或一处，发包人和监理人有权对承包人处以 2000 元/次（或 2000 元/处）违约金；被区级部门发现、通报、查处一次或一处，监理人和发包人有权对承包人处以 1000 元/次（或 1000 元/处）违约金；被发包人发现、通报、查处一次或一处，监理人和发包人有权对承包人处以 1000 元/次（或 1000 元/处）违约金；违约金累计计算。同时承包人必须按监理人或发包人的要求立即进行整改。

承包人向监理人和发包人提供的所有工程资料和数据必须真实可靠。经检查发现承包人有弄虚作假的，每发现一次，监理人和发包人有权对承包人处以 1000～2000 元违约金，违约金累计计算。承包人在工程收方中采用欺骗手段或弄虚作假的，每发现一次，监理人和发包人有权对承包人处以 1000～2000 元违约金，违约金累计计算。承包人应严格遵守有关农民工和劳务用工的规定，若承包人拖欠农民工或劳务用工工资，发包人有权直接从应付工程款中代承包人支付农民工或劳务用工工资，由此引发的一切责任由承包人全部承担。未经发包人同意，承包人不得随意更改合同约定的材料设备的厂家、品牌、规格型号、技术指标、质量标准，否则监理人和发包人有权每次处以承包人 2000 元违约金，同时承包人应限期进行整改。

本项目时间紧、任务重，因承包人原因导致项目延期，发包人将对承包人处以 1000 元/天的违约金，违约金累计结算，在承包人申请付款时从结算款中扣除。本项目完工后 30 日内未通过交通主管部门验收合格的，发包人将对承包人处以 2000 元/天的违约金，违约金累计结算，在承包人申请付款时从结算款中扣除。

本项目在实施过程中，承包人必须执行《××市城乡建设委员会 中国人民银行××营业管理部 中国银行业监督管理委员会××监管局关于建筑领域实施农民工工资专用账户管理及银行代发制度（试行）的通知》（×建发〔2017〕13号）及《××市建设工程造价管理总站关于建筑领域农民工工资专户管理网络系统正式运行有关事宜的通知》，实行农民工工资专用账户管理及银行代发制度，填报相应的网络管理系统。承包人在与发包人签订的合同中，必须明确在我市的农民工工资专用账户信息、人工费（工资款）支付比例；在项目开工后，为农民工办理平安卡和工资卡，委托银行通过农民工工资专用账户直接将农民工工资发放至工资卡，并按照有关规定在"工资专户管理网络系统"中填报相关信息。

12）索赔和争议。本合同中各方在履行本合同及因有关事宜而发生争议的，可以和解或要求有关主管单位调解，如以上方式仍不能解决，可向工程所在地人民法院起诉。

13）合同份数。本合同一式陆份，均具有同等法律效力，发包人执肆份，承包人执贰份，具有同等法律效益。

发包人（公章）： 承包人（公章）：

地址： 地址：

法定代表人（签字）： 法定代表人（签字）：

经办人（签字）： 经办人（签字）：

电话： 电话：

传真： 传真：

开户银行： 开户银行：

账号： 账号：

邮政编码： 邮政编码：

日期： 年 月 日

2.7.2 合同附件

1）附件1 工程质量保修书。格式如下。

发包人（全称）：××市××区教育委员会
       ××乐成资产经营（集团）有限公司

承包人（全称）：

发包人和承包人根据《中华人民共和国建筑法》和《建设工程质量管理条例》，经协商一致就S12地块新建学校配套用电（茂源城新建配套中学用电）施工签订工程质量保修书。

工程质量保修范围和内容依从惯例。承包人在质量保修期内，按照有关法律规定和合同约定，承担工程质量保修责任。质量保修范围：配套用电工程所有工作内容，具体实施内容详见发包人提供的本工程施工设计图纸、图说、设计变更以及工程量清单所明确的全部工程内容。

质量保修期依从惯例。根据《建设工程质量管理条例》及有关规定，本工程质量保修期约定如下，本工程的保修期自工程完工验收合格之日起计算：两年。

质量保修责任依从惯例。属于保修范围、内容的项目，承包人应当在接到保修通知之日起 7 天内派人保修。承包人不在约定期限内派人保修的，发包人可以委托他人修理。发生紧急事故需抢修的，承包人在接到事故通知后，应当立即到达事故现场抢修。对于涉及结构安全的质量问题，应当按照《房屋建筑工程质量保修办法》的规定，立即向当地建设行政主管部门报告，采取安全防范措施；由原设计单位或者具有相应资质等级的设计单位提出保修方案，承包人实施保修。质量保修完成后，由发包人组织验收。

保修费用由质量缺陷的责任方承担。

双方约定的其他工程质量保修事项依从惯例。按国家相关法律和规定执行。

本工程质量保修书由发包人、承包人在工程竣工验收前共同签署，作为施工合同附件，其有效期限至保修期满。

发包人（公章）：　　　　　　　　承包人（公章）：

法定代表人（签字）：　　　　　　法定代表人（签字）：

经办人（签字）：　　　　　　　　经办人（签字）：

日期：　　年　　月　　日

2）附件 2　廉洁从业协议。格式如下。

廉洁从业协议

根据国家有关部门以及有关工程建设、廉政建设的规定，为做好工程建设中的党风廉政建设，保证工程建设高效优质，保证建设资金的安全和有效使用以及投资效益，建设工程的项目法人（以下简称"发包人"）与承包人（以下简称"承包人"），特订立如下合同。

1. 发包人、承包人的权利和义务依从惯例。严格遵守党的政策规定和国家有关法律法规及相关部门的有关规定。严格执行工程的合同文件，自觉按合同办事。双方的业务活动坚持公开、公正、诚信、透明的原则（法律认定的商业秘密和合同文件另有规定除外），不得损害国家和集体利益，违反工程建设管理规章制度。建立健全廉政制度，开展廉政教育，设立廉政告示牌，公布举报电话，监督并认真查处违法违纪行为。发现对方在业务活动中有违反廉政规定的行为，有及时提醒对方纠正的权利和义务。发现对方有严重违反协议义务条款的行为，有向其上级有关部门举报、建议给予处理并要求告知处理结果的权利。

2. 发包人的义务依从惯例。发包人及其工作人员不得索要或接受承包人的礼金、有价证券和贵重物品，不得由承包人报销任何应由发包人或发包人工作人员个人支付的费用等。发包人工作人员不得参加承包人安排的超标准宴请和娱乐活动；不得接受承包人提供的通信工具、交通工具和高档办公用品等。发包人及其工作人员不得要求或者接受承包人为其住房装修、婚丧嫁娶活动、配偶子女的工作安排以及出国出境、旅游等提供方便等。发包人工作人员及其配偶、子女不得从事与发包人工程有关的材料设备供应、工程分包、劳务等经济活动等。发包人及其工作人员不得以任何理由向承包人推荐分包单位或推销材料，不得要求承包人购买合同规定外的材料和设备。发包人工作人员要秉公办事，不准营私舞弊，不准利用职权从事各种个人有偿中介活动和安排个人施工队伍。

3. 承包人义务依从惯例。承包人不得以任何理由向发包人及其工作人员行贿或馈赠礼金、有价证券、贵重礼品。承包人不得以任何名义为发包人及其工作人员报销应由发包人单位或个人支付的任何费用。承包人不得以任何理由安排发包人工作人员参加超标准宴请及娱乐活动。承包人不得为发包人单位和个人购置或提供通信工具、交通工具和高档办公用品等。

4. 违约责任依从惯例。发包人及其工作人员违反合同第1、2条，按管理权限，依据有关规定给予党纪、政纪或组织处理；涉嫌犯罪的，移交司法机关追究刑事责任；给承包人单位造成经济损失的，应予以赔偿。承包人及其工作人员违反合同第1、3条，按管理权限，依据有关规定给予党纪、政纪或组织处理；给发包人单位造成经济损失的，应予以赔偿。

5. 双方约定依从惯例。协议由双方或双方上级单位的纪检监察机关负责监督执行。由发包人或发包人上级单位的纪检监察机关约请承包人或承包人上级单位纪检监察机关对合同执行情况进行检查，提出在协议规定范围内的裁定意见。协议有效期为甲乙双方签署之日起至该工程项目竣工验收后止。协议作为工程施工合同的附件，与工程施工合同具有同等的法律效力，经合同双方签署立即生效。

（以下无正文）

发包人（公章）：　　　　　　　承包人（公章）：

法定代表人（签字）：　　　　　法定代表人（签字）：

经办人（签字）：　　　　　　　经办人（签字）：

日期：　　年　　月　　日

3）附件3　安全管理协议。格式如下。

安全管理协议

为了确保实现 S12 地块新建学校配套用电（茂源城新建配套中学用电）施工安全生产目标，进一步明确双方的安全管理责任，加强安全生产管理工作的协调、管理力度，××市××区教育委员会、××乐成资产经营（集团）有限公司（以下简称"发包人"）与　　　　　（以下简称"承包人"）依据国家安全生产相关的法律、法规和安全方面的强制性国家标准或行业标准，双方同意签订该协议作为正式合同安全管理方面的补充规定，并承诺本协议具有与合同相同的法律效力。具体条款如下。

协议有效期限依从惯例。本协议中所涉及的安全管理责任自合同签订之日起开始生效，至合同工程全部完工验收且经发包人与承包人签订移交协议生效之日终止。

责任目标依从惯例。承包人承诺承担和履行合同和发包人所规定的安全责任，且满足要求。承包人的安全控制目标是确保本工程在实施过程中不发生人身重伤事故；不发生火灾事故；不发生负有同等及以上事故责任的造成人身重伤的一般交通事故；不发生集体食物中毒事件（同时 5 人及以上的食物中毒）；不发生流行性传染病（无甲型传染病、其他常见传染病未形成多人同时患病）；不发生重大环境污染事件（生活、工业垃圾及其他污染物造成环境污染和大面积水土流失）；不发生对施工区附近生产、生活造成重大影响的事件（如造成重大设备损坏、重大财产损失、人员伤害等）；不发生治安保卫事件（构成刑事拘留及以上的事件、盗窃直接损失超过 1 万元人民币的事件）。

承包人承诺在施工中控制以下安全事故的发生，包括人员轻伤事故；负有同等及以上事故责任的人身轻伤交通事故；其他安全未遂事故和异常事件。

安全责任依从惯例。承包人负有安全生产的管理责任和直接责任。承包人的法人或签署合同的公司总经理或受委托的代理人对合同安全负有全面的领导责任。承包人项目经理对施工现场的安全工作负有全面的直接领导责任。承包人保证执行"谁施工、谁负责"的施工安全原则。承包人保证服从发包人对安全工作的统一协调和管理。承包人保证对本工程项目安全生产条件及其管理资源自行投入，保证安全资金的专款专用。承包人保证建立本工程项目的安全管理体系及安全保证体系（注：项目安全管理大纲/手册、管理性的程序文件等）。承包人保证现场的安全管理专职人员必须持有建设主管部门安全生产培训考核合格证书。承包人保证为现场所有工作人员（含分包商员工及劳务人员）配备符合国家标准的有承包人和/或其下属分包商标志的个人基本劳动保护用品。承包人保证按照国家法律规定为现场所有工作人员（含分包商员工及劳务人员）购买意外伤害保险。承包人保证施工生活营地（包括自建的和租用的营地）满足消防、安全用电、卫生防疫、防暴雨、防雷击等方面的安全要求。承包人保证对带入现场的设备、工具、材料按照国家法规和标准进行检测、试验，并持有法定部门出具的检验证书。承包人保证制订施工现场的文明施工措施，保护环境、树木和植被，保持施工现场的良好秩序和整洁的作业环境。承包人负责在施工过程中与当地政府、周边群众及其他承包商保持良好的沟通和交流。承包人遇到与周边群众发生纠纷时，应负责协调工作，确保工程能够顺利进行。

接口及协调依从惯例。发包人委托监理公司对该工程实施监理，监理公司在安全管理方面代表发包人行使监督检查职能，承包人必须给予配合和支持。承包人人员、车辆的出入，带入现场的设备、机具、材料，在现场使用的或直接管理的办公、生活、生产性设施的安全管理须满足发包人现场管理的基本要求。承包人应指定专职安全管理人员与发包人委托的监理公司接口，参与安全协调和管理。安全协调和管理的内容包括职业健康、工业安全、消防安全、卫生防疫、交通安全、环境保护、治安保卫等各方面。承包人的专职安全管理人员应具备协调安全工作的能力和授权。发包人委托的监理公司有权对专职安全管理人员的能力和权力作出评价，对于不能胜任的专职安全管理人员，发包人委托的监理公司有权要求承包人换人。承包人指定的专职安全管理人员应与发包人委托的监理公司建立联系，在业务上接受发包人委托的监理公司的协调和指导。开工后承包人的专职安全管理人员应按照发包人委托的监理公司的规定，定期报送安全月度快报、季报、年报和各种专项事故报告等。在工程实体未全部正式移交发包人施工管理部门之前，承包人依旧对施工范围内的安全管理负责。

安全资质审查依从惯例。承包人在项目开工前 5 个工作日内向发包人委托的监理公司提供以下 6 类安全资质供审查和存档，包括企业安全生产许可证书复印件；企业近三年的施工简历及安全施工业绩证明文件；企业主要安全管理人员（包括项目经理、专职安全管理人员）经建设主管部门颁发的安全生产知识考核合格证书；特种作业人员资格证书；项目安全管理机构及其人员配备（承包人必须配有专职的安全员）；适用于项目的安全管理体系及保证体系文件（安全管理大纲及管理程序文件）。

人员基本素质依从惯例。承包人提供的人员必须满足下列 3 条要求，即身体健康，无影响工作的精神疾病、无传染病和其他重大疾病，承包人需对其雇用的施工人员签发健康声明并保证其健康，其中体检证明材料（县级以上医院）和健康声明作为人员办理入场证件的必备材料；无刑事案件牵连；无吸毒、酗酒、赌博、嫖娼等恶习及违法行为。

劳动保护依从惯例。承包人负责为本单位任何用工形式的员工提供个人劳动保护用品（包括工作服、安全帽、安全鞋等）。承包人负责向特殊工种的员工提供特殊劳动保护，否则不得从事特殊工种作业。发包人委托的监理公司有权检查承包人的个人劳动保护用品是否符合国家的相应标准。承包人在特殊风险场所作业而需要特殊防护用品或安全仪表时，必须在上述防护用品全部到位后才能开工。承包人应配备临时安全围栏、警示带、警告标志、防火布等集体防护用品。

施工机具与材料依从惯例。承包人对带入现场的施工机械和工器具的安全负责。对于承包人带入现场的特殊工器具，如起重设备、索具、机动车辆、压缩气瓶等，承包人必须按国家法规和标准进行检测、试验，并持有法定部门出具的检验证书。对于不属于法定检测的工器具，承包人也必须建立相应的管理、检测制度，这些工器具包括登高工具、脚手架材料、电动工具、安全防护设备及用具等。

开工前安全条件检查应合规。发包人委托的监理公司将在合同生效后,工程项目正式开工 5 个工作日前,依据合同安全条款的要求逐项对承包人安全准备情况进行检查。不满足开工安全条件时,承包人将不得开工,由此产生的工期和成本的影响,由承包人自行负责。开工前安全条件检查的基本内容包括安全管理体系建设、安全资金投入、危险源识别和安全风险分析、施工机械的安全状况、安全工器具和材料、安全培训教材和教员、专职安全人员的到岗情况、培训的有效性、人员控制、个人劳动保护用品配备等内容。发包人委托的监理公司检查发现的缺陷,承包人应在规定期限内完成整改。对于重大缺陷,发包人委托的监理公司有权要求承包人推迟开工,由此对工期产生的影响或经济损失,由承包人承担。

安全监督应合规。承包人应配备有满足项目安全管理需要的专职安全管理人员。承包人的专职安全管理人员必须持建设主管部门颁发的安全生产知识考核合格证书。承包人的专职安全管理人员在业务上接受发包人委托的监理公司和发包人安全管理部门的协调和指导。承包人应建立班前安全交底制度;施工期间坚持开展安全检查和日常安全监督并形成相应的记录。承包人应在每个作业区任命兼职安全员,赋予兼职安全员相应的授权和义务,并对兼职安全员进行定期考核。承包人应接受和配合发包人专业部门及委托的监理公司的监督与安全评价。发包人和委托的监理公司有权对承包人履行安全管理协议的情况进行监督,并有权对违章行为实行停工和处罚,处罚情况将通知承包人。涉及经济处罚时将直接通知合同管理部门从合同结算中扣除。

安全培训与授权应合规。承包人所有特殊工种人员必须持证上岗,发包人和发包人委托的监理公司有权对其进行抽查。承包人要建立特殊工种定期培训和检查计划,这些工种包括但不限于:机动车驾驶员、焊工、起重工、电工等。承包人应在特殊工种之外的其他工种中,筛选出高风险工种,并对其开展针对性的专题安全培训。承包人应组织入场培训和考核。发包人委托的监理公司有权监督培训、考核情况或组织抽查考核。承包人应建立安全培训和考核机制,编制培训教材和培训滚动计划。承包人应组织安全考试/考核,建立培训考核记录,发包人委托的监理公司有权查看这些记录。

职业健康与卫生防疫应合规。承包人应有特殊健康检查制度,预防有禁忌证患者从事有关职业,如恐高症患者不得从事高空作业,患有心血管疾病的人员不得从事繁重的体力劳动,特殊工种人员的体检应符合国家的规定。承包人应保证卫生防疫基本设施的投入,以满足医疗、急救的要求,建立外部医疗支持渠道。应建立卫生防疫措施计划,做好生活区和施工区的卫生防疫工作;制订和执行保证饮水卫生、饮食卫生、环境卫生和预防集体食物中毒的措施;有灭蚊、灭鼠和消毒的专项工作计划;有针对性地制订预防 SARS、禽流感、疟疾、霍乱、肠道传染病、肝炎、H1N1 流感等疾病的措施。

文明施工与环保要求应合规。承包人需制订施工现场的文明施工措施，保持良好的施工现场秩序。施工现场的物料要摆放整齐，安全标志和宣传标志要清楚醒目，废料、废物要分类收集，安全通道要畅通。承包人作业时应避免建筑材料抛洒、飞扬、流淌；应尽可能降低噪声、震动。承包人应根据实际需要，在施工现场布置临时卫生设施（洗手间、卫生间等），施工作业不破坏环境卫生，不污染现场环境。承包人在施工中应充分重视对环境的保护，保护绿色植被，保护古树。施工如需伤害古树，必须报告发包人委托的监理公司，在未得到指令前，禁止擅自伤害古树。承包人应及时清理现场废物和垃圾。工业废料与生活垃圾必须分开，有害废物与普通废物必须分开（如油品废物、电池灯管等，必须单独收集、存放）；禁止在非指定场所乱倒、乱堆垃圾。禁止违章处理危险化学品和工业垃圾。承包人在施工中应禁止向环境排放工业污水、生活污水、废油或其他有害物质。承包人在施工中应防止水土流失，应及时对裸露的地基、边坡、开挖出来的沙/土以及砂、石、水泥等建筑材料予以保护，防止风刮扬尘，雨水冲刷，流入下水道、排洪沟。如因防护不及时而造成大量水土流失，淤塞道路、沟道或污染环境的，承包人应承担清淤、清扫以及相应的赔偿责任。

工程风险管理与事故预防应合规。承包人应对施工过程进行全面、深入的危险源识别和风险分析。在施工安全组织设计中提供危险源及重要危险源清单、作业风险分析报告，该报告应包括（但不限于）如下信息，即高风险作业和工种清单：作业名称、类别和数量，主要事故风险；施工能源和机械的种类、数量和主要事故风险；施工作业条件的类型和主要事故风险；主要工艺过程（或施工活动）的类别及其相关的事故风险；主要火灾危险（可燃物、点火源）；主要自然灾害（洪水、大风、雷暴、暴雨、地质灾害等）；主要环境保护事件（有害垃圾、机械的跑冒滴漏、原材料流失、水土流失等）；其他。承包人应针对识别出的危险源制订有针对性的事故预防措施并确保在施工中得到有效落实。承包人应建立日常施工活动的动态作业风险分析和安全交底制度，该制度应明确规定风险分析的方法、责任和交底的内容、时间及记录。现场作业应满足基本安全条件，承包人应规定现场作业的基本安全条件，包括照明条件、通风条件、作业平台和通道条件、物料堆放条件、供电供水条件、吸烟点、休息点等，并对临边现场、道路上作业现场、立体交叉作业现场、地面坑洞和沟道、夜间作业现场等的基本安全条件作出规定。

事故报告与应急救援应合规。承包人应制订对于未遂事故及以上级别的安全事件和事故的预防措施，定期报送安全月度快报、季报、年报和各种专项事故报告等。承包人应建立安全事故统计记录、未遂事故统计记录、违章统计记录，根据统计情况进行分析，并就分析结果制订相应的预防措施。承包人应建立事故应急救援机制，明确事故处置的基本原则，即现场发生事故时，首先抢救生命，向救援组织报警，并采取措施限制事故扩大。承包人应建立相应的应急响应组织，以便能迅速处理突发意外。承包人应建立专项应急响应预案，包括重大人身伤亡事故的救护预案、火灾响应预案、"四防"预案（防风、防冻、防雷、防暴雨）、重大疫病防护预案、环境污染防护预案、地质灾害防护预案等。承包人应对应急预案进行适当演练，保证应急预案的可操作性。在工地的其他承包人发生重大事故时，承包人应无条件立即配合、支持事故抢险。承包人必须为事故处置支付各项费用，包括受伤者的抚恤、补偿等费用，并按合同要求赔偿对发包人造成的损失。由于发包人原因而造成的事故，发包人应负责按事故的具体损失情况给予承包人经济赔偿。涉及承包人员工的伤害事故，承包人除要报告发包人委托的监理公司外，还应负责按照国家、行业和本单位上级公司的要求，上报事故。

安全业绩考核应合规。为了落实安全管理的责任，承包人在施工过程中发生安全事故时，承包人除应按国家有关规定承担责任和处罚外，发包人还将进行安全业绩考核，见表 2-6。

表 2-6　安全业绩考核

事件类型	违约金额/%
较大事故	签约合同价的 0.05
重大事故	签约合同价的 0.2
特别重大事故	签约合同价的 0.4

较大事故是指造成 3 人以上 10 人以下死亡，或者 10 人以上 50 人以下重伤，或者 1000 万元以上 5000 万元以下直接经济损失的事故；重大事故是指造成 10 人以上 30 人以下死亡，或者 50 人以上 100 人以下重伤，或者 5000 万元以上 1 亿元以下直接经济损失的事故；特别重大事故是指造成 30 人以上死亡，或者 100 人以上重伤（包括急性工业中毒，下同），或者 1 亿元以上直接经济损失的事故；所称的"以上"包括本数，所称的"以下"不包括本数。如整个施工过程未发生以上安全事故，则给予承包人建安费总额的 0.1% 的安全奖励。发包人委托的监理公司负责对承包人的安全业绩进行考核。每次合同支付前，承包人提交自我安全业绩评估报告，然后交发包人委托的监理公司评价。发包人委托的监理公司在签署评价意见后，将作为合同支付依据之一，同时也作为是否可接受承包人再次参加发包人项目投标的依据之一。

协议条款的修订依从惯例。在项目实施过程中，经双方友好协商，本协议的有关条款也可作出相应的修改。

本工程安全管理协议，由发包人、承包人双方在施工承包合同签订后 7 天内共同签署，作为施工合同附件。

发包人（公章）：　　　　　　　　　　承包人（公章）：

法定代表人（签字）：　　　　　　　　法定代表人（签字）：

经办人（签字）：　　　　　　　　　　经办人（签字）：

日期：　　　年　　　月　　　日

2.8 响应文件编制要求

响应文件包括经济部分，内含竞争性磋商报价函、报价清单（注：须按提供清单进行填报，其中综合单价分析表可不装订，成交供应商在签订合同前须将《报价清单》电子档交予采购人）；服务部分，内含服务方案（施工组织设计）、服务响应偏离表、其他资料（如果有）；商务部分，内含商务要求响应情况（服务期及地点、报价要求、质量保证及售后服务等），商务响应偏离表，所投产品属于国家节能、环保品目清单的证明文件（如果有）、其他资料（如果有），资格条件及其他，内含法人营业执照（副本）或事业单位法人证书（副本）或个体工商户营业执照或有效的自然人身份证明或社会团体法人登记证书复印件、法定代表人身份证明书（格式）、法定代表人授权委托书（格式）、基本资格条件承诺函（格式）、特定资格条件证书或证明文件；其他资料，内含中小微企业声明函、监狱企业证明文件、残疾人福利性单位声明函，其他与项目有关的资料。

2.8.1 经济部分

1) 竞争性磋商报价函。格式如下。

竞争性磋商报价函

（采购代理机构名称）：

我方收到_____（磋商项目名称）的竞争性磋商文件，经详细研究，决定参加该项目的磋商。

愿意按照竞争性磋商文件中的一切要求，提供本项目的服务，初始报价为人民币大写：____元整；人民币小写：____元（其中安全文明施工费：____元）。以我公司最后报价为准。我方现提交的响应文件为：响应文件正本____份，副本____份，电子文档____份。我方承诺：本次磋商的有效期为九十天。我方完全理解和接受贵方竞争性磋商文件的一切规定和要求及评审办法。在整个竞争性磋商过程中，我方若有违规行为，接受按照《中华人民共和国政府采购法》及其实施条例等规定给予惩罚。我方若成为成交供应商，将按照最终磋商结果签订合同，并且严格履行合同义务。本承诺函将成为合同不可分割的一部分，与合同具有同等的法律效力。我方理解，最低报价不是成交的唯一条件。我方同意按竞争性磋商文件规定，交纳竞争性磋商文件要求的磋商保证金。我方未为采购项目提供整体设计、规范编制或者项目管理、监理、检测等服务。

供应商（公章）：
年 月 日

---

2) 报价清单（注：须按提供清单进行填报，其中综合单价分析表可不装订，成交供应商在签订合同前须将《报价清单》电子档交予采购人）。

2.8.2　服务部分

1）服务方案（格式自定）。为施工组织设计。

2）服务响应偏离表。格式如下。

项目号：　　　　　　　磋商项目编号：

磋商项目名称：＿＿＿＿＿＿＿，偏离见表 2-7。

表 2-7　偏离

序号	采购需求	响应情况	差异说明

本表即为对本项目"项目服务需求"中所列服务要求进行比较和响应；该表必须按照竞争性磋商要求逐条如实填写，根据响应情况在"差异说明"项填写正偏离或负偏离及原因，完全符合的填写"无差异"；该表可扩展，并逐页签字或盖章；可附相关支撑材料（格式自定）。

供应商：　　　　　　　法定代表人授权代表：

（供应商公章）　　　　（签字或盖章）

　　年　　月　　日

3）其他资料。自定。

2.8.3　商务部分

1）商务要求响应情况。服务期及地点、报价要求、质量保证及售后服务等（格式自定）。

2）商务响应偏离表。格式如下。

商务响应偏离表

项目号：　　　　　　　磋商项目编号：

磋商项目名称：＿＿＿＿＿＿＿。偏离表见表 2-8。

表 2-8　偏离

序号	磋商项目商务需求	响应情况	差异说明

本表即为对本项目"项目商务需求"中所列服务要求进行比较和响应；该表必须按照竞争性磋商要求逐条如实填写，根据响应情况在"差异说明"项填写正偏离或负偏离及原因，完全符合的填写"无差异"；该表可扩展，并逐页签字或盖章。

供应商：　　　　　　　　　法定代表人授权代表：

（供应商公章）　　　　　　（签字或盖章）

　　年　　月　　日

3）所投产品属于国家节能、环保品目清单的证明文件（如果有）。

4）其他资料（格式自定）。

2.8.4　资格条件及其他

1）法人营业执照（副本）或事业单位法人证书（副本）或个体工商户营业执照或有效的自然人身份证明或社会团体法人登记证书复印件

2）法定代表人身份证明书（格式）。具体如下。

磋商项目名称：

致（采购代理机构名称）：

（法定代表人姓名）在（供应商名称）任（职务名称）职务，是（供应商名称）的法定代表人。

特此证明。

（供应商公章）

　　年　　月　　日

（附：法定代表人身份证正反面复印件）

3）法定代表人授权委托书（格式）。具体如下。若为法定代表人办理并签署响应文件的，不提供此文件。

磋商项目名称：

致（采购代理机构名称）：

（供应商法定代表人名称）是（供应商名称）的法定代表人，特授权（被授权人姓名、身份证号码）代表我单位全权办理上述项目的磋商、签约等具体工作，并签署全部有关文件、协议及合同。

我单位对被授权人的签字负全部责任。

在撤销授权的书面通知以前，本授权书一直有效。被授权人在授权书有效期内签署的所有文件不因授权的撤销而失效。

被授权人：　　　　　　　　供应商法定代表人：

（签字或盖章）　　　　　　（签字或盖章）

（附：被授权人身份证正反面复印件）

（供应商公章）

　　年　　月　　日

4）基本资格条件承诺函。格式如下。

基本资格条件承诺函

致（采购代理机构名称）：

（供应商名称）郑重承诺：

我方具有良好的商业信誉和健全的财务会计制度，具有履行合同所必需的设备和专业技术能力，具有依法缴纳税收和社会保障金的良好记录，参加本项目采购活动前三年内无重大违法活动记录。我方未列入在信用中国网站（www. creditchina. gov. cn）"失信被执行人""重大税收违法案件当事人"名单中，也未列入中国政府采购网（www. ccgp. gov. cn）"政府采购严重违法失信行为记录"名单中。我方在采购项目评审（磋商）环节结束后，随时接受采购人、采购代理机构的检查验证，配合提供相关证明材料，证明符合《中华人民共和国政府采购法》规定的供应商基本资格条件。

我方对以上承诺负全部法律责任。

特此承诺。

（供应商公章）

　　年　　月　　日

5）特定资格条件证明文件。自定。

2.8.5 其他资料

1）中小微企业声明函、监狱企业证明文件、残疾人福利性单位声明函。格式如下。

中小微企业声明函

本公司（联合体）郑重声明，根据《政府采购促进中小企业发展管理办法》（财库〔2020〕46 号）的规定，本公司（联合体）参加（单位名称）的（项目名称）采购活动，工程的施工单位全部为符合政策要求的中小企业（或者：服务全部由符合政策要求的中小企业承接）。相关企业（含联合体中的中小企业、签订分包意向协议的中小企业）的具体情况如下：

（标的名称），属于（采购文件中明确的所属行业）承建（承接）企业为（企业名称），从业人员　人，营业收入为　万元，资产总额为　万元，属于（中型企业、小型企业、微型企业）。

（标的名称），属于（采购文件中明确的所属行业）；承建（承接）企业为（企业名称），从业人员　人，营业收入为　万元，资产总额为　万元，属于（中型企业、小型企业、微型企业）。

　　……

以上企业，不属于大企业的分支机构，不存在控股股东为大企业的情形，也不存在与大企业的负责人为同一人的情形。

本企业对上述声明内容的真实性负责。如有虚假，将依法承担相应责任。

企业名称（盖章）：

日期：

填写时应注意以下 4 方面事项，即从业人员、营业收入、资产总额填报上一年度数据，无上一年度数据的新成立企业可不填报；中小企业应当按照《中小企业划型标准规定》（工信部联企业〔2011〕300 号），如实填写并提交《中小企业声明函》；供应商填写《中小企业声明函》中所属行业时，应与采购文件"采购标的对应的中小企业划分标准所属行业"中填写的所属行业一致；本声明函"企业名称（盖章）"处为供应商盖章。

监狱企业证明文件以省级以上监狱管理局、戒毒管理局（含新疆生产建设兵团）出具的属于监狱企业的证明文件为准。

残疾人福利性单位声明函

本单位郑重声明，根据《关于促进残疾人就业政府采购政策的通知》（财库〔2017〕141 号）的规定，本单位为符合条件的残疾人福利性单位，且本单位参加_____单位的_____项目采购活动提供本单位制造的货物（由本单位承担工程/提供服务），或者提供其他残疾人福利性单位制造的货物（不包括使用非残疾人福利性单位注册商标的货物）。

本单位对上述声明的真实性负责。如有虚假，将依法承担相应责任。

供应商名称（盖章）：

日期：

2）其他与项目有关的资料。其他与项目有关的资料（自附）：供应商总体情况介绍、其他与本项目有关的资料等。

2.8.6　各行业划型标准

1）农、林、牧、渔业。营业收入 20000 万元以下的为中小微型企业。其中，营业收入 500 万元及以上的为中型企业，营业收入 50 万元及以上的为小型企业，营业收入 50 万元以下的为微型企业。

2）工业。从业人员 1000 人以下或营业收入 40000 万元以下的为中小微型企业。其中，从业人员 300 人及以上，且营业收入 2000 万元及以上的为中型企业；从业人员 20 人及以上，且营业收入 300 万元及以上的为小型企业；从业人员 20 人以下或营业收入 300 万元以下的为微型企业。

3）建筑业。营业收入 80000 万元以下或资产总额 80000 万元以下的为中小微型企业。其中，营业收入 6000 万元及以上，且资产总额 5000 万元及以上的为中型企业；营业收入 300 万元及以上，且资产总额 300 万元及以上的为小型企业；营业收入 300 万元以下或资产总额 300 万元以下的为微型企业。

4）批发业。从业人员 200 人以下或营业收入 40000 万元以下的为中小微型企业。其中，从业人员 20 人及以上，且营业收入 5000 万元及以上的为中型企业；从业人员 5 人及以上，且营业收入 1000 万元及以上的为小型企业；从业人员 5 人以下或营业收入 1000 万元以下的为微型企业。

5）零售业。从业人员 300 人以下或营业收入 20000 万元以下的为中小微型企业。其中，从业人员 50 人及以上，且营业收入 500 万元及以上的为中型企业；从业人员 10 人及以上，且营业收入 100 万元及以上的为小型企业；从业人员 10 人以下或营业收入 100 万元以下的为微型企业。

6）交通运输业。从业人员 1000 人以下或营业收入 30000 万元以下的为中小微型企业。其中，从业人员 300 人及以上，且营业收入 3000 万元及以上的为中型企业；从业人员 20 人及以上，且营业收入 200 万元及以上的为小型企业；从业人员 20 人以下或营业收入 200 万元以下的为微型企业。

7）仓储业。从业人员 200 人以下或营业收入 30000 万元以下的为中小微型企业。其中，从业人员 100 人及以上，且营业收入 1000 万元及以上的为中型企业；从业人员 20 人及以上，且营业收入 100 万元及以上的为小型企业；从业人员 20 人以下或营业收入 100 万元以下的为微型企业。

8）邮政业。从业人员 1000 人以下或营业收入 30000 万元以下的为中小微型企业。其中，从业人员 300 人及以上，且营业收入 2000 万元及以上的为中型企业；从业人员 20 人及以上，且营业收入 100 万元及以上的为小型企业；从业人员 20 人以下或营业收入 100 万元以下的为微型企业。

9）住宿业。从业人员 300 人以下或营业收入 10000 万元以下的为中小微型企业。其中，从业人员 100 人及以上，且营业收入 2000 万元及以上的为中型企业；从业人员 10 人及以上，且营业收入 100 万元及以上的为小型企业；从业人员 10 人以下或营业收入 100 万元以下的为微型企业。

10）餐饮业。从业人员 300 人以下或营业收入 10000 万元以下的为中小微型企业。其中，从业人员 100 人及以上，且营业收入 2000 万元及以上的为中型企业；从业人员 10 人及以上，且营业收入 100 万元及以上的为小型企业；从业人员 10 人以下或营业收入 100 万元以下的为微型企业。

11）信息传输业。从业人员 2000 人以下或营业收入 100000 万元以下的为中小微型企业。其中，从业人员 100 人及以上，且营业收入 1000 万元及以上的为中型企业；从业人员 10 人及以上，且营业收入 100 万元及以上的为小型企业；从业人员 10 人以下或营业收入 100 万元以下的为微型企业。

12）软件和信息技术服务业。从业人员 300 人以下或营业收入 10000 万元以下的为中小微型企业。其中，从业人员 100 人及以上，且营业收入 1000 万元及以上的为中型企业；从业人员 10 人及以上，且营业收入 50 万元及以上的为小型企业；从业人员 10 人以下或营业收入 50 万元以下的为微型企业。

13）房地产开发经营。营业收入 200000 万元以下或资产总额 10000 万元以下的为中小微型企业。其中，营业收入 1000 万元及以上，且资产总额 5000 万元及以上的为中型企业；营业收入 100 万元及以上，且资产总额 2000 万元及以上的为小型企业；营业收入 100 万元以下或资产总额 2000 万元以下的为微型企业。

14）物业管理。从业人员 1000 人以下或营业收入 5000 万元以下的为中小微型企业。其中，从业人员 300 人及以上，且营业收入 1000 万元及以上的为中型企业；从业人员 100 人及以上，且营业收入 500 万元及以上的为小型企业；从业人员 100 人以下或营业收入 500 万元以下的为微型企业。

15）租赁和商务服务业。从业人员 300 人以下或资产总额 120000 万元以下的为中小微型企业。其中，从业人员 100 人及以上，且资产总额 8000 万元及以上的为中型企业；从业人员 10 人及以上，且资产总额 100 万元及以上的为小型企业；从业人员 10 人以下或资产总额 100 万元以下的为微型企业。

16）其他未列明行业。从业人员 300 人以下的为中小微型企业。其中，从业人员 100 人及以上的为中型企业；从业人员 10 人及以上的为小型企业；从业人员 10 人以下的为微型企业。

第 3 章

××学院××校区学生食堂餐桌椅采购及安装项目招标书

3.1 招标文件封面及目录

招标文件封面应逐行依次注明招标文件；项目名称；××学院××校区学生食堂餐桌椅采购及安装项目；项目编号：××HWZB2023033；××市政府采购中心；日期：2023年3月18日。

投标文件目录应包括投标邀请；供应商须知，内含采购文件、投标文件、投标细则、开标与评标、评标方法及评分标准、定标、中标通知书及合同的签订、其他；招标货物及有关说明；合同主要条款；附件，内含报名投标确认函、投标函、开标一览表、报价明细表、法定代表人资格证明、法定代表人授权书等。

3.2 投标邀请

投标邀请格式如下。

投标邀请

××学院委托××市政府采购中心，就××学院××校区学生食堂餐桌椅采购及安装项目及相关服务进行公开招标，现邀请合格供应商参加投标。

本次招标的相关信息如下。

1）招标项目名称：××学院××校区学生食堂餐桌椅采购及安装项目。

2）招标项目编号：××HWZB2023033。

3）招标货物品名、数量及技术规格：详见采购文件"招标货物及有关说明"。

4）合格的供应商。参加本次招标活动的供应商除应当符合《中华人民共和国政府采购法》第二十二条的规定外，还必须具备以下3方面条件，即中国境内合法注册的企业法人；具有本次招标货物的供货、安装、售后服务等的相应能力和经验；

招标货物的生产厂家。供应商不得存在下列 2 种情况之一，即供应商最近 3 年内被信用中国（www. creditchina. gov. cn）、中国政府采购网（www. ccgp. gov. cn）、信用××（www. ××credit. gov. cn）网站列入失信被执行人、重大税收违法案件当事人名单、政府采购严重违法失信行为记录名单的（处罚期限尚未届满的）供应商；法定代表人为同一人的两个及两个以上法人、母公司、全资子公司及其控股公司不得在本项目招标中同时参加。

5）供应商资格审查方式：资格后审。

6）发布公告的媒介：本次采购公告在××市政府采购与招标信息网官网 http://cz. ××. gov. cn/ztzl/zfcg/上发布，由供应商自行下载，其他任何媒介上转载的采购信息均为无效，后果自负。

7）确定参与本次采购活动的供应商，支付招标文件工本费 200 元人民币（售后不退），支付方式详见 http://cz. ××. gov. cn/ztzl/zfcg/info/1133/9977. htm，并于 2023 年 4 月 15 日 11 时 00 分前将"报名投标确认函"（见附件 1），填写有关信息，并用"招标项目编号＋供应商名称"作文件名保存，发送至电子邮箱：　　　　　。

8）供应商无须到达现场，采用邮寄或送达的方式提交投标文件。供应商须充分考虑投标文件等邮寄的时效性及时寄送。

9）开评标全过程录音录像。供应商可登录"腾讯会议"预定会议查看开标过程。

10）评标时，如若需要询标，采购人将采用"腾讯会议"的方式进行视频询标。

11）投标报名时间截止后，如供应商少于 3 个，采购人可选择其他采购方式采购或重新组织招标，也可顺延本项目的投标报名时间、投标截止时间及开标时间并予公告。

12）投标截止时间及开标时间：2023 年 4 月 16 日 9 时 00 分。

与本次招标有关的事宜请按下列通信方式联系。单位部门：××市政府采购中心；联系地址：××省××市中山路 2339 号；邮政编码：　　　　　；联系电话：　　　　　（报名、发票）胡老师；　　　　　（工程、服务）杨老师；　　　　　（货物）宋老师；报名电子邮箱：　　　　　。如对招标文件存在质疑，请在投标截止时间 3 日前以书面形式提出（加盖公章，填写联系人姓名和电话）发送至电子邮箱：　　　　　。

3.3 供应商须知

3.3.1 采购文件

1）名词定义。采购文件中的采购人指××学院，亦称买方；供应商指响应招标并具备相应资质的参与投标的生产厂家；中标人指最后中标的供应商，亦称卖方。

2）采购文件的组成。采购文件由下列 5 部分组成，即投标邀请；供应商须知；招标货物及有关说明；合同主要条款；附件。

3）采购文件的澄清。如供应商对采购文件的某些内容有疑问，应在投标截止时间 3 日前以书面形式传真通知采购人，采购人将予以书面答复。采购人认为有必要时，可将答复内容（包括疑问内容，但不包括疑问来源）在××市政府采购与招标信息网站上公开发布。

4）采购文件的补充和修改。采购人有权在投标截止时间 3 日前对采购文件进行补充和修改，补充和修改的内容在××市政府采购与招标信息网站上公开发布；补充和修改的内容作为采购文件的组成部分，对供应商具有同等约束作用。如采购文件的补充和修改对供应商准备投标的时间有影响，采购人有权决定推迟投标截止时间和开标时间。

3.3.2　投标文件

1）投标文件的语言。投标文件及来往函件均应使用中文。授权文件、产品说明书、样本等非中文材料，其中的要点应附有中文译文。

2）投标文件的组成。供应商编写的投标文件按如下目录顺序编制，即目录索引；投标函（格式见附件 2）；投标人资格证明文件；开标一览表（格式见附件 3）；报价明细表（格式见附件 4）；采购文件中要求提供的相关材料；投标人认为需要陈述的其他内容。

3）供应商资格证明文件（复印件均须加盖供应商公章）。包括营业执照副本复印件；法定代表人资格证明原件（格式见附件 5）；法定代表人授权书原件（格式见附件 6）。

4）投标文件的形式及签署。供应商需提交投标文件正本 1 份、副本 4 份，并在投标文件的封面上明确标明投标文件正本和副本；若投标文件正本与副本有不同之处，以正本为准。投标文件的正本与副本应分别按目录装订成册，不得采用活页夹，并且逐页标注连续页码，如供应商未按上述要求编制投标文件，将自行承担所产生的风险。投标文件正本与副本均应使用 A4 型纸打印，图表等可按同样规格的倍数扩展，且经被授权人签署。投标文件不应有涂改、增删之处，但如有错误必须修改时，修改处必须由原被授权人签署。

5）投标文件的密封和标记。投标文件应密封包装，并在封套的封口处加盖供应商单位章或由供应商的法定代表人或其授权的代理人签字。投标文件封套上需标明收件人：××市政府采购中心；招标项目编号：_____；招标项目名称：_____；供应商名称：_____；供应商地址：_____；联系电话：_____（手机：_____）。开标之前不得启封。

6）投标文件的递交。供应商应仔细阅读采购文件的所有内容并作出实质性响应，同时按采购文件规定的要求和格式，提交完整的投标文件。供应商须充分考虑投标文件等邮寄的时效性及时寄送（收件地址：××省××市金山区中山路 2339 号，收件人：××市政府采购中心胡老师，手机：_____），也可直接将投标文件投送至××学院南大门出口处投递箱，确保采购人在投标截止时间前收取投标文件，投标文件由采购人专人负责收取登记并统一存放，且实行 24h 监控。投标文件应在投标截止时间前寄（送）达××市政府采购中心，并给采购人预留一定的取件时间；如果采购人在投标截止时间前半小时内还未收到取件信息，则视为投标文件逾期寄（送）达或未寄（送）达，供应商自行承担责任。本项目不接受传真及电子邮件投标。

3.3.3 投标细则

1）投标货物。投标货物必须是全新、未使用过的原装合格正品，完全符合采购文件规定的规格、性能和质量的要求，达到国家或行业规定的标准，属于国家强制认证的产品的必须通过认证。

2）投标报价。投标总价应是完税后（免税进口货物除外）的用户地交货价，其中应包含运输、搬运、安装调试、保修等全部费用。国（境）内供货的货物以人民币报价；国（境）外供货产品，投标时用外币不含税价或人民币包干价，签完外贸合同后由于汇率变化导致的汇差由投标人承担；其中付款基准汇率以代理协议当天中国银行外汇现汇卖出价为准（对于涉美进口产品如需加征关税由投标人承担）。价格条件：国（境）内供货的货物报××学院指定地点的交货价；国（境）外供货的货物报CIP××市、上海或南京免税交货价。

3）投标文件的修改和撤回。投标截止时间后投标文件不得修改。投标截止时间前供应商可以撤回投标文件，但在投标截止时间后不允许撤回。

4）分包投标。本次招标不可分包投标和中标。

5）联合体投标。本次招标不接受联合体投标。

6）投标有效期。从投标截止时间起，投标有效期为90天。

3.3.4 开标与评标

采购人按规定的时间和地点开标，供应商无须到开标现场。开评标全过程录音录像；采购人提前登录"腾讯会议"预定"开标会议"，会议开始时间为开标时间，采购人以短信或邮件的形式将"会议地址及会议ID"提前告知已报名的供应商；供应商可登录"开标会议"查看开标过程。开标时，采购人在"开标会议"中宣读投标人名称、投标价格、交货期等投标文件的主要内容；供应商如对开标过程有疑义，可与采购人联系，由采购人按照学校要求履行审批备案手续后进校查看开标过程记录。采购人组织用户代表和有关专家组成评标委员会进行评标。评标时若出现同一品牌的产品有多个供应商投标时，参见《政府采购货物和服务招标投标管理办法》（财政部令第87号）相关规定。开标结束后，采购人对供应商的投标资格进行审查，评标委员会对供应商是否实质性响应采购文件要求进行符合性审查。对采购文件的实质性要求和条件作出响应的投标应该是与采购文件要求的全部条款、条件、指标和规格相符，没有重大偏离的投标；采购人和评委判定投标的响应性只根据投标本身的内容，而不寻求外部的证据，供应商不得通过修正或撤销不符合要求的偏离从而使其投标成为实质上响应的投标。

投标文件出现（但不限于）下列15种情况之一的，由评标委员会评审后作无效投标或废标处理，即不具备采购文件规定的资格条件及未按采购文件规定的要求提供资格证明文件的；应由法定代表人或被授权人签字（盖章）而未签字（盖章）的，签字人不是法定代表人且无法定代表人授权的，应加盖投标人公章而未盖章的；投标有效期不足的；同一投标人提交两个及以上投标报价的；重要技术指标或参数不满足招标要求的；重要内容或关键字迹模糊不清无法辨认的；其他未对招标文件实质性要求和条件作出响应的；不同投标人投标文件相互混装的；不同投标人投标文件中的项目相关人员出现同一人的；不同投标人的投标文件内容出现非正常一致的；恶意串通投标的；报价明显偏离市场行情的；报价超过招标文件中规定的预算金额或者最高限价的；有损害采购人和用户利益的规定的；招标文件条款中约定作无效投标处理的。

投标文件报价出现前后不一致的，除采购文件另有规定外，按照下列 2 条规定修正，即投标文件中开标一览表（报价表）内容与投标文件中相应内容不一致的，以开标一览表（报价表）为准；大写金额和小写金额不一致的，以大写金额为准。

评标委员会认为有必要时，可要求供应商述标或对投标文件中某些内容作出澄清或说明，但不接受供应商主动提出的澄清和说明。

评标时，如若需要询标，采购人将利用"腾讯会议"的方式进行询标，采购人开启"询标会议"后告知供应商被授权人"会议地址和会议 ID"，供应商被授权人及时登录"询标会议"视频询标。评委通过"询标会议"将需询问的内容告知供应商被授权人，供应商被授权人在会议的文档中下载"询标承诺书"并打印，填写好询标内容签字后扫描成 PDF 格式或将图片存入 word 文档，上传至会议文档或直接发送电子邮箱：　　　　　　；"询标承诺书"原件邮寄或送达××市政府采购中心；询标会议期间全程录屏录像。评标委员会将依据评标方法，对所有投标文件进行综合评审。

3.3.5　评标方法及评分标准

1）评标方法。本次招标采用综合评分法评标，即在满足采购文件全部实质性要求的前提下，按照评分标准中规定的评分因素和评分细则进行综合评价、评分。评标委员会各成员独立对每一份有效投标文件进行评价并对除报价以外的评分项目进行评分，报价得分由工作人员通过计算得出。供应商得分 $=\sum$ 评委评价得分/评委人数＋报价得分。

2）评分标准。评分标准见表 3-1。

表 3-1　评分标准

评审因素		分值	评分细则
投标报价		35 分	满足招标文件要求且投标价格最低的投标报价为评标基准价,其价格分为满分,其他投标人的价格分按下列公式计算: 投标报价得分=(评标基准价/投标报价)×35
样品(根据供应商提供样品数量是否齐全,所用原材料是否与投标文件的要求一致,对样品的尺寸、质量、工艺、外观、结构合理性、整体性能、环保等综合排名,由评委根据供应商所送样品实际情况酌情评分)	制作要求	10 分	框架、木架 1. 焊接件:焊接处应无脱焊、虚焊、焊穿、错位,应无夹渣、气孔、焊瘤、焊丝头、咬边、飞溅,焊疤表面波纹应均匀、高低之差不应大于1mm; 2. 管材:应无裂缝、叠缝,外露管口端面应封闭; 3. 安全性:接触人体或收藏物品的部位应无毛刺、刃口、棱角; 4. 木架:光洁度、结构合理,力学性能、物理工学合理。

评审因素		分值	评分细则
样品(根据供应商提供样品数量是否齐全,所用原材料是否与投标文件的要求一致,对样品的尺寸、质量、工艺、外观、结构合理性、整体性能、环保等综合排名,由评委根据供应商所送样品实际情况酌情评分)	制作要求	10分	台面、椅面 1. 表面色泽均匀,圆角应圆润,多层板基材处理应无瑕疵,热压后表面光滑、平整,封边处应无脱胶、鼓泡、透胶、露底;外表应倒棱、圆角线应一致; 2. 水平公差不得高于1mm。 技术: 1. 各种配件结合处应无松动,安装、扎实程度等应合规; 2. 样品整体牢固、扎实、安全程度等应合规
	涂饰要求	7分	1. 金属件涂饰:应无漏喷、锈蚀,涂层应光滑均匀,色泽一致,应无流挂、疙瘩、皱皮、飞漆等; 2. 表面装饰层涂饰:贴面部件表面应无明显透胶、脱胶、凹陷、压痕、鼓泡、胶迹等; 3. 环保标准(有无甲醛异味)
	所用材质	7分	投标产品所选用板材、材料的厚度、感官质量等应合规
	五金件	4分	五金件润滑程度、质量等应合规
检测报告		7分	投标单位提供经市级(含)以上国家质量检测部门出具的产品或所用主要材料检测报告: 1. 实木多层板(必须检测项:甲醛释放量); 2. 实木料(必须检测项:含水率); 3. 胶水(必须检测项:游离甲醛含量,苯系物含量不可检出,挥发性有机物); 4. 水性底漆(必须检测项:挥发性有机化合物,苯系物含量不可检出,乙二醇醚及其脂类含量不可检出,游离甲醛含量); 5. 油漆面漆(必须检测项:挥发性有机化合物,苯系物含量不可检出); 6. 成品:餐桌(必须检测项:甲醛释放量); 7. 成品:实木椅(必须检测项:甲醛释放量) 全部提供且检测项合格的得7分,要求的检测项缺项或不合格有一项扣1分,扣完为止
售后服务	项目专项服务	2分	投标人提供本项目专项服务承诺函,承诺中标后将针对本项目派驻专职售后服务人员,专人负责本项目售后服务工作,并需提供投标人连续三个月[至少包含近三个月中任意一个月份(不含投标当月)]为该服务人员缴纳社保的证明材料,否则不得分
	售后服务管理及措施	7分	由评委根据投标人承诺的主要服务内容、服务保障体系、售后服务人员的技术水平及现场服务措施、故障解决能力、应急服务响应时间等进行评分;优6~7分,良4~5分,一般1~3分。无措施方案不得分
	售后服务评价体系	2分	投标人获得国家标准《商品售后服务评价体系》(GB/T 27922—2011)认证证书。五星级认证得2分,四星级认证得1分,四星级以下不得分
质保期		2分	满足招标文件要求的不得分,每增加一年免费质保期加得1分,最高不超过2分
项目实施方案		8分	项目实施方案(2分):投标人提供完善的供货方案,产品安装方案整体合理,技术可靠; 项目进度安排(2分):根据投标人提供的项目进度安排,横向比较后酌情给分; 项目验收方案(2分):根据投标人提供的验收方案,横向比较后酌情给分; 质量保证方案(2分):根据投标人提供的质量保证方案,横向比较后酌情给分

评审因素		分值	评分细则
综合情况	认证证书	5 分	投标人通过质量管理体系认证（ISO 9001）得 1 分； 环境管理体系认证（ISO 14001）得 1 分； 职业健康安全管理体系认证（OHSAS 18001 或 ISO 45001）得 1 分； 中国环保产品认证证书（CQC）得 1 分； 中国环境标志产品认证证书（CEC）得 1 分
	业绩	3 分	投标人提供自 2018 年 1 月以来同类项目合同复印件，每有一份得 1 分，最多不超过 3 分 （需提供合同或中标通知书复印件加盖公章，不提供或不符合要求均不得分）
投标文件		1 分	标书完整性、规范性和表述清晰程度，横向比较后酌情给分
合计		100 分	投标人最后得分保留两位小数

注：评分所需证书、合同等资料请提供复印件，并加盖投标人公章。

3.3.6　定标

评标委员会按照得分高低顺序对供应商进行排列；得分相同的，按投标报价由低到高顺序排列；得分最高且排名第一的供应商将被推荐为中标候选人或者直接被确定为中标人。评标委员会认为所有投标报价均不合理或所有投标方案均不能满足采购人要求时，有权否决所有投标，评标委员会也没有义务必须接受最低报价的投标。出现下列 4 种情形之一的应予废标，即出现影响采购公正的违法、违规行为的；供应商的报价均超出采购预算，且采购人不能支付的；因重大变故，采购任务取消的；国家法律规定的其他情形。对未中标的供应商，采购人不作未中标解释。

3.3.7　中标通知书及合同的签订

中标人确定后，采购人将通过政府招标网公示 3 天，公示期满无异议，即向中标人发出中标通知书。中标人收到中标通知书后，应在 30 日内与采购人签订合同，过期视为放弃中标。本采购文件和中标人的投标文件包括中标人所作出的各种书面承诺将作为采购人与中标人双方签订合同的依据，并作为合同的附件与合同具有同等法律效力。如供应商中标后悔标，采购人将取消该供应商本次中标资格及今后两年内的投标资格。

3.3.8　其他

本次招标不收投标保证金。本次招标不收中标服务费。供应商无论中标与否，采购人不承担供应商参加投标的任何费用。

3.4　招标货物及有关说明

货物需求一览表见表 3-2。

表 3-2　货物需求一览表

序号	名称	规格	材质说明	颜色	数量	单位
1★	四人位连体餐桌	台面：1400mm×700mm×38mm； 凳面：1400mm×300mm×38mm； 外尺寸：1400mm×1600mm×760mm	1. 下架：桌脚采用直径70mm六边形钢管，壁厚1.5mm。横档采用30mm×50mm方管，壁厚1.5mm，拉档、支撑杆采用50mm×50mm方管，壁厚1.5mm，支撑杆两根斜角辅助支撑采用30mm×50mm扁管，壁厚1.3mm，桌面托架采用40mm×40mm角钢焊接壁厚3.0mm。经酸洗、磷化、防锈处理，静电喷涂工艺，整体框架焊接精密、美观。 2. 桌面、凳面：基材采用一线E1级环保板材，表面采用优质防火饰面，两圆工艺，两侧用不低于2mm优质PVC封边	可选	100	套
2	二人位连体餐桌	台面：700mm×700mm×38mm； 凳面：700mm×300mm×38mm； 外尺寸：700mm×1600mm×750mm	1. 下架：桌脚采用直径70mm六边形钢管，壁厚1.5mm。横档采用30mm×50mm方管，壁厚1.5mm，拉档、支撑杆采用50mm×50mm方管，壁厚1.5mm，支撑杆两根斜角辅助支撑采用30mm×50mm扁管，壁厚1.3mm，桌面托架采用40mm×40mm角钢焊接壁厚3.0mm。经酸洗、磷化、防锈处理，静电喷涂工艺，整体框架焊接精密、美观。 2. 桌面、凳面：基材采用一线E1级环保板材，表面采用优质防火饰面，两圆工艺，两侧用不低于2mm优质PVC封边	可选	7	套
3	收银台	1600mm×600mm×850mm	1. 材料：基材采用E0级环保板。 2. 贴面：优质耐磨三聚氰胺饰面。 3. 封边条：选用优质PVC封边条。 4. 台面：采用石英石台面。 5. 五金配件：优质五金件。 6. 一边为脚板，厚度25mm，另一边为上抽屉带锁，下开门	可选	2	张
4★	餐椅	465mm×480mm×880mm	1. 材料：整体采用美国加州红橡木原木制作，木料含水率8%～10%，座板、靠背用原木拼板，靠背人体工学设计，后仰15度。 2. 表面用环保聚酯漆，达到国家环保标准，五底三面工艺，硬度达到2～3H，耐磨度高于3级。 3. 技术指标说明：整体美观大方，结构合理，质量上乘，材料要不变形，无结疤、无虫眼	可选	260	张
5	吧椅	总高：950mm； 坐高：650mm	1. 钢架：30mm×30mm槽钢，壁厚2.0mm。 2. 凳面：橡胶木板。 3. 油漆：环保聚酯漆，达到国家环保标准	可选	55	张
6	四人位餐桌	1400mm×700mm×750mm	1. 材料：桌面基材采用E1级实木多层板台面厚度为37mm，表面采用美国白蜡木实木木皮贴面，环保聚酯漆，达到国家环保标准。 2. 下架：采用铸铁钢脚，重量不低于17kg，钢脚托架用田字形焊接法，防止因电焊高温引起的变形，静电喷涂工艺。 3. 技术说明：桌面必须做好防水、耐磨、耐高温处理，以应对用餐时留下的水渍、油渍及酸碱	可选	14	张

续表

序号	名称	规格	材质说明	颜色	数量	单位
7	二人位餐桌	700mm×700mm×750mm	1. 材料:桌面基材采用 E1 级实木多层板台面厚度为 37mm,表面采用美国白蜡木实木木皮贴面,环保聚酯漆,达到国家环保标准。 2. 下架:采用铸铁钢脚,重量不低于 17kg,钢脚托架用田字形焊接法,防止因电焊高温引起的变形,静电喷涂工艺。 3. 技术说明:桌面必须做好防水、耐磨、耐高温处理,以应对用餐时留下的水渍、油渍及酸碱	可选	4	张
8	方桌	900mm×900mm×750mm	1. 材料:桌面基材采用 E1 级实木多层板台面厚度为 37mm,表面采用美国白蜡木实木木皮贴面,环保聚酯漆,达到国家环保标准。 2. 下架:采用铸铁钢脚,重量不低于 17kg,钢脚托架用田字形焊接法,防止因电焊高温引起的变形,静电喷涂工艺。 3. 技术说明:桌面必须做好防水、耐磨、耐高温处理,以应对用餐时留下的水渍、油渍及酸碱	可选	4	张
9	定制双面卡座(靠背软包)	1400mm×1100mm×1000mm	1. 材料:内部用桦木框架,表面采用 E1 级实木多层板封面制作,美国白蜡木实木木皮贴面,环保聚酯漆,达到国家环保标准,底座采用不锈钢包边。 2. 软包部分采用 PU 防水西皮,海绵用冷泡高密度海绵。 3. 技术指标说明:整体美观大方,结构合理质量上乘	可选	4	张
10	定制双面卡座(靠背软包)	700mm×1100mm×1000mm	1. 材料:内部用桦木框架,表面采用 E1 级实木多层板封面制作,美国白蜡木实木木皮贴面,环保聚酯漆,达到国家环保标准,底座采用不锈钢包边。 2. 软包部分采用 PU 防水西皮,海绵用冷泡高密度海绵。 3. 技术指标说明:整体美观大方,结构合理质量上乘	可选	2	张
11	定制卡座(靠背软包)	1400mm×590mm×1000mm	1. 材料:内部用桦木框架,表面采用 E1 级实木多层板封面制作,美国白蜡木实木木皮贴面,环保聚酯漆,达到国家环保标准,底座采用不锈钢包边。 2. 软包部分采用 PU 防水西皮,海绵用冷泡高密度海绵。 3. 技术指标说明:整体美观大方,结构合理质量上乘	可选	2	张
12	定制卡座(靠背软包)	700mm×590mm×1000mm	1. 材料:内部用桦木框架,表面采用 E1 级实木多层板封面制作,美国白蜡木实木木皮贴面,环保聚酯漆,达到国家环保标准,底座采用不锈钢包边。 2. 软包部分采用 PU 防水西皮,海绵用冷泡高密度海绵。 3. 技术指标说明:整体美观大方,结构合理质量上乘	可选	2	张

续表

序号	名称	规格	材质说明	颜色	数量	单位
13	半圆形卡座	直径:2700mm×600mm×1000mm	1. 材料:内部用桦木框架,表面采用 E1 级实木多层板封面制作,美国白蜡木实木木皮贴面,环保聚酯漆,达到国家环保标准,底座采用不锈钢包边。 2. 软包部分采用 PU 防水西皮,海绵用冷泡高密度海绵。 3. 技术指标说明:整体美观大方,结构合理质量上乘	可选	4	张
14	定制圆桌	直径:1200mm×750mm	1. 材料:桌面基材采用 E1 级实木多层板台面厚度为 37mm,表面采用美国白蜡木实木木皮贴面,环保聚酯漆,达到国家环保标准。 2. 桌脚用 304 不锈钢圆盘桌脚,圆盘直径 720mm,不锈钢厚度为 1.2mm,里面包实心钢板,重量不低于 30kg,支撑圆管直径 100mm,不锈钢,壁厚 1.0mm。 3. 技术指标说明:整体美观大方,结构合理,质量上乘,材料要不变形	可选	2	张
15	圆桌	直径:1500mm×750mm	1. 材料:整体采用美国红橡木原木制作,木料含水率 8%～10%,卯榫结构,桌面净厚度 25mm,挂边高度 60mm(不可用指接板),桌脚采用红橡木实木整料。 2. 表面用环保聚酯漆,达到国家环保标准,五底三面工艺,硬度达到 2～3H,耐磨度高于 3 级。 3. 技术指标说明:整体美观大方,结构合理,质量上乘,材料要不变形,无结疤,无虫眼	可选	2	张
16	圆桌	直径:1350mm×750mm	1. 材料:整体采用美国红橡木原木制作,木料含水率 8%～10%,卯榫结构,桌面净厚度 25mm,挂边高度 60mm(不可用指接板),桌脚采用红橡木实木整料。 2. 表面用环保聚酯漆,达到国家环保标准,五底三面工艺,硬度达到 2～3H,耐磨度高于 3 级。 3. 技术指标说明:整体美观大方,结构合理,质量上乘,材料要不变形,无结疤,无虫眼	可选	1	张
17	餐边柜	1200mm×400mm×800mm	1. 材料:整体采用美国红橡木制作,木料含水率 8%～10%,卯榫结构,桌面厚度 25mm。 2. 表面用环保聚酯漆,达到国家环保标准,五底三面工艺,硬度达到 2～3H,耐磨度高于 3 级。 3. 技术指标说明:整体美观大方,结构合理,质量上乘,材料要不变形,无结疤,无虫眼	可选	3	张
18	等候椅	三人位	1. 产品标配尺寸:1780mm×645mm×800mm,座板宽:515mm,座深:450mm,座高:410mm。 2. 材质说明:椅面基材采用 E1 级实木多层板,台面厚度为 37mm,表面采用美国白蜡木实木木皮贴面,环保聚酯漆,达到国家环保标准。 3. 座椅背板为 PU 材质,一体模具成型,内置铁架＋弹簧,铁架采用 10mm×20mm×2.0mm 厚冷轧方管加 5.0mm 冷轧钢板冲压焊接成型。	可选	4	张

续表

序号	名称	规格	材质说明	颜色	数量	单位
18	等候椅	三人位	4. 扶手脚采用 1.2mm 厚冷轧钢板,冲压、焊接成型,打磨抛光,除油除锈后表面静电喷粉处理。 5. 承重梁采用直径 60mm、厚度 2.5mm 六角钢管钻孔加工成型,除油除锈后表面静电喷粉处理。 6. 调节脚垫:标配借用 9062 黑色 PP 脚垫,显得更加沉稳大方。 7. 坚固件(安装螺钉):座背 PU 组合安装采用 M8×25 大扁头内六角螺钉连接,座背 PU 与承重梁采用 M10×80 圆头内六角螺钉	可选	4	张

具体要求如下。采购内容:食堂餐桌椅（详见表 3-2）,报价包含加工、运输、安装、税费、检测等与本项目有关的所有费用。服务项目质量要求:一次性验收通过 100% 合格。本项目最高投标限价:48 万元。清单表格中序号标记★的货物,投标时需提供实物大样;招标人封存中标单位提供的样品,并按样品材质验收;少送、错送或不送样品将作无效投标处理;送样品前请与吴老师（电话:　　　　　）联系;采购人按人员备案信息上报学校审批;供应商相关人员凭来访二维码和身份证进出校园。家具颜色至签订供货合同时,由招标方确定。清单中图片式样仅作为参考（限于篇幅,本书略）。家具所涉各类主材、油漆等须作所选用品牌及规格说明。技术咨询:吴老师,电话:　　　　　　　　。

3.5　合同主要条款

1）交货期。在 2023 年 5 月 25 日之前完成交货、安装和验收,交付使用。

2）交货安装地点。××学院××校区（金山市画舫街道）;

3）付款方式。合同签订生效后,中标人安装调试完毕并经采购人验收合格后,支付至货物总价的 100%,中标人应在采购人付款前将质量保证金（货物总价的 5%）汇至采购人账户,质量保修期满后无质量问题和维护问题,于一周内退还（不计息）。

4）工期违约金。如中标人（承包人）不能在承诺工期内完成承包范围内的项目,则每延误一天支付违约金 500 元给招标人（发包人）,最高支付至项目总价的 1.5%。

5）质保期及售后服务。验收合格后免费质保 2 年;质保期自愿延长不限。质保期内,因货物质量问题导致的各种故障的技术服务及维修所产生的一切费用由卖方负责承担。售后服务承诺书中承诺的其他条款。

6）安装及验收要求。货物到达买方指定地点后,卖方应在收到买方通知后 2 天内派遣合格的技术人员前往买方进行安装调试,安装调试期间所产生一切费用由卖方承担。卖方应在规定的期限内完成安装调试工作;如因卖方责任而造成安装调试的延期,因延期而产生的所有费用由卖方负责承担。最终验收在买方使用现场进行,一次性验收通过 100% 合格,在货物达到验收标准后,买卖双方共同签署验收合格报告。卖方人员在买方安装调试期间所产生一切费用由卖方承担。

7）其他。投标人一旦参加投标就意味着已接受招标文件的所有条款及要求，并受其约束；生产制造过程中，卖方如对原设计提出修改建议，应征得买方用户同意，并按有关规定办理变更手续；卖方相关人员在进入学校及安装现场后，应遵守国家相关法律法规和学校管理规定，做好安全防护措施，注意安全文明施工，施工范围内的一切安全责任由卖方负责承担。

3.6 附件

3.6.1 附件1 报名投标确认函

报名投标确认函格式如下。投标相关信息见表3-3。

报名投标确认函

××市政府采购中心：

我公司完全符合项目（项目编号）招标公告中投标人资格条件的要求，自愿报名并按时参加你单位的采购活动。

表3-3 投标相关信息

采购项目名称		采购项目编号	
供应商名称			
供应商的统一社会信用代码			
供应商被授权人		手机	
通信地址		E-mail	
投标文件递交方式		□快递、邮寄□直接送至南大门	

本报名确认函请报名单位填写有关信息，并用"采购项目编号＋供应商名称"作文件名保存，发送至电子邮箱： 。本确认函不须装入投标文件中。

年　　月　　日

3.6.2 附件2 投标函

投标函格式如下。

投标函

××市政府采购中心：

我方经仔细阅读研究项目采购文件（项目编号），已完全了解采购文件中的所有条款及要求，决定参加投标，同时作出如下承诺：

　　我方愿针对本次项目进行投标，投标文件中所有关于投标资格的文件、证明、陈述均是真实的、准确的。若有违背，我方愿意承担由此而产生的一切后果。我方在参加本招标项目前三年内在生产经营活动中没有重大违法记录。我方与本招标项目及该项目相关人员之间均不存在可能影响招标公正性的任何利害关系。愿按采购文件的一切要求（包括付款方式），提供本项目的报价，报价见《开标一览表》。接受采购文件的所有条款、条件和规定，放弃对采购文件提出质疑的权利。同意按照采购文件的要求提供所有资料、数据或信息。认可贵方有权决定中标人或否决所有投标，并理解最低报价只是中标的重要条件，贵方没有义务必须接受最低报价的投标。我方如中标，将保证遵守采购文件对供应商的所有要求和规定，履行自己在投标文件（含修改书）中承诺的全部责任和义务。本投标文件的有效期为投标截止日后九十天内，如我方中标，有效期将延至合同有效期终止日为止。

　　与本次招投标有关的事宜请按以下信息联系：

　　地址：　　　　　　　　　　　　　邮政编码：

　　电话：　　　　　　　　　　　　　传真：

　　E-mail：

　　供应商名称：（公章）

　　法定代表人或被授权人（签章）：　　　手机：

　　日期：

3.6.3　附件 3　开标一览表

　　开标一览表。见表 3-4。

表 3-4　开标一览表

采购项目名称：	采购项目编号：	
名称	要约内容	
投标总价	小写：　　　元	
	大写：　　　元	
投标货币	人民币	
质保期		
交货期	在 2023 年 5 月 25 日之前完成交货、安装和验收，交付使用	
备注		

　　供应商名称：（章）

　　法定代表人或被授权人（签字或盖章）：

　　日期：

3.6.4　附件4　报价明细表

报价明细表如表 3-5 所示。

表 3-5　报价明细表

采购项目名称：　　　　　采购项目编号：

序号	名称	规格	图例	材质说明	可选颜色	数量	单位	单价	合价	备注
1★	四人位连体餐桌	台面:1400mm×700mm×38mm;凳面:1400mm×300mm×38mm;外尺寸:1400mm×1600mm×760mm				100	套			
2	二人位连体餐桌	台面:700mm×700mm×38mm凳面:700mm×300mm×38mm外尺寸:700mm×1600mm×750mm				7	套			
3	收银台	1600mm×600mm×850mm				2	张			
4★	餐椅	465mm×480mm×880mm				260	张			
5	吧椅	总高:950mm;坐高:650mm				55	张			
6	四人位餐桌	1400mm×700mm×750mm				14	张			
7	二人位餐桌	700mm×700mm×750mm				4	张			
8	方桌	900mm×900mm×750mm				4	张			
9	定制双面卡座(靠背软包)	1400mm×1100mm×1000mm				4	张			
10	定制双面卡座(靠背软包)	700mm×1100mm×1000mm				2	张			
11	定制卡座(靠背软包)	1400mm×590mm×1000mm				2	张			
12	定制卡座(靠背软包)	700mm×590mm×1000mm				2	张			
13	半圆形卡座	直径:2700mm×600mm×1000mm				4	张			
14	定制圆桌	直径:1200mm×750mm				2	张			
15	圆桌	直径:1500mm×750mm				2	张			
16	圆桌	直径:1350mm×750mm				1	张			
17	餐边柜	1200mm×400mm×800mm				3	张			
18	等候椅	三人位				4	张			

供应商名称：（章）

法定代表人或被授权人（签字或盖章）：

日期：

3.6.5　附件 5　法定代表人资格证明

法定代表人资格证明格式如下。

法定代表人资格证明

××市政府采购中心：

姓名：　　　性别：　　　职务：　　　　，系（供应商名称）的法定代表人。

特此证明。

（法定代表人身份证正背面复印件）

供应商名称：（公章）

日期：　　年　　月　　日

3.6.6　附件 6　法定代表人授权书

法定代表人授权书格式如下。

法定代表人授权书

××市政府采购中心：

本授权书声明：注册于（国家或地区的名称）的（公司名称）的在下面签字的（法定代表人姓名）代表本公司授权在下面签字的（公司名称）的（被授权人的姓名），为本公司的合法代理人，参加××学院（项目名称）、项目编号：的投标，以本公司名义处理与之有关的一切事务。

（被授权人身份证正背面复印件）

本授权书于　　年　　月　　日签字或盖章后生效。

法定代表人（签章）：

被授权人（签章）：

供应商名称：（公章）

日期：　　年　　月　　日

第**4**章 ▶▶▶

××市××县老渔业码头整治维护工程——趸船修复采购项目竞争性磋商文件

4.1 竞争性磋商文件封面及目录

竞争性磋商文件封面应逐行依次注明××市××县老渔业码头整治维护工程——趸船修复采购项目竞争性磋商文件；采购编号：××WY-LS-2023121；采购人：××市第一海洋渔业有限公司；代理机构：××宏图工程造价咨询有限公司；编制日期：2023年4月。温馨提醒：磋商响应文件应按竞争性磋商文件要求将"资格文件""商务和技术文件""响应文件"分别编制；"商务和技术文件"中不得出现涉及报价的内容，否则作无效报价处理；采购人可以对已发出的竞争性磋商文件进行必要的澄清或者修改，将以"更正公告"的形式发布在政采云平台，供应商应及时登录政采云平台，进行浏览并下载，未及时浏览下载的责任自负；建议供应商自带电脑，以便于报价现场解密磋商响应文件。

竞争性磋商文件目录应包括竞争性磋商公告、磋商须知、评定成交的标准、合同条款、用户需求书、商务条款、附件。

4.2 竞争性磋商公告

竞争性磋商公告格式如下。

竞争性磋商公告

发布日期：2023年4月25日

项目概况

××市××县老渔业码头整治维护工程——趸船修复采购项目的潜在供应商应在政府采购云平台www.××gov.cn获取（下载）采购文件，并于2023年5月10日

09：10（北京时间）前提交（上传）响应文件。

1）项目基本情况。项目编号：××WY-LS-2023121。项目名称：××市××县老渔业码头整治维护工程——趸船修复采购项目。采购方式：竞争性磋商。预算金额（元）：603300。最高限价（元）：603300。采购需求：详见招标文件"用户需求书"。标项一：××市××县老渔业码头整治维护工程——趸船修复采购项目。数量：1。预算金额（元）：603300。简要规格描述：详见招标文件"用户需求书"。备注：采购需求详见附件。合同履约期限：合同签订生效后 120 日历天内完成项目所有工作内容，达到运行标准并经采购单位验收合格，免费质保期为安装后 1 年，保修期 3 年。本项目（否）接受联合体投标。

2）申请人的资格要求。满足《中华人民共和国政府采购法》第二十二条规定；未被信用中国（www.creditchina.gov.cn）、中国政府采购网（www.ccgp.gov.cn）列入失信被执行人、重大税收违法案件当事人名单、政府采购严重违法失信行为记录名单。落实政府采购政策需满足的资格要求：无。本项目的特定资格要求：无。

3）获取（下载）采购文件。时间：2023 年 4 月 25 日至 2023 年 5 月 5 日，每天上午 00：00 至 12：00，下午 12：00 至 23：59（北京时间，线上获取法定节假日均可）。地点（网址）：政府采购云平台 www.××gov.cn。方式：供应商登录政采云平台（https：//login.××gov.cn/user-login/♯/login）的注册账号后，进入政采云系统"项目采购"模块"获取采购文件"菜单，网上获取采购文件；获取竞争性磋商文件前，供应商应在省政府采购网 zfcg.czt.××.gov.cn 上注册，并登记加入省政府采购供应商库，注册咨询电话：　　　　　　，如未注册的供应商，请注意注册所需时间；本竞争性磋商公告附件中的竞争性磋商文件仅供阅览使用，供应商应在规定的竞争性磋商文件提供期限内在政府采购云平台 www.××gov.cn 登录上述供应商注册的账号后获取竞争性磋商文件，未在规定的竞争性磋商文件提供期限内或未按上述方式获取竞争性磋商文件的，其报价均视为无效，并不得对竞争性磋商文件提起质疑投诉。售价（元）：　　　　　　。

4）响应文件提交（上传）。截止时间：2023 年 5 月 10 日 09：10（北京时间）。地点（网址）：××市公共资源交易中心六楼开标室（××市庐山港路 300 号六楼）（政采云 http：//zfcg.czt.××.gov.cn/）。

5）响应文件开启。开启时间：2023 年 5 月 10 日 09：10（北京时间）。地点（网址）：××市公共资源交易中心六楼评标室（××市庐山港路 300 号六楼）（政采云 http：//zfcg.czt.××.gov.cn/）。

6）公告期限。自本公告发布之日起 3 个工作日。

7）其他补充事宜。供应商认为采购文件使自己的权益受到损害的，可以自获取采购文件之日或者采购文件公告期限届满之日（公告期限届满后获取采购文件的，以公告期限届满之日为准）起 7 个工作日内，以书面形式向采购人和采购代理机构提出质疑；供应商对采购人、采购代理机构的答复不满意或者采购人、采购代理机构未在规定的时间内作出答复的，可以在答复期满后 15 个工作日内向同级政府采购监督管理部门投诉；质疑函范本、投诉书范本请到省政府采购网下载专区下载。

参加投标的供应商应于投标前到省政府采购网（http://zfcg.czt.××.gov.cn/）上进行供应商注册申请，并通过财政部门的终审后登记加入到"省政府采购供应商库"；中标或成交供应商必须注册并登记加入"省政府采购供应商库"；具体要求及注册申请流程详见省政府采购网"网上办事指南"的"供应商注册申请"。本次政府采购活动有关信息在省政府采购网、××市政府采购网上公布，公布信息视同送达所有潜在供应商；若因未能及时了解到上述网站发布的相关信息而导致的一切后果自行承担。本项目实行网上磋商，采用电子磋商响应文件；若供应商参与磋商活动，须自行承担磋商过程中的一切费用。磋商前准备：各供应商应在递交截止时间前确保成为省政府采购网正式注册入库供应商，并完成 CA 数字证书办理；因未注册入库、未办理 CA 数字证书等原因造成无法参加或参加失败等后果由供应商自行承担；（供应商 CA 申领操作指南：https://help.××gov.cn/web/site_2/2018/11-29/2452.html，完成 CA 数字证书办理预计一周左右，请供应商自行把握时间）。各供应商根据本磋商文件的要约邀请，进行报价响应并自觉遵守各项报价承诺；否则采购人有权向财政部门上报供应商的诚信状况，给采购人造成损失的还应当予以赔偿。单位负责人为同一人或者存在直接控股、管理关系的不同供应商，不得参加同一子包号的投标。为本项目提供整体设计、规范编制或者项目管理、监理、检测等服务的供应商，不得再参加本项目的投标。落实的政策：《关于促进残疾人就业政府采购政策的通知》（财库〔2017〕141号）、《政府采购促进中小企业发展管理办法》（财库〔2020〕46 号）、《财政部 司法部关于政府采购支持监狱企业发展有关问题的通知》（财库〔2014〕68 号）、《关于印发环境标志产品政府采购品目清单的通知》（财库〔2019〕18 号）、《关于印发节能产品政府采购品目清单的通知》（财库〔2019〕19 号）。

8）凡对本次招标提出询问、质疑、投诉，请按以下方式联系。采购人信息，名称：××市第一海洋渔业有限公司；地址：××市××县××镇解放南路 58 号；项目联系人（询问）：×××；项目联系方式（询问）：   ；质疑联系人：×××；质疑联系电话：   。采购代理机构信息，名称：××宏图工程造价咨询有限公司；地址：××市雅江街道水井路 111 号楼 1-1505 室；项目联系人（询问）：×××、×××；项目联系方式（询问）：   、   ；质疑联系人：×××；质疑联系方式：   、   。同级政府采购监督管理部门，名称：××市财政局政府采购管理办公室；地址：××市滨海街道观海南路 9999 号；联系人：胡先生；监督投诉电话：   。若对项目采购电子交易系统操作有疑问，可登录政采云（https://www.××gov.cn/），点击右侧"咨询小采"，获取采小蜜智能服务管家帮助，或拨打政采云服务热线电话：   ，获取热线服务帮助；CA 问题联系电话（人工）：汇信   ；天谷   。

4.3 磋商须知

4.3.1 适用范围

本竞争性磋商文件仅适用于本项目所叙述的服务的磋商、评审、验收、合同履约、付款等（法律、法规另有规定的，从其规定）。

4.3.2 定义

"采购人"系指××市第一海洋渔业有限公司；"代理机构"系指××宏图工程造价咨询有限公司；"供应商"系指向采购人提交磋商响应文件的供应商；"服务"系指本竞争性磋商文件规定供应商须承担的技术服务以及其他类似的义务；"同级政府采购监管部门"系指××市财政局政府采购管理办公室；条款前带"×"系指实质性响应条款。

合格的投标货物或服务应该是中国境内生产的货物或提供的服务；若投标货物或服务是国家实行许可证制度或生产注册证制度的产品或服务，则应具备相应有效的证书；招标文件允许采购进口产品的，若投标货物是进口产品，供应商应保证所投产品为可履行合法报通关手续进入中国关境内、在中国海关完税的可合法销售的货物。国家规定有标准及规范的，投标货物或服务应按有效的标准及规范执行，应符合国家及招标文件提出的有关技术、质量、安全标准。供应商应保证所提供的产品或服务免受第三方提出侵犯其知识产权（专利权、商标权、工业设计权及使用权等）的索赔或起诉，否则，由此可能产生的一切法律责任和经济责任均由供应商承担。

4.3.3 供应商的资格要求（×重点关注）

见竞争性磋商公告。

4.3.4 磋商费用

不论磋商的结果如何，供应商自行承担其参加本次磋商活动有关的全部费用。

4.3.5 磋商报价

磋商报价包括但不仅限于对 2 座趸船本体及附属设施进行修复及合同包含的所有风险、责任等完成本项目服务所发生的全部费用；供应商在报价时应考虑所有报价项目，如果有遗漏，自行承担风险，采购人不再支付其他费用。磋商报价采用人民币报价形式，任一投标报价超过最高限价作无效标处理。本项目采购预算（人民币）：603300 元，本项目采购预算（人民币）：603300 元、最高限价（人民币）：603300 元；投标报价超过最高限价的，投标无效。

4.3.6　磋商有效期

磋商响应文件从磋商之日起，磋商有效期为 90 个日历日；磋商有效期不能小于竞争性磋商文件的要求。特殊情况下，采购人可与供应商协商延缓磋商响应文件的有效期，这种要求和答复均以书面形式进行。供应商可拒绝接受延期要求，同意延长有效期的供应商不能修改磋商响应文件。

4.3.7　磋商响应文件的形式和效力

磋商响应文件分为电子磋商响应文件以及备份磋商响应文件，备份磋商响应文件分为以 U 盘或光盘存储的电子备份磋商响应文件。供应商应于 2023 年 5 月 10 日 09：10（北京时间，下同）前将电子磋商响应文件上传到政府采购云平台 www.××gov.cn，并应于 2023 年 5 月 10 日 09：10 前，将以 U 盘或光盘存储的电子备份磋商响应文件密封，采用现场递交或邮寄送达方式递交。方式一是现场递交方式，供应商的授权代表在磋商截止时间前将磋商响应文件送至磋商地点：××市公共资源交易中心六楼（××市庐山港路 300 号六楼开标室五）；磋商响应文件递交时须同时递交供应商的法定代表人（或其授权代表）联系方式，并保证磋商期间联系方式畅通。方式二是邮寄送达，送达地址：××宏图工程造价咨询有限公司（××市雅江街道水井路 111 号楼 1-1505 室），联系人：×××，手机：　　　　　；供应商邮寄后须将邮件单号发送至代理机构电子邮箱（电子邮箱：　　　　　），并致电采购代理机构，以便采购代理机构查询物流记录；各供应商应当确保电子备份磋商响应文件的密封包装在邮寄过程保持完好，并在邮寄包裹上注明项目名称、采购编号，因邮寄造成电子备份磋商响应文件密封破损而不符合竞争性磋商文件对磋商响应文件的密封要求或邮寄过程中导致电子备份磋商响应文件未在磋商截止时间前送达的，代理机构将拒绝其磋商响应文件；各供应商自行考虑邮寄在途时间，磋商响应文件送达时间以代理机构工作人员实际签收时间为准。开启时间后半小时内供应商可以登录政府采购云平台 https://www.××gov.cn/，用"项目采购-开标评标"功能解密磋商响应文件；供应商按时在线解密磋商响应文件的，以在线解密的磋商响应文件作为评审依据，若供应商在规定时间内无法解密或解密失败，则以备份电子磋商响应文件作为评审依据（若备份电子磋商响应文件与政采云平台上传的磋商响应文件被识别为不一致，仍以备份电子磋商响应文件作为评审依据）；无论是否启用备份电子磋商响应文件，备份电子磋商响应文件均不退还供应商；若供应商在规定时间内无法解密或解密失败且未提供备份电子磋商响应文件或所提供的备份电子磋商响应文件无法读取的，视为磋商响应文件撤回。电子磋商响应文件，按"项目采购-电子招投标操作指南"及本竞争性磋商文件要求制作，并加密。

响应文件制作应合规。应按照本项目磋商文件和政府采购云平台的要求编制、加密并递交响应文件；供应商在使用系统进行响应的过程中遇到涉及平台使用的任何问题，可致电政府采购云平台技术支持热线咨询，联系电话：　　　　　。供应商通过政府采购云平台电子投标工具制作响应文件；电子投标工具请供应商自行前往省政府采购网下载并安装：zfcg.czt.××.gov.cn/bidClientTemplate/2019-05-27/12946.html。供应商响应文件制作及电子交易操作指南详见政府采购项目电子交易管理操作指南（视频）：service. ×× gov. cn/♯/knowledges/DW1EtGwBFdiHxlNd6I3n/7GyLXW0BXgNSnLUuYuPN（电脑登录账号观看）；或政府采购项目电子交易管理操作指南（文本）：service. ××gov. cn/♯/knowledges/DW1EtGwBFdiHxlNd6I3n/6INVAG0BFdiHxlNdQ8Na（电脑登录账号浏览）；以 U 盘或光盘存储的电子备份响应文件 1 份，即按"项目采购-电子招投标操作指南"制作的电子备份文件，以用于异常情况处理。磋商响应文件填写字迹必须清楚、工整，对不同文字文本磋商响应文件的解释发生异议的，以中文文本为准。

磋商响应文件的效力应合规，磋商响应文件的启用，按先后顺位分别为电子磋商响应文件、以 U 盘或光盘存储的电子备份磋商响应文件；在下一顺位的磋商响应文件启用时，前一顺位的磋商响应文件自动失效；电子磋商响应文件未能按时解密，供应商提供了电子备份磋商响应文件，以电子备份磋商响应文件作为依据，否则视为磋商响应文件撤回；电子磋商响应文件已按时解密的，电子备份磋商响应文件自动失效。

4. 3. 8　磋商响应文件的组成

1）第一册　资格文件。包括关于资格的承诺函；营业执照副本（或事业法人登记证副本或其他登记证明材料）复印件加盖供应商公章（供应商如果有名称变更的，应提供由行政主管部门出具的变更证明文件复印件加盖供应商公章）。

2）第二册　商务和技术文件。包括磋商函；法定代表人身份证明；法定代表人授权书；商务条款响应表；服务需求响应表；拟投入本项目的主要人员配置表；项目业绩表；磋商文件"评定成交的标准"中"商务技术评分表"要求提供的资料（如有需提供）；"商务和技术文件"中不得出现涉及报价的内容，否则作无效报价处理。

3）第三册　响应文件。包括报价一览表；报价明细表；中小企业声明函；残疾人福利性单位声明函（如有需提供）；供应商认为需要的其他资料（如有需提供）。磋商响应文件的份数应合规，本项目实行网上磋商，供应商应准备以下磋商响应文件，即上传到政府采购云平台的电子磋商响应文件（含资格文件、商务和技术文件、响应文件）1 份；以 U 盘或光盘存储的电子备份磋商响应文件（含资格文件、商务和技术文件、响应文件）1 份；供应商应对磋商响应文件编制目录和评分索引表以方便查询。

4. 3. 9　磋商响应文件的签署盖章（×重点关注）

竞争性磋商文件"附件"中标明加盖公章或签字的，加盖公章部分采用 CA 签章，签字部分由法定代表人或授权代表签字后扫描上传；授权代表签字的，还应附法定代表人签署的法定代表人授权书。

4. 3. 10　磋商响应文件的密封、标记、份数

电子磋商响应文件应合规，供应商应根据"项目采购-电子招投标操作指南"及本竞争性磋商文件规定的格式和顺序编制电子磋商响应文件并进行关联定位。以 U 盘或光盘

存储的电子备份磋商响应文件用封袋密封后递交。电子备份磋商响应文件须在封袋上注明"电子备份磋商响应文件"；采购编号：××WY-LS-2023121；项目名称：××市××县老渔业码头整治维护工程——趸船修复采购项目；所投子包（如有多个子包须填写）：　　；在　　年　月　日（规定的开启日期和时间）前不准启封；供应商的名称：　　。供应商须在包封上加盖供应商公章或由其法定代表人或授权代表签字；供应商未按上述要求标记的，采购人（代理机构）不承担错放或提前开封的责任。

4.3.11　磋商响应文件的递交

磋商响应文件递交的具体要求详见竞争性磋商公告。供应商未按上述要求密封的电子备份磋商响应文件，代理机构不予受理。逾期送达的或者未送达指定地点的，代理机构不予受理。磋商响应文件的补充、修改应合规，磋商响应文件递交截止时间前，供应商可以对递交的磋商响应文件进行补充、修改，补充、修改电子磋商响应文件的，应当先行撤回原文件，补充、修改后重新上传，电子备份磋商响应文件也应重新制作；在递交截止时间之后，供应商不得对其磋商响应文件进行补充、修改；递交截止时间之后供应商要求撤销响应文件的，应向采购人提交正式文件。

4.3.12　竞争性磋商文件的澄清或修改

采购人可以对已发出的竞争性磋商文件进行必要的澄清或者修改，将以"更正公告"的形式发布在政采云平台，供应商应及时登录政采云平台，进行浏览并下载，未及时浏览下载的责任自负；澄清或者修改的内容可能影响磋商响应文件编制的，采购人应当在提交磋商响应文件的截止时间至少5日前，不足5日的，采购人应当顺延提交磋商响应文件的截止时间；澄清或者修改的内容不影响磋商响应文件编制的，则不受5日的期限限制；澄清或者修改的内容为竞争性磋商文件的组成部分，对所有供应商具有约束力。

4.3.13　质疑

供应商认为竞争性磋商文件、磋商采购过程、成交结果使自己的权益受到损害的，可以在知道或者应知其权益受到损害之日起7个工作日内，以书面形式向采购人、采购代理机构提出质疑；供应商应当在法定质疑期内一次性提出针对竞争性磋商公告、竞争性磋商文件、磋商采购过程、采购结果等同一采购程序环节的质疑，第二次提出的质疑视为质疑无效，采购人、采购代理机构将不予受理（对于采购人、采购代理机构作出的澄清或者修改的内容提出质疑的除外）。提出质疑的供应商应当是参与所质疑项目采购活动的供应商；未依法获取采购文件的，不得就采购文件提出质疑；未提交磋商响应文件的供应商，视为与采购结果没有利害关系，不得就采购响应截止时间后的采购过程、采购结果提出质疑。供应商提出质疑应当提交质疑函和必要的证明材料，质疑函应当以书面形式提出，质疑函格式和内容须符合财政部《质疑函范本》要求，供应商可到中国政府采购网自行下载财政部《质疑函范本》。供应商质疑实行实名制，质疑函应当署名，供应商为自然人的，应当由本人签字；供应商为法人或者其他组织的，应当由法定代表人、主要负责人，或者其授权代表（指代理人）签字或者盖章，并加盖公章；代理人提出质疑的，应当提交供应商签署的授权委托书；以联合体形式参加政府采购活动的，其质疑应当由组成联合体的所有供应商共同提出。采购人、采购代理机构接收质疑函的方式：只接收供应商以当面递交、邮寄、传真或电子邮件方式提出的质疑函，以其他方式提出的质疑不予接收；采取邮寄方式的，提出质疑的时间为质疑函原件交邮的时间（以邮戳时间或快递收件时间为准）；采取传真、电子邮件方式的，供应商应当在传真、电子邮件发出后将质疑函原件邮寄给被质疑人，提出质疑的时间为质疑函原件交邮的时间（以邮戳时间或快递收件时间为准）。采购人、采购代理机构以实际收到质疑函原件之日作为收到质疑函的日期，将在收到质疑函后7个工作日内作出答复。采购人、采购代理机构接收质疑函的联系人、联系电话和通信地址等信息详见竞争性磋商公告。

4.3.14　预算价（×重点关注）

本项目采购预算（人民币）：603300元、最高限价603300元；投标报价超过最高限价的，投标无效。

4.3.15　评审

具体详见磋商文件"评定成交的标准"。

4.3.16　成交结果通知

采购人确认评审结果后，代理机构将在相关媒体上发布成交结果公告，并向确定成交供应商发出确定成交通知书。确定成交通知书发出后，若确定成交供应商放弃成交，应当承担相应的法律责任，确定成交通知书对采购人和确定成交供应商具有同等法律效力。

4.3.17　签订合同

确定成交供应商在确定成交通知书发出后30日内，应与采购人按照竞争性磋商文件、确定成交供应商的磋商响应文件、磋商过程中有关的澄清文件等约定内容签订书面合同。竞争性磋商文件、确定成交供应商的磋商响应文件、磋商过程中有关的澄清文件等均应作为合同附件。

4.3.18　代理服务费

本项目招标代理费由中标方支付，具体收费标准按国家发展改革委发改价格〔2015〕299号文件执行，收费基数为标的合同总金额，不足3000元按3000元收取。成交供应商应在代理机构发出成交通知书前向本代理机构支付代理服务费。代理服务费只收现金、银行票汇款、电汇款。账户名称：××宏图工程造价咨询有限公司××分公司；开户银行：

中国银行××支行；银行账号：　　　　　　　　　　　　。

4.3.19　特别说明

执行财政部、工业和信息化部《政府采购促进中小企业发展管理办法》（财库〔2020〕46号）。政府采购活动中有关中小企业的相关规定如下，即中小企业，是指在中华人民共和国境内依法设立，依据国务院批准的中小企业划分标准确定的中型企业、小型企业和微型企业，但与大企业的负责人为同一人，或者与大企业存在直接控股、管理关系的除外；符合中小企业划分标准的个体工商户，在政府采购活动中视同中小企业。在政府采购活动中，供应商提供的货物、工程或者服务符合下列情形的，享受《政府采购促进中小企业发展管理办法》规定的中小企业扶持政策，即在货物采购项目中，货物由中小企业制造，即货物由中小企业生产且使用该中小企业商号或者注册商标；在工程采购项目中，工程由中小企业承建，即工程施工单位为中小企业；在服务采购项目中，服务由中小企业承接，即提供服务的人员为中小企业依照《中华人民共和国劳动合同法》订立劳动合同的从业人员。在货物采购项目中，供应商提供的货物既有中小企业制造货物，也有大型企业制造货物的，不享受《政府采购促进中小企业发展管理办法》规定的中小企业扶持政策。以联合体形式参加政府采购活动，联合体各方均为中小企业的，联合体视同中小企业；其中，联合体各方均为小微企业的，联合体视同小微企业。中小企业参加政府采购活动，应当出具《政府采购促进中小企业发展管理办法》规定的《中小企业声明函》（格式见本采购文件附件），否则不得享受相关中小企业扶持政策。采购活动过程中，对供应商的"中小企业"资格认定，以供应商提交的《中小企业声明函》为准，供应商必须实事求是地提交声明函，如有虚假，将依法承担法律责任。如果在采购活动过程中相关采购当事人对供应商"中小企业"资格有异议的，由货物制造商或者工程、服务供应商注册登记所在地的县级以上人民政府中小企业主管部门负责认定。供应商提供声明函内容不实的，属于提供虚假材料谋取中标、成交的，依照《中华人民共和国政府采购法》等国家有关规定追究相应责任。适用《中华人民共和国招标投标法》的政府采购工程建设项目，投标人提供声明函内容不实的，属于弄虚作假骗取中标，依照《中华人民共和国招标投标法》等国家有关规定追究相应责任。《中小企业声明函》由参加投标的供应商提交，如供应商为代理商，须自行采集制造商的中小企业划分类型信息填入相应栏目并对其真实性负责。

执行《财政部　司法部关于政府采购支持监狱企业发展有关问题的通知》。监狱企业（监狱和戒毒企业）提供自己企业的产品（服务）参加投标视同小型、微型企业，享受评审中价格扣除等政府采购促进中小企业发展的政府采购政策，监狱企业参加政府采购活动时，必须提供由省级以上监狱管理局、戒毒管理局（含新疆生产建设兵团）出具的属于监狱企业的证明文件，未能提供上述证明文件的不予认可。

执行《关于促进残疾人就业政府采购政策的通知》，在政府采购活动中，残疾人福利性单位视同小型、微型企业，享受评审中价格扣除等政府采购促进中小企业发展的政府采购政策，残疾人福利性单位参加政府采购活动时，应当提供《残疾人福利性单位声明函》（格式见招标文件附件），并对声明的真实性负责，未能提供的不予认可。

本项目不组织潜在供应商现场考察或者召开开标前答疑。本竞争性磋商文件未及事项，在签订合同时供需双方友好商定。本竞争性磋商文件解释权归采购人。

4.4　评定成交的标准

4.4.1　评审方法

本项目采用综合评分法；评审得分满分 100 分，磋商小组按照评审得分由高到低顺序进行排序，推荐成交候选供应商。若评审得分相同，则采取抽签方式确定排序。本项目需要落实的政府采购政策：《关于促进残疾人就业政府采购政策的通知》（财库〔2017〕141 号）、《政府采购促进中小企业发展管理办法》（财库〔2020〕46 号）、《财政部　司法部关于政府采购支持监狱企业发展有关问题的通知》（财库〔2014〕68 号）。本次采购为非专门面向中小企业，采购标的对应的中小企业划分标准所属行业为未列明行业；本次评审将对符合文件要求的小微企业的价格给予 10% 评审优惠。磋商小组成员对需要共同认定的事项存在争议的，应当按照少数服从多数的原则作出结论。

4.4.2　磋商小组

采购人依法组建磋商小组，磋商小组由采购人代表和专家组成，负责对磋商响应文件进行评审。磋商小组成员应当按照客观、公正、审慎的原则，根据竞争性磋商文件规定的评审程序、评审方法和评审标准进行独立评审；未实质性响应竞争性磋商文件的磋商响应文件按无效文件处理，磋商小组应当告知提交磋商响应文件的供应商。磋商小组所有成员应当集中与单一供应商分别进行磋商，并给予所有参加磋商的供应商平等的磋商机会。

4.4.3　评审程序

资格文件、商务和技术文件初步审查包含资格性审查和符合性审查。资格性审查是指采购人或代理机构根据"附表 1 资格性审查表"的要求对磋商响应文件逐一进行评审。符合性审查是指评审小组根据"附表 2 符合性审查表"的要求对磋商响应文件逐一进行评审。资格性审查和符合性审查中，有任意一项审查结论不合格的，作无效报价处理。

比较与评价遵守相关规定。评审小组根据"附表 3 商务技术评分表"的要求，对照磋商响应文件的应答进行比较，判定其偏差性质和程度，由评审小组成员在分值范围内自行评分。供应商商务技术得分为各评审小组成员有效评分的算术平均值（小数点后保留两位数）。

响应文件初步审查遵守相关规定。响应文件初步审查是指评审小组根据"附表 4 报价初步审查表"（限于篇幅，本书略）的要求对磋商响应文件逐一进行评审。初步审查中，审查结论不合格的，作无效报价处理。

磋商小组所有成员与单一供应商分别进行磋商，参加磋商的供应商在规定时间内提交最后报价；最后报价也须在政采云中完成。

在评审过程中，发现的价格计算错误按下述 4 条原则修正，即磋商响应文件中报价一览表内容与分项报价表内容不一致的，以报价一览表为准；磋商响应文件的大写金额和小写金额不一致的，以大写金额为准；单价金额小数点或者百分比有明显错位的，以开标一览表的总价为准，并修改单价；总价金额与按单价汇总金额不一致的，以单价金额计算结果为准。同时出现两种以上不一致的，按照前款规定的顺序修正；修正后的报价经供应商确认后产生约束力，供应商不确认的，其报价无效。

评审小组根据"附表 5 价格评分表"（限于篇幅，本书略）的规定，计算供应商报价得分（小数点后保留两位数）。综合评估遵守相关规定，供应商的评审得分为商务和技术得分与报价得分之和。推荐成交候选供应商遵守相关规定，磋商小组按照评审得分由高到低顺序进行排序，推荐成交候选供应商；若评审得分相同，则采取抽签方式确定排序。

确定成交供应商遵守相关规定。评审小组按评审得分由高到低的排序，向采购人推荐成交候选供应商。代理机构应当自评审结束之日起 2 个工作日内将评审报告送交采购人。采购人应当自收到评审报告之日起 5 个工作日内在评审报告推荐的成交候选供应商中按顺序确定 1 名成交供应商。成交供应商因不可抗力或者自身原因不能履行政府采购合同的，采购人可以按照评审报告推荐的下一成交候选供应商为成交供应商或重新采购。

4.4.4　磋商的澄清

磋商小组在对磋商响应文件的有效性、完整性和响应程度进行审查时，可以要求供应商对磋商响应文件中含义不明确、同类问题表述不一致或者有明显文字和计算错误的内容等作出必要的澄清。供应商的澄清不得超出竞争性磋商响应文件的范围或者改变竞争性磋商响应文件的实质性内容。

政采云具体操作如下。在评审过程中，如评审小组对磋商响应文件有疑问，由评审组长将问题汇总后发函，或由采购代理机构代替发起。供应商在截止时间前，予以回复。此回复将作为磋商响应文件内容的一部分，具有相应的法律效力。路径依次为："用户中心-项目采购-询标澄清"，即政采云平台通过待办事项和短信提醒供应商在截止时间前完成澄清；供应商在"询标澄清-待办理"标签页下选择状态为"待澄清"的项目，点击操作栏"澄清"；查看函内容，在澄清截止时间前上传澄清文件并对澄清文件进行签章（注：澄清文件必须以 PDF 格式上传，文件大小：50M）；签章完成，文件名称处显示"已签章"，供应商可"撤回签章""修改澄清函"和"查看文件"；确认澄清文件内容后，点击右上角"提交"；（注：供应商未对澄清文件签章，提交时，弹框提醒"澄清文件未签章，请进行签章操作"，如遇 CA 突发情况无法签章，供应商可点击"放弃签章并提交"提交澄清文件；反之则签章后再提交）；供应商澄清文件提交成功后，在"询标澄清-全部"标签页下显示状态为"已澄清"。

磋商现场遵守相关规定，供应商安排法定代表人或授权代表到场的，则由评审组长将问题汇总后向供应商发出书面《采购响应文件问题澄清通知》，供应商应对需要澄清的问题作书面回答，该书面澄清应当由供应商的法定代表人或授权代表签字或者加盖供应商公章。书面澄清将作为磋商响应文件内容的一部分，具有相应的法律效力。供应商未在截止时间前完成澄清，将被视作自动放弃。

4.4.5　其他说明

采购人不向未成交供应商解释未成交原因，不退还磋商响应文件。价格是评审的重要因素之一，但最低报价不是成交的唯一依据。在采购过程中符合要求的供应商只有 2 家的，采购活动可以继续进行；采购过程中符合要求的供应商只有 1 家的，采购人或采购代理机构应当终止采购活动，发布项目终止公告并说明原因，重新开展采购活动。

4.4.6　附表

附表 1 为资格审查表，见表 4-1。附表 2 为符合性审查表，见表 4-2。附表 3 为商务技术评分表，见表 4-3。

表 4-1　资格审查表

序号	要求说明	审查要求
	满足《中华人民共和国政府采购法》第二十二条规定；未被信用中国（www.creditchina.gov.cn）、中国政府采购网（www.ccgp.gov.cn）列入失信被执行人、重大税收违法案件当事人名单、政府采购严重违法失信行为记录名单	1. 关于资格的承诺函； 2. 营业执照副本（或事业法人登记证副本或其他登记证明材料）复印件加盖供应商公章（供应商如果有名称变更的，应提供由行政主管部门出具的变更证明文件复印件加盖供应商公章）
资格性审查结论		

注：1. 上述资格证明文件未按招标文件要求附入投标文件中的，资格性审查不合格。

2. 上述审查项目中，任意一项不符合的，资格性审查不合格。

3. 采购人、代理机构将于开标当天通过信用中国网站查询供应商失信被执行人、重大税收违法案件当事人信用记录，通过中国政府采购网查询供应商政府采购严重违法失信行为信用记录。若供应商被列入失信被执行人、重大税收违法案件当事人名单、政府采购严重违法失信行为记录名单，其资格审查为不合格，其投标将被认定为无效投标。若在磋商当天因不可抗力事件导致无法查询且一时无法恢复查询的，可在中标公示期间对中标候选人进行事后查询。中标候选人被列入失信被执行人、重大税收违法案件当事人名单、政府采购严重违法失信行为记录名单的，采购人将依法取消其中标资格。

表 4-2　符合性审查表

序号	审查项目	要求
1	磋商有效期：符合磋商文件的要求	提供"磋商函"
2	法定代表人身份证明、法定代表人授权书	（1）磋商响应文件由法定代表人签字的，提供"法定代表人身份证明"。 （2）磋商响应文件由授权代表签字的，提供"法定代表人身份证明"和"法定代表人授权书"
3	磋商响应文件的签署盖章	符合磋商文件"磋商须知"的要求
4	其他	对同个子包不允许提供两个磋商方案
		不允许出现与磋商文件有重大偏离的磋商响应文件
		供应商不得在磋商活动中提供任何虚假材料或从事其他违法活动的
		符合法律、法规和磋商文件中规定的其他实质性要求（实质性要求磋商文件中"×"标记）

续表

序号	审查项目	要求
5	本项目不接受联合体	不得为联合体
符合性审查结论		

注：1. 上述资料未按磋商文件要求附入磋商响应文件中的，符合性审查不合格。

2. 上述审查项目中，任意一项不符合的，符合性审查不合格。

3. 上述审查项目中，第3项和第5项，无须在政采云中设置关联点。

表4-3　商务技术评分表

采购编号：××WY-LS-2023121

供应商：

评分明细		分值	得分
技术商务分 70分	根据供应商针对本项目的维修方案进行评议(10分)： 方案科学、合理、完整，完全满足采购人需求的得8～10分； 方案基本合理可行，基本满足采购人需求的得5～8分； 有相应方案，但内容不完整的得0～5分	10	
	根据供应商针对本项目制订的安全生产规章制度与操作规程进行评议(8分)： 制度符合要求，内容完整，可操作性强的得6～8分； 制度符合要求，内容基本完整，操作性一般的得3～6分； 制度符合要求，但内容不完整的得0～3分	8	
	根据供应商针对本项目制订的维修过程的文明施工和环境保护措施的合理性、可行性等进行评议(8分)： 内容完整，非常合理，具有可行性，完全符合采购人要求的得6～8分； 内容完整，较合理，但存在一定问题，基本符合采购人要求的得3～6分； 内容不完整或设计有欠缺或可行性不强的得0～3分	8	
	根据供应商针对本项目制订有明确的质量保证目标，质量保证措施和体系合理先进并具有详细的实施内容等进行评议(8分)： 内容完整，非常合理，具有可行性，完全符合采购人要求的得6～8分； 内容完整，较合理，但存在一定问题，基本符合采购人要求的得3～6分； 内容不完整或设计有欠缺或可行性不强的得0～3分	8	
	根据供应商针对本项目制订的项目实施过程中可能遇到的重点难点分析及解决措施进行评议(6分)： 难点分析到位、措施合理、可操作性强的得4～6分； 难点分析基本到位、措施相对合理、可操作性较强的得2～4分； 难点分析不到位、措施欠合理、可操作性较弱的得0～2分	6	
	根据供应商提供的针对本项目的合理化建议进行评议(6分)： 建议切实可行、符合本项目实际、内容完整、充实的得4～6分； 建议符合要求，内容完整，但有所欠缺的得2～4分； 建议符合要求，但内容不完整的得0～2分	6	
	根据供应商的造船设施及装备的拥有状况进行评议(6分)： 供应商设备设施齐全，性能情况良好，生产能力强的得4～6分； 供应商设备设施基本满足，性能情况较好，生产能力较强的得2～4分； 供应商设备设施有所欠缺，性能情况一般的得0～2分	6	
	根据供应商提供拟投入本项目的管理与作业人员总数、作业能力等的综合水平情况进行综合评议(6分)： 拟投入本项目的人员配置合理、作业人员能力强的得4～6分； 拟投入本项目的人员配置基本符合采购人需求的得2～4分； 拟投入本项目的人员配置不合理或作业人员能力欠缺的得0～2分	6	

续表

采购编号：××WY-LS-2023121

供应商：

评分明细		分值	得分
技术商务分 70分	根据供应商提供的售后服务方案、服务响应时间及质保期时间承诺等情况进行综合评议（8分）： 质保期承诺时间优于采购人需求，服务响应速度快，方案可行性强的得6～8分； 质保期承诺时间基本满足采购人需求，服务响应速度较快，方案可行性较强的得3～6分； 质保期承诺时间符合采购人需求，服务响应速度与方案可行性一般的得0～3分	8	
	业绩：供应商2019年1月1日（以合同签订日期为准）以来，具有类似项目的趸船维修或建造业绩，每提供一个合同得1分，满分3分（磋商响应文件中提供合同复印件加盖公章）	3	
	依据投标文件内容编排顺序、格式是否符合招标文件要求，条理是否清晰，有无缺页、漏项等，进行综合评议（1分）： 供应商所制作的投标文件条理清晰、编排顺序及格式工整、关联清楚，完全符合招标文件要求的得0.5～1分； 供应商制作的投标文件编排顺序及格式紊乱，未关联招标文件的得0～0.5分	1	
价格分 30分	参与评审的价格＝投标报价－小微企业价格扣除优惠值10%（如有）。 商务标价格分以投标总报价为评审依据。 基准价＝满足招标文件要求且最低的参与评审的价格，基准价得满分。 投标报价为评标基准价的得满分30分，其他投标报价得分计算公式如下： 投标报价得分＝（评标基准价/参与评审的价格）×30%×100 投标报价得分以四舍五入保留小数点后两位	30	

评委签名：　　　　　　　　时间：　　　年　　月　　日

4.5　合同条款

4.5.1　合同文本

合同文本格式如下。本合同作为示范文本，具体以成交供应商与采购人所签定正式合同为准。

招标编号：××WY-LS-2023121

项目名称：××市××县老渔业码头整治维护工程——趸船修复采购项目

甲方：

乙方：

甲、乙双方根据××WY-LS-2023121××市××县老渔业码头整治维护工程——趸船修复采购项目公开招标的结果，签署本合同。

1）服务内容及要求。详见竞争性磋商文件"用户需求书"及乙方磋商相应文件。

2）合同金额。合同金额：人民币　　　元。

3）技术资料。乙方应按招标文件规定的时间向甲方提供有关技术资料。没有甲

方事先书面同意，乙方不得将由甲方提供的有关合同或任何合同条文、规格、计划、图纸、样品或资料提供给与履行本合同无关的任何其他人。即使向履行本合同有关人员提供，也应注意保密并限于履行合同的必需范围。

4）知识产权。乙方应保证提供服务过程中不会侵犯任何第三方的知识产权。

5）履约保证金。履约保证金金额：合同金额的 1%，人民币（大写）：　　　元（¥：　　　元）。履约保证金形式：现金或银行、担保公司提供的保函、保险保单（银行、担保企业按市、县政府相关规定执行），保函形式出具的履约担保须经甲方确认。履约保证金退还时间：合同履行完毕后无息退还。

6）转包或分包。本项目不允许转包或分包，否则，甲方有权解除合同，不予退还履约保证金并追究。

7）质量保证期。质量保证期：免费质保期一年。

8）服务时间及地点。服务时间：合同签订生效后 120 日历天内完成项目所有工作内容，达到运行标准并经采购单位验收合格。服务地点：××市××县××镇北面岸段，××制冰码头与××县汽渡码头之间。

9）付款方法和条件。签订合同后支付合同金额的 30% 作为预付款（同时中标供应商需向业主提供等额的预付款担保），待完成所有维修工作内容后支付至合同金额的 70%，经采购人验收合格后 15 日内，采购人向中标供应商支付至合同金额的 100%。

10）税费。本合同执行中相关的一切税费均由乙方负担。

11）质量保证及后续服务。乙方应按招标文件规定向甲方提供服务。乙方提供的服务未达到甲方要求的，乙方应负责免费提供后续服务。对达不到要求者，根据实际情况，经双方协商，可按以下办法处理，即重做；由乙方承担所发生的全部费用；解除合同。趸船及附属工程质保期为安装后 1 年，保修期 3 年。质保期内如发现由于设计、建造原因而引起的系统损坏或设备故障，乙方应在 48h 内派人到现场进行检查、修理，由此而产生的一切费用由乙方负担。若趸船、设备发生故障而乙方未能及时到场服务，甲方为保证趸船的安全营运的需要，有权另行组织修理，所发生的修理费用应由乙方承担。

12）违约责任。甲方无故逾期验收和办理款项支付手续的，甲方应按逾期付款总额每日万分之五向乙方支付违约金。甲方在服务期间及质保期间将不定期对乙方的服务内容进行现场考核，发现不符合采购要求的，乙方需马上整改直至符合招标要求，整改期间所有费用由乙方承担。乙方须与甲方签订保密协议，确保不得将保密信息披露给第三方，否则，甲方有权解除合同，并不予支付余款，同时，乙方还将承担所有责任。乙方的违约金在余款中予以扣除，如余款金额不足以支付违约金的，乙方应另行支付。乙方需在中标后 3 个工作日内提交相关保险证明文件于甲方备案，如未及时备案造成的一切损失由乙方承担。

13）不可抗力事件处理。在合同有效期内，任何一方因不可抗力事件导致不能履行合同，则合同履行期可延长，其延长期与不可抗力影响期相同。不可抗力事件发生后，应立即通知对方，并寄送有关权威机构出具的证明。不可抗力事件延续一百二十天以上，双方应通过友好协商，确定是否继续履行合同。

14）诉讼。双方在执行合同中所发生的一切争议，应通过协商解决。如协商不成，可向甲方所在地法院起诉。

15）合同生效及其他。合同经双方法定代表人或授权代表签字并加盖单位公章后生效。合同执行中涉及采购资金和采购内容修改或补充的，须经财政部门审批，并签书面补充协议报政府采购监督管理部门备案，方可作为主合同不可分割的一部分。本项目考核标准由甲乙双方协商制订。其他约定事项：＿＿＿＿。本合同未尽事宜，遵照《中华人民共和国民法典》有关条文执行。本合同一式肆份，签字、盖章后有效，甲乙各持两份，具有同等法律效力。

甲方：　　　　　　　　　　　　　　乙方：

法定代表人：　　　　　　　　　　　法定代表人：

地址：　　　　　　　　　　　　　　地址：

邮编：　　　　　　　　　　　　　　邮编：

电话：　　　　　　　　　　　　　　电话：

传真：　　　　　　　　　　　　　　传真：

开户银行：　　　　　　　　　　　　开户银行：

户名：　　　　　　　　　　　　　　户名：

账号：　　　　　　　　　　　　　　账号：

签订日期：　　年　　月　　日　　　签订日期：　　年　　月　　日

4.5.2　用户需求书-采购清单

采购清单见表4-4。

表 4-4　采购清单

序号	名称	规格	单位	数量	备注
1	钢筋混凝土趸船修缮：趸船面部局部破损凿毛、清理、浇筑，趸船四处局部破损用高强混凝土修补	长×宽＝40m×9m	艘	1	干舷高度1.2m，型深2.5m
2	钢筋混凝土趸船修缮：趸船面部局部破损凿毛、清理、浇筑，趸船四处局部破损用高强混凝土修补	长×宽＝36m×8m	艘	1	干舷高度1.2m，型深2.5m
3	新制作A355-255系缆桩，凿出钢筋、清理、焊接、混凝土浇筑	GB/T 554　A355-255	座	8	布置于趸船一侧
4	新制作A355-196系缆桩，凿出钢筋、清理、焊接、混凝土浇筑	GB/T 554　A315-196	座	4	布置于趸船前沿

序号	名称	规格	单位	数量	备注
5	导缆钳		个	4	布置于两侧趸船端端部
6	救生设施		套	4	悬挂于趸船后沿栏杆
7	钢引桥搁置橡胶垫冲	垫冲厚50mm	组	1	
8	钢引桥、钢撑杆拆除、安装		项	1	

4.5.3 趸船修缮技术要求

1）检测及现状调查情况。趸船面层经检查查明，1#趸船面层技术状态较好，面层未见裂缝、混凝土剥离剥落，2#趸船面层多处表层破损。趸船隔仓经检查查明，1#、2#趸船隔舱内多处存在混凝土剥离剥落、裂缝、锈蚀等外观质量缺陷。趸船密封性差，多个隔舱内有大量积水。系船柱经检查查明，码头系船柱技术状态为二类（较好），固定螺栓齐全，底座无松动；柱体无裂缝，防腐涂层脱落锈蚀，锈坑深度不大于壁厚的10％；系船柱外观现状见附图（本书略）。护舷经检查查明，码头护舷整体为轮胎护舷，存在缺失及部分护舷材料老化，影响使用功能。

2）修缮标准。趸船修缮、设备的配置、试验及交船应符合中国船级社（CCS）最新规范对趸船的要求，同时应符合下列15个标准，即中华人民共和国海事局"船舶与海上设施法定检验规则（2018）"及修改通报；《中国造船质量标准》（GB/T 34000—2016）；《码头结构设计规范》（JTS 167—2018）；《水运工程混凝土结构设计规范》（JTS 151—2011）；《水运工程结构耐久性设计标准》（JTS 153—2015）；《钢结构设计标准》（GB 50017—2017）；《水运工程质量检验标准》（JTS 257—2008）；《码头结构加固改造技术指南》（JTS/T 172—2016）；《港口水工建筑物修补加固技术规范》（JTS/T 311—2011）；《混凝土结构加固设计规范》（GB 50367—2013）；《混凝土结构后锚固技术规程》（JGJ 145—2013）；《码头附属设施技术规范》（JTS 169—2017）；《电焊锚链》（GB/T 549—2017）；《海洋工程系泊用钢丝绳》（GB/T 33364—2016）；《船舶和海上技术 船舶系泊和拖带设备 海船用钢质焊接带缆桩》（GB/T 554—2023）。

3）修缮技术要求。趸船结构材料应合规，修缮后钢筋混凝土趸船船体混凝土强度等级不得小于原船体结构混凝土强度等级；钢筋混凝土构件配筋须满足国家及行业相关标准、规范要求，主要受力钢筋选用热轧带肋HRB400钢筋；趸船应采用固体材料进行压载。船体结构应合规，趸船结构对趸船混凝土破损的地方进行修复，混凝土修复需满足相关规范的要求；混凝土修复后保护层厚度除满足规范要求外还应考虑趸船工作环境对结构的腐蚀磨损影响；趸船修复后满足防渗要求且无裂缝。趸船局部加强的位置及要求应合规，浮码头船舶撞击力、波浪等横向作用多集中于钢撑杆、钢引桥、锚链与趸船接触处，为保证趸船在极端状况下的安全，须对趸船与上述构件连接处进行加固加强处理。附属钢引桥等搁置要求应合规，为便于钢引桥、钢撑杆及钢联桥的搁置，须在趸船上设置新增相应支座。其他设备应合规，护舷应满足要求，趸船海侧前沿布置轮胎护舷，两端加装轮胎护舷，护舷数量详见"码头平面布置图"（本书略）；系船柱应满足要求，码头系船柱技术状态为二类，防腐涂层脱落锈蚀，先进行除锈处理，后进行防腐处理；栏杆应满足要求，趸船后沿加装活动栏杆（距趸船后沿边线 0.8m），每艘趸船活动栏杆总长约 40m；两端趸船端部均需设导缆钳各 2 个，其余设备根据常规进行配置。

趸船局部加强的位置及要求应合规，主要水、电设施布置应符合要求，每艘趸船设置消防器材箱 1 个；趸船混凝土防腐应达标，钢筋混凝土趸船大部分混凝土构件暴露于浪溅区，根据规范要求，本工程趸船混凝土主体结构修复后需采取相应防腐措施；趸船底部和侧面均采取涂刷使用年限不小于 20 年的混凝土防腐涂料的措施，涂料选择需满足《水运工程结构防腐蚀施工规范》（JTS/T 209—2020）规定要求或其他更高级别防腐要求，防腐涂料应具备如下 3 方面性能，即混凝土表面涂料应具有良好的耐碱性、附着性和耐蚀性，底层涂料尚应有良好的渗透力，表层涂料尚应具有耐老化性；混凝土表湿区防腐蚀涂料应具有湿固化、耐磨损、耐冲击和耐老化等性能；涂层与混凝土表面的黏结力不得小于 1.5MPa，涂层性能要求见表 4-5。

表 4-5　涂层性能要求一览表

项目	试验条件	标准	涂层名称
涂层外观	耐老化试验 1000h 后	不粉化、不起泡、不龟裂、不剥落	底层＋中间层＋面层的复合涂层
	耐碱试验 30d 后	不起泡、不龟裂、不剥落	
	标准养护后	均匀，无流挂、无斑点、不起泡、不龟裂、不剥落等	
抗氯离子渗透性	活动涂层片抗氯离子渗透试验 30d 后	氯离子穿过涂层片的渗透量在 5.0×10^{-3} mg/(cm² · d) 以下	

涂层系统应由底层、中间层和面层配套涂料组成，选用的配套涂料之间具有相容性；涂料厚度应按照采用的产品说明进行配置，但不少于《水运工程结构防腐蚀施工规范》（JTS/T 209—2020）的规定及表 4-6 的要求，若制造厂的标准高于上述要求可按制造厂标准执行；涂层面漆颜色由建设单位确定。

表 4-6　混凝土表面涂层最小平均厚度

位置	配套涂料名称	涂层干膜最小平均厚度/μm
底层	环氧树脂封闭漆	30
中间层	环氧树脂漆	250
面层	聚氨酯面漆	60

4）趸船拆除及安装服务。趸船及附属结构修复工程为交钥匙工程，中标供应商负责趸船及附属结构工程的修复设计、取得中国船级社（CCS）或中国船检局（ZC）趸船检验证书，拆除及修复后运输到××市第一海洋渔业有限公司渔业码头直至安装完成的所有工作；中标供应商对趸船全部修复设计、修复、质量单独地负有全部责任。趸船拆除应合规，趸船拆除地点为××市××县××镇北面岸段，兴发制冰码头与××县汽渡码头之间；趸船的拆除、拖运及锚泊系统的拆除等由中标供应商负责。趸船安装应达标，趸船安装地点为××市××县××镇北面岸段，兴发制冰码头与××县汽渡码头之间；趸船的拖

运、定位及锚泊系统的安装等由中标供应商负责。趸船安装时需提交以下 2 方面资料，即趸船建造完工 CCS 或 ZC 检验报告；趸船安装后 3 个月内，中标供应商应提供船东 4 套修复图纸，修复图纸目录应由船东认可且图纸中应包括趸船总体布置图、基本结构图、横剖面图、型线图、焊接规格表、油漆明细表、混凝土及钢材用料清单、带坐标的锚块安放位置图等。趸船区水深须达到设计要求后方可进行趸船安装，避免趸船搁浅。

趸船后期服务应及时，趸船后期服务要求如下，趸船及附属工程质保期为安装后一年，保修期三年。质保期内如发现由于设计、建造原因而引起的系统损坏或设备故障，中标供应商应在 48h 内派人到现场进行检查、修理，由此而产生的一切费用由中标供应商负担。若趸船、设备发生故障而中标供应商未能及时到场服务，船东为保证趸船的安全营运需要，有权另行组织修理，所发生的修理费用在保证金中抵扣。

混凝土结构防腐系统修复方案应合理。本工程引桥构件等结构修补完成后，为提高结构使用寿命，减少后期维护频次，须对混凝土结构采取附加防腐措施。设计采用表面全面涂覆涂层进行防护，涂层系统设计使用年限为 10a。混凝土表面防腐涂层共分为 3 道，由 $30\mu m$ 环氧树脂封闭漆（底层）、$250\mu m$ 环氧树脂漆（中间层）和 $60\mu m$ 聚氨酯面漆（面层）构成，涂层干膜总厚度为 $340\mu m$。混凝土结构应采用高压水枪清除表面污物及失效涂层，对破损进行修复加固后，方可进行外露面防腐涂层涂刷施工。

4.6 商务条款

商务条款见表 4-7。

表 4-7 商务条款

序号	内容
1	服务期限： 合同签订生效后 120 日历天内完成项目所有工作内容，达到运行标准并经采购单位验收合格，免费质保期为安装后 1 年，保修期 3 年
2	付款方式和条件： 签订合同后支付合同金额的 30% 作为预付款（同时中标供应商需向业主提供等额的预付款担保），待完成所有维修工作内容后支付至合同金额的 70%，经采购人验收合格后十五日内，采购人向中标供应商支付至合同金额的 100%
3	履约保证金： 中标通知书签发后 30 天内，合同签订后支付预付款前提交签约合同价 1% 的项目履约保证金，提供保证的方式允许现金或银行、担保公司提供的保函、保险保单（银行、担保企业按市、县政府相关规定执行），保函形式出具的履约担保须经采购人确认，待服务期满后无息退回
4	授予合同： ①成交通知书发出之日起 30 天内，成交供应商应按照竞争性磋商文件的规定、成交供应商的磋商响应及成交通知书确定的金额签订合同。 ②成交供应商如不遵守竞争性磋商文件或磋商响应文件各项条款的邀约与要约，或在接到成交通知书后借故拖延，拒签合同的，采购人将按《省政府采购供应商注册及诚信管理暂行办法》的规定上报诚信状况。给采购人造成损失的还应当予以赔偿

4.7　附件

4.7.1　资格文件

1）资格文件封面。应包括××市××县老渔业码头整治维护工程——趸船修复采购项目；采购编号：××WY-LS-2023121；子包：（如有多个子包）；资格文件；磋商响应文件；供应商全称：（加盖单位公章）；　　年　　月　　日。

2）关于资格的承诺函。格式如下。

> 致：采购人
>
> 我单位承诺：
>
> 我单位满足《中华人民共和国政府采购法》第二十二条供应商参加政府采购活动应当具备的下列条件。具有独立承担民事责任的能力；具有良好的商业信誉和健全的财务会计制度；具有履行合同所必需的设备和专业技术能力；有依法缴纳税收和社会保障资金的良好记录；参加政府采购活动前三年内，在经营活动中没有重大违法记录；法律、行政法规规定的其他条件。
>
> 特此承诺。
>
> 供应商（盖章）：
>
> 日期：

3）营业执照副本。营业执照副本（或事业法人登记证副本或其他登记证明材料）复印件加盖供应商公章（供应商如果有名称变更的，应提供由行政主管部门出具的变更证明文件复印件加盖供应商公章）。

4.7.2　商务和技术文件

1）商务和技术文件封面。应包括××市××县老渔业码头整治维护工程——趸船修复采购项目；采购编号：××WY-LS-2023121；子包：（如有多个子包）；商务和技术文件；磋商响应文件；供应商全称：（加盖单位公章）；　　年　　月　　日。

2）磋商函。格式如下。

> 致：××宏图工程造价咨询有限公司
>
> （供应商全称）授权（全名、职务）为本公司合法代理人，参加贵方组织的××市××县老渔业码头整治维护工程——趸船修复采购项目（采购编号：××WY-LS-2023121）竞争性磋商活动，代表本公司处理本次项目中的一切事宜，在此：提供竞争性磋商文件中"磋商须知"规定的全部磋商响应文件。据此函，签字代表宣布并承诺如下。
>
> 磋商报价为报价一览表载明的磋商报价。本报价已经包含了本次项目应纳的税

金及竞争性磋商文件规定的报价方式应包含的其他费用。本报价在磋商有效期内固定不变，并在合同有效期内不受利率波动的影响。本磋商响应文件自磋商响应文件递交截止之日起九十天内有效。我们已详细审查全部竞争性磋商文件及有关的澄清/修改文件（若有），我们完全理解并同意放弃对这方面提出任何异议的权利。保证遵守竞争性磋商文件有关条款规定。保证在确定成交后忠实地执行与采购人所签署的合同，并承担合同规定的责任义务。完全同意竞争性磋商文件中有关代理服务费的条款，保证在确定成交后按照竞争性磋商文件规定的金额、时间和方式，向贵方一次性交纳代理服务费。我方如逾期未交纳（含未足额）的，愿凭贵方开出的违约通知，按上述规定应交纳金额（含欠交纳）的200%交纳违约金和滞纳的银行利息。承诺在未交足上述违约金和利息前，同意不再参加贵方代理的其他项目，如果贵方不接受我们的参加，我们自愿放弃任何方式进行抗辩的权利。

我们郑重声明：我公司符合《中华人民共和国政府采购法》规定的参加政府采购活动应当具备的条件；具有独立承担民事责任的能力；具有良好的商业信誉和健全的财务会计制度；具有履行合同所必需的设备和专业技术能力；有依法缴纳税收和社会保障资金的良好记录；参加政府采购活动前三年内，在经营活动中没有重大违法记录。

与本项目磋商有关的一切往来通信请寄：　　　　地址：　　　　邮编：　　　　电话：　　　　传真：

供应商（盖章）：

日期：

3）法定代表人身份证明。格式如下。

法定代表人身份证明

供应商名称：

单位性质：

地址：

成立时间：　　年　　月　　日

经营期限：

姓名：　　性别：　年龄：　职务：

身份证号码：

系（供应商名称）的法定代表人。

特此证明。

供应商（盖章）：

日期：　　年　　月　　日

后附：（如不在同页，须加盖供应商公章）

法定代表人身份证正背面复印件。

4）法定代表人授权书。格式如下。

致：××市第一海洋渔业有限公司

（供应商全称）法定代表人（法定代表人姓名）授权（授权代表姓名）为授权代表，参加项目名称：××市××县老渔业码头整治维护工程——趸船修复采购项目（采购编号：××WY-LS-2023121）磋商活动，其在磋商活动中的一切行为本单位均予承认。

供应商（盖章）：

法定代表人（签字或盖章）：

日期：

附：

授权代表姓名：

授权代表身份证号码：

职务：

详细通信地址：

传真：　　　　　　电话：　　　　　　邮编：

后附：（如不在同页，须加盖供应商公章）

授权代表身份证复印件；本项目由授权代表签署磋商响应文件的，须提供社保部门出具的供应商单位近 6 个月任意 1 个月为授权代表缴纳社保的证明资料复印件。

5）商务条款响应表。格式如下。

商务条款响应见表 4-8。

表 4-8　商务条款响应

采购编号：××WY-LS-2023121
项目名称：××市××县老渔业码头整治维护工程——趸船修复采购项目

序号	磋商要求	磋商响应	偏离说明

注：须与商务条款逐项比较填写。

供应商（盖章）：

日期：

6）服务需求响应。格式如下。

服务需求响应见表 4-9。

表 4-9 服务需求响应表

采购编号：××WY-LS-2023121

项目名称：××市××县老渔业码头整治维护工程——趸船修复采购项目

序号	磋商要求	磋商响应	偏离说明

注：须与服务需求逐项比较填写。

供应商（盖章）：

日期：

7）拟投入本项目的主要人员配置表。格式如下。

拟投入本项目的主要人员配置见表 4-10 和表 4-11。

表 4-10 项目组主要成员情况表

采购编号：××WY-LS-2023121

项目名称：××市××县老渔业码头整治维护工程——趸船修复采购项目

序号	姓名	性别	职务、职称	专业	本项目职责	备注
					项目负责人	

供应商（盖章）：

日期：

表 4-11 拟派项目负责人简历表

采购编号：××WY-LS-2023121

项目名称：××市××县老渔业码头整治维护工程——趸船修复采购项目

姓名		性别	
执业资格		职称	
学历		年龄	
参加工作时间		从事本专业工作年限	
项目名称	业绩内容		
备注			

注：本表后应附身份证、资格证书（如有）、职称证、社保证明等的复印件并加盖单位章。

供应商（盖章）：

日期：

8）项目业绩表。格式如下。

项目业绩表见表 4-12。

表 4-12　项目业绩表

采购编号：××WY-LS-2023121

项目名称：××市××县老渔业码头整治维护工程——趸船修复采购项目

序号	项目名称	合同时间	甲方单位名称	联系人及方式	合同金额

供应商（盖章）：

日期：

4.7.3　响应文件

1）响应文件封面。应包括××市××县老渔业码头整治维护工程——趸船修复采购项目；采购编号：××WY-LS-2023121；子包：（如有多个子包）；响应文件；磋商响应文件；供应商全称：（加盖单位公章）；　　年　　月　　日。

2）报价一览表。格式如下。

报价一览表见表 4-13。

表 4-13　报价一览表

采购编号：××WY-LS-2023121

项目名称：××市××县老渔业码头整治维护工程——趸船修复采购项目

序号	服务名称	报价总价(人民币)/元
声明		

备注：本项目采购预算（人民币）：603300 元。报价采用人民币报价形式，投标报价超过最高限价作无效标处理。

供应商（盖章）：

日期：

3）报价明细清单。格式如下。

报价明细清单见表 4-14。

表 4-14　报价明细清单

采购编号：××WY-LS-2023121

项目名称：××市××县老渔业码头整治维护工程——趸船修复采购项目

序号	工程项目及名称	数量	单位	单价(人民币)/元	合价(人民币)/元	备注
	（格式自拟）					

该表中合计价与"报价一览表"的总计价相一致。

供应商（盖章）：

法定代表人或授权代表（签名或盖章）：

日期：

4）中小企业声明函。格式如下。

中小企业声明函

本公司（联合体）郑重声明，根据《政府采购促进中小企业发展管理办法》（财库〔2020〕46号）的规定，本公司（联合体）参加_____（单位名称）的_____（项目名称）采购活动，工程的施工单位全部为符合政策要求的中小企业（或者：服务全部由符合政策要求的中小企业承接）。相关企业（含联合体中的中小企业、签订分包意向协议的中小企业）的具体情况如下：

_____（标项名称），属于其他未列明行业；承建（承接）企业为_____（企业名称），从业人员____人，营业收入为____万元，资产总额为____万元，属于_____企业（中型企业、小型企业、微型企业）。

以上企业，不属于大企业的分支机构，不存在控股股东为大企业的情形，也不存在与大企业的负责人为同一人的情形。

本企业对上述声明内容的真实性负责。如有虚假，将依法承担相应责任。

注：从业人员、营业收入、资产总额填报上一年度数据，无上一年度数据的新成立企业可不填报。

供应商（盖章）：

日期：

5）残疾人福利性单位声明函（如有需提供）。格式如下。

残疾人福利性单位声明函

本单位郑重声明，根据《关于促进残疾人就业政府采购政策的通知》（财库〔2017〕141号）的规定，本单位为符合条件的残疾人福利性单位，且本单位参加_____单位的_____项目采购活动提供本单位制造的货物（由本单位承担工程/提供服务），或者提供其他残疾人福利性单位制造的货物（不包括使用非残疾人福利性单位注册商标的货物）。

本单位对上述声明的真实性负责。如有虚假，将依法承担相应责任。

单位名称（盖章）：

日期：

4.7.4　残疾人福利性单位和中小微行业划型标准规定

享受政府采购支持政策的残疾人福利性单位应当同时满足以下5个条件，即安置的残疾人占本单位在职职工人数的比例不低于 25%（含 25%），并且安置的残疾人人数不少于 10 人（含 10 人）。依法与安置的每位残疾人签订了一年以上（含一年）的劳动合同或服务协议。为安置的每位残疾人按月足额缴纳了基本养老保险、基本医疗保险、失业保险、工伤保险和生育保险等社会保险费。通过银行等金融机构向安置的每位残疾人，按月支付了不低于单位所在区县适用的经省级人民政府批准的月最低工资标准的工资。提供本单位制造的货物、承担的工程或者服务（以下简称产品），或者提供其他残疾人福利性单位制造的货物（不包括使用非残疾人福利性单位注册商标的货物）。以上所称残疾人是指法定劳动年龄内，持有《中华人民共和国残疾人证》或者《中华人民共和国残疾军人证（1 至 8 级）》的自然人，包括具有劳动条件和劳动意愿的精神残疾人。在职职工人数是指与残疾人福利性单位建立劳动关系并依法签订劳动合同或者服务协议的雇员人数。中小微行业划型标准规定见表 4-15（根据工信部联企业〔2011〕300 号制定）。

表 4-15　中小微行业划型标准规定

行业	中型企业			小型企业			微型企业		
	从业人员 X/人	营业收入 Y/万元	资产总额 Z/万元	从业人员 X/人	营业收入 Y/万元	资产总额 Z/万元	从业人员 X/人	营业收入 Y/万元	资产总额 Z/万元
1. 农、林、牧、渔业		$500 \leqslant Y < 20000$			$50 \leqslant Y < 500$			$Y < 50$	
2. 工业	$300 \leqslant X < 1000$	$2000 \leqslant Y < 40000$		$20 \leqslant X < 300$	$300 \leqslant Y < 2000$		$X < 20$	$Y < 300$	
3. 建筑业		$6000 \leqslant Y < 80000$	$5000 \leqslant Z < 80000$		$300 \leqslant Y < 6000$	$300 \leqslant Z < 5000$		$Y < 300$	$Z < 300$
4. 批发业	$20 \leqslant X < 200$	$5000 \leqslant Y < 40000$		$5 \leqslant X < 20$	$1000 \leqslant Y < 5000$		$X < 5$	$Y < 1000$	
5. 零售业	$50 \leqslant X < 300$	$500 \leqslant Y < 20000$		$10 \leqslant X < 50$	$100 \leqslant Y < 500$		$X < 10$	$Y < 100$	
6. 交通运输业	$300 \leqslant X < 1000$	$3000 \leqslant Y < 30000$		$20 \leqslant X < 300$	$200 \leqslant Y < 3000$		$X < 20$	$Y < 200$	
7. 仓储业	$100 \leqslant X < 200$	$1000 \leqslant Y < 30000$		$20 \leqslant X < 100$	$100 \leqslant Y < 1000$		$X < 20$	$Y < 100$	
8. 邮政业	$300 \leqslant X < 1000$	$2000 \leqslant Y < 30000$		$20 \leqslant X < 300$	$100 \leqslant Y < 2000$		$X < 20$	$Y < 100$	
9. 住宿业	$100 \leqslant X < 300$	$2000 \leqslant Y < 10000$		$10 \leqslant X < 100$	$100 \leqslant Y < 2000$		$X < 10$	$Y < 100$	
10. 餐饮业	$100 \leqslant X < 300$	$2000 \leqslant Y < 10000$		$10 \leqslant X < 100$	$100 \leqslant Y < 2000$		$X < 10$	$Y < 100$	
11. 信息传输业	$100 \leqslant X < 2000$	$1000 \leqslant Y < 100000$		$10 \leqslant X < 100$	$100 \leqslant Y < 1000$		$X < 10$	$Y < 100$	
12. 软件和信息技术服务业	$100 \leqslant X < 300$	$1000 \leqslant Y < 10000$		$10 \leqslant X < 100$	$50 \leqslant Y < 1000$		$X < 10$	$Y < 50$	

续表

行业	中型企业			小型企业			微型企业		
	从业人员 X/人	营业收入 Y/万元	资产总额 Z/万元	从业人员 X/人	营业收入 Y/万元	资产总额 Z/万元	从业人员 X/人	营业收入 Y/万元	资产总额 Z/万元
13. 房地产开发经营		$1000 \leqslant Y$ < 200000	$5000 \leqslant Z$ < 10000		$100 \leqslant Y$ < 1000	$2000 \leqslant Z$ < 5000		$Y < 100$	$Z < 2000$
14. 物业管理	$300 \leqslant X$ < 1000	$1000 \leqslant Y$ < 5000		$100 \leqslant X$ < 300	$500 \leqslant Y$ < 1000		$X < 100$	$Y < 500$	
15. 租赁和商务服务业	$100 \leqslant X$ < 300		$8000 \leqslant Z$ < 120000	$10 \leqslant X$ < 100		$100 \leqslant Z$ < 8000	$X < 10$		$Z < 100$
16. 其他未列明行业	$100 \leqslant X$ < 300			$10 \leqslant X$ < 100			$X < 10$		

说明：1. 企业类型的划分以统计部门的统计数据为依据。

2. 个体工商户和本规定以外的行业，参照本规定进行划型。

3. 本规定的中型企业标准上限即为大型企业标准的下限。

第 5 章

××学院物业管理服务招标文件

5.1 封面与目录

招标文件封面应逐行依次注明××市政府采购公开招标文件；（全流程电子化）；采购项目编号：××CGZ××2023-081Y；采购项目名称：物业管理服务；集中采购机构：××市政府采购中心；日期：2023 年 6 月 26 日。

招标文件目录应包括投标邀请函、投标人须知、项目技术要求和有关说明、合同书（格式文本）、合同条款、附件。

5.2 投标邀请函

投标邀请函格式如下。

投标邀请函

我中心受××学院的委托，对物业管理服务进行公开招标采购，欢迎符合相关条件的供应商参加投标并提请注意下列相关事项。

1）招标项目信息。项目名称：物业管理服务。项目编号：××CGZ××2023-081Y。项目预算：969.6 万元。采购方式：公开招标。采购人：××学院。本项目标的所属行业：物业管理。本项目是否专门面向中小企业：是。

2）投标人资格要求。具备《中华人民共和国政府采购法》第二十二条第一款规定的条件。未被信用中国网站（www.creditchina.gov.cn）、中国政府采购网（www.ccgp.gov.cn）列入失信被执行人名单、重大税收违法案件当事人名单、政府采购严重违法失信行为记录名单。具备采购人根据招标项目的特殊要求规定的以下特定资质，即营业执照经营范围须包含物业管理（服务）内容的企业；不接受联合体投标；本项目专门面向中小企业。

3）供应商主体信息库注册。请有意参加本项目投标的供应商按以下流程进行操作。访问"××省政府采购网"点击"政府采购交易管理一体化系统-商家入驻"按钮进入注册界面，选择对应地区进行账号注册并填写申请信息，也可以直接通过 http://middle.××.zcygov.cn/v-settle-front/registry 进入注册界面。领取 CA（办理地址：人民路 311 号凯马苑 9 号楼 1 楼 CA 窗口）和办理电子签章（办理地址：人民路 311 号凯马苑 9 号楼 2 楼 2 号窗口），原已办理过 CA 进行过电子投标的供应商可不重复申领。投标客户端下载链接：https://zcy-cdn.oss-cn-shanghai.aliyuncs.com/zcy-client/bidding-client/××××/ZhengCaiYunStep.3.11.7.exxe。CA 驱动下载链接（××省-国信 CA 驱动）：https://customer.zcygov.cn/CA-driver-download? utm = web-login-front.509b3709.0.0.004ab15096ee11ebbc33f5d151e70834。技术服务电话：　（服务时间：工作日 8：00—20：00）。

投标人在领取 CA 和办理电子签章前务必前往"××省政府采购网""供应商信息库"（网址：https://cz.××.zcygov.cn/××××Category19/××××Category125/inde××.html? utm = sites_group_front.5b1ba037.0.0.959ae250ca6711ebb0349920799faebc）查询是否完成注册登记。完成注册的供应商方可领取 CA 和办理电子签章，登录政采云平台，插入 CA 后，点击"我的工作台"，页面右上方"CA 管理"-"绑定 CA"，上传投标文件，进行投标。

如投标人未按上述要求操作，由此所产生的损失及风险由投标人自行承担。在"供应商信息库"中无法查询的投标人，由评标委员会审查其投标截止时间前提交的未审核资料。

4）完成项目报名，获取采购文件。潜在投标人可在项目招标公告附件中查看公开招标文件，如确定投标，必须在政采云平台（http：//login.××.zcygov.cn/user-login/♯/login）中免费下载公开招标文件（"项目采购-获取采购文件管理-待申请"标签页下，找到需要获取采购文件的项目，点击"申请获取采购文件"），完成项目报名，方可按要求制作、上传投标文件，对招标文件各项内容作出实质性响应，否则其投标文件无效。

5）公开答疑时间、地点。采购人、××市政府采购中心将于以下时间、地点对投标人针对招标文件书面提出的要求澄清的问题进行公开答疑。投标人如有需要对招标文件要求澄清的问题，请以书面形式提出"××CGZ××2023-081Y 项目需澄清问题"，并于答疑会前传真项目联系人（答疑会时递交盖章原件）。公开答疑会地点：××市公共资源交易中心 911 室（人民路 311 号凯马苑 6 号楼 9 楼）。公开答疑会时间：2023 年 7 月 03 日 13：30。

6）投标及开标、定标时间、地点。网上投标截止时间：2023 年 7 月 21 日 9：30（投标截止时间后的投标文件恕不接受）。网上投标解密时间：2023 年 7 月 21 日开启解密后半小时。定标时间：评标结束。定标地点：××市公共资源交易中心。

7）投标有效期：开标之日起 90 天。

8）采购方法。本次采购采用《××市政府采购交易管理一体化系统》进行招标投标活动，招标、投标、评标和中标结果发布全程电子化。

9）其他。集中采购机构：××市政府采购中心。地址：××市××区人民路 311 号凯马苑 9 楼××市公共资源交易中心。项目联系人：×××、×××；电话：　；传真：　。

5.3　投标人须知

投标人须知格式如下。

投标人须知

1）遵循原则。公开透明原则、公平竞争原则、公正原则和诚实信用原则。

2）招标文件。招标文件包括本文件目录所列全部内容，投标人应仔细阅读，并在投标文件中充分响应招标文件的所有要求。采购文件中的"法定代表人"是指投标人的营业执照的"法定代表人"或相关部门的登记证明文件中的"负责人"。投标人应在××市公共资源交易中心政府采购专栏（http：//ggzyjy．××．gov．cn/××Sggzyjyzxxzl/jy××××/zfcg/indexx．shtml，下同）或登录政府采购交易管理一体化系统下载招标文件及有关资料，按要求制作、上传投标文件，对招标文件各项内容作出实质性响应，否则投标无效。招标文件仅作为本次招投标使用。

3）招标文件的解释。本文件的最终解释权归××市政府采购中心。

4）招标文件的补充或修正。××市政府采购中心可在投标截止时间 15 日前对招标文件进行必要的澄清或者修改，不足 15 日的，将顺延提交投标文件的截止时间。

如需对招标文件进行澄清或修正，××市政府采购中心将在××市公共资源交易中心政府采购专栏、××省政府采购网和中国政府采购网发布更正公告，该澄清或修正的内容为招标文件的组成部分。投标人应在投标截止时间前登录投标客户端或关注原招标公告媒体上发布的相关更正公告。因投标人未尽注意义务，未及时更新上传投标文件或全面地关注更正公告导致其提交的投标材料不符合××市政府采购中心要求，造成的损失及风险（包括但不限于未中标）由投标人自行承担。

供应商认为招标文件使自己的权益受到损害的，可以自获取招标文件之日或者招标公告期限届满之日（公告期限届满后获取招标文件的，以公告期限届满之日为准）起 7 个工作日内，以书面形式向采购人、采购代理机构提出质疑。针对同一采购程序环节的质疑，须在法定质疑期内一次性提出。质疑函的质疑事项应具体、明确，并有必要的事实依据和法律依据（格式详见中国政府采购网《政府采购供应商质疑函范本》）。××市政府采购中心将在收到符合上述要求的书面质疑后 7 个工作日内，对质疑内容作出答复。投标人在法定质疑期限外送达的质疑函或法定质疑期限内送达的质疑函不符合上述要求的均为无效质疑，××市政府采购中心对无效质疑不予受理。

5）投标文件的组成（相应内容上传至投标客户端）。包括投标函（格式见附件）；资格、资信证明文件（扫描后上传，身份证应为正、背面）；关于资格的声明函（格式见附件）；具有独立承担民事责任能力的投标人营业执照或相关部门的登记证明文件复印件（投标人如是允许以分支机构身份参加投标的，提供投标人分支机构的营业执照复印件）；投标人法定代表人授权委托书（格式见附件，法定代表人亲自参加投标的除外）（投标人如是允许以分支机构身份参加投标的，请自行将"法定代表人"更改为"负责人"，分支机构投标时涉及采购文件"法定代表人"要求的部分，其具体要求视同本条规定）；投标人法定代表人身份证；投标人法定代表人授权代表身份证（法定代表人亲自参加投标的除外）；投标人连续三个月［至少包含近三个月中任意一个月份（不含投标当月）］为其法定代表人授权代表缴纳社保的证明（由相关主管部门出具，新成立公司、法定代表人亲自参加投标的除外）；投标人近三个月中任意一个月份（不含投标当月）的财务状况报告（资产负债表和利润表）或由会计师事务所出具的近两年中任意一个年度的审计报告和所附已审财务报告；投标人近三个月中任意一个月份（不含投标当月）的依法缴纳税收的相关材料（提供相关主管部门证明或银行代扣证明）；投标人近三个月中任意一个月份（不含投标当月）的依法缴纳社会保障资金的相关材料（提供相关主管部门证明或银行代扣证明）；服务保障承诺书（格式见附件）；采购人要求的特定资质证明（详见"投标邀请函-投标人资格要求"中要求）；投标人中小企业声明函（格式见附件）；开标一览表（格式见附件）；明细报价表（格式见附件）；人员配置表及拟派项目负责人简历表（格式见附件）；服务偏离表（格式见附件）；服务方案（格式见附件）；评分标准中对应的其他所需证明材料（如有自行添加）；要求采购人提供的配合（如有自拟并自行添加）；其他（投标人认为有必要提供的声明和文件，如有自拟并自行添加）。

资格证明文件投标人必须按要求全部提供，否则投标文件无效。如上述资格证明文件遇年检、换证，则必须提供法定年检、换证单位出具的有效证明复印件。如上述资格证明文件遇有国家相关政策规定可不具备的，必须提供相关政策规定或相关单位出具的有效证明复印件。投标人法定代表人或法定代表人授权代表为外籍、港、澳、台地区人士的，其身份证明须提供有效的护照或港澳同胞来往内地通行证、台湾同胞来往大陆通行证，或其他可在中国大陆有效居留的许可证明。

特别说明：按照《中华人民共和国政府采购法实施条例》，法人的分支机构由于其不能独立承担民事责任，不能以分支机构的身份参加政府采购，只能以法人身份参加。但银行、保险、石油石化、电力、电信等有行业特殊情况的，可以分支机构名义参加政府采购和签订合同。

6）投标文件的制作。所有文件、往来函件均应使用简体中文（规格、型号、辅助符号例外）。投标文件由投标人按要求如实填写，须有投标人、法定代表人或法定代表人授权代表签章，方为有效，未尽事宜可自行补充。如无特别说明，投标人报价一律以人民币为投标结算货币，结算单位为"元"。投标费用自理。

7）网上投标。投标人应由其法定代表人或法定代表人授权代表在规定的网上投标时间内，凭 CA 数字证书登录政府采购交易管理一体化系统获取招标文件，在投标客户端制作投标文件（电子数据），并在投标截止时间之前上传投标文件。投标人应对 CA 数字证书妥善保管，如被他人盗用投标，后果自负。投标人按招标文件规定的网上解密时间进行解密，如未按时解密后果自负。投标人应当对招标文件提出的要求和条件作出实质性响应，并在电子投标系统逐条应答。投标人应对要求提供的资格证明文件（如资质证书、资格证书）、技术资料（如白皮书、彩页、手册、检测报告等）扫描上传至投标系统。投标人进行网上投标请参照《政府采购项目电子交易管理操作指南-供应商》。

8）无效投标文件的确认。投标人有下列 22 种情况之一者，投标文件无效。22 种情况分别是未按规定在××市政府采购供应商信息库注册的；电子投标文件未按规定期限投标的，纸质投标文件（如有）未按规定的期限、地点送达的；电子投标文件未按招标文件要求签章的；投标人未按招标文件要求解密电子投标文件的；投标人的法定代表人授权代表，无法定代表人授权委托书的；不具备招标文件中规定的资格要求或未按招标文件规定的要求提供资格、资信证明文件的；被信用中国网站（www. creditchina. gov. cn）、中国政府采购网（www. ccgp. gov. cn）列入失信被执行人名单、重大税收违法案件当事人名单、政府采购严重违法失信行为记录名单的；投标文件未按招标文件规定的内容和要求填写的；没有在投标系统指定位置上传对应文件、材料的；电子投标文件图片、字迹模糊不清、无法辨认的；投标文件中有招标文件未允许提供的选择性内容；不同投标人委托同一单位或者个人办理投标事宜的；不同投标人的单位负责人为同一人或者存在直接控股、管理关系的；不同投标人的投标文件的装订形式、纸张情况、目录序号、排版格式、文字风格等存在明显的相似性或一致性，特征显示由同一单位或者同一个人编制的；不同投标人投标文件内容存在非正常一致、项目组成员出现同一人、投标文件中错误（或异常）一致或雷同、电子文档信息一致或雷同、投标报价呈规律性差异的；不同投标人的投标资料相互混装、不同投标人的委托代理人、项目负责人以及其他相关人员有在同一个单位缴纳社会保险、同一投标文件中单位名称落款与公章不是同一单位的；项目（标段）投标总价超过本项目（标段）预算或最高限价的；提供虚假材料的（包括工商营业执照、财务报表、资格证明文件等）；投标文件含有采购人不能接受的附加条件的；评标委员会认定投标人的报价明显低于其他通过符合性审查投标人的报价，有可能影响产品质量或者不能诚信履约，且投标人不能应评标委员会要求在评标现场合理的时间内提供书面说明（必要时评标委员会可要求投标人提交相关证明材料）证明其报价合理性的；除单一来源采购项目外，为采购项目提供整体设计、规范编制或者项目管理、监理、检测等服务的；投标文件内容不全或不符合招标文件中规定的其他实质性要求的；法律法规和招标文件规定的其他无效情形。

9）开标、评标。所有投标单位在招标文件规定的时间内解密各自投标文件；投标截止时间后参加投标的供应商或解密投标文件的供应商不足三家的，不开标；开标后，所有投标供应商可在线上开标大厅中看到所有投标人的投标报价。投标人未参加开标的，视同认可开标结果。

开标时，投标文件报价出现前后不一致的，按照下列规定修正，即投标文件中开标一览表（报价表）内容与投标文件中相应内容不一致的，以开标一览表（报价表）为准；大写金额和小写金额不一致的，以大写金额为准；单价金额小数点或者百分比有明显错位的，以开标一览表的总价为准，并修改单价；总价金额与按单价汇总金额不一致的，以单价金额计算结果为准。同时出现两种以上不一致的，按照前款规定的顺序修正。修正后的报价评标委员会应当以书面形式要求投标人作出必要的澄清、说明或者补正，经投标人确认后产生约束力，投标人不确认的，其投标无效。电子投标文件与纸质投标文件（如有）不符的，以电子投标文件为准。

评标程序依从惯例，评标工作由××市政府采购中心负责组织，具体评标事务由依法组建的评标委员会负责。投标文件初审依从惯例，初审分为资格性检查和符合性检查。资格性检查依从惯例，采购人依据法律法规和招标文件的规定，对投标文件中的资格证明、投标（报价）承诺函等进行审查；通过信用中国网站（www.creditchina.gov.cn）、中国政府采购网（www.ccgp.gov.cn）查询投标供应商在投标截止时间之前，是否被列入失信被执行人名单、重大税收违法案件当事人名单、政府采购严重违法失信行为记录名单，以确定投标供应商是否具备投标资格。信用查询结果以网页打印的形式留存并归档。符合性检查依从惯例，评标委员会依据招标文件的规定，对投标文件的有效性、完整性和对招标文件的响应程度进行审查，以确定是否对招标文件的实质性要求作出响应。

澄清有关问题依从惯例，对投标文件中含义不明确、同类问题表述不一致或者有明显文字和计算错误的内容，评标委员会可以通过政府采购交易管理一体化系统发起询标，要求投标人作出必要的澄清、说明或者补正。投标人的澄清、说明或者补正应当通过政府采购交易管理一体化系统，由其授权的代表应答并加盖电子公章，且不得超出投标文件的范围或者改变投标文件的实质性内容。比较与评价依从惯例，按招标文件中规定的评标方法和标准，对资格性检查和符合性检查合格的投标文件进行商务和技术评估，综合比较与评价。

评标方法依从惯例。投标人通过初审的，方可进入比较与评价程序。比较与评价采用综合评分法。评标委员会遵循公平、公正、择优原则，独立按照评分标准分别评定投标人的分值；各投标人的评审后得分为各评委所评定分值的平均值，并按高低顺序排列。得分相同的，按投标报价由低到高顺序排列，得分且投标报价相同的并列。投标文件满足招标文件全部实质性要求，且按照评审因素的量化指标评审得分最高的投标人排名第一，为中标单位。提供相同品牌产品且通过资格审查、符合性审查的不同投标人参加同一合同项下投标的，按一家投标人计算，评审后得分最高的同品牌投标人获得评审排名资格；评审得分相同的，由采购人确定其中一个投标人获得评审排名资格，其他同品牌投标人无评审排名资格。非单一产品采购项目，多家投标人提供的核心产品品牌相同的，同上处理。评分标准详见附件。

10）定标。评标委员会根据招标文件规定的评标方法和评标标准进行评审，按招标文件的要求依法确定中标供应商。××市政府采购中心将在××市公共资源交易中心政府采购专栏、××省政府采购网和中国政府采购网发布中标公告。如有质疑，应在法定质疑期限内，即中标公告期限届满之日起 7 个工作日内，以书面形式（原件）送达××市政府采购中心，并且针对同一采购程序环节的质疑，须在法定质疑期内一次性提出。质疑函的质疑事项应具体、明确，并有必要的事实依据和法律依据（格式详见中国政府采购网《政府采购供应商质疑函范本》）。××市政府采购中心将在收到符合上述要求的书面质疑后 7 个工作日内，对质疑内容作出答复。投标人在法定质疑期限外送达的质疑函或法定质疑期限内送达的质疑函不符合上述要求的均为无效质疑，××市政府采购中心对无效质疑不予受理。如质疑查无实据或投标人捏造事实，提供虚假材料进行恶意举报，不配合或采用不正当手段干扰政府采购质疑的，将记入投标人在××省和××市的政府采购"供应商诚信记录"，并按相关规定处理。××市政府采购中心向中标供应商发中标通知书。投标供应商电子投标文件将作为电子档案保存。

11）废标的确认。在招标采购中，出现下列 4 种情况之一的，应予废标，即符合专业条件的投标人或者对招标文件作出实质性响应的投标人不足 3 家；出现影响采购公正的违法、违规行为；投标人的报价均超过采购预算，采购人不能支付的；因重大变故，采购任务取消。

12）中标无效的确认。提供虚假材料谋取中标的；采取不正当手段诋毁、排挤其他投标人的；与招标采购单位、其他投标人恶意串通的；向招标采购单位行贿或者提供其他不正当利益的；在招标过程中与招标采购单位进行协商谈判、不按照招标文件和中标供应商的投标文件订立合同，或者与采购人另行订立背离合同实质性内容的协议的；拒绝有关部门监督检查或者提供虚假情况的。

投标人有上述前 5 种情形之一的，中标无效。有上述全部情形之一的，处以政府采购项目中标金额千分之五以上千分之十以下的罚款，列入不良行为记录名单，在 1～3 年内禁止参加政府采购活动，并予以公告，有违法所得的，并处没收违法所得，情节严重的，由工商行政管理机构吊销营业执照；构成犯罪的，依法追究刑事责任。

13）签订、履行合同。采购人应当自中标通知书发出之日起 30 日内，按照招标文件和中标供应商投标文件的约定，在××市政府采购中心就实质性条款见证后，与中标供应商签订合同。所签订的合同不得对招标文件和中标供应商投标文件作实质性修改。采购人不得向中标供应商提出任何不合理的要求，作为签订合同的条件，不得与中标供应商私下订立背离合同实质性内容的协议。××市政府采购中心见证部分详见招标文件合同书（格式条款），见证后的格式条款不得作任何修改。中标方非因不可抗力未履行招、投标文件和合同规定的义务，一经查实，××市政府采购中心将根据具体情况提请政府采购管理部门作出相应处理。

中标供应商向采购人缴纳的履约保证金不超过政府采购合同金额的10％。收取履约保证金的，采购人应当允许供应商自主选择以支票、汇票、本票、保函等非现金形式缴纳或提交，并与中标供应商在采购合同中约定履约保证金退还的方式、时间、条件和不予退还的情形，明确逾期退还履约保证金的违约责任。

14）注意事项。中标供应商有下列3种情形之一的，情节严重的，由财政部门将其列入不良行为记录名单，在1～3年内禁止参加政府采购活动，并予以通报。3种情形即中标后无正当理由不与采购人签订合同的；将中标项目转让给他人，或者在投标文件中未说明，且未经过采购人同意，将中标项目分包给他人的；拒绝履行合同义务的。

15）中标服务费。本次招标，××市政府采购中心为中标供应商提供免费服务，不收取中标服务费。

5.4 项目技术要求和有关说明

项目技术要求和有关说明格式如下。

项目技术要求和有关说明

投标人所投内容必须满足以下要求，不得有负偏离。

5.4.1 项目概况

本项目位于××市××区香河职教园（劝学路45号、清风路12号）。总占地面积54.83万平方米（南校区23.25万平方米、北校区31.58万平方米），总建筑面积约27.8万平方米（南校区13.5万平方米、北校区14.3万平方米），绿地面积约20.62万平方米（含屋面绿化约500平方米）（南校区9.8万平方米、北校区10.82万平方米），护校河、池塘水面面积6.5万平方米，道路、铺装、室外运动场面积等30.1万平方米。学校南北校区分别于2011年6月、2010年6月先后交付使用。注：校舍功能面积及其他基本情况，见附件1。

5.4.2 具体物业管理的范围和内容

根据学校实际，校内保安服务、学校绿化养护、垃圾清运、学校自动消防系统维护不在本次项目招标范围内，属于招标范围的内容如下。

1）校园保洁消杀。南校区教学楼 2、3、4、5、8、10 号公共走班教室、厕所、门厅、过道、楼梯、走廊等公共区域由物业保洁消杀，固定班级教室内由学生自己负责；1、6、7、9 号及 8 号楼 4、5 层实验实训楼的教室内外等全部由物业保洁消杀，包括 3 个 200 人阶梯教室、6 个 100 人公共教室实训室、教学楼之间连廊。北校区全部教学楼和实训楼的教室内外、厕所、门厅、过道、楼梯、走廊等公共区域由物业保洁消杀。

南校区行政图书信息中心 1～6 层公共区域、会议室及附属用房、地下室机房、水泵房、变电所等室内外保洁消杀（包括 3 部电梯、4 部楼梯）；体育活动中心（篮球馆上下两层、羽毛球馆、乒乓馆，包括体育馆的游泳池及地下室所有附属用房、机房管理与保洁）及运动场和体育看台保洁消杀；音乐厅、学生活动中心、医务室及心理咨询中心保洁消杀。

北校区行政楼公共部位及会议室保洁消杀；图书信息中心全部保洁消杀（包括大楼电梯、厕所、地下室机房、水泵房、变电所、大小报告厅、会议室、接待室、艺术馆、心理咨询中心等）；体育馆场馆及室内活动室保洁消杀；双创学院办公实训楼保洁消杀。

宿舍保洁消杀，负责宿舍所有公共过道、楼梯、走廊、洗衣房、开水炉等的保洁消杀，南校区包括 1～10 号学生宿舍楼和 11、12 号宿舍楼，12 号宿舍所有值班室（室内保洁消杀及床上用品清洗晾晒）；北校区包括 1～7 号学生宿舍楼、8 号教工宿舍楼公共区域及专家宿舍和值班室保洁消杀。寒暑假负责毕业生离校后宿舍清理打扫和新生宿舍保洁准备。

室外环境保洁消杀，校园所有道路、景观绿化区域（包括平时所有空地、草坪自然落叶的清扫）、广场、护校河道、校内水面、机动车和非机动车停车场（棚）等。包括护校河、景观湖、塘池水面垃圾清理，南北大门外 20 米范围内路面保洁，室外体育运动区、球场、看台等保洁；北校区学生创业街及厕所保洁消杀。

半年一次学校所有屋顶平台、天沟、下水管道、雨水管道清理保洁；半年一次学校排水排污管沟窨井疏通清理等；半年一次空调内外机及滤网清洗；一年一次建筑外墙保洁清洗；南校区 5 部北校区 3 部电梯的日常保洁和消杀；各楼宇门厅门窗幕墙玻璃日常保洁。

特别说明：学校食堂内部保洁消杀除外，学校食堂内部保洁消杀由食堂经营者负责。

2）宿舍管理。南校区 1～11 号学生宿舍，12 号楼教师公寓（含值班室内务管理）；北校区 1～7 号学生宿舍及 8 号楼教师公寓管理。

3）供水供电等设备专用房场所管理、设备管理。包括水泵房（校内生活供水、地下自动排水泵、内湖补水、运动场草坪养护用水、学校绿化养护用水、消防供水等）、变电所、电梯等机房设备。变电所、电梯等特种设备由学校招标确定专业资质单位专业维护，与学校签订维保合同，由物业公司承担变电所 24h 值守以及电梯年检维护及日常保养维修的监管责任，做好管理台账资料。

4）南校区 9 号教学楼音乐教室、琴房的管理和保洁消杀。

5）学校接待室、会议室管理及接待、会议服务。

6）日常零星维修。南北校区所有管道疏通及水、电、木、房屋门窗锁等零星维修，包括南北校区食堂。食堂内部排污管道疏通清理除外。

7）学校钥匙使用管理、修配，南校区公共教室、北校区教学楼开关门。

8）配合做好单位节能管理（智慧后勤空调管控、南北校区宿舍电控管理、自来水抄表结算等）、防鼠防虫害、卫生防疫消杀等防治工作。确保 24h 电控、灯控的管理与使用，晚间关灯关水等检查管理；做好防四害及传染病的消毒、灭杀工作。

9）其他保障工作。学校校级及各部门的重大活动后勤服务保障、寒暑假课桌椅调整清理、学校各类重大比赛或演出、各级别的考试等各类活动的服务保障等；协助学校资产清理、防火、防台、防冻安全管理。

5.4.3 各项标准及要求

各项标准及要求见表 5-1。

表 5-1 各项标准及要求

岗位	岗位、区域分工最低人数安排表				
管理人员	两校区设一个项目部：项目经理兼人员培训、安全，项目副经理，维修主管，宿舍主管，保洁外场主管，设备管理及节能主管，文秘资料员，共 7 人				
维修人员	电工 6 人，水暖、木工各 1 人，共 8 人；电工持证上岗				
宿管保洁管理人员	南校区	人数	北校区	人数	备注
	宿舍管理员及学生宿舍公共部位保洁员(1~11 号楼)	22	宿舍管理员及学生宿舍公共部位保洁员(1~7 号楼)	28	专职宿管分别为 17 人、21 人
	钥匙管理员兼仓库管理	1	钥匙管理员兼仓库管理	1	
	行政会务保洁(会务服务及领导办公室、会议室保洁)	2	行政楼\阶梯教室保洁消杀及会务	2	
	图书行政大楼(-1~6 层)保洁	5	实训楼、图文中心及报告厅保洁	7	
	教学楼、实训楼、音乐厅、活动中心保洁	12	教学楼公共部位及教室、体育看台保洁	7	
	体育馆、体育看台保洁	2	体育馆保洁	1	
	11、12 号公寓公共部位保洁、值班室洗晒保洁整理、医务室心理中心保洁	1	教工楼公共部位及外教及值班室内保洁、运动球场	1	
	室外环境保洁、垃圾清运	5	室外环境保洁、垃圾清运	6	
	琴房管理	1	影视实训楼、双创学院、创业街店铺保洁	1	
		51		54	
合计	120 人	说明：以上固定岗位需要根据学校工作实际需要灵活统筹调配安排物业服务保障任务			

1）人员要求。投标人根据采购人提供场所的需要××校区配备人员不得少于120 名，年龄 18～65 周岁之间，政治素质好，责任心强；投标人必须承诺所有用工人员无违法犯罪记录，身体健康（有健康体检证明），除保洁员以外必须具有初中以上（含初中）文化水平。以中、青年为主，55 岁以下人员占总数的 50％以上，在本市有固定住处，身体健康，工作认真负责并定期接受培训。专职宿管员要求：初中学历（含初中）以上，年龄男在 58 周岁（含 58 周岁）以下、女在 53 周岁（含 53 周岁）以下，有一定的物业管理或学生工作经验，能讲清普通话，有良好的沟通协调能力。投标人根据国家法律法规要求为所派出人员中达到法定退休年龄之前的人员缴纳相应的养老保险费等社保费用并确保服务人员的福利，并为所有派出人员工伤等保险赔偿负全部责任。如果出现岗位人员安排人数不足、年龄不合要求、无上岗证、离岗脱岗等情况，月度考核不合格并按实扣除人员工资等费用，连续出现或1 年中出现 3 次此情况，视作不履行合同，采购方有权依照法律程序解除合同，并追究中标方的违约责任。

2）保洁消杀工作要求。墙面、门窗、护栏、楼梯扶手等无积尘、污垢、涂鸦；天花板、走廊、室内四周无蛛网；地面干净，无痰迹、积水、烟头、杂物。室外所有草坪、绿地、空地等无乱石、无各种抛弃物，自然落下树叶每天及时清扫。清洁工具放置到指定位置、安全有序。垃圾当日清理。厕所无臭味，清洁无积垢。台面、凳面清洁无涂鸦，桌内无纸屑杂物，排放整齐。室内外灯具、宣传牌、标志牌、垃圾桶、收集房等洁净、无积尘。河道水面、假山等景点无杂物、漂浮物，水质未变臭、发黑，无污物沉淀。工作区发现有损坏及时报修；工作区无白日灯、无人灯、长流水。消杀工作按照要求的频次和规范完成并做好记录。

3）宿舍管理工作要求。全天 24h 每个宿舍值班室安排 3 个班次（至少 5 个人次，其中 3 人是专职宿管员）。值班时，1 人在固定入口处值班，值班人员必须做好以下 3 项工作，即负责办理学生入住、退宿手续；非本宿舍学生不得自由进入；除学院领导外，其他外来人员必须持相关证件，登记入内。另 1 人必须按照规定频次每天在各楼层巡查并做好记录，完成以下 3 项工作，即及时发现、预防、处理可能发生的偷盗、火灾和治安问题；检查宿舍内卫生、安全、纪律等情况；进行住宿生晚点名、登记工作，宿舍主管需每天将晚点名等情况报给学工办，要做到发现及时，处理及时，报告及时。严禁宿舍里留宿外人，男女生不能互串寝室。对学生态度和蔼，融洽和学生的关系，但要坚持原则。对在宿舍区发生的打架斗殴、聚众喧哗、打牌赌博等违纪行为一经发现应及时阻止并上报相关各系辅导员、保卫处。负责学生宿舍楼道、墙壁、宿舍周边 15m 范围内（包括明沟、散水、道路等）公共场所绿地的卫生清洁。负责屋顶的打扫及清理，保证屋顶下水口的畅通，严禁屋顶存水以免造成渗漏和泄漏。室内阳台、卫生间地漏、下水口及排污管道堵塞应及时派人疏通，化粪池每月清理，保证下水管道通畅，必须做到每天至少 2 次保洁消杀（上午10：00 之前，下午 2：30 之前），地面无杂物、尘土，垃圾放入指定场所。

负责按照《中华人民共和国消防法》管理学生宿舍消防设施，确保安全指示灯、消防应急灯、消火栓、灭火器等消防安全设施的完备。已损坏或未备齐的设施须报保卫处，由学院配备齐全。如属管理不当造成损坏由物业管理中标方自己配置，灭火器干粉使用完后及时报保卫处更换。在合同到期交付查验时如有相关设备的损坏及丢失，物业管理中标方应负责承担相应的赔偿费用。物业管理中标方负责室内外、通道及建筑物的公共场所的各项设施、设备等的报修登记并及时安排修复，保证学生的正常使用。负责宿舍内及公共场所公有财产的管理，严防流动性财产（如饮水机、电话机等）外搬或缺失。如有缺失财物，应及时购置补上，费用由物业负责。

配合学校做好管辖区域水、电的抄表、结算和收费，对学生所欠电费应及时催缴。缺额部分从中标方物业服务费用中扣除。配合学校宿管工作人员收缴大功率电器（包括热得快、电炉、电热水壶、电炒锅、电饭煲等）并登记造册。对私接电线、窃电、破坏配电设施、供水设施、消防设施等故意损坏公物的行为一经发现及时阻止，并报所属学院的班主任、辅导员处理。按照学校规定的作息时间及时关电和送电。熄灯后要加强巡查，严防学生点蜡烛，对大声喧哗、打牌等影响他人休息的行为要及时阻止。协助系、辅导员、班主任、学生会、学工处、保卫处、后勤管理处等部门文明卫生、安全等检查工作。

在业务上必须接受学工处和后勤管理处领导、检查和具体指导。如未按招标要求设置岗位及聘足所需工作人员或在工作中未按招标要求履行职责的，须按照学工处、后勤管理处要求进行整改。中标方所聘请的工作人员必须具有初中（含初中）以上文化，年龄男在58周岁（含58周岁）以下、女在53周岁（含53周岁）以下，管理人员必须具有高中（含高中或同等学力）以上文化。不得在宿舍区从事经商活动，值班室和储物间必须保持整洁无杂物，值班员宿舍内不得留他人住宿。宿舍值班员及学生宿舍公共部位保洁员接受学工处、后勤管理处管理，按学工处、后勤管理处要求开展工作，并及时完成学工处、后勤管理处安排的临时应急性工作。

承担宿舍管理经济责任。发生在宿舍区的公共财产损坏、外来人员盗窃、本楼工作人员盗窃，物业中标方承担被损、被盗财产的赔偿责任，按当时评估价格计算，10000元（含10000元）以下按100％赔偿，10000元以上超过部分按80％赔偿；对未及时发现、处理、上报火险及治安问题造成学院经济损失及负面影响的事件，学院将视具体情况给予相应的经济处分或追究相应的法律责任。

4）维修工工作要求。人员持证上岗。对全校供电线路及用电设备要经常巡视和检查，保证线路完好、供电正常。接到报修应立即到位，以节支的原则，及时修理，保质保量；做好修理的登记工作；经常进行安全用电的宣传教育和巡视检查，消除隐患，防止触电和电器火灾的发生，保证用电安全；履行本职工作范围内节水、节电责任及防盗防火等岗位安全责任；每天做好巡视记录；强化安全意识，及时检查和排除用电安全隐患，严格按照电工操作规程工作，严禁违章操作；配电室要保持清洁，关锁严禁外人进入。水暖管道等其他维修参照本要求。建立维修台账维修档案。

5）开水炉、泵房等场所及设备管理工作要求。每学期开学前进行所有开水炉设备（宿舍及教学区）的清洗维护（包括外观和内胆），通水通电；每学期结束学生放假回家后将所有开水炉设备断水断电，清理排水管道；平时加强巡查保证开水正常供应，接到报修信息后在 12h 内用最快速度解决故障，恢复热水供应；故障损坏的零配件提出申购需求，由采购人采购提供；做到泵房、机房、变电所等重地有专人负责专人值守；有明显防范提醒标志；人员职责、规章制度、操作规程上墙；做好泵房、地下贮水池及消防系统所有机械设备的操作、监控、定期保养、维修及清洁等工作，并定期做好运行记录。其他无关人员不得进入水泵房；保证生活泵、主泵、潜水泵及电气控制等机械设备正常工作，每日至少要到机电房查看 2～4 次，如发现问题要及时处理；消防泵按规定进行定期检查、保养，每月进行一次"自动""手动"操作运行；水泵房要坚持清洁卫生，每周要打扫一次，泵和管道每半个月要清洁一次，不生锈、不积污、不积尘；履行本职工作范围内节水、节电责任及防盗防火等岗位安全责任；变电所、电梯、供水泵、水箱等须有专业资质单位专业人员定期维护保养；按规范、行业标准建立设备管理台账。

6）琴房管理工作要求。负责所管理的 9 号楼音乐教室及所有琴房使用管理、教学服务工作，音乐教室管理、琴房开放时间应保证教师及学生训练的需要，准时开放，熟悉各教学项目的基本内容及安排，要求课前 10min 开门，课后及时关门；检查琴房设备、设施的使用情况，做好设备报修工作，保证设备、设施的完好；负责琴房的安全工作，做好防火（主要检查各电器开关及消防设施）、防盗（妥善保管琴房钥匙、检查门窗是否关好、及时发现隐患等）、防潮、防水、防脏、防自然灾害（台风、暴雨等）等工作；严格执行各项规章制度，琴房室有关制度、规程等的上墙和环境文化建设，搞好琴房的清洁卫生和防疫消杀工作；做好《设备使用记录》等设备使用情况记录；做好课前准备及课后检查验收工作，参与、监督检查上课的过程管理，保证正常教学秩序；负责学生琴房练琴的钥匙领取、登记、发放和收回。

7）节能和垃圾分类管理工作要求。制订节能工作计划与有关节能的规章制度；负责做好南北校区水、电的抄表、结算，自来水总表每周报表交物管中心，每学期进行宿舍水表抄表结算，做好学生宿舍电控电费管理；统计和分析能源消耗，做好能源用量的计划及计量工作；巡视、检查和监督能源使用；实施节能技术改造，应用先进节能器具，采用切实有效的节能运行技术措施；加强能源使用的计划管理，工程技术人员应经常掌握能源消耗情况，及时发现和解决出现的问题，在保证正常需要的前提下，尽力降低能源消耗水平。每月上报"能源消耗统计"；能源的使用实行分区域、分部门控制的方法；控制使用能源的时间，特别是对旺季用水和高峰用电要严格控制；加强设备管理维修，落实节约能源措施，杜绝浪费水、电的情况；加强日常巡查，杜绝无人灯、无人空调等现象。根据××市垃圾分类管理要求，配备有分类标识的垃圾桶，配合学校做好垃圾分类宣传和实施工作。

8）其他工作要求。学校行政及教师值班室须每天打扫，按照领导排班更换清洗被套、床单，配置好值班用品；音乐教室琴房管理应保证教师学生需要，准时开放，经常巡查，发现不安全隐患，及时处理报告，履行本职工作范围内节水、节电责任。落实防盗防火等岗位安全责任，确保物业生产安全，做好生产安全管理台账。并做好其他物业管理台账：宿舍管理、维修管理、设备管理、人员及培训教育、物业制度管理、物业检查考核等管理台账。学校委派物业管理必须接受学院有关物业考核管理制度及考核结果。

5.4.4 其他物业管理要求和有关说明

要求现场物业经理具有丰富的物业管理经验，熟悉学校后勤保障服务；物业管理服务有明确的质量目标、师生满意度目标及可行性措施。拟派项目负责人必须取得全国物业项目经理证书（投标时提供原件扫描件），且中标后须常驻本项目现场，不得换人，不得兼任其他项目负责人；主管人员必须到岗，符合学历资质能力要求，如需更换必须书面申请，并经采购方批复同意，否则考核不合格；宿管员必须身体健康，具有初中（含初中）以上文化水平。中标单位必须在定标后 30 天内与采购人签订物业管理委托合同，服务期限为合同生效后 2 年。报价要求为 2 年总价。

管道疏通、水、电、木、房屋门窗锁等零星维修依从惯例。以上零星维修是指通过更换配件、人工调整、简单修理可以解决的问题，具体指教学实训、办公生活及各类场馆用房的屋面、墙地面、门窗、水电、室内设施的维修与施工，室外道路、地面砖、路灯设施、水电设施、排污排水设施等方面的维修；不包括空调、电机、电视机等专业维修，不包括变电所、电梯等特种设备专业维修，也不包括房屋的大型结构维修等。零星维修配件由采购人通过规范的审批采购流程采购提供；物业维修主管提出申请配件清单，配合后勤管理处物管中心提前制订零星维修配件等的采购计划，资产处负责采购供货；物业必须建立仓库进出登记及上报月度报表等管理制度，需遵守学校物资领用规定，做好领用物资使用台账，记录使用部位和数量等，以备核查。

中标单位必须加强对学校所有电梯（南校区 5 部，北校区 6 部）、变电所（南北校区各 1 座）等附属设施、设备的管理，其设备、设施由学校招标后确定的具有符合国家法律、法规所要求的资质的专业单位进行维护保养，维保单位与学校签订维保协议，物业需对专业单位的维护情况进行监督检查及协调，电梯管理需要配备有证的电梯安全员按照规范监管电梯维保及安全，变电所需要安排持有高压操作证的电工 24h 值守，按照规范建立管理台账资料，保证学校能够正常使用。

建筑、设备设施情况以现场实际情况为准。要求需要持证上岗的工种持证上岗率及学历要求必须达到 100%；标的范围内各种建筑物、构筑物、用电用水等设备、设施的完好率达到 100%。采购人为中标单位提供必要的物业管理用房（管理办公室 2 间、宿舍 2 间、库房 2 间），通信费用、办公等费用等由物业中标单位承担。采购人不提供开办费、前期费用，投标人需要将以上费用打入分项报价中。

5.4.5 其他要求

中标单位应根据国家、省、市有关法律、法规、政策及与采购人签订的物业管理合同，对本项目统一管理、综合服务、自主经营、自负盈亏。

物业服务人员配备应满足招标要求。本次项目人员南北校区配置总人数不低于120人。投标时，供应商必须提供拟派项目负责人及管理人员的身份证复印件、简历等相关材料。确定中标后，中标供应商按采购人要求，提供针对物业管理服务项目的有效的用工人员身份证、劳动用工证、卫生体检证明及从事物业管理的相关岗位技能证书等的复印件（保洁人员须提供健康证明的复印件等）给采购人备案，相关证件、证书等材料原件备查。未经采购人批复许可，不得更换项目管理人员及投标时参与评分的其他拟配备人员（含电工、电梯安全员、木工等持证人员，以及高中及以上学历宿管员等）。

物业服务人员就餐、交通由投标人自行解决，如有费用由投标人计入投标报价中。工作时间按照国家规定每周工作 5 天，每天 8h 工作制，在保证正常教学、生活的前提下，具体作息时间由学校和中标单位协商决定。平常若有工作时间超过 8h 的或临时工作安排，不在总报价外另行计发加班工资，一并在寒暑假期间集中给予相关人员带薪休息予以还班。

5.4.6 关于投标报价的界定

投标报价除应包括物业管理服务人员的工资（员工工资不得低于规定的××市最低工资标准，所有国家政策规定年龄范围内的工作人员必须缴纳包括养老、医疗、失业、生育、工伤等在内的社会保险）、社保福利费、物业公用设施日常维护保养费、物业管理区域清洁费、办公费、固定资产折旧费、法定税费、物业各类设施设备及公众责任保险费和合理利润外，还应包括检测、管理、劳务、服装、培训、保修、通信、会务安排、环境布置、宣传服务、风险及政策性文件规定等各项应有费用，以及为完成招标文件规定的物业管理工作所涉及的一切相关费用，如公共厕所纸篓、垃圾袋及保洁工具、易耗品、清洁剂、带盖垃圾桶（大号，各楼宇、楼层配置使用，每年更新 50 个；240 升垃圾周转桶每年更新 50 个）、卫生清洗药品等费用，涉及防疫消毒药品等物资，由采购人承担。投标人报价时应充分考虑服务期内所有可能影响报价的因素（包括人员最低工资及社保基数的政策性调整等），一旦中标，总价将包定，即为合同价，不予调整。如发生漏、缺、少项，都将被认为是投标人的报价让利行为，损失自负。列出报价单明细及人员安排。

物业总报价中必须包含以下维修维护值守相关费用，即两校区 10kV 变电所运行 24h 双人值守维护（按照 2 年报价）；非质保期内的空调维修及所有中央空调系统的维护，保证学校正常使用（按照 2 年报价）；学校 4 区域的中央空调维修所需主板、零件、制冷剂等由学校承担。变电所及所有中央空调系统见表 5-2。

表 5-2　变电所及所有中央空调系统

序号	内容	数量	单位
1	变电所值守	2	座
2	空调(1.5～5 匹含天井机)维修(2 年)(50 元/台)	1200	台
3	多联机空调(南校区活动中心、图书中心、音乐厅水空调)、小型中央空调(北校区图文中心大小报告厅)维护(2 年)	4	区域

付款方式依从惯例，物业管理费自合同生效之日起算，物业管理费每三个月经采购方考核合格后向中标单位支付。学校物业管理执行《中华人民共和国政府采购法》、国务院《物业管理条例》、《××省物业管理条例》等法律法规，中标单位要严格履行投标书的承诺和物业管理合同的约定，如发现管理达不到约定要求，中标单位管理服务水平下降、被投诉多等现象，或物业管理单位管理中发生重大管理失误的，采购方有权依照法律程序解除合同，并追究中标方的违约责任。中标单位应按照相关规定，与所有聘用人员依法签订劳动合同或劳务协议。

下列 4 类项目费用由采购人承担，不包含在此次采购报价中，即热泵、热水供应等由外包服务单位投资建设的设备维修费用；用于物业管理服务的操作实施时所用水、电费用；会议接待耗材费用（瓶装净水、纸巾等）；垃圾外运。

中标单位须提供设备物资配备，该费用指满足本项目正常运行的必需物品采购费用，采购单位认为的最低配备要求包含但不限于表 5-3 中的内容。

表 5-3　最低配备要求

品名	数量	备注
电焊机	1 台	
氩弧焊机	1 台	
角向砂轮机	2 台	
疏通机	2 台	
木工用电锯	1 台	
石材切割机	1 台	
冲击电钻	2 台	
手枪钻、电锤	各 2 把，共 4 把	
玻璃胶枪	4 把	
拉铆枪	4 把	
2m、3m、6m 铝合金梯	2m、3m 各 2 张，6m1 张	
平板小推车	4 辆	
台虎钳	1 台	
钳工工作台	1 张	
电流表、应急灯	各 3 支，共 6 支	
万用表等电工工具	电工每人一套共 10 套	
充电手电筒	6 支	
吸尘器	1 台	

续表

品名	数量	备注
地面脱水机	2 台	
马路保洁清扫车	2 台	南北校区各 1 台
垃圾清运电瓶三轮车	4 台	
塑胶清洁磨面机	1 台	
常用保洁工具	根据保洁工人数配足	
升缩可调擦玻璃器	12 副	
办公桌、椅	6 套	
办公电脑	2 台	
打印机	2 台	

5.4.7　附件 1　××学院学校基本情况

××学院学校基本情况见表 5-4。

表 5-4　××学院学校基本情况

项目		南校区/m²	北校区/m²	合计/m²
土地面积		232476.90(348.56 亩)	315780.5(473.67 亩)	548257.4(822.38 亩)
校舍面积		135457.7	142800	278257.7
教学实验行政用房建筑面积	教室	46260.05	20704.8	
	实训室		23411	
	学生活动中心	4634.2		
	图书馆	13938.6	16050	
	体育馆	10459.16	5017	
	行政用房	4056.3	3159	
	音乐厅	1 座		1 座
生活用房建筑面积	学生宿舍	39596.95	58014	
	学生食堂	9081.76	9582	
	职工宿舍	4518.22	2554	
看台		1588	853.3	
门卫		110	419.7	
原浴室(现为办公房)		1354.6	1820	
地下变电站		1 座	1 座	2 座
水泵房		2 座	1 座	3 座
游泳池		1 个		1 个
绿地面积		9.8 万	10.82 万	20.62 万
池塘水面面积		2.5 万	4 万	6.5 万
道路、广场、运动场		14.1 万	16 万	30.1 万
400m 标准田径场		1 座	1 座	2 座
篮球场、排球场		17 片	18 片	35 片

5.4.8　附件 2　××学院物业外包服务考核实施办法

为了提高物业服务的效率和质量，总结多年来对物业管理考核的成功经验，建立了由后勤管理处物管中心、学工处宿舍管理中心、后勤管理处综合中心及各学院、部门对物业工作进行评估考核的打分机制，考核结果直接挂钩物业管理费。

学院对物业外包服务考核实行月度考核与年度考核相结合的考核制度；月度考核作为每月物业费结算的基础和前提条件；年度考核在月度考核的基础上进行，增加两次师生满意度（率）测评，年度考核作为学院对物业公司服务综合鉴定的基础。

月度考核在每月 25 日进行，为促进物业工作，物管中心平时的检查情况作为月度考核的重要依据；年度考核在每年 8 月 25 日进行；两次师生满意度（率）测评分别在每年 6 月 25 日、8 月 25 日前完成。南北校区物业外包服务为一个项目招标，进行综合考核。

后勤管理处物业管理中心牵头负责落实物业等外包服务的考核工作（3 人），学工处负责落实学生宿舍管理外包服务的考核（2 人），后勤管理处（1 人）负责对物业工作进行全面考核，二级学院代表（办公室主任以上领导，4 人）负责辖区内的物业工作考核。综合中心统计核算月度考核打分。打分结果具体比重为：后勤处 5%×4＝20%，学工处 40%，二级学院部门 10%×4＝40%。考核统计表须有考核小组人员、物业等外包服务项目负责人签字确认。满意度测评由综合中心组织并统计汇总。

物业考核实行打分制，综合三部门的考核成绩，100 分为满分，80 分及以上为合格分。考核合格，结付当月全部物业服务费；60～80 分，责成物业整改，并按得分值/100×当月物业费结付物业费；60 分以下的情况，学院不支付当月物业费，并按（60 分－考核得分)/100×当月物业费的计算公式由物业公司赔偿学院损失。

年度考核在 90～100 分之间，且满意率 90%以上，物业公司服务鉴定为优（优良）；在 80～90 分之间，且满意率 80%以上，物业公司服务鉴定为良（合格）；年度考核低于 80 分，或且满意率 80%以下，物业公司服务鉴定为差（不合格），学院只提供物业服务差评证明。

5.4.9　附件 3　××学院物业管理考核办法

××学院物业管理考核办法见表 5-5。

表 5-5　××学院物业管理考核办法（宿管工作考核标准）

序号	考核指标	考核内容	考核细则	考核、计分办法
				现场检查、查阅资料
1	组织管理（20 分）	物业宿管工作体制健全、网络完善、管理人员和专业技术人员持证上岗，专职宿管人员配备到位，年龄、学历层次合理，工作分工明确、工作职责明确，物业内部管理严格，有监督检查和奖惩机制	1. 合理设置学生宿舍管理机构及网络，形成项目经理、宿舍主管（或舍管领班）、专职宿管员的三级管理网络体系，各人分工明确、职责明确，管理网络运转协调。 2. 严格依据招标文件及合同要求，将所需宿管人员配备到位，不得以保洁、保安等人员代替专职宿管员。 3. 物业内部管理严格，有考勤、查岗等监督检查和相应的奖惩机制。 4. 物业宿管工作在业务上必须接受学工处和后勤管理处的领导、检查和具体指导。如未按招标要求设置岗位及聘足所需工作人员或在工作中未按招标要求履行职责的，须接受学工处、后勤管理处的要求并加以改进	1. 专职宿管人员不能配备到位的，扣 5 分/人次，直至 20 分全部扣完。 2. 发现有保洁、保安等人员代替专职宿管员值班的，扣 3 分/人次。 3. 未配备宿管主管或舍管领班的，扣 3 分。 4. 物业内部管理不严格，宿管员不明确岗位职责，无考勤、查岗等记录的（查看相关文件），扣 1～5 分。 5. 宿管员有重大失职行为，经校方要求撤换，物业不予及时撤换的，扣 5～10 分/人次。 6. 物业宿管工作未按招标文件或合同规定履行有关职责，经后勤管理处、学工处指出且不予整改的，扣 5～10 分

续表

序号	考核指标	考核内容	考核细则	考核、计分办法
2	制度建设（20分）	物业各项宿舍管理制度健全，管理制度得到有效执行	1. 物业各项宿舍管理的制度健全，专职宿管员的工作职责明确，有相应文件并予以公示。 2. 根据不同的宿管工作内容，有宿舍卫生检查（南校区）、晚间点名（南校区）、住宿人员名单、住宿人员请假销假登记、住宿变动情况登记、来访来客登记、学生迟到晚归登记、宿舍值班记录、宿舍安全检查、违禁物品收缴、报修登记等一系列的台账，分类成册，查阅方便。 3. 制订应对突发事件、火警等情况的应急预案，并能有效执行	现场检查、查阅资料 1. 相应宿管工作无台账的，扣5～10分。有台账，但记录不认真的，扣1～5分。 2. 无突发事件，火警等的应急预案或预案不能有效执行的，扣1～5分
3	日常工作（60分）	物业宿舍主管（或舍管领班）、专职宿管员能认真履行岗位职责，工作规范、作风严谨、文明服务，对合理建议及时整改，认真做好宿舍安全工作，及时与学工处、后勤管理处、各院系进行沟通汇报，无重大失职行为，宿舍内未发生重大安全事故	1. 物业宿管员着装规范，佩戴明显标志，工作规范，作风严谨，无嗜酒、赌博等不良行为。 2. 物业宿管员严格按照排班表上下班，履行好岗位职责，宿管员的姓名、照片等信息和排班表在宿舍门厅内予以公示。 3. 宿管值班室内24h有宿管员值班，对出入人员进行管理，防止外来人员进舍，防止异性进舍。接受学生的报修、求助、建议、问询、投诉等，做好记录，及时处理、反馈、汇报。严禁宿管员值班期间脱岗。 4. 宿管员每日巡视检查宿舍内的安全、设备设施和环境状况，防止外来人员进舍，防盗防火，确保无安全隐患，并做好记录。做好宿舍的节约水、电工作，不开白日灯、无人灯；发现损坏、不安全因素及时处理或报告；受理本宿舍楼内的各项维修登记，及时送交维修人员，维修好后给予确认；协助学校对学生日常行为进行教育引导；配合学校开展宿舍文化建设。 5.（南校区）宿管员每天对学生宿舍进行卫生检查，晚自习后对五年制住宿生进行点名，确保有相关记录供学校核查，发现异常情况及时向值班教师和学工处反映。 6. 保护学生人身和财产安全，做好宿舍防盗工作，对重要物品出舍进行检查。根据预案对突发事件进行应急处理，并及时报告保卫处和学工处，宿舍内无恶性治安案件发生。	现场检查、意见投诉、满意度调查 1. 物业宿管员未根据排班表按时到岗（未履行请假手续），半小时以内扣1分/人次，超过半小时按旷工处理，扣3分/人次。物业宿管员工作期间脱岗的，扣3分/人次。 2. 宿管员信息和排班表未公示或及时更新的，扣2分。 3. 宿管员未按照要求履行岗位职责，或突发事件未及时处理、汇报的，造成一定后果的，扣3～5分/次，造成严重后果的，扣5～10分/次，有恶性治安案件发生的，扣10～20分/次。 4. 宿管员在值班期间有喝酒、打牌、玩游戏等行为的，扣2分/人次。容留异性在值班室睡觉、过夜的，扣5分/人次。 5. 宿管员捡到学生遗失物品不上交的，扣2分/次，并责令退赔。宿舍员私拿学生遗留在宿舍的物品的，扣5分/次，并责令退赔，该宿管员予以撤换。

续表

序号	考核指标	考核内容	考核细则	考核、计分办法
3	日常工作 （60分）	物业宿舍主管（或舍管领班）、专职宿管员能认真履行岗位职责，工作规范、作风严谨、文明服务，对合理建议及时采纳并整改，认真做好宿舍安全工作，及时与学工处、后勤管理处、各院系进行沟通汇报，无重大失职行为，宿舍内未发生重大安全事故	7. 宿管员严禁在值班期间喝酒、打牌、玩游戏，严禁脱岗或让保安、保洁等人员代岗，严禁让异性在值班室内睡觉、过夜。 8. 宿管员捡到住宿生遗失物品统一登记，进行失物招领，无人认领的交后勤管理处或学工处。住宿学生退宿后遗留在宿舍内的物品，宿管等人员一律不得私自处理，必须交后勤管理处或学工处统一处理。宿管员（南校区）在日常检查中收缴的违规电器等物品，交由学工处统一处理	6. 对师生较集中的意见投诉，不予及时处理和整改的，扣5分。对师生针对宿管员个人的投诉，经调查属实的，扣5分/次。 7. 在物业服务满意度测评中，物业宿管满意率低于80%的，扣3分，低于70%的扣5分

说明：1. 物业宿管部分（不包括保洁、维修等内容）的考核，每月1次，由学工处负责考核，考核结果汇总至后勤管理处报相关院领导审阅，并作为发放物业管理费用的依据之一。

2. 学工处专职宿管老师负责每日对宿管员履行岗位职责情况进行检查，学工处相关负责人每周抽查物业宿管人员履行岗位职责情况，每月检查物业宿管工作台账。

3. 考核标准的制订依据来自招标文件及校方与物业签订的合同，所有的考核细则均为物业宿管应当完成的基本工作内容和工作要求，因此，每月的考核分数应达到80分以上，方为合格，90分以上为优秀。月考核不合格，学校根据合同有关条款进行处罚，并且物业公司必须对存在问题限期进行整改。

4. 本考核标准的解释权归学生工作处。

5.4.10 有关说明

总报价应包括为完成招标文件规定的物业管理工作服务期内所涉及的一切相关费用。投标人报价时应充分考虑服务期内所有可能影响报价的因素，包括××市最低工资标准及社保基数的调整因素等，一旦中标，总价（每月金额）将包定，即为合同价，不予调整。员工工资、社保费用、税金、保险等法定费用为不可让利部分（不可竞争费用），须按规定计算并报出，投标总报价不可低于上述相关费用合计，否则作无效投标处理。中标方应按照相关规定，与所有聘用人员依法签订劳动合同，服务人员的工资须符合国家、省、市的相关规定，符合××市最低工资标准且缴纳社会保险费。中标单位必须依法参加工伤社会保险，为聘用人员缴纳保险费。

物业管理执行国务院《物业管理条例》、《××省物业管理条例》等，中标方要严格履行投标文件的承诺和与采购方签订的物业管理服务合同的约定，如发现管理服务达不到规定要求，中标方管理服务水平下降，投诉多等现象或管理服务中发生重大失误的，或违反合同诚实信用条款的，采购方有权依照法律程序解除合同，并要求进行财务审计，责任由中标方承担。造成采购方经济损失的，中标方需依法进行赔偿。

投标人必须在满足招标文件要求的基础上进行报价，如有技术偏离请于投标偏离表中说明。中标方不得将项目转包或分包。一经发现有项目转包或分包情况，采购人有权依照法律程序解除合同，并追究中标方的违约责任。

服务期限：合同签订生效后 2 年。本项目合同履行地点：××市。中标方必须按采购人要求将本项目中物业管理到指定地点（包括可能的分布范围），并按招标文件要求分地实施服务。付款方式：物业管理费自签订合同生效之日起算，物业管理费每三个月经采购方考核合格后向中标单位支付。

根据国家扶持中小企业的有关政策，在我中心组织的采购项目中标的供应商，如需要政府采购合同融资，请按××财购〔2020〕17 号文件执行。合同融资是指参与政府采购的供应商，凭借中标、成交通知书或政府采购合同向金融机构申请融资，金融机构以供应商信用审查和政府采购信誉为基础，按便捷贷款程序和优惠利率，为其发放无财产抵押贷款的一种融资模式。供应商与金融机构按照"银企自愿，风险共担"的原则开展融资活动，有融资需求的中标、成交供应商可根据自身情况，在××市政府采购交易管理一体化系统凭政府采购中标、成交通知书或政府采购合同在线提出融资申请，自主选择金融机构及其融资产品，金融机构进行融资信息审查决定是否为其提供融资，做好预授信。双方达成融资意向后签订融资协议，确定融资成交信息并约定融资回款账户。

中标、成交供应商可根据自身情况，自行决定是否选择采用合同融资形式，在××省政府采购网政采贷专栏提供的银行名录内自主选择合作银行。履约担保是指由专业担保机构为中标、成交供应商支付履约保证金的义务向采购人提供的保函担保。专业担保机构以中标、成交供应商的中标（成交）通知书为凭据，进行资信审查后出具保函，中标、成交供应商以保函形式缴纳履约保证金；供应商未按政府采购合同履行约定义务而应实际支付保证金的，由专业担保机构按照担保函约定履行担保责任。供应商可以自愿选择是否采取履约担保函的形式交纳履约保证金。

中标、成交供应商可以根据自身情况，自行决定是否选择采用履约担保形式，自主选择合作银行。除××省财政厅确定的××省再担保有限公司和××市财政局确定的科发投资担保有限公司为××市政府采购信用担保合作担保机构外，民生银行××分行、中国工商银行和中信银行××分行、华夏银行××分行可以在××市范围内开展政府采购履约担保业务。

中标供应商为残疾人福利性单位的，其《残疾人福利性单位声明函》将随中标公告同时发布，接受社会监督。投标人提供的《残疾人福利性单位声明函》与事实不符的，依照《政府采购法》第七十七条第一款的规定追究法律责任。

依据《政府采购促进中小企业发展管理办法》规定享受扶持政策获得政府采购合同的，小微企业不得将合同分包给大中型企业，中型企业不得将合同分包给大型企业。

开标后，投标人须自行准备设备（包括但不限于笔记本电脑、无线网络）登录"政府采购交易管理一体化系统"，按招标文件规定时间解密后，在评标过程中保持在线，等待评标委员会的询标和评标结果，中途不得离开。如未按要求应答，由此所产生的损失及风险由投标人自行承担。

5.5 合同书（格式文本）

合同书（格式文本）格式如下。

合同书（格式文本）

合同书（服务）格式条款

根据《中华人民共和国政府采购法》及相关法规、《中华人民共和国民法典》，遵循平等、自愿、公平和诚实信用的原则，甲乙双方就项目 （项目编号： ）实施及有关事项协商一致，共同达成如下协议。

需方（采购人）：_____。

供方（中标方）：_____。

1）采购项目编号：_____。

2）采购项目名称：_____。

3）中标（成交）金额： （大写）； （小写）；

4）项目服务期限：_____。

5）项目整体免费服务期：_____。

6）货款支付步骤和办法：_____。

7）合同书不可分割部分。招标（采购）文件、投标（报价）文件、合同条款及中标（成交）通知书，供方在投标（响应）、评标（评审）过程中所作其他有关承诺、声明、书面澄清等均为合同不可分割的部分，与主合同具有同等法律效力。

8）合同书组成。合同书由格式条款和合同条款两部分组成。合同条款应当包含法定必备条款和采购需求的所有内容，并应与"合同书不可分割部分"的内容一致，包括但不限于标的名称，采购标的质量、规模，知识产权归属和处理方式，履行期限、地点和方式，包装方式，履约保证金要求，价款或报酬，付款进度安排，与履约验收挂钩的资金支付条件及时间，验收、交付标准和方法，质量保修范围和保修期，违约责任与解决争议的方法，甲乙双方权利与义务，合同分包要求，合同类型等。

9）合同书生效及注意事项。合同书格式条款与合同条款共同组成完整合同书。采购人在确定中标（成交）供应商之日起30个日历天内，完成合同书签订工作。供需双方在合同书上确认签章后，合同即生效并经系统自动将合同书推送"××市政府采购网"进行公示。

10）供需双方如有其他要求，可参照招标（采购）文件、投标（报价）文件（采购人不得向供应商提出超出采购文件以外的任何要求作为签订合同的条件，不得与成交供应商订立背离采购文件确定的合同文本以及采购标的、规格型号、采购金额、采购数量、技术和服务要求等实质性内容的协议），并在不违反本合同条款的前提下，自行拟定补充条款。

11）根据《政府采购法》第四十九、五十条规定，甲乙双方不得擅自变更、中止或终止合同。

见证方：××市政府采购中心（签章）

见证人：

年　月　日

5.6　合同条款

合同条款格式如下。

合同条款

（根据相关法律规定以及采购文件确定事项订立）

根据××市政府采购中心编号××CGZ××2023-081Y 招标文件和该文件的中标通知书及供方投标文件，供需双方就此次物业管理服务及相关问题，同意按下列条款规定执行。

合同标的：＿＿＿＿。

需方将委托供方实行物业管理服务。

1）项目基本情况。坐落位置：＿＿＿＿。项目总建筑面积：＿＿＿＿。

2）物业管理服务委托管理期限：＿＿＿＿。委托管理事项依从惯例，委托物业管理服务事项详见本项目招标文件。

3）合同总价款。本合同项下物业管理服务费用人民币总价款（年）为　元整（大写），折合按建筑面积（平方米）每月每平方米　元。本合同执行期间合同总价款不变。

4）履约保证金的缴纳和退付。本项目是/否向采购人缴纳履约保证金：＿＿＿＿。履约保证金缴纳金额：＿＿＿＿元。履约保证金的缴纳时间：＿＿＿＿，缴纳形式：＿＿＿＿。履约保证金的退付时间：＿＿＿＿，退付办法：＿＿＿＿。履约保证金不予退还的情形：＿＿＿＿。逾期退还履约保证金的违约责任：＿＿＿＿。

5）组成本合同的有关文件。关于××市政府采购××CGZ××2023-081Y 号的招标文件、投标文件、合同条款及中标通知书，供方在投标、评标过程中所作其他有关承诺、声明、书面澄清等均为合同不可分割的部分，与主合同具有同等法律效力。

6）需方权利义务。代表和维护产权人及使用人的合法权益；不得干涉供方依法或依本合同规定内容所进行的管理活动；负责处理非供方原因而产生的各种纠纷；审定供方撰写的物业管理服务管理制度；检查监督供方管理工作的实施及制度的执行情况；审定供方提出的物业管理服务年度计划及财务预决算；在物业管理公司管理期间，采购人免费提供物业管理办公用房若干，给物业管理公司使用，产权归业主所有；提供供方进行物业管理服务所必需的水、电供应；协助供方做好物业服务管理工作；法规、政策规定由需方承担的其他责任。

7）供方权利义务。根据有关法律、法规、本合同的规定及本物业的实际情况，制订物业服务管理制度及管理方案、年度管理计划、资金使用计划及决算报告等工作目标。定期向需方公布物业服务管理费用收支账目。在本物业管理区域内设立专门机构负责本物业的日常物业管理工作，并委派有岗位资质的人员履行本合同。负责所有日常物业材料、用品及易耗品的更新。自主开展物业管理活动，但不得侵害需方、物业使用人及他人的合法权益，不得利用提供物业管理服务的便利获取不当利益。根据有关法律、法规的规定和本合同的规定，向需方收取物业服务费用，通过合法有效方式解决拖欠物业服务费的问题。建立、保存物业管理账目，及时向需方公告本管理区域内的重大物业服务事项。合同终止时，向需方移交全部物业管理用房、档案资料和注明应属需方所有的其他资产和物资（含开办费），并办理交接手续。法规、政策规定由供方承担的其他责任。

8）在管理过程中，因下列9方面因素所致的损害，无论其为直接或间接，均构成对供方的免责事由，供方均不负赔偿之责。即天灾、地震等不可抗力的事由所致的损害；暴动、持械抢劫、破坏、爆炸、火灾、刑事犯罪等违法行为等事由所致的损害，但因供方故意或过失所致，不在此限；因本合同标的物本身固有瑕疵所致的损害；因需方或第三者之故意、过失所致的损害；因需方或物业使用人专有部分的火灾、盗窃等所致的损害；因供方书面建议需方改善或改进物业管理措施，而需方未采纳所致的损害；因需方或物业使用人指挥调派供方工作人员所致的损害；本合同标的物之共用部分（含共用部位、共用设备设施）自然或人为的任何损坏，但因供方故意或重大过失所致的，不在此限；除上述各款外，其他不可归责于供方之事由的。

9）为维护公众、需方及物业使用人的合法利益，在不可预见情况下，如发生煤气泄漏、漏电、火灾、水管破裂、救助人命、协助公安机关执行任务等情况，供方因采取紧急避险措施造成财产损失的，按有关法律规定处理。

10）质量保证。建立质量管理体系并有效运行，物业管理服务能够接受质量审核。物业管理服务逐步达到接受创优评审条件。各项承诺指标及所采取的措施详见"招标文件"。其他物业管理服务质量要求按××市有关标准执行。

11）款项支付。本合同项下所有款项均以人民币支付。本合同项下的采购资金系需方支付。以上款项按约定向供方支付。

12）违约责任。需方无正当理由，违反本合同有关规定，使供方未能完成规定管理目标的，供方有权要求需方在一定期限内解决，逾期未解决，造成供方经济损失的，由需方向供方偿付合同总价5%的违约金，或依照法律程序解除部分或全部合同。需方未按合同规定的期限向供方支付款项的，每逾期一天需方向供方偿付欠款总额的0.5%滞纳金，但累计滞纳金总额不超过欠款总额的5%。供方无正当理由，违反本合同有关规定，未能达到规定管理目标及质量保证的，需方有权要求供方限期整改，逾期未整改，造成需方经济损失的，需方有权扣留供方全部履约保证金（如有），同时供方应向需方支付合同总价5%的违约金。供方无正当理由，违反本合同有关规定，擅自收费或擅自提高收费标准的，对擅自收费部分或超出标准的部分，需方有权要求供方双倍返还；造成需方经济损失的，供方应给予需方经济赔偿。供方在承担上述一项或多项违约责任后，仍应继续履行合同规定的义务（解除合同的除外）。需方未能及时追究供方的任何一项违约责任并不表明需方放弃追究供方该项或其他违约责任。

13）合同生效及其他。合同经××市政府采购中心对《合同书（格式条款）》见证后，供需双方代表需签字并盖章后生效。合同在执行过程中出现的未尽事宜，双方在不违背本合同和招标文件的原则下协商解决，协商结果以书面形式签订补充协议，且补充协议与本合同具有同等效力。合同中未有约定的按照有关的法律法规以及国家行业标准或技术文件规定予以解决。供需双方确认依从惯例，对本合同条款及后果均已知悉，一致确认不存在欺诈、胁迫、乘人之危、重大误解、显失公平等任何可能导致合同无效或被撤销的情形。合同签订后供需双方即直接产生权利与义务的关系，合同执行过程中出现的问题应按照合同约定、法律法规的规定办理。在合同履行过程中，双方如有争议，由供需双方协商处理，若协商不成，可选择以下方式处理，即向××××仲裁委员会申请仲裁；向需方所在地法院提起诉讼。本合同终止时，供方应移交物业管理权，撤出本物业，协助需方做好物业服务的交接和善后工作，移交或配合需方移交管理用房和物业管理的全部档案资料等。本物业管理合同终止后，在新的物业管理企业接管本物业前，除需方要求供方提前撤离外，新老物业管理公司的交接过渡期最长为 1 个月，在此期间供方应提供过渡期物业管理服务，过渡期物业管理服务标准和服务费标准不变，由供方收取；1 个月过渡期满，即完成交接、撤离；否则，需方有权进行任何处置，一切后果由供方承担。

14）诚实信用。供方应诚实守信，严格按照采购文件要求和承诺履行合同，不向需方进行商业贿赂或者提供不正当利益。

需方（采购人）：　（签章）　　　　供方（中标方）：　（签章）

法定（授权）代表人：　　　　　　　法定（授权）代表人：

地址：　　　　　　　　　　　　　　地址：

年　月　日　　　　　　　　　　　　年　月　日

供方户名：

供方开户银行：

供方账号：

5.7　附件

附件内容及相关格式如下。

5.7.1　附件 1　评分标准

1）价格（20 分）。采用低价优先法计算，即满足招标文件要求且投标价格最低的投标报价为评标基准价，其价格分为满分。其他投标人的价格分统一按照下列公式计算，即投标报价得分＝（评标基准价/投标报价）×价格权值×100。价格扣除：专门面向中小/小微企业的项目除外。对小型和微型企业产品的价格给予10%的扣除，用扣除后的价格参与评审；参加投标的中小企业，应当按照《政府采购促进中小企业发展管理办法》（财库〔2020〕46号）的规定提供《中小企业声明函》（货物/服务）[中小企业划型标准详见《关于印发中小企业划型标准规定的通知》（工信部联企业〔2011〕300号）]。监狱企业视同小型、微型企业，对其产品价格给予10%的扣除，用扣除后的价格参与评审；参加投标的监狱企业，应当按照《财政部　司法部关于政府采购支持监狱企业发展有关问题的通知》（财库〔2014〕68号）的规定提供由省级以上监狱管理局、戒毒管理局（含新疆生产建设兵团）出具的属于监狱企业的证明文件复印件。残疾人福利性单位视同小型、微型企业，对其产品价格给予10%的扣除，用扣除后的价格参与评审；参加投标的残疾人福利性单位，应当按照《关于促进残疾人就业政府采购政策的通知》（财库〔2017〕141号）的规定提供《残疾人福利性单位声明函》。同一投标人，上述三项价格扣除优惠不得重复享受。

2）人员配置情况（21分）。项目经理年龄（2分）：投标人为本项目配备的项目经理和副经理（劝学路45号、清风路12号）年龄均在30（含）～45（含）周岁的得2分；须提供该项目经理和副经理的身份证复印件。项目经理证书（4分）：为本项目配备的项目经理和副经理具有全国物业管理项目经理岗位证书，每个得1分，最多2分；项目经理和副经理中具有建（构）筑物消防员证（或特种设备安全管理员证）的有一个得1分，最多2分；投标时须提供相应证书原件的扫描件，否则不得分。项目经理学历（2分）：为本项目配备的项目经理和副经理具有大专及以上学历有一个得1分，最多得2分；投标时须提供学历证书原件扫描件，否则不得分。其他项目人员证书（9分）：除项目经理外项目维修人员中具有高、低压电工作业证、木工证、电梯安全员证的，每有一个得1分，最多得8分；保洁人员中持有垃圾分类工程师证得1分；同一个人具有多种证书的只计算一次，不重复得分；投标时须提供相应证书原件扫描件，否则不得分。管理人员及宿管员学历（4分）：物业秘书和主管人员具有大专（含大专）及以上学历有一个得1分，最多得2分；宿舍管理员具有高中（含高中）及以上学历10个以上得1分，20个以上的得2分，最高2分；投标时提供文凭扫描件，否则不得分。以上拟配备人员（项目经理、管理人员、电工、电梯安全员、高中及以上学历宿管员等）需提供投标人连续3个月[至少包含最近3个月中任意1个月份（不含投标当月）]为其缴纳社保的证明材料复印件，否则不得分。

3）投标人评价（9分）。投标时须提供原件扫描件，否则不得分。业绩：投标人近3年内类似项目业绩证明材料（有效期内合同或协议，同一服务单位合同只能算1个），有1个有效合同得1分，最多得3分。投标人具有质量管理体系认证证书（有效期内）1分。投标人具有环境管理体系认证证书（有效期内）1分。投标人具有职业安全健康管理体系认证证书（有效期内）1分。投标人近3年内（自采购公告发布之日向前推算）获得有效的国家、省、市行政主管部门颁发的与物业管理有关的表彰、奖励或获得过政府部门表彰等荣誉的证明材料，每项0.5分，最多不超过2分。投标人近3年内被服务单位对其物业管理满意的证明材料（被服务单位盖公章并提供相应合同或协议，同一服务单位证明只能算一项），每项0.5分，最多得1分。

4）服务方案（48 分）。无方案不得分。在响应招标文件需求的基础上针对下列各部分进行评价，要求体现科学合理性、条理性、可行性、完善性、针对性，以下各部分如未见阐述则不得分。目标及整体设想（1～3 分），必须包含各类保障措施，对本项目目标及整体设想有充分清楚的认知与理解的得 3 分；对本项目目标及整体设想有较为充分清楚的认知与理解的得 2 分；对本项目目标及整体设想有一般的认知与理解的得 1 分。管理服务体系（1～3 分），针对本项目有完整、优良的管理服务体系的得 3 分；针对本项目有较为完整、优良的管理服务体系的得 2 分；针对本项目有较为一般的管理服务体系的得 1 分。岗前培训及阶段性培训管理（1～4 分），有完整的岗前培训方案和阶段性培训管理且切实可行的得 4 分；有较为完整的培训方案和阶段性培训管理且切实可行的得 2 分；可操作性较一般的培训方案和阶段性培训管理的得 1 分。

日常管理标准及措施（1～4 分），管理的标准及措施条例清晰、切实可行的得 4 分；管理的标准及措施条例较清晰、较切实可行的得 2 分；管理的标准及措施条例较一般的得 1 分。管理规章制度（1～4 分），项目规章制度健全规范的得 4 分，项目规章制度较为健全规范的得 2 分，项目规章制度较一般的得 1 分。物资装备的配备及维保使用方案（1～4 分），方案详细完整，针对性强、可操作性强，针对项目实际情况做出方案的得 4 分；方案相对简单，针对性、可操作性相对较好，与项目实际情况符合度较好的得 2 分；方案可操作性一般，与项目实际情况符合度一般的得 1 分。管理重点难点和措施（1～5 分），对本项目的重点和难点有充分的认识，服务措施详细完整，针对性强、可操作性强，思路合理的得 5 分；对本项目的重点和难点的认识一般，服务措施一般，针对性、可操作性一般，思路可行性一般的得 3 分；对本项目的重点和难点的认识不太充分，服务措施针对性较弱，可操作性较弱，思路可行性较弱的得 1 分。

与采购人以及其他单位、部门的综合协调方案（1～3 分），综合协调方案完整且切实可行的得 3 分；综合协调方案一般且较为可行的得 2 分；可操作性一般的综合协调方案的得 1 分。正式接管前具体措施（1～4 分），提供的正式接管前具体措施详细完整，有完善的交接验收方案得 4 分；提供的正式接管前具体措施简单，有较好的交接验收方案得 2 分；提供的正式接管前具体措施一般，交接验收方案一般的得 1 分。特殊情况应急预案及措施（1～4 分），方案详细完整，针对性强、可操作性强，针对项目实际情况做出方案的得 4 分；方案相对简单，针对性、可操作性相对较好，与项目实际情况符合度较好的得 2 分；方案可操作性一般，与项目实际情况符合度一般的得 1 分。过失及意外保障措施（1～3 分），对项目管理过程中过失及意外有明确可行的保障措施的得 3 分；对项目管理过程中过失及意外有较为可行的保障措施的得 2 分；对项目管理过程中过失及意外保障措施较一般的得 1 分。档案资料管理（1～2 分），有完整且具体可行的档案资料管理方案和措施的得 2 分；有较为完整且可行的档案资料管理方案和措施的得 1.5 分；有可操作性较一般的档案资料管理方案和措施的得 1 分。

服务响应时间（1～3 分），服务响应时间快且服务方案质量优的得 3 分；服务响应时间及时且服务方案质量较好的得 2 分；服务响应不及时，服务方案质量一般的得 1 分。特色与创新（1～2 分），针对本项目提出的创新性方案切实可行的得 2 分；针对本项目提出的创新性方案较为可行的得 1.5 分；针对本项目没有创新性方案的得 1 分。投标文件的规范性、表述清晰程度（2分），投标文件内容未按照评分标准做对应位置绑定的，此项不得分。

5）加分因素依从惯例。依据财政部、发展改革委发布的《节能产品政府采购品目清单》和财政部、生态环境部发布的《环境标志产品政府采购品目清单》，投标产品为政府采购节能（政府强制采购节能产品除外）、环保标志产品的分别加 1 分（投标时须提供所投产品由国家确定的认证机构出具的、处于有效期之内的节能产品认证证书复印件、环境标志产品认证证书复印件，否则不得分）。

5.7.2　附件2　投标文件格式

1）投标文件封面。投标文件封面应逐行依次注明投标文件；采购项目编号：××CGZ××2023-081Y；采购项目名称：物业管理服务；投标人：＿＿＿＿；日期：2023 年月　日。

2）投标函。格式如下。

投标函

致××市政府采购中心：

我方收到贵方编号××CGZ××2023-081Y 招标文件，经仔细阅读和研究，我方决定参加此项目的投标。

我方愿意按照招标文件的一切要求，提供本项目的投标，投标总价见《开标一览表》。

我方愿意提供××市政府采购中心在招标文件中要求的文件、资料。

我方同意按招标文件中的规定，本投标文件投标的有效期限为开标之日起90 天。

如果我方的投标文件被接受，我方将履行招标文件中规定的每一项要求，按期、按质、按量，完成交货任务。

我方认为贵中心有权决定中标者。

我方愿意遵守《中华人民共和国政府采购法》，并按《中华人民共和国民法典》、财政部《政府采购货物和服务招标投标管理办法》和合同条款履行自己的全部责任。

我方认可并遵守招标文件的所有规定，放弃对招标文件提出质疑的权利。

我方愿意按招标文件的规定上传《投标（报价）承诺函》。如我方在投标截止期后撤回投标及中标后拒绝遵守投标承诺或拒绝在规定的时间内与采购人签订合同，则接受政府采购监督管理部门的处理。

如果我方被确定为中标供应商，我方愿意向采购人交纳履约保证金。且我方如无不可抗力，又未履行招标文件、投标文件和合同条款的，一经查实，我方愿意赔偿由此而造成的一切损失，并同意接受按招标文件的相关要求对我方进行的处理。

我方决不提供虚假材料谋取中标，决不采取不正当手段诋毁、排挤其他供应商，决不与采购人、其他供应商或者采购中心恶意串通，决不向采购人、采购中心工作人员和评委进行商业贿赂，决不在采购过程中与采购人进行协商谈判，决不拒绝有关部门监督检查或提供虚假情况，如有违反，无条件接受贵方及相关管理部门的处罚。

　　投标人（盖章）：

　　法定代表人或法定代表人授权代表签字或盖章：

　　电话：　　　　　　传真：

　　通信地址：　　　　邮编：

　　3）（投标人）关于资格的声明函。格式如下。

关于资格的声明函

　　采购项目编号：

　　日期：

　　××市政府采购中心：

　　我公司（单位）参加本次项目（××CGZ××2023-081Y）政府采购活动前三年内，在经营活动中没有重大违法记录，我公司（单位）愿针对本次项目（××CGZ××2023-081Y）进行投标，投标文件中所有关于投标资格的文件、证明、陈述均是真实的、准确的。若有违背，我公司（单位）愿意承担由此而产生的一切后果。

　　投标人（盖章）：

　　法定代表人或法定代表人授权代表（签字或盖章）：

　　备注：上述所称"重大违法记录"，是指供应商因违法经营受到刑事处罚或者责令停产停业、吊销许可证或者执照、较大数额罚款等行政处罚。

　　4）（投标人）法定代表人授权委托书。格式如下。

法定代表人授权委托书

　　采购项目编号：

　　日期：

　　××市政府采购中心：

　　系中华人民共和国合法公司（单位），特授权代表我公司（单位）全权办理针对本项目（××CGZ××2023-081Y）的投标、参与开标、评标、签约等具体工作，并签署全部有关的文件、协议及合同。

　　我公司（单位）对被授权代表的签名负全部责任。

在撤销授权的书面通知送达你处以前，本授权书一直有效，被授权代表签署的所有文件（在授权书有效期内签署的）不因授权的撤销而失效。

被授权代表情况：

姓名：　　　性别：　　电话：

单位名称（盖章）：

法定代表人（签字或盖章）：

5）（投标人）中小企业声明函。格式如下。

中小企业声明函（服务）

本公司（联合体）郑重声明，根据《政府采购促进中小企业发展管理办法》（财库〔2020〕46号）的规定，本公司（联合体）参加（单位名称）的（项目名称）采购活动，服务全部由符合政策要求的中小企业承接。相关企业（含联合体中的中小企业、签订分包意向协议的中小企业）的具体情况如下：

（标的名称），属于（采购文件中明确的所属行业）；承建（承接）企业为（企业名称），从业人员　　人，营业收入为　　万元，资产总额为　　万元，属于（中型企业、小型企业、微型企业）；

（标的名称），属于（采购文件中明确的所属行业）；承建（承接）企业为（企业名称），从业人员　　人，营业收入为　　万元，资产总额为　　万元，属于（中型企业、小型企业、微型企业）；

……

以上企业，不属于大企业的分支机构，不存在控股股东为大企业的情形，也不存在与大企业的负责人为同一人的情形。本企业对上述声明内容的真实性负责。如有虚假，将依法承担相应责任。

企业名称（盖章）：

日期：

注：从业人员、营业收入、资产总额填报上一年度数据，无上一年度数据的新成立企业可不填报。中标供应商的《中小企业声明函》将随中标公告进行公示。供应商按照本办法规定提供声明函内容不实的，属于提供虚假材料谋取中标、成交，依照《中华人民共和国政府采购法》等国家有关规定追究相应责任。投标时本表附在《明细报价表》之后（如有）。

6）（投标人）残疾人福利性单位声明函。格式如下。

残疾人福利性单位声明函

本单位郑重声明，根据《关于促进残疾人就业政府采购政策的通知》（财库〔2017〕141号）的规定，本单位为符合条件的残疾人福利性单位，且本单位参加

_____单位的_____项目采购活动提供本单位制造的货物（由本单位承担工程/提供服务），或者提供其他残疾人福利性单位制造的货物（不包括使用非残疾人福利性单位注册商标的货物）。

本单位对上述声明的真实性负责。如有虚假，将依法承担相应责任。

单位名称（盖章）：

日期：

7）服务保障承诺书。格式如下。

服务保障承诺书

（投标人名称）针对本项目（××CGZ××2023-081Y）在此承诺：

本公司（单位）对本项目（××CGZ××2023-081Y）所提供的物业管理服务符合招标文件要求；本公司（单位）具备履行合同所必需的人员、设备和专业技术能力；本公司未被信用中国网站（www.creditchina.gov.cn）、中国政府采购网（www.ccgp.gov.cn）列入失信被执行人、重大税收违法案件当事人名单、政府采购严重违法失信行为记录名单。

……

如违背上述承诺，本公司（单位）将承担一切法律责任。

投标人（盖章）：

法定代表人或法定代表人授权代表签字或盖章：

注：以上内容由投标单位根据采购要求可自行完善。

8）开标一览表。格式如下。

开标一览表见表 5-6。

表 5-6　开标一览表

投标人名称（盖章）	采购项目编号：××CGZ××2023-081Y	
项目名称	投标总报价（小写）	
物业管理服务		
投标总报价（大写）：		
法定代表人或法定代表人授权代表签字或盖章：		

9）明细报价表。格式如下。

明细报价表见表 5-7。

表 5-7　明细报价表

投标人名称（盖章）		采购项目编号：××CGZ××2023-081Y		
序号	项目名称	报价/（元/月）	报价/（元/年）	备注
1	员工工资、福利、法定计提费用			参照表 5-8

投标人名称(盖章)：　　　　　采购项目编号：××CGZ××2023-081Y

序号	项目名称	报价/(元/月)	报价/(元/年)	备注
2	行政办公费用			
(1)	办公用品、耗材费			参照表5-9、表5-10
(2)	交通费			
(3)	通信费			
(4)	培训费			
(5)	员工餐费			
(6)	标识标牌等费用			
(7)	其他费用			
3	服装费			参照表5-9
4	卫生清洁费			
(1)	保洁工具			参照表5-9
(2)	卫生保洁耗材费			参照表5-10
(3)	消杀防疫等费用			自行列清单附后
(4)	其他费用			
5	维修维保费用			参照表5-11
6	合理利润			
7	税金			
8	其他支出(按需求自行列举)			
	合计：			

法定代表人或法定代表人授权代表签字或盖章：

注：总报价除应包括本项目所有服务人员的工资(符合××市最低工资标准且必须缴纳社会保险费)、法定税费和合理利润外，还应包括体检、管理、劳务、服装、培训、通信、安全保卫、调整风险及政策性文件规定等各项应有费用，以及为完成采购文件规定的物业管理工作所涉及的一切相关费用。投标人报价时应充分考虑服务期内所有可能影响报价的因素，一旦中标，总价将包定。上述报价表由投标单位参照，不限于此，可根据采购需求自行添加条目进行投报。投标人本项目提供的服务全部由符合政策要求的中小企业承接的，须提供按格式填写的《中小企业声明函》(服务)；或提供由省级以上监狱管理局、戒毒管理局(含新疆生产建设兵团)出具的投标人属于监狱企业的证明文件复印件；或提供投标人《残疾人福利性单位声明函》。或如未按要求填写和提供有效证明或相关内容表述不清的，不得享受价格扣除。投标人对所报相关数据的真实性负责，××市政府采购中心有权将相关内容进行公示。

其他表格见表5-8～表5-11。

表 5-8　员工工资福利及法定计提费用明细表

序号	项目名称	人数配置	人员费用标准/(元/月)	合计费用/(元/月)	合计费用/(元/年)	备注
1	员工工资及福利					按人员配置总数计算
(1)	项目经理(项目负责人)					
(2)	××××人员					自行添行明确
(3)	法定节假日加班工资					
(4)	员工人身意外保险费					按人员配置总数计算
(5)						
(6)						
(7)						

续表

序号	项目名称	人数配置	人员费用标准/(元/月)	合计费用/(元/月)	合计费用/(元/年)	备注
2	法定计提费用					
(1)	养老保险					按人员配置总数计算
(2)	医疗统筹					按人员配置总数计算
(3)	失业					按人员配置总数计算
(4)	工伤					按人员配置总数计算
(5)	生育					按人员配置总数计算
(6)						
合计：						

注：以上人员费用须包括工资、社保等内容，须符合国家、省、市相关政策规定；本项目如有允许配置按国家规定可不缴纳社保的人员（详见"项目技术要求和有关说明"），上表"法定计提费用"中的人员配置总数可扣除上述人员，但须提供该人员相关证明材料复印件，否则投标文件无效。上述报价表由投标单位参照，不限于此，可根据采购需求自行添加条目进行投报。

表 5-9 投入本项目的工具设备物资明细表

序号	物品名称	品牌型号	数量	单位	单价/元	合计费用/(元/月)	合计费用/(元/年)	产地
合计：								

注：由投标人根据采购需求自行测算含在投标报价中。表 5-9 可自行延长。

表 5-10 投入本项目的耗材明细表

序号	名称	品牌	单价/元	每年用量	单位	金额/(元/月)	金额/(元/年)	产地
合计：								

注：由投标人根据采购需求自行测算含在投标报价中。表 5-10 可自行延长。

表 5-11 投入本项目的维修维保费用明细表

序号	维保内容	单价/元	合计费用/(元/月)	合计费用/(元/年)	备注
合计：					

注：由投标人根据采购需求自行测算含在投标报价中。表 5-11 可自行延长。

10）人员配置表及拟派项目负责人简历表。格式如下。

人员配置见表 5-12。拟派项目负责人简历见表 5-13。

表 5-12　人员配置

投标人名称(盖章)				采购项目编号：××CGZ××2023-081Y				
序号	姓名	性别	年龄	岗位名称	学历	职称	主要资历、经验及承担过的项目	备注

法定代表人或法定代表人授权代表签字或盖章：

注：表格不够可自行延长。人员相关证明材料应按招标文件要求提供，并附在本表之后。

表 5-13　拟派项目负责人简历

投标人名称(盖章)		采购项目编号：××CGZ××2023-081Y				
姓名		性别		年龄	学历	
职务		职称	资格证书号		参加工作时间	
以往工作经历						
已完成物业管理服务项目情况						
被服务单位		项目名称	规模面积		服务期限	管理质量

法定代表人或法定代表人授权代表签字或盖章：

注：表格不够可自行延长。人员相关证明材料应按招标文件要求提供，并附在本表之后。

11）服务偏离表。格式如下。

服务偏离见表 5-14。

表 5-14　服务偏离

投标人名称(盖章)	采购项目编号：××CGZ××2023-081Y		
名称	采购要求	实报内容	偏离说明

法定代表人或法定代表人授权代表签字或盖章：

注：本表不得删除。如无任何服务偏离，请于本表"偏离说明"中注明"无偏离"。如有服务偏离项，请于本表中列明偏离内容，如需要可自行延长，其余无偏离内容不须赘述。

12）服务方案。格式自拟。

第 6 章

▶▶▶

××市综合监测监管中心设计、施工及配套设施设备一体化技术服务招标文件

6.1 封面与目录

招标文件封面应逐行依次注明自然资源综合监测监管中心设计、施工及配套设施设备一体化技术服务招标文件；项目号：××S23C00399；采购人：××省规划和自然资源调查监测院；采购代理机构：××省格致招标代理有限公司；日期：2023 年 6 月。

招标文件目录应包括投标邀请书，内含招标项目内容、资金来源、投标人资格要求、投标/开标有关说明、投标保证金、采购项目需落实的政府采购政策、投标有关规定、联系方式；项目技术规格、数量及质量要求，内含项目概况、场地现状、现场踏勘、工作内容及要求※、技术规格及要求；项目商务要求，内含完成时间/地点及验收方式、报价要求※、付款方式※、质量保证及售后服务、知识产权、培训、其他；资格审查及评标办法，内含资格审查及符合性审查、评标方法、评标标准、无效投标条款、废标条款；投标人须知，内含投标人、招标文件、投标文件、开标、评标、定标、中标通知书、询问/质疑和投诉、采购代理服务费、交易服务费、签订合同、项目验收、政府采购信用融资；合同主要条款和格式合同（样本）；投标文件格式，内含经济文件、技术文件、商务文件、其他、资格文件。

6.2 投标邀请书

投标邀请书格式如下。

投标邀请书

××省格致招标代理有限公司（以下简称采购代理机构）受××省规划和自然

资源调查监测院的委托，对自然资源综合监测监管中心设计、施工及配套设施设备一体化技术服务（项目号：××S23C00399）进行公开招标采购。欢迎有资格的投标人前来参加投标。

1）招标项目内容。见表 6-1。

表 6-1　招标项目内容

项目内容	最高限价/万元	投标保证金/万元	中标人数量/名	采购标的对应的中小企业划分标准所属行业
自然资源综合监测监管中心设计、施工及配套设施设备一体化技术服务	533	4	1	其他未列明行业

2）资金来源。财政预算资金，预算金额为 533 万元。

3）投标人资格要求。满足《中华人民共和国政府采购法》第二十二条规定。本项目的特定资格要求：投标人具有行政主管部门颁发的有效期内的电子与智能化工程专业承包资质。落实政府采购政策需满足的资格要求：本项目为适宜面向中小企业采购项目。投标人若为小微企业的，投标人应出具中小企业声明函或监狱企业证明文件或残疾人福利性单位声明函。投标人若为中型企业的，应将不低于合同总份额的 18％分包给一家或多家小微企业，投标人应出具中小企业声明函和相关的承诺函（或分包意向协议）。投标人若为大型及以上企业或为非企业性质法人的，应将不低于合同总份额的 30％分包给一家或多家中小微企业（其中小微企业的份额占比不低于 60％），投标人应提供相关的承诺函（或分包意向协议）。特别说明：投标文件中应提供相关的承诺函（承诺在签订采购合同时明确分包单位）或分包意向协议（明确中小微企业的合同份额占合同总金额的比例）。

4）投标、开标有关说明。投标人应通过××省政府采购网（www.ccgp-××.gov.cn）登记加入"××省政府采购供应商库"。凡有意参加投标的投标人，请到采购代理机构领取或在"××省政府采购网"网上下载本项目招标文件以及图纸、澄清等开标前公布的所有项目资料，无论投标人领取或下载与否，均视为已知晓所有招标内容。招标文件公告期限：自采购公告发布之日起五个工作日。招标文件提供期限：2023 年 6 月 8 日至 2023 年 6 月 15 日（9：00—17：00）。报名方式依从惯例，潜在投标人将《采购文件发售登记表》（加盖投标人公章）及标书费转账凭证扫描后发送至电子邮箱：　　。收款账户：户名：××省格致招标代理有限公司；开户行：中国银行××平原支行；账号：　　。未进行报名的潜在投标人将不得参与投标。招标文件售价：人民币 300 元/包。投标地点：××省公共资源交易中心开标厅（地址：××市××区建设南路 818 号人民广场 D30 栋 7 层）。投标文件递交开始及截止时间：2023 年 6 月 29 日北京时间 14：00—14：30。开标时间：2023 年 6 月 29 日北京时间 14：30。开标地点：同投标地点。

5）投标保证金。投标保证金递交依从惯例。投标人须按本项目规定的投标保证金数额进行缴纳（保证金数额详见本部分"招标项目内容"），由投标人从其单位账户将投标保证金汇至以下任一账户，投标保证金的到账截止时间同投标文件递交截止时间。投标保证金递交户名：××联合产权交易所集团股份有限公司；分包号：1；银行信息见表6-2。银行行号：请登录××省公共资源交易网（www.××ggzy.com）对应栏目查看。路径：服务导航-政府采购-办事指引-××省公共资源交易中心政府采购项目保证金银行联行行号。各投标人在银行转账（电汇）时，须充分考虑银行转账（电汇）的时间差风险，如同城转账、异地转账或汇款、跨行转账或电汇的时间要求。

表6-2　银行信息

账号1	开户行	中国银行打浦路支行
	账号	
账号2	开户行	平安银行××××分行营业部
	账号	
账号3	开户行	建设银行××××黄兴路支行
	账号	

保证金退还依从惯例。未中标投标人的保证金，在中标通知书发放后，××省公共资源交易中心在五个工作日内按来款渠道直接退还。中标人的投标保证金，在中标人与采购人签订合同后，××省公共资源交易中心在五个工作日内按资金来款渠道直接退还。××省公共资源交易中心咨询电话：　　　　。

6）采购项目需落实的政府采购政策。按照《关于印发节能产品政府采购品目清单的通知》（财库〔2019〕19号）、《关于印发环境标志产品政府采购品目清单的通知》（财库〔2019〕18号）的规定，落实国家节能环保政策。按照《关于印发〈政府采购促进中小企业发展管理办法〉的通知》（财库〔2020〕46号）的规定，落实促进中小企业发展政策。按照《财政部　司法部关于政府采购支持监狱企业发展有关问题的通知》（财库〔2014〕68号）的规定，落实支持监狱企业发展政策。按照《关于促进残疾人就业政府采购政策的通知》（财库〔2017〕141号）的规定，落实支持残疾人福利性单位发展政策。

7）投标有关规定。单位负责人为同一人或者存在直接控股、管理关系的不同投标人，不得参加同一合同项（分包）下的政府采购活动。为采购项目提供整体设计、规范编制或者项目管理、监理、检测等服务的投标人，不得再参加该采购项目的其他采购活动。本项目若有补遗文件一律在××省政府采购网（https：//www.ccgp-××.gov.cn/）上发布，请各投标人注意在网上下载；无论投标人是否下载，均视同投标人已知晓本项目补遗文件的内容。超过投标截止时间递交的投标文件，恕不接收。投标费用：无论投标结果如何，投标人参与本项目投标的所有费用均应由投标人自行承担。本项目不接受联合体投标，否则按无效投标处理。本项目仅接受"落实政府采购政策需满足的资格要求"中允许的合同分包，否则按无效投标处理。

按照《财政部关于在政府采购活动中查询及使用信用记录有关问题的通知》（财库〔2016〕125 号），投标人被列入失信被执行人、重大税收违法案件当事人名单、政府采购严重违法失信行为记录名单及其他不符合《中华人民共和国政府采购法》第二十二条规定条件的投标人，将拒绝其参与政府采购活动。

8）联系方式。采购人：××省规划和自然资源调查监测院；联系人：××女士、××女士，电话：　　　、　　　；地址：××市××区福州路 809 号。采购代理机构：××省格致招标代理有限公司；联系人：×××、×××、×××；电话：　　　、　　　；传真：　　　；地址：××市××区滨江大道 199 号泰山大厦 C 座 19 楼。

6.3　项目技术规格、数量及质量要求

项目技术规格、数量及质量要求格式如下。

项目技术规格、数量及质量要求

特别说明："※"标注的要求为符合性审查中的实质性要求，投标文件若不满足按无效响应处理。"★"标注的要求为重要技术需求，若不满足将按照评标标准中相关规定处理。

1）项目概况。为适应当前数字化变革需要，现拟在联合办公楼（位于××市××区福州路 809 号）23 楼原东侧空间整合改造计划的基础上，同步将西侧空间整合改造。配备数字会议系统、LED 显示系统、无纸化系统、分布式协作管理系统，支撑自然资源综合监测监管调度、交互、交流等应用。

2）场地现状。联合办公楼 23 楼东西两侧空间现为空置区域和会议、办公功能区域。其中，拟将位于东侧共 163m^2 空间（现有空置办公室和过道空间，长 18.7m、宽 8.7m）打造为融合监测监管业务数字化运用和智能会议功能一体的功能空间；将位于西侧共 163m^2 空间（现有两间办公室、一间会议室及过道空间）打造为集院科技创新人才孵化、文化与业务创新成果展示于一体的复合空间。东、西两侧的现状空间均有外侧窗户采光，空间层高约 3.1m，呈规则矩形，可利用性强。

3）现场踏勘。投标人自行前往踏勘并承担一切安全责任和费用，采购人不组织，投标人是否踏勘过现场，均被认为其在递交投标文件之前已踏勘过现场，对本项目的所有风险、义务内容已经全面了解，并在其投标文件中已充分考虑了各种因素。踏勘时间：2023 年 6 月 16 日 14：30—17：30；踏勘联系人：××女士，电话：　　　。

4）工作内容及要求※。自然资源综合监测监管中心设计要求应满足：东侧空间计划容纳 40 人（发言席位 20 人、列席位 20 人），同时设置业务技术支撑人员操控间，配置针对采购人业务系统运行的高性能软硬件设备，提供调查监测远程调度指

挥的服务功能；空间搭载数字化技术交互功能系统平台，能提供跨地域、跨系统、跨部门、跨业务的高效应用平台，能实现业务监测、监管的同平台应用、演示功能，能为现有的"×耕保""调查云""一张图"等业务功能提供汇报、应用、演示交互、数字化视频会议等复合功能。设计任务需求：室内基础功能环境设计、会议系统设计、LED 大屏系统设计及智能化系统设计。室内基础功能环境设计需求：满足会议的功能布置需求、设计具有创新性（包括色彩、空间形态等）。会议系统设计需求：满足普通会议、视频会议及指挥调度的需求，功能布置合理、服务设施完备。LED 大屏系统设计需求：满足会议及调度指挥功能。智能化系统设计需求：满足设施设备日常操作、管理及控制等功能。

西侧空间的建设整体风格与东侧空间相呼应，内设公共办公功能、沟通交流功能和围绕院的文化和业务的系统化交互展示功能；西侧空间将工作环境与文化及成果的展示相融合，构建人才与文化、业务创新的功能复合应用空间；西侧空间在提供创新与探索、氛围舒适与环境特色的办公功能的基础上，利用各业务板块的科创成果展示作为空间的主题背景。西侧空间文化和业务展示的内容围绕采购人发展历程与重大事件节点内容，与规划、调查、监测、评价、科研五大板块，涉及采购人业务职能职责业绩成果的展示，以及穿插采购人未来发展的前沿构思等，形成覆盖"历史-现状-未来"时间轴线内容体系；围绕各业务板块内容，利用媒体交互与传统展示技术手段相结合形成多样化的展示方式，满足对采购人文化、业绩等内容展示的完整性要求；根据观展受众人群的不同功能需求划分了两个观展流线时间：一是院情与业务的汇报式展览，计划时间为 6～10min，主要向观展人群介绍一级展示内容；二是针对沟通交流接待需求，观展时间约为 10～20min，展示内容以多媒体查询为主，以各板块内容分级分类的纵深展示为主。设计任务需求：室内基础功能环境设计、智能化系统设计、布展专项设计。室内基础功能环境设计需求：满足办公、展览、交流的功能布置需求，设计具有创新性（包括色彩、空间形态等）。智能化系统设计需求：满足空间的管理、控制等功能。西侧空间布展设计专项要求应满足。

西侧空间布展设计专项要求是设计总体创意和策划内容大气、新颖、独特，体现空间的公共性，空间的功能区分、衔接与过渡关系的流畅性，体现"实用、智能、安全、节能"的布展思路。整体功能布局、空间组织、流线设计合理，色彩适宜、层次清晰。展示手法具有全面性、科学性、合理性，恰当采用数字化，高新科技声、光、电等创新性展示手段，具有适宜的互动性。根据现场概况结合任务需求能完整地理解并呈现空间功能的需求。

西侧空间室内展陈部分应包括但不限于下列 7 方面内容，即总体功能布局平面图（除展区平面和天花平面外，还要反映包括空间组织、人流导向、参观线路、展品展项布置、展区与公共空间衔接关系等方面的内容）；设计成果对采购人职能的认知和理解，通过展示形式和内容的组织能全面、恰当地表现；展品展项的展示方案、数字化系统应用展示方案、新技术和材料设备的应用等；效果图设计能全面展示设计方案，包含重点区域和鸟瞰图；各主要展项的专项设计，包括平面布展、多媒体和智能化的设计；视觉系统及艺术化设计及方案说明等；投标人认为需要补充的其他设计。

西侧空间的空间服务环境优化改造部分应满足设计要求，环境优化改造部分应包括但不限于下列3方面内容，即改造后平面、消防、空调、管线等图纸；楼层改造后的交通组织、防火设计和安全疏散设计方案；投标人认为需要补充的其他图纸及设计说明。服务方案实施设计文件应符合相关标准、规范。

自然资源综合监测监管中心实施要求应合规，质量执行国家、行业和××省的有关规定、标准及规程，验收必须达到合格标准；主要实施技术和方法及质量检验标准应符合现行的国家和地方法律、法规和规章。

5）技术规格及要求。东侧空间见表6-3。西侧空间见表6-4。设计费项目见表6-5。

表 6-3 东侧空间技术规格及要求

序列	项目名称	技术要求参数	数量	单位
A	空间可视化运维系统			
A-1	物联网平台自动化运维管理软件	1. 支持设备管理、数据管理、用户管理、应用管理、安全管理、远程管理、个性定制化； 2. 支持多空间区域集中管理； 3. 支持对设备分类统一管理，包括：灯光、空调、窗帘、音频类设备、视频类设备、传感类设备、安防类设备、机电类设备等其他功能性设备； 4. 支持多用户管理终端同步登录，同步并发处理； ★5. 支持系统运行数据采集、分析、呈现，具备数据呈现能力，实时分析并呈现系统设备运行数据、场景使用数据、系统使用数据（须提供具有 CNAS 标志的检测机构出具的检验报告复印件，加盖投标人公章）； ★6. 具备视频会议接入管理能力，实现视频会议一键入会，支持硬件视频会议和软件视频会议设备；（须提供具有 CNAS 标志的检测机构出具的检验报告复印件，加盖投标人公章）	1	套
A-2	自动化管理服务器	1. 基于 linux 操作系统，可接入暖通系统、智慧安防系统、音视频系统、智慧消防系统、网络系统、能耗系统等弱电子系统设备； 2. 平台具备系统热备份功能且支持双机及多机热备份设计，可实时检测主机和单台备份机或多台备份机的工作状态，实现主从备份切换； ★3. 平台具备规则引擎能够根据设备上报的数据（或者事件）进行规则触发，进而发送通知或者将数据转发到指定的业务接口或指令下发（须提供具有 CNAS 标志的检测机构出具的检验报告复印件，加盖投标人公章）	1	台
A-3	墙面 8in（1in = 2.54cm）触控屏（墙面外挂式）	1. 嵌入式 Linux 操作系统平台，支持场景切换； 2. 支持单独设备操控功能； 3. 具有标准网络端口设计，可自适应 100/1000M 网络速率	1	台
A-4	移动控制平板	1. 屏幕尺寸：≥10.4in； 2. 分辨率：≥2560×1440(2K)； 3. 运行内存：≥6GB； 4. 内存容量：≥64GB	1	台

续表

序列	项目名称	技术要求参数	数量	单位
A	空间可视化运维系统			
A-5	终端软件	1. WEB 控制终端软件。	1	台
A-6	无线路由器	1. 全千兆 Wi-Fi6 无线路由器； 2. 带机≥48 台终端； 3. 无线：双频≥1800Mbps； 4. 有线：≥1 个千兆 WAN 口，≥4 个千兆 LAN 口	1	台
A-7	交换机	1. ≥24 个 10/100/1000BASE-T 以太网端口； 2. ≥4 个千兆 SFP，PoE＋，交流供电； 3. PoE 功率≥380W	2	台
B	空间智慧辅助系统			
B-1	分布式综合分析传感器	1. 支持采集环境中温度、湿度、PM1.0、PM2.5、PM10、二氧化碳、甲醛、TVOC、声压级、光照度等空间空气指标值，并通过可视化图形界面显示在管理服务器平台，并且支持实时查看； 2. 通过采集到的数据，实现灯光、空调、电动窗、新风系统、报警系统、排烟系统、供养系统自动化运行	1	个
B-2	分布式语音交互模块	1. 支持独立设备语音交互控制； 2. 支持空调开关机、温度、风速、工作模式控制	1	个
B-3	8 通道串口协议转换网关	1. 采用嵌入式 IOT 物联网模组设计，可通过系统平台对该设备进行实时的双向数据通信、双向数据反馈； 2. 内置网络端口物联网 IOT 设计，支持远程调试，方便运维管理	1	台
B-4	6 路 0～10V 调光模块（IOT 版）	1. 采用嵌入式 IOT 物联网模组设计，可通过系统平台对本机进行实时的双向数据通信、双向数据反馈； 2. 具有远程数据采集、远程控制管理、远程调试管理、远程运维管理、远程巡检管理等功能； 3. 采用 0～10V 调光，支持线性、非线性调光功能，调光曲线修改功能； 4. 具备≥6 个回路调光通道，每个通道单路应具备延时调整功能	1	台
B-5	中央空调机组网关	1. 支持 MODBUS 总线协议，支持 TCP/IP 通信方式； 2. 支持主流中央空调系统； 3. 用于连接中央空调室外机，对挂载在室外机上的所有室内机进行控制管理、状态监测、数据读取	1	台
B-6	窗帘电机	电机＋3.6m 伸缩轨＋遥控	3	套
C	音频扩声系统			
C-1	有源柱状全频扬声器（主扩）	1. 有源阵列扬声器，带有板载 DSP 和≥600W 功放； 2. 频率范围≥58Hz～18kHz； 3. 使用软件进行系统设置、控制和监测； 4. 具有 Dante 数字音频网络接口和模拟线路电平输入	2	只
C-2	天花全频扬声器	1. ≥8in 低音单元，频率范围≥45Hz～20kHz； 2. 标称覆盖范围：≥90 度（水平）×非对称 75 度（垂直）； 3. 功率：≥125W，峰值≥500W	4	只
C-3	带 DSP 数字功率放大器	1. 4 路数字 DSP 功能 D 类功放，支持≥4 路输入，支持≥8 路数字信号输出； 2. 每通道≥150W（THD＋N<0.04％，1kHz，4～8Ω，70/100V）； 3. 支持定阻和定压模式	1	台

续表

序列	项目名称	技术要求参数	数量	单位
C	音频扩声系统			
C-4	智能会议中心主机	1. ≥4 路单元输入端口,≥2 路卡侬音频输出接口,≥2 路凤凰端子音频输出接口; 2. 频率响应≥20Hz～20kHz,信噪比>102dB,动态范围>106dB,总谐波失真≤0.05%。	1	台
C-5	数字会议话筒单元	1. 输出频率响应≥40Hz～16kHz;信噪比>74dB;动态范围>108dB(1kHz)	23	台
C-6	会议系统公—公 20m 主缆	1. 会议系统 20m 主线; 2. 直径≥5.5mm; 3. 线芯:6 芯; 4. 屏蔽:绕线＋铝箔	3	条
C-7	6 芯会议屏蔽专用 T 形线(公—公—母)	1. 会议系统 T 形线; 2. 直径≥5.5mm; 3. 线芯:6 芯; 4. 屏蔽:绕线＋铝箔	23	条
C-8	数字调音台	1. 带有多点电容触摸屏,支持多点触控操作; 2. 支持 Dante 网络传输和通道扩展; 3. ≥17 个马达推子; 4. ≥于 40 条总混音通道; 5. ≥20 个 AUX＋立体声＋子母线; 6. ≥8 个 DCA 编组; 7. ≥16 个模拟 XLR/TRS 混合麦克风/线路输入; 8. ≥16 个模拟 XLR 输出; 9. 支持 USB 数字录音/回放; 10. 支持安卓和 IOS 平板无线控制	1	台
C-9	无线手持话筒	1. 手持式发射机参数:集成话筒振膜设计;≤－10dB 增益衰减; 2. 接收机参数:每个频带≥12 个兼容系统; 3. 系统技术规格:工作范围≥91m(300ft)直线距离;音频频率响应≥50～15000Hz	2	套
C-10	电源管理器	1. 采用 IOT 物联网架构设计,可通过系统平台中的物模型进行数据通信、设备调试、设备操控,以及进行远程运维; 2. 具备≥8 路电源输出端口,每路电源输出端口具备输出最大电流 13A,整机额定总输出最大电流 43A; 3. 采用标准万能插座,适用全球各种类型电源插头,无须任何电源插头转换模块	2	台
D	视频系统			
LED 显示系统				
D-1	LED 显示屏	★1. 点间距≤0.94mm,显示屏采用倒装共阴 COB 封装,无焊接线(须提供取得 CMA、ILAC-MRA 或 CNAS 认证的第三方检测机构出具的检测报告,加盖投标人公章); 2. 对比度≥10000∶1,可视角度≥175°; 3. 显示屏符合 GB/T 4208—2017,防尘 IP6X,防水 IPX5,COB 显示单元正面防护等级 IP65; 4. 智能节电:开启智能节电功能比没有开启节能 40% 以上(须提供取得 CMA、ILAC-MRA 或 CNAS 认证的第三方检测机构出具的检测报告,加盖投标人公章);	11.34	m²

续表

序列	项目名称	技术要求参数	数量	单位
D	视频系统			
LED 显示系统				
D-1	LED 显示屏	5. 符合 CSA035.2—2017VICO 指数 1 级要求（须提供取得 CMA、ILAC-MRA 或 CNAS 认证的第三方检测机构出具的检测报告，加盖投标人公章）； ★6. LED 显示屏具备亮暗线调节； ★7. 光辐射通过低蓝光检测认证，符合肉眼观看标准（须提供具备所投型号的 COBTUV 认证证书复印件，加盖投标人公章）	11.34	m²
D-2	控制器	1. 输入分辨率：不低于 1920×1200、2048×1152、2560×960； 2. 带载能力：≥230 万像素； 3. 视频接口：HDMI/DVI	9	块
D-3	配电柜	≥15kW 智能配电柜，PLC 控制模块，满足过流、短路、断路、过压、欠压等保护措施，支持远程上电、分步上电的功能，具有状态自动检测与状态异常报警功能	1	套
D-4	钢结构	大屏幕安装配套，要求抗锈、抗腐蚀，稳定牢固，不允许存在安全隐患	12.06	m²
D-5	无线投屏器	1. 支持≥四分屏； 2. 传输距离≥30m； 3. 手机端可同屏，同时支持触控回传，实时操控操作平台，与操作平台同屏，支持扩展； 4. 支持一发多收，方便多屏幕显示，满足大型会议需求	1	台
录播系统				
D-6	录播系统服务器（IOT 版）	1. 采用 IOT 物联网结构设计，可通过系统平台进行物模型标准统一化管理，可进行实时的双向数据通信、设备全功能性操控、调试、远程管理、远程调试功能； 2. 具有远程数据采集、远程控制管理、远程调试管理、远程运维管理、远程巡检管理等功能； 3. 支持双导播模式，可同时导播≥2 个电影模式通道、录像； 4. 具备流媒体分发功能，支持≥50 人同时观看视频直播和点播	1	台
分布式系统				
操作管理软件				
D-7	分布式系统驾驶舱综合管理平台软件	1. 可视化展示，包括对在线单元状态、使用时长、用户在线数量、网络超限、中断等进行监测，具备输入信号丢失检测功能； 2. 具备点名功能：当软件选中时，节点以声、光、电中的一种或者多种方式示意； 3. 故障报警，且将故障信息显示于管理软件、单元输出 OSD 屏幕上提醒； 4. 可呈现节点正常工作、单元输入丢失（如待机）、单元输出丢失（如屏幕待机）状态； 5. 一键对输入输出节点固件进行批量更新，可以将系统的各项设置参数进行备份，方便进行数据恢复； 6. 在权限范围内，可在系统中画面预览、快速切换、快速画面布局	1	套
D-8	授权注册码	分布式系统驾驶舱综合管理平台授权	10	套

续表

序列	项目名称	技术要求参数	数量	单位
D	视频系统			
分布式 KVM 座席协作管理系统（根据操作席操作平台数量配置）				
D-9	4K 座席 HDMI 输入电节点	1. 音频输入：支持≥16 路音频混音播放； 2. 具有远程数据采集、远程控制管理、远程调试管理、远程运维管理、远程巡检管理等功能	4	台
D-10	4K 座席 HDMI 输出电节点	1. 音频输入：支持≥16 路音频混音播放； 2. 具有远程数据采集、远程控制管理、远程调试管理、远程运维管理、远程巡检管理等功能	6	台
D-11	座席图形站	1. CPU：≥i7-12700； 2. 内存：≥64G； 3. 硬盘：≥1T 固态＋4T 机械硬盘； 4. 显卡：独立显卡，显存≥16G	2	台
D-12	座席工作站	1. CPU：≥i5-12500； 2. 内存：≥32G； 3. 硬盘：≥512G 固态＋2T 机械硬盘； 4. 显卡：独立显卡，显存≥6G	3	台
E	无纸化系统（升降）			
E-1	智能升降式客户终端	1. 一体式单屏显示屏≥15.6in，屏幕分辨率≥1920×1080IPS 全视角，屏幕带 10 点电容触控； 2. 升降器角度：支持自动仰角≥15°，可手扳调整角度不小于 15°到 40°； 3. 升降器面板具备 1 路 USB 接口，1 路开关机指示灯，1 路开关机会议终端机械按键； 4. 升降器具备 232.485 有线集中控制升降器上升或者下降，同时具备遥控无线控制升降器上升或者下降	20	台
E-2	多媒体会议终端	1. 硬件配置 CPU：≥Intel i5 四核； 2. 内存≥4G DDR 31600MHz； 3. 硬盘≥64G 固态硬盘	20	台
E-3	无纸化客户端软件	1. 具备会议快捷悬浮窗显示功能； 2. 具备文件快捷悬浮窗显示功能； 3. 具备任一席位可通过 U 盘上传、分享、显示临时文件的功能； 4. 具备一键广播功能，把当前画面广播到其他参会终端与大屏幕或只同屏到大屏幕显示，同步延迟小于 0.6s； 5. 具备有权限的参会人员在同步演示的情况下进行异步浏览其他会议文件的功能	20	套
E-4	无纸化后台管理系统	1. CPU：≥Intel i5 四核； 2. 内存：≥8G DDR 31600MHz； 3. 硬盘：≥1T 机械式硬盘； 4. 控制软件具有分权限功能、会议资料预置功能、人员多级数据库结构编制功能等	1	台
E-5	智能交互同屏控制器	1. CPU 处理器主频≥2.5GHz，内存容量≥4GB，硬盘容量≥128G 固态硬盘 2. 会标功能：无同步信号时，输出会议欢迎标语； 3. 具备 3.5mm 音频输入输出	1	台

续表

序列	项目名称	技术要求参数	数量	单位
E	无纸化系统（升降）			
E-6	全数字扩展主机	1. 满足无纸化设备进行信号控制使用，机架式安装； 2. 指示灯：每端口具有 1 个 Link/Ack 指示灯，每设备具有 1 个 Power 指示灯； 3. 性能：存储转发，支持不低于 2K 的 MAC 地址表深度	1	台
E-7	智能排位电子桌牌	1. 铝合金三角外观； 2. 采用 4 核高性能中央处理器，≥4G 内存； 3. 高分辨率 LCD 真彩屏，双面≥7in，像素≥1024×600，触摸屏类型：电容屏，多点触控； 4. 支持 PoE 供电、电源适配器供电； 5. 支持姓名、职务、会议主题、单位 Logo 显示	20	台
E-8	桌牌控制软件	1. 支持多场会议后台软件统一推送人名，批量导入； 2. 支持模拟排位功能、鼠标拖拽功能、增添/缺席/座位互换功能	1	套
E-9	充电箱	一次性可充≥15 台电子桌牌	2	台
F	线材、辅材			
F-1	线材、辅材	线材、辅材、接插件、多媒体地插盒等	1	批
G	空间基础功能环境改造			
G-1	拆除部分	原有地面砖拆除	120	m²
G-2		天棚吊顶拆除	120	m²
G-3		隔墙拆除	52	m²
G-4	天棚新做	边吊＋软膜天花＋窗帘盒＋乳胶漆＋不锈钢	120	m²
G-5	地面新做	整体水磨石	120	m²
G-6	墙面新做	木饰面墙面	54	m²
G-7		白色背漆玻璃	48	m²
G-8		黑色哑光不锈钢	70	m
G-9		双开套装门（含五金）	3	樘
G-10		米色硬包墙面	20	m²
G-11		仿爵士白岩板台面	6	m²
G-12		定制地柜	10	m
G-13		不锈钢架	3	个
G-14		微水泥/灰色岩板	14	m²
G-15	照明及设备电源线布置		120	m²
G-16	空调改造	风管机	2	套
G-17		线控器	2	个
G-18		酚醛复合板风道	13	m²
G-19		帆布软接	6	m
G-20		单层通长百叶回风口	2	个
G-21		双层通长百叶送风口	2	个
G-22		检修口	2	个
G-23		5P 冷媒铜管 R410a	23	套米
G-24		混凝土打孔	3	个
G-25		设备运费	1	项
G-26		材料运费	1	项
G-27		设备及材料二次搬运、吊装费	1	项
H	家具			
H-1	会议桌及椅子	会场桌椅、操作平台座椅	1	项

表 6-4 西侧空间技术规格及要求

序列	项目名称	技术要求参数	数量	单位
A	空间可视化运维系统			
A-1	墙面 8in 触控屏(墙面外挂式)	1. 嵌入式 Linux 操作系统平台,支持场景切换; 2. 支持单独设备操控功能; 3. 具有标准网络端口设计,可自适应 100/1000M 网络速率	1	台
A-2	无线路由器	1. 全千兆 Wi-Fi6 无线路由器; 2. 带机≥48 台终端; 3. 无线:双频≥1800Mbps; 4. 有线:≥1 个千兆 WAN 口,≥4 个千兆 LAN 口	1	台
B	空间智慧辅助系统			
B-1	分布式综合分析传感器	1. 支持采集环境中温度、湿度、PM1.0、PM2.5、PM10、二氧化碳、甲醛、TVOC、声压级、光照度等空间空气指标值,并通过可视化图形界面显示在管理服务器平台,并且支持实时查看; 2. 通过采集到的数据,实现灯光、空调、电动窗、新风系统、报警系统、排烟系统、供养系统自动化运行	1	个
B-2	分布式语音交互模块	1. 支持独立设备语音交互控制; 2. 支持空调开关机、温度、风速、工作模式控制	1	个
B-3	8 通道串口协议转换网关	1. 采用嵌入式 IOT 物联网模组设计,可通过系统平台对该设备进行实时的双向数据通信、双向数据反馈; 2. 内置网络端口物联网 IOT 设计,支持远程调试,方便运维管理	1	台
B-4	6 路 0~10V 调光模块(IOT 版)	1. 采用嵌入式 IOT 物联网模组设计,可通过系统平台对本机进行实时的双向数据通信、双向数据反馈; 2. 具有远程数据采集、远程控制管理、远程调试管理、远程运维管理、远程巡检管理等功能; 3. 采用 0~10V 调光,支持线性、非线性调光功能,调光曲线修改功能; 4. 具备≥6 个回路调光通道,每个通道单路应具备延时调整功能	1	台
B-5	中央空调机组网关	1. 支持 MODBUS 总线协议,支持 TCP/IP 通信方式; 2. 支持主流中央空调系统; 3. 用于连接中央空调室外机,对挂载在室外机上的所有室内机进行控制管理、状态监测、数据读取	1	台
B-6	窗帘电机(按实际需求配置)	电机+3.6m 伸缩轨+遥控	2	套
C	音频扩声系统			
C-1	吸顶扬声器	1. ≥4.5in 全频单元; 2. 定阻时阻抗为 8Ω,功率≥50W; 3. 频率范围(−10dB):不劣于 70Hz~17kHz; 4. 灵敏度≥88dB-SPL@1W,1m; 5. 最大声输出≥113dB-SPL@1m	4	只
C-2	多功能商用功率放大器	1. 线路输入:≥2 路非平衡,立体声; 2. ≥2 路平衡,≥1 路寻呼输入,≥1 路辅助输入,≥2 路放大器输出; 3. 功放功率≥2×120W@4Ω;2×60W@8Ω; 4. 频率响应:不劣于 20Hz~20kHz(+0/−3dB)	1	台

续表

序列	项目名称	技术要求参数	数量	单位
C	音频扩声系统			
C-3	无线领夹话筒	1. 腰包式发射机：触式开关，不低于 26dB 的可调增益范围； 2. 半机架接收机：一键式频率选择可快速查找最佳开放频率，每个频带≥12 个兼容系统，XLR 和 1/4in 输出接口	2	套
D	空间基础功能环境改造			
D-1	拆除部分	原有地面砖拆除	166.5	m²
D-2		天棚吊顶拆除	166.5	m²
D-3		隔墙拆除	64	m²
D-4	天棚	白色无机涂料	106.5	m²
D-5		边吊	40	m
D-6		软膜天花	15	m²
D-7		造型吊顶	70	m²
D-8		不锈钢黑色边带	20	m
D-9		原顶无机涂料喷白	165	m²
D-10	地面	整体水磨石地面	166.5	m²
D-11	墙面	木饰面（含木基层）	48.43	m²
D-12		超白背漆玻璃（含木基层）	22.34	m²
D-13		黑色哑光不锈钢饰面造型	3.67	m²
D-14		双开套装门（含五金）	3	樘
D-15		单开套装门（含五金）	1	樘
D-16		水泥漆	35	m²
D-17		白色无机涂料	30	m²
D-18	照明及设备电源线布置		166.5	m²
D-19	空调改造	风管机	3	套
D-20		线控器	3	个
D-21		酚醛复合板风道	12.5	m²
D-22		帆布软接	9	m
D-23		单层通长百叶回风口	3	个
D-24		双层通长百叶送风口	3	个
D-25		检修口	3	个
D-26		5P 冷媒铜管 R410a	23	套米
D-27		混凝土打孔	3	个
D-28		设备运费	1	项
D-29		材料运费	1	项
D-30		设备及材料二次搬运、吊装费	1	项
E	家具			
E-1	固定家具（含热弯亚克力、不锈钢管）		1	项
F	布展专项			
F-1	轨道屏	1. 屏幕尺寸：≥75in； 2. 分辨率：≥3840×2160； 3. 亮度：≥500nit，对比度：≥3500：1； 4. 根据需求定制：双轨道≥6m，伺服电机，减速器，联轴器，滑块，电器元件，控制系统，轨道固定结构等； 5. 定制软件，支持定点定位播放内容、人机交互展示功能	1	套
F-2	75in 触摸屏	1. 屏幕≥75in；显示比例 16：9；显示分辨率≥3840×2160； 2. 亮度≥350cd/m²，对比度≥1200：1，可视角度≥178°； 3. 触摸点数 20 点，触摸方式：手指、触摸笔等不透光物体；	5	台

续表

序列	项目名称	技术要求参数	数量	单位
F	布展专项			
F-2	75in 触摸屏	4. OPS 操作平台配置:≥i5 8G; 5. 含液压前维护伸缩支架	5	台
F-3	65in 触摸屏	1. 屏幕:≥65in;显示比例 16:9;显示分辨率≥3840×2160; 2. 亮度≥350cd/m²,对比度≥1200:1,可视角度≥178°; 3. 触摸点数 20 点,触摸方式:手指、触摸笔等不透光物体; 4. OPS 操作平台配置:≥i5 8G; 5. 含液压前维护伸缩支架	1	台
F-4	55in 触摸屏	1. 屏幕:≥55in;显示比例 16:9;显示分辨率≥3840×2160; 2. 亮度≥350cd/m²;对比度≥1200:1;可视角度≥178°; 3. 触摸点数 20 点,触摸方式:手指、触摸笔等不透光物体; 4. OPS 操作平台配置:≥i5 8G; 5. 含液压前维护伸缩支架	2	台
F-5	55in 透明屏	1. 屏幕尺寸:55in; 2. 屏单元采用 OLED 自发光技术,表面硬质涂层(2H); 3. 面板透明度:38%,不显示图像区域如同玻璃透光看穿; 4. 物理分辨率:1920×1080;亮度 400nit; 5. 内置信息发布软件,可实现内容的管理与信息发布,系统内部存储不少于 64GB; 6. 信号输入:HDMIx1(HDCP2.2)、DPx1(HDCP1.4),信号输出:DPx1;Audiox1,控制接口:RS-232Cx1,RJ45X1,IRx1	2	台
F-6	85in 显示屏	1. 屏幕尺寸:85in; 2. 分辨率:3840×2160,亮度≥500nit,对比度 3500:1; 3. 含定制液压前维护伸缩支架	1	台
F-7	中控系统	中控系统:支持远程开关机、控制展示内容交互,支持展示内容更新	1	项
F-8	展板	静态内容展示(文字、图片)	约23	m²
F-9	宣传片	影片采用实拍、二维及三维技术制作,分辨率 4K,影片时长约 3~5min。主要展现采购人发展历程、主要业务板块、成果荣誉以及未来发展方向	1	项
F-10	展示操作软件	数字展项展示操作软件	11	套
F-11	展示主机	≥i7-10700 运行内存:≥16GB; 硬盘:≥256GB SSD; 显卡:独立显存≥8G	4	台

表 6-5 设计费项目

序列	项目名称	设计内容	数量	单位
A	东/西侧服务功能设计	装饰设计、效果图设计、实施详细内容设计	1	项
B	布展设计	布展设计项目策划、布展大纲的梳理;方案设计、展示专项设计、智能化设计;效果图设计;展板文字设计等内容设计(包括平面图布局、设计实施安装图、结构图等图纸)	1	项

6.4　项目商务要求

项目商务要求格式如下。

项目商务要求

特别说明："※"标注的要求为符合性审查中的实质性要求，投标文件若不满足按无效投标处理。

1）完成时间、地点及验收方式。完成时间：合同签订之日起 120 日内完成所有工作内容。地点：采购人指定地点。验收方式依从惯例，合同执行完毕后，采购人在 7 个工作日内对中标人的完成情况按照国家及行业相关标准、采购文件规定对合同标的物进行验收，如验收达不到相关规定要求，视为该项目验收不合格，采购人有权立即终止合同。由此对采购人造成一定的损失，中标人应承担一切责任，并赔偿所造成的损失。

2）报价要求※。本项目报价为包干价，包括（但不限于）设计费、材料费、合同货物、技术资料、合同货物的税费、运杂费、保险费、包装费、装卸费、实施费及与完成本项目有关的投标人应纳的一切费用。因投标报价估计不足或市场价格波动，一律由中标人自行负责，采购人均不承担价差补偿。

3）付款方式※。由采购人支付该项目合同款项，付款方式如下。采购合同签订后，中标人向采购人提供本项目的服务方案或工作计划，经采购人确认后，中标人向采购人开具发票，采购人在 5 个工作日内支付项目总金额的 50%；中标人完成本项目所有工作内容，经采购人确认后，中标人向采购人开具发票，采购人在 5 个工作日内支付项目总金额的 30%；项目决算审计完成，项目验收完成后，中标人向采购人开具发票，采购人在 5 个工作日内根据决算金额支付剩余款项。

4）质量保证及售后服务。质量保证期依从惯例。质量保证期不低于 2 年。投标产品属于国家规定"三包"范围的，其产品质量保证期不得低于"三包"规定。投标人的质量保证期承诺优于国家"三包"规定的，按投标人实际承诺执行。投标产品由制造商（指产品生产制造商，或其负责销售、售后服务机构，以下同）负责标准售后服务的，应当在投标文件中予以明确说明，并附制造商售后服务承诺。

售后服务内容依从惯例。投标人和制造商在质量保证期内应当为采购人提供以下技术支持和服务，即电话咨询、现场响应、技术升级。中标人和制造商应当为采购人提供技术援助电话，解答采购人在使用中遇到的问题，及时为采购人提出解决问题的建议。采购人遇到使用及技术问题，电话咨询不能解决的，中标人和制造商应在 24h 内到达现场进行处理，确保产品正常工作；无法在 48h 内解决的，应在 72h 内提供备用产品，使采购人能够正常使用。在质保期内，如果中标人和制造商的产品技术升级，投标人应及时通知采购人，如采购人有相应要求，中标人和制造商应对采购人购买的产品进行升级服务。

质保期外服务要求依从惯例。质量保证期过后，投标人和制造商应同样提供免费电话咨询服务，并应承诺提供产品上门维护服务。质量保证期过后，采购人需要继续由原投标人和制造商提供售后服务的，该投标人和制造商应以优惠价格提供售后服务。

备品备件及易损件依从惯例。中标人和制造商售后服务中，维修使用的备品备件及易损件应为原厂配件，未经采购人同意不得使用非原厂配件，常用的、容易损坏的备品备件及易损件。

售后服务方案依从惯例。中标人应按照招标文件要求，提出完整的售后服务方案（包括维修响应时间、质保期内服务方式、质保期外服务方式、本地是否具有备件库、是否能够提供损坏备用品及其他服务承诺等内容）。

5）知识产权。采购人在中华人民共和国境内使用中标人提供的货物及服务时免受第三方提出的侵犯其专利权或其他知识产权的起诉。如果第三方提出侵权指控，中标人应承担由此而引起的一切法律责任和费用。

6）培训。投标人对其提供产品的使用和操作应尽培训义务。投标人应提供对采购人的基本免费培训，使采购人使用人员能够正常操作，并提供操作使用手册数套。

7）其他。其他未尽事宜由供需双方在采购合同中详细约定。

6.5 资格审查及评标办法

资格审查及评标办法格式如下。

资格审查及评标办法

1）资格审查及符合性审查。未通过资格审查及符合性审查的投标文件，不进入评审环节。资格审查依从惯例，依据政府采购相关法律法规规定，由采购人或采购代理机构对投标文件中的资格证明文件进行审查。资格审查资料见表6-6。

表6-6 资格审查资料

序号	检查因素		检查内容
1	《中华人民共和国政府采购法》第二十二条规定	（1）具有独立承担民事责任的能力	①投标人法人营业执照(副本)或事业单位法人证书(副本)或个体工商户营业执照或有效的自然人身份证明或社会团体法人登记证书(提供复印件)。②投标人法定代表人身份证明和法定代表人授权代表委托书
		（2）具有良好的商业信誉和健全的财务会计制度	投标人提供"基本资格条件承诺函"
		（3）具有履行合同所必需的设备和专业技术能力	
		（4）有依法缴纳税收和社会保障金的良好记录	

续表

序号	检查因素		检查内容
1	《中华人民共和国政府采购法》第二十二条规定	（5）参加政府采购活动前三年内，在经营活动中没有重大违法记录	投标人提供"基本资格条件承诺函"
		（6）法律、行政法规规定的其他条件	
		（7）本项目的特定资格要求	按"投标人资格要求"中"本项目的特定资格要求"的要求提交（如果有）
2	落实政府采购政策需满足的资格要求		按"投标人资格要求"中"落实政府采购政策需满足的资格要求"的要求提交（如果有）
3	投标保证金		按照招标文件要求足额缴纳所投包的投标保证金

根据《中华人民共和国政府采购法实施条例》第十九条"参加政府采购活动前三年内，在经营活动中没有重大违法记录"中"重大违法记录"，是指投标人因违法经营受到刑事处罚或者责令停产停业、吊销许可证或者执照、较大数额罚款等行政处罚。行政处罚中"较大数额"的认定标准，按照《财政部关于〈中华人民共和国政府采购法实施条例〉第十九条第一款"较大数额罚款"具体适用问题的意见》（财库〔2022〕3号）执行。投标人可于投标截止日期前通过信用中国网站（www.creditchina.gov.cn）、中国政府采购网（www.ccgp.gov.cn）等渠道查询信用记录。

符合性审查依从惯例。评标委员会应当对符合资格的投标人的投标文件进行符合性审查，以确定其是否满足招标文件的实质性要求。符合性审查资料见表6-7。

表 6-7　符合性审查资料

序号	评审因素		评审标准
1	有效性审查	投标文件签署或盖章	投标文件上法定代表人（或其授权代表）或自然人（投标人为自然人）的签署或盖章齐全
		投标方案	每个包只能有一个方案投标
		报价唯一	只能在预算金额和最高限价内报价，只能有一个有效报价，不得提交选择性报价
2	完整性审查	投标文件份数	投标文件正、副本数量（含电子文档）符合招标文件要求
3	技术部分	投标文件内容	招标文件中（※）号注部分
4	商务部分	投标文件内容	招标文件中（※）号注部分
5	投标有效期	投标文件内容	投标有效期为投标截止时间起九十天

2）评标方法。本项目采用综合评分法进行评标。综合评分法是指投标文件满足招标文件全部实质性要求且按照评审因素的量化指标评审得分最高的投标人为中标候选人的评标方法。投标人总得分为价格、商务、技术（质量）等评定因素分别按照相应权重值计算分项得分后相加，满分为100分。

澄清有关问题依从惯例。对投标文件中含义不明确、同类问题表述不一致或者有明显文字和计算错误的内容，评标委员会可以书面形式（应当由评标委员会成员签字）要求投标人作出必要澄清、说明或者纠正。投标人的澄清、说明或者补正应当采用书面形式，由其法定代表人（或其授权代表）或自然人（投标人为自然人）签字，其澄清的内容不得超出投标文件的范围或者改变投标文件的实质性内容。

比较与评价依从惯例，按招标文件中规定的评标方法和标准，对资格审查和符合性审查合格的投标文件进行商务和技术评估。评标委员会各成员独立对每个有效投标人（通过资格审查、符合性审查的投标人）的投标文件进行评价、打分，然后由评标委员会对各成员打分情况进行核查及复核，个别成员对同一投标人同一评分项的打分偏离较大的，应对投标人的投标文件进行再次核对，确属打分有误的，应及时进行修正。复核后，评标委员会汇总每个投标人每项评分因素的得分。

推荐中标候选人名单依从惯例。按评审后得分由高到低的排列顺序推荐综合得分排名前三的投标人为本包（项目）中标候选人，排名第一的为第一中标候选人。得分相同的，按投标报价由低到高顺序排列。得分且投标报价相同的并列。

3）评标标准。评审标准见表6-8。

表6-8 评审标准

序号	评分因素及权值		分值	评分标准	说明
1	投标报价（15%）		15分	有效的投标报价中的最低价为评标基准价,按照下列公式计算每个投标人的投标价格得分。 投标报价得分＝（评标基准价/投标报价）×价格权重×100	
2	技术部分（50%）	技术响应部分（10%）	10分	A、起评分： 有效投标人的起评分为10分 B、扣分条款： 1)重要技术参数("项目技术规格、数量及质量要求5)技术规格及要求"中带★部分),有1条达不到招标文件要求,技术部分得0分。 2)一般性技术参数("项目技术规格、数量及质量要求5)技术规格及要求"中非★部分)达不到招标文件要求的,每负偏离1条从起评分中扣除1分,扣完为止	
		技术方案（40%）	40分	1)从投标人对项目的理解是否全面清晰,整体设计方案定位是否明确、布局是否合理、功能设计是否完整,对项目的重点和难点理解是否深刻,是否能提供解决方案等方面进行评审。 优得5分,良得3分,一般得2分,差得1分,未提供不得分。 2)自然资源综合监测监管中心(东侧)从投标人方案设计定位是否准确、会议功能是否完整、会议布局是否合理、各功能间的衔接是否完善、功能间有无相互干扰、是否充分考虑了环境功能的专业运用、能否以最佳效果满足各项功能的应用、功能设备的集成考虑使用和维护是否便捷、是否考虑稳定耐久性设计、效果图设计表现是否完整、创意表现力等方面进行评审。 优得10分,良得7分,一般得4分,差得1分,未提供不得分。	①提供相关服务方案。 ②优的标准：方案翔实,贴切实际、实用性强。 ③良的标准：方案较翔实,比较贴切实际、实用性强。

续表

序号	评分因素及权值		分值	评分标准	说明
2	技术部分 (50%)	技术方案 (40%)	40 分	3) 自然资源综合监测监管中心(西侧)从投标人方案设计定位是否准确,展示内容是否完整、准确且展示逻辑层次是否明确,观展流线是否合理、内外部功能的衔接是否适度且交通组织是否合理清晰,内部功能的层次是否分明,布展设计的逻辑关系是否完整,是否有能完整串联采购人文化、业务及成果亮点的展示体系架构,方案的整体设计是否考虑用途和功能的多元性和采购人使用的便捷、高效,效果图设计表现是否完整,创意表现力等方面进行评审。 优得 10 分,良得 7 分,一般得 4 分,差得 1 分,未提供不得分。 4) 实施效果图示:内容包括封面、图纸目录、设计说明及图例设备材料清单、平面图、立面图、系统图等。从投标人提供的实施效果图示是否符合国家和××省相关规范要求,对设计方案是否有高的还原性体现等方面进行评审。(10 分)。 优得 10 分,良得 7 分,一般得 4 分,差得 1 分,未提供不得分。 5) 实施措施:从投标人提供的项目实施组织架构是否完备、管理流程是否规范、保护措施是否到位、安全保证措施是否符合相应要求、进度计划是否符合工期总体要求、项目培训和售后服务方案是否完整等方面进行评审。 优得 5 分,良得 3 分,一般得 2 分,差得 1 分,未提供不得分	④一般的标准:方案不够翔实,一般贴切实际、实用性一般。 ⑤差的标准:方案与本项目无关,不贴切实际,无实用性
3	商务部分 (35%)	业绩 (5%)	5 分	2019 年 1 月 1 日至投标文件递交截止时间,投标人承接过与本项目类似的项目案例(类似项目指包含设计及实施的办公楼或公用建筑的展览或展示类项目),有一个得 1 分,满分 5 分	提供合同或相关证明材料复印件,加盖投标人公章
		项目团队 (17%)	17 分	1) 项目负责人(6 分) 投标人拟派项目经理具有工程类高级及以上职称、二级及以上注册建造师执业资格、信息系统项目管理师(高级)、ITSS 服务项目经理证书的,全部提供得 6 分,缺其中一项扣 2 分,扣完为止。 2) 项目团队(6 分) 投标人拟派项目团队成员中(项目经理除外)具有高级及以上职称 6 人(证书专业为电子信息、建筑或建筑装饰类的人数不少于 3 人)且工程师 12 人(证书专业为电子信息、建筑或建筑装饰类的人数不少于 8 人)及以上得 6 分; 高级及以上职称 3～5 人(证书专业为电子信息、建筑或建筑装饰类的人数不少于 2 人)且工程师 6～11 人(证书专业为电子信息、建筑或建筑装饰类的人数不少于 5 人)得 3 分,不满足或未按要求提供不得分。 3) 投标人拟派项目团队成员(项目经理除外)具有有效期内的二级及以上注册建造师资格证书或中级及以上信息系统项目管理师的,每提供一个得 1 分,满分 3 分。 4) 投标人拟派项目团队成员(项目经理除外)具有省(直辖市)级政府主管部门颁发的三级及以上会展设计师证书的,每提供一个得 1 分,满分 2 分	须提供相关证书复印件、投标人为相关人员缴纳的社会保险证明复印件,加盖投标人公章

续表

序号	评分因素及权值	分值	评分标准	说明
3	商务部分（35%）			
	企业荣誉（11%）	11分	1）投标人承建的展览或展示类项目获得过省级及以上政府部门或省级及以上相关行业协会表彰的，1项得0.5分，满分5分。2）投标人具有国家版权局颁发的展览展示中央控制类系统著作权登记证书，得3分。3）投标人为省（直辖市）级政府主管部门认定的设计引领示范（或类似表述）企业得3分（提供官网链接并网页全屏截屏，网页全屏截屏如超过一页，下一页的前两行须与上一页的最后两行内容相同）	提供相关材料复印件，加盖投标人公章
	服务承诺（2%）	2分	投标人承诺提供的LED显示屏在招标文件要求的质保期（2年）基础上，每增加1年加1分，满分2分	提供承诺函原件

特别说明：评标委员会认为，排名在前面的中标候选人的投标报价或者某些分项报价明显不合理或者低于成本，有可能影响服务质量和不能诚信履约的，将要求其在规定的期限内提供书面文件予以解释说明，并提交相关证明材料；否则，评标委员会可以取消该中标候选人资格，按顺序由排在后一位的中标候选人递补，以此类推。

4）无效投标条款。投标人或其投标文件出现下列8种情况之一者，应为无效投标。即未按照招标文件的规定提交投标保证金的；投标文件未按招标文件要求签署、盖章的；不具备招标文件中规定的资格要求的；报价超过招标文件中规定的预算金额或者最高限价的；投标文件含有采购人不能接受的附加条件的；投标人串通投标的；投标人组成联合体投标的（拒绝联合体投标时适用）；法律、法规和招标文件规定的其他无效情形。

5）废标条款。评标委员会评审时出现以下4种情况之一的，应予废标。即符合专业条件的投标人或者对招标文件作实质响应的投标人不足三家的；投标人的报价均超过了采购预算，采购人不能支付的；出现影响采购公正的违法、违规行为的；因重大变故，采购任务取消的。废标后，除采购任务取消情形外，应当重新组织采购。

6.6 投标人须知

投标人须知格式如下。

投标人须知

1）投标人。投标人是指响应招标、参加投标竞争的法人、其他组织或者自然人。合格投标人应完全符合招标文件中规定的投标人资格条件，并对招标文件作出实质性响应。投标人的风险依从惯例，投标人没有按照招标文件要求提供全部资料，或者投标人没有对招标文件在各方面作出实质性响应，可能导致投标被拒绝或评定为无效投标。法律责任依从惯例，投标人违反《中华人民共和国政府采购法》《中华人民共和国政府采购法实施条例》等相关规定，将按规定追究投标人法律责任。

2）招标文件。招标文件是投标人编制投标文件的依据，是评标委员会评判依据和标准。招标文件也是采购人与中标人签订合同的基础。

招标文件的构成依从惯例。招标文件由投标邀请书，项目技术规格、数量及质量要求，项目商务要求，资格审查及评标办法，投标人须知，合同主要条款和格式合同（样本），投标文件格式共七部分组成。采购代理机构对招标文件所作的一切有效的书面通知、修改及补充，都是招标文件不可分割的部分。采购代理机构对已发出的招标文件需要进行澄清或修改的，应以书面形式或公告形式通知所有招标文件收受人。该澄清或者修改的内容为招标文件的组成部分。

招标文件获取依从惯例。本项目的招标文件、补遗文件（如果有）一律在××省政府采购网（https://www.ccgp-××.gov.cn/）上发布，请各投标人下载；无论投标人下载与否，均视同投标人已知晓本项目招标文件、补遗文件的内容。

3）投标文件。投标人应当按照招标文件的要求编制投标文件，并对招标文件提出的要求和条件作出实质性响应，投标文件原则上采用软面订本，同时应编制完整的页码、目录。

投标文件的组成依从惯例。投标文件由本招标文件"投标文件格式"规定的部分和投标人所作的一切有效补充、修改和承诺等文件组成，投标人应按照本文件"投标文件格式"规定的目录顺序组织编写和装订，否则有可能影响评委对投标文件的评审。本项目不接受联合体投标。投标有效期为投标截止日期后90天内。

投标保证金依从惯例。投标人应在投标截止时间前，按招标文件规定缴纳投标保证金。投标保证金为投标的有效约束条件。投标保证金的有效期限在投标有效期过后30天内继续有效。投标保证金币种应与投标报价币种相同。采购代理机构在中标通知书发出后向××省公共资源交易中心提起申请，由××省公共资源交易中心在5个工作日内无息退还未中标人的投标保证金；采购代理机构在采购合同签订并收到合同复印件后向××省公共资源交易中心提起申请，由××省公共资源交易中心在5个工作日内无息退还中标人的投标保证金。

投标人有下列7种情形之一的，采购人或者采购代理机构可以不退还投标保证金。即投标人在投标有效期内撤回投标文件的；投标人未按规定提交履约保证金的；投标人在投标过程中弄虚作假，提供虚假材料的；中标人无正当理由不与采购人签订合同的；中标人将中标项目转让给他人或者在投标文件中未说明且未经采购人同意，将中标项目分包给他人的；中标人拒绝履行合同义务的；其他严重扰乱招投标程序的。

投标文件的份数和签署依从惯例。投标文件一式四份，其中正本一份，副本两份，电子文档一份（电子文档内容应与投标文件正本一致，推荐采用光盘或U盘为文件载体）。每套投标文件须在封面清楚地标明"正本""副本""电子文档"，副本应为正本的完整复印件，副本与正本不一致时以正本为准。投标文件电子文档与纸质投标文件正本不一致时，以纸质投标文件正本为准。在投标文件正本中，招标文件"投标文件格式"中规定签字、盖章的地方必须按其规定签字、盖章。若投标人对投标文件的错处作必要修改，则应在修改处加盖投标人公章或由法定代表人或法定代表人授权代表签字确认。电报、电话、传真形式的投标文件概不接受。

投标报价依从惯例。投标人应严格按照"投标文件格式"中"开标一览表"和"分项报价明细表"的格式填写报价。投标人的报价为一次性报价，即在投标有效期内投标价格固定不变。本项目只接受一个投标报价，有选择的或有条件的报价将不予接受。

修正错误依从惯例。若投标文件出现计算或表达上的错误，修正错误的原则如下。投标文件中开标一览表（报价表）内容与投标文件中相应内容不一致的，以开标一览表（报价表）为准；大写金额和小写金额不一致的，以大写金额为准；单价金额小数点或者百分比有明显错位的，以开标一览表的总价为准，并修改单价；总价金额与按单价汇总金额不一致的，以单价金额计算结果为准。评标委员会按上述修正错误的原则及方法调整或修正投标人投标报价，若同时出现两种以上不一致的，按照前款规定的顺序修正，投标人同意并签字确认后，调整后的投标报价对投标人具有约束作用。如果投标人不接受修正后的报价，则其投标将作为无效投标处理。

投标文件的递交依从惯例。投标文件的密封与标记应合规，投标文件的正本、副本以及电子文档均应密封送达投标地点，应在封套上注明项目名称、投标人名称。若正本、副本以及电子文档分别进行密封的，还应在封套上注明"正本""副本""电子文档"字样。封套的封口处应加盖投标人公章或由法定代表人授权代表签字。投标文件的装订形式为胶装。如果投标文件通过邮寄递交，投标人应将投标文件用内、外两层封套密封；内层信封的封装与标记同前述规定。外层信封装入前款所述全部内封资料，并注明招标项目编号、项目名称、采购代理机构名称及地址；同时应写明投标人的名称、地址，以便将迟交的投标文件原封退还。如果未按上述规定进行密封和标记，采购代理机构对投标文件误投、丢失或提前拆封不负责任。

4）开标。开标应当在招标文件"投标邀请书"确定的时间和地点公开进行。采购代理机构可视采购具体情况，延长投标截止时间和开标时间，但至少在招标文件要求提交投标文件的截止时间三日前，将变更时间书面通知所有招标文件收受人。开标由采购人或采购代理机构主持，邀请投标人和有关监督部门代表参加，有关监督部门可视情况派员现场监督。开标时，由投标人或者其推选的代表检查投标文件的密封情况；经确认无误后，由采购人或者采购代理机构工作人员当众拆封，宣布投标人名称、投标价格和"开标一览表"规定的需要宣布的其他内容。投标人不足三家的，不得开标。未宣读的投标价格、价格折扣和招标文件允许提供的备选投标方案等实质性内容等，评标时不予承认。开标过程应由采购人或采购代理机构或

××省公共资源交易中心指定专人负责记录，并存档备查。投标人未参加开标的，视同认可开标结果。

5）评标。见本招标文件相关内容。

6）定标。定标原则依从惯例，采购人或其授权的评标委员会应按照评标报告中推荐的中标候选人排名顺序确定中标人。

定标程序依从惯例。采购代理机构应当在评标结束后 2 个工作日内将评标报告送采购人。采购人应当自收到评标报告之日起 5 个工作日内，在评标报告确定的中标候选人名单中按顺序确定中标人。中标候选人并列的，由采购人或者采购人委托评标委员会按照招标文件规定的方式确定中标人；招标文件未规定的，采取随机抽取的方式确定。采购人或者采购代理机构应当自中标人确定之日起 2 个工作日内，在××省政府采购网上公告中标结果。中标公告期限为 1 个工作日。中标人变更依从惯例，中标人拒绝与采购人签订合同的，采购人可以按照评标报告推荐的中标候选人顺序，确定排名下一位的候选人为中标人，也可以重新开展政府采购活动。

7）中标通知书。采购人依法确定中标人后，采购代理机构以书面形式发出中标通知书。中标通知书发出后，采购人改变中标结果，或者中标人放弃中标，应当承担相应的法律责任。

8）询问、质疑和投诉。询问依从惯例，采购人或者采购代理机构应当在 3 个工作日内对投标人依法提出的询问作出答复。投标人询问可以是口头或书面形式。

质疑依从惯例。投标人认为采购文件、采购过程和中标结果使自己的权益受到损害的，可向采购人或采购代理机构以书面形式提出质疑。提出质疑的应当是参与所质疑项目采购活动的投标人。质疑内容、时限应合规，投标人对招标文件提出质疑的，应在依法获取招标文件（购买了招标文件并完成了报名手续）之日或者招标文件公告期限届满之日起 7 个工作日内提出；投标人对采购过程提出质疑的，应在各采购程序环节结束之日起 7 个工作日内提出；投标人对中标结果提出质疑的，应当在中标结果公告期限届满之日起 7 个工作日内提出；投标人提出质疑应当提交书面质疑函和必要的证明材料。

质疑答复依从惯例，采购人、采购代理机构应当在收到投标人的书面质疑后 7 个工作日内作出答复，并以书面形式通知质疑投标人和其他有关投标人。投标人在法定质疑期内应当一次性提出针对同一采购程序环节的质疑。质疑函范本可在财政部门户网站或中国政府采购网下载。

投诉依从惯例。投标人对采购人、采购代理机构的答复不满意，或者采购人、采购代理机构未在规定时间内答复质疑的，可在质疑答复期满后 15 个工作日内按相关法律法规向同级财政部门投诉。投标人应按照《政府采购质疑和投诉办法》（财政部令第 94 号）及相关法律法规要求递交投诉书和必要的证明材料。投诉书范本可在财政部门户网站或中国政府采购网下载。投诉书及证明材料为外文的，应同时提供其中文译本；中文与外文意思不一致的，以中文为准。在确定受理投诉后，财政部门自受理投诉之日起 30 个工作日内（需要检验、检测、鉴定、专家评审以及需要投诉人补正材料的，所需时间不计算在投诉处理期限内）对投诉事项作出处理决定，并将投诉处理决定书送达投诉人、被投诉人和其他与投诉处理决定有利害关系的政府采购相关当事人，同时在××省政府采购网公告投诉处理决定书。

9）采购代理服务费。投标人中标后向采购代理机构缴纳采购代理服务费，采购代理服务费的收取标准按照表 6-9 的 9 折执行。

表 6-9　采购代理服务费的收取标准

中标金额/万元	招标类型/%		
	货物招标	服务招标	工程招标
100 及以下	1.5	1.5	1.0
100～500（含 500）	1.1	0.8	0.7
500～1000（含 1000）	0.8	0.45	0.55
1000～5000（含 5000）	0.5	0.25	0.35

采购代理服务收费按差额定率累进法计算。采购代理服务费缴纳账号户名：××省格致招标代理有限公司；开户行：中国银行××××平原支行；账号：　　　　。

10）交易服务费。投标人中标后向"××联合产权交易所集团股份有限公司"缴纳交易服务费，服务费的收取标准按×发改收费〔2023〕115 号执行。××省公共资源交易中心咨询电话：　　　　。

11）签订合同。采购人原则上应在中标通知书发出之日起 20 日内和中标人签订政府采购合同，无正当理由不得拒绝或拖延合同签订。所签订的合同不得对招标文件和中标人投标文件作实质性修改。其他未尽事宜由采购人和中标人在采购合同中详细约定。采购人应当自合同签订之日起 7 个工作日内，在"政府采购业务管理系统"进行合同登记备案；2 个工作日内按相关管理要求在××省政府采购网上公告政府采购合同，但政府采购合同中涉及国家秘密、商业秘密的内容除外。未按要求公告及备案的，应当及时进行补充公告及备案。招标文件、中标人的投标文件及澄清文件等，均为签订政府采购合同的依据。合同生效条款由供需双方约定，法律、行政法规规定应当办理批准、登记等手续后生效的合同，依照其规定。合同原则上应按照《××省政府采购合同》签订，相关单位要求适用合同通用格式版本的，应按其要求另行签订其他合同。

12）项目验收。合同执行完毕，采购人原则上应在 7 个工作日内组织履约情况验收，不得无故拖延或附加额外条件。

13）政府采购信用融资。投标人参与××省政府采购活动，成为中标人，并与采购人签订政府采购合同后，可按照《××省政府采购支持中小企业信用融资办法》的规定，向开展政府采购信用融资业务的银行申请贷款。具体内容详见××省政府采购网"信用融资"信息专栏。

6.7　合同主要条款和格式合同（样本）

合同主要条款和格式合同（样本）格式如下。

合同主要条款和格式合同（样本）
××省政府采购合同

项目号：

甲方（需方）：＿＿＿＿＿＿＿＿＿＿　计价单位：＿＿＿＿＿＿

乙方（供方）：＿＿＿＿＿＿＿＿＿＿　计量单位：＿＿＿＿＿＿

经双方协商一致，达成以下购销合同，见表 6-10。

表 6-10　购销合同清单

项目类别	数量	综合单价	总价	服务时间	服务地点

合计人民币(小写)：

合计人民币(大写)：

1）质量要求和技术标准。服务措施：＿＿＿＿＿＿＿＿＿＿＿＿＿。

2）验收标准、方法：＿＿＿＿＿＿＿＿＿＿＿＿。

3）付款方式：＿＿＿＿＿＿＿＿＿＿。

4）违约责任。按《民法典》《中华人民共和国政府采购法》执行，或按双方约定。

5）其他约定事项。招标文件及其补遗文件、投标文件和承诺是本合同不可分割的部分。本合同如发生争议由双方协商解决，协商不成向需方所在地仲裁机构提请仲裁。本合同一式＿＿＿份，需方＿＿＿份，供方＿＿＿份，具同等法律效力。其他：＿＿＿＿＿＿＿＿＿。

需方：

地址：

联系电话：

授权代表：

供方：

地址：

电话：

传真：

开户银行：

账号：

授权代表：

（本栏用计算机打印以便于准确付款）

备注：

签约时间： 年 月 日 签约地点：

6.8 投标文件格式

投标文件包括经济文件，内含开标一览表、分项报价明细表；技术文件，内含技术条款差异表、其他技术资料；商务文件，内含投标函（格式）、商务条款差异表、其他商务资料；其他，内含中小企业声明函、监狱企业证明文件、残疾人福利性单位声明函，以及其他与项目有关的资料（自附）；资格文件，内含法人营业执照（副本）或事业单位法人证书（副本）或个体工商户营业执照或有效的自然人身份证明或社会团体法人登记证书复印件、法定代表人身份证明书（格式）、法定代表人授权委托书（格式）、基本资格条件承诺函（格式）、特定资格条件证书或证明文件（如有）、落实政府采购政策需满足的资格要求（如有）。

6.8.1 经济文件

1）开标一览表。格式如下。

开标一览表

项目号：

项目名称：

见表 6-11。开标一览表按格式填列；开标一览表在开标大会上当众宣读，务必填写清楚，准确无误。

表 6-11 开标一览表

投标人名称			
包号及名称	数量	投标报价(小写)	
投标报价(大写)：			
备注：			

投标人： 法定代表人（或法定代表人授权代表）或自然人：

（投标人公章） （签署或盖章）

年 月 日

2）分项报价明细表。格式如下。

项目号：

项目名称： 。单位：元。

见表6-12。请投标人完整填写本表，该表可扩展。

表6-12 分项报价明细表

序号	名称	相关信息	数量	单位	单价	合计
	总计					

投标人： 法定代表人（或法定代表人授权代表）或自然人：

（投标人公章） （签署或盖章）

年 月 日

6.8.2 技术文件

1）技术条款差异表。格式如下。

项目号：

项目名称：

见表6-13。本表即为对本项目"项目技术规格、数量及质量要求"中所列条款进行比较和响应，应逐条如实填写，"投标应答"中必须列出具体数值或内容。如投标人未应答或只注明"符合""满足"等类似无具体数值或内容的表述，视为不满足相应条款；本表可扩展；可附相关技术支撑材料（格式自定）。

表6-13 技术条款差异表

序号	招标要求	投标应答	差异说明

投标人： 法定代表人（或法定代表人授权代表）或自然人：

（投标人公章） （签署或盖章）

年 月 日

2）其他技术资料。格式自拟。

6.8.3 商务文件

1）投标函。格式如下。

招标项目名称：

致 （采购代理机构名称）：

（投标人名称）系中华人民共和国合法企业，注册地址：　　　　　　　。我方就参加本次投标有关事项郑重声明如下。我方完全理解并接受该项目招标文件所有要求。我方提交的所有投标文件、资料都是准确和真实的，如有虚假或隐瞒，我方愿意承担一切法律责任。我方承诺按照招标文件要求，提供招标项目的技术服务。我方按招标文件要求提交的投标文件为：投标文件正本 1 份，副本　份，电子文档　份。我方承诺：本次投标的投标有效期为投标截止时间起 90 天。我方投标报价为闭口价；即在投标有效期和合同有效期内，该报价固定不变。如果我方中标，我方将履行招标文件中规定的各项要求以及我方投标文件的各项承诺，按《中华人民共和国政府采购法》《中华人民共和国民法典》及合同约定条款承担我方责任。我方未为采购项目提供整体设计、规范编制或者项目管理、监理、检测等服务。我方理解，最低报价不是中标的唯一条件。我方同意按有关规定及招标文件要求，缴纳足额投标保证金。若我方中标，愿意按有关规定及招标文件要求缴纳采购代理服务费和交易服务费。

（投标人公章或自然人签署）

年　月　日

2）商务条款差异表。格式如下。

项目号：

项目名称：

见表 6-14。本表即为对本项目"项目商务要求"中所列条款进行比较和响应，应逐条如实填写，"投标商务应答"中必须列出具体数值或内容。如投标人未应答或只注明"符合""满足"等类似无具体数值或内容的表述，视为不满足相应条款。本表可扩展。

表 6-14　商务条款差异表

序号	招标商务要求	投标商务应答	差异说明

投标人：　　　　　　法定代表人（或法定代表人授权代表）或自然人：

（投标人公章）　　　（签署或盖章）

年　月　日

3）其他商务资料。格式自拟。

6.8.4　其他

1）中小企业声明函、监狱企业证明文件、残疾人福利性单位声明函。格式如下。

中小企业声明函（服务类）

本公司郑重声明，根据《政府采购促进中小企业发展管理办法》（财库〔2020〕46 号）的规定，本公司（联合体）参加（单位名称）采购活动，服务全部由符合政策要求的中小企业承接。相关企业（含联合体中的中小企业）的具体情况如下：

（标的名称），属于（采购文件中明确的所属行业）；承接企业为（企业名称），从业人员××人，营业收入为××万元，资产总额为××万元，属于（中型企业、小型企业、微型企业）。为本标的提供的服务人员××人，其中与本企业签订劳动合同××人，其他人员××人。有其他人员的不符合中小企业扶持政策。

（标的名称），属于（采购文件中明确的所属行业）；承接企业为（企业名称），从业人员××人，营业收入为××万元，资产总额为××万元，属于（中型企业、小型企业、微型企业）。为本标的提供的服务人员××人，其中与本企业签订劳动合同××人，其他人员××人。有其他人员的不符合中小企业扶持政策。

……

以上企业，不属于大企业的分支机构，不存在控股股东为大企业的情形，也不存在与大企业的负责人为同一人的情形。

本企业对上述声明内容的真实性负责。如有虚假，将依法承担相应责任。

企业名称（盖章）：

日期：

填写时应注意以下 3 方面事项。即从业人员、营业收入、资产总额填报上一年度数据，无上一年度数据的新成立企业可不填报。中小企业应当按照《中小企业划型标准规定》（工信部联企业〔2011〕300 号），如实填写并提交《中小企业声明函》。投标人填写《中小企业声明函》中所属行业时，应与采购文件"采购标的对应的中小企业划分标准所属行业"中填写的所属行业一致。

监狱企业证明文件以省级以上监狱管理局、戒毒管理局（含新疆生产建设兵团）出具的属于监狱企业的证明文件为准。

残疾人福利性单位声明函

本单位郑重声明，根据《关于促进残疾人就业政府采购政策的通知》（财库〔2017〕141 号）的规定，本单位为符合条件的残疾人福利性单位，且本单位参加_____单位的_____项目采购活动提供本单位制造的货物（由本单位承担工程/提供服务），或者提供其他残疾人福利性单位制造的货物（不包括使用非残疾人福利性单位注册商标的货物）。

　　本单位对上述声明的真实性负责。如有虚假，将依法承担相应责任。

　　投标人名称（盖章）：

　　日期：

　　2）其他与项目有关的资料（自附）。

6.8.5　资格文件

　　1）法人营业执照（副本）或事业单位法人证书（副本）或个体工商户营业执照或有效的自然人身份证明或社会团体法人登记证书复印件。

　　2）法定代表人身份证明书。格式如下。

　　招标项目名称：

　　致（采购代理机构名称）：

　　（法定代表人姓名）在（投标人名称）任（职务名称）职务，是（投标人名称）的法定代表人。

　　特此证明。

　　投标人：

　　（投标人公章）

　　　年　月　日

　　法定代表人电话：　　　　　　　　电子邮箱：

　　（附：法定代表人身份证正背面复印件）

　　3）法定代表人授权委托书。格式如下。若为法定代表人办理并签署投标文件的，不提供此文件。

　　招标项目名称：

　　致（采购代理机构名称）：

　　（投标人法定代表人名称）是（投标人名称）的法定代表人，特授权（被授权人姓名及身份证代码）代表我单位全权办理上述项目的投标、谈判、签约等具体工作，并签署全部有关文件、协议及合同。

　　我单位对被授权人的签署负全部责任。

　　在撤销授权的书面通知以前，本授权书一直有效。被授权人在授权书有效期内签署的所有文件不因授权的撤销而失效。

　　被授权人：　　　　　　　　　　投标人法定代表人：

　　（签署或盖章）　　　　　　　　（签署或盖章）

　　（附：被授权人身份证正背面复印件）

（投标人公章）
　年　月　日
被授权人电话：　　　　　　　　　电子邮箱：
（若法定代表人办理并签署投标文件的可不填写）

4）基本资格条件承诺函。格式如下。

基本资格条件承诺函

致（采购代理机构名称）：

（投标人名称）郑重承诺：

我方具有良好的商业信誉和健全的财务会计制度，具有履行合同所必需的设备和专业技术能力，具有依法缴纳税收和社会保障金的良好记录，参加本项目采购活动前三年内无重大违法活动记录。我方未列入在信用中国网站（www.creditchina.gov.cn）"失信被执行人"、"重大税收违法案件当事人名单"中，也未列入中国政府采购网（www.ccgp.gov.cn）"政府采购严重违法失信行为记录名单"中。我方在采购项目评审（评标）环节结束后，随时接受采购人、采购代理机构的检查验证，配合提供相关证明材料，证明符合《中华人民共和国政府采购法》规定的投标人基本资格条件。

我方对以上承诺负全部法律责任。

特此承诺。

（投标人公章）
　年　月　日

5）特定资格条件证书或证明文件（如有）。
6）落实政府采购政策需满足的资格要求（如有）。

第 7 章

××市产业园施工阶段工程造价全过程控制服务采购招标文件

7.1 封面与目录

政府采购竞争性磋商文件封面应逐行依次注明政府采购竞争性磋商文件；项目编号：××××ZFCG-JC2023099；项目名称：××区绿色精密智造产业园二期工程施工阶段工程造价全过程控制服务采购；采购人：××智造产业园区运营管理有限公司；采购代理机构：××市××区公共资源综合交易中心；日期：2023 年 5 月。

政府采购竞争性磋商文件目录应包括采购邀请书，内含竞争性磋商内容、资金来源、供应商资格条件、磋商有关说明、采购项目需落实的政府采购政策、其他有关规定、联系方式；项目服务需求，内含服务工作内容※、服务质量要求（质量标准）※、服务人员要求※、服务设备要求、服务成果要求※、后续服务要求；采购商务需求，内含服务时间及地点、报价要求※、合同价款支付方式和条件※、知识产权、其他；磋商程序及方法、评审标准、无效响应和采购终止，内含磋商程序及方法、评审标准、无效响应、采购终止；供应商须知，内含磋商费用、竞争性磋商文件、磋商要求、成交供应商的确认和变更、成交通知、关于质疑和投诉、交易服务费、签订合同、政府采购信用融资；政府采购合同；响应文件编制要求，内含经济部分、技术部分、商务部分、资格条件及其他、其他应提供的资料、竞争性磋商最终报价单。

7.2 采购邀请书

采购邀请书格式如下。

采购邀请书

××区公共资源综合交易中心接受××智造产业园区运营管理有限公司的委托，对××区绿色精密智造产业园二期工程施工阶段工程造价全过程控制服务进行竞争性磋商采购。欢迎有资格的供应商前来参与磋商。

1）竞争性磋商内容。见表 7-1。

表 7-1　竞争性磋商内容

项目名称	最高限价		成交供应商数量/名	采购标的对应的中小企业划分标准所属行业
	暂定总额/万元	取费费率/%		
××区绿色精密智造产业园二期工程施工阶段工程造价全过程控制服务采购	73.9（暂以建安工程费 15000 万元为基数计算）	按《××市物价局关于工程造价咨询服务收费标准的通知》（××价〔2013〕428 号）收费标准的 60%取费	1	其他未列明行业

2）资金来源。采购预算 73.9 万元（暂以建安工程费 15000 万元为基数计算），全部为单位自筹资金。

3）供应商资格条件。供应商是指向采购人提供服务或者货物的法人、其他组织或者自然人。合格的供应商应首先符合《中华人民共和国政府采购法》第二十二条规定的基本资格条件，同时符合根据该项目特殊要求设置的特定资格条件（如果有）。落实政府采购政策需满足的资格要求：无。本项目的特定资格要求：投标人营业执照经营范围须包含工程造价咨询（提供相关证明材料复印件加盖鲜章）。

4）磋商有关说明。根据《××市财政局关于印发〈××市政府采购供应商注册及诚信管理暂行办法〉的通知》（××财采购〔2015〕45 号）规定，供应商应按要求进行注册，通过××市政府采购网（www. ××gp. gov. cn），登记加入"××市政府采购供应商库"。凡有意参加磋商的供应商，请到采购代理机构领取或在××市政府采购网或××市公共资源交易网（××区）下载本项目竞争性磋商文件以及补遗等磋商前公布的所有项目资料，无论供应商领取或下载与否，均视为已知晓所有磋商实质性要求内容。磋商文件公告期限：自磋商公告发布之日起五个工作日。竞争性磋商文件不收取费用。供应商须满足以下两种要件，其响应文件才被接受，即按时递交了响应文件、按时报名签到。

递交响应文件地点：××市××区公共资源综合交易中心。响应文件递交截止时间：2023 年 6 月 7 日北京时间 09：30。响应文件开启时间：2023 年 6 月 7 日北京时间 09：30。

5）采购项目需落实的政府采购政策。按照《关于印发环境标志产品政府采购品目清单的通知》（财库〔2019〕18 号）和《关于印发节能产品政府采购品目清单的通知》（财库〔2019〕19 号）的规定，落实国家节能环保政策。按照财政部、工业和信息化部《关于印发〈政府采购促进中小企业发展管理办法〉的通知》（财库〔2020〕46 号）的规定，落实促进中小企业发展政策。按照《财政部、司法部关于政府采购支持监狱企业发展有关问题的通知》（财库〔2014〕68 号）的规定，落实支持监狱企业发展政策。按照《关于促进残疾人就业政府采购政策的通知》（财库〔2017〕141 号）的规定，落实支持残疾人福利性单位发展政策。

6）其他有关规定。单位负责人为同一人或者存在直接控股、管理关系的不同供应商，不得参加同一合同项下的政府采购活动，否则均为无效响应。为采购项目提供整体设计、规范编制或者项目管理、监理、检测等服务的供应商，不得再参加该采购项目的其他采购活动，否则均为无效响应。本项目的补遗文件（如果有）一律在××市政府采购网（http：//www.××gp.gov.cn）和××市公共资源交易网（××区）（https://www.××ggzy.com/naxxhuanweb/）上发布，请各供应商注意下载或到采购代理机构领取；无论供应商下载或领取与否，均视同供应商已知晓本项目补遗文件（如果有）的内容。超过响应文件截止时间递交的响应文件，恕不接收。本项目不接受联合体参与磋商。本项目不接受合同分包。磋商费用：无论磋商结果如何，供应商参与本项目磋商的所有费用均应由供应商自行承担。

7）联系方式。采购代理机构：××市××区公共资源综合交易中心；联系人：×××；电话：　　　　；地址：××市××区汇通大厦 D 座 1209 室。采购人：××智造产业园区运营管理有限公司；联系人：×××；电话：　　　　；地址：××市××区新街街道湘湖居委 8、9 组（创业园）。

7.3 项目服务需求

项目服务需求格式如下。

项目服务需求

1）服务工作内容※。对建设项目进行全过程的造价管理咨询、评价和监督活动，及时处理合同签订、设计变更、隐蔽工程、材料核价等难点问题，同时对签证的事项进行严格把关，严格审核工程计量支付是否按合同进行，计量的基础资料是否真实完善，做到关口前移，使工程管理贯穿项目建设全过程，更好地控制和节约工程项目成本。做好工程结算审核工作，配合建设单位完成审计机关对工程项目的竣工决（结）算审计。

2）服务质量要求（质量标准）※。按照委托协议书和《工程造价咨询业务操作指导规程》的要求开展工程造价咨询服务。

3）服务人员要求※。项目团队要求专业组成得当，人员配备齐全。未征得甲方同意前乙方不得随意更换团队负责人。

4）服务设备要求。自行配备计算机及专业软件。

5）服务成果要求※。工程造价咨询成果文件应符合《建设工程造价咨询成果文件质量标准》及委托方要求出具工程造价咨询报告。

6）后续服务要求。配合审计机关审计。

7.4 采购商务需求

采购商务需求格式如下。

采购商务需求

1）服务时间及地点。服务时间※：从服务合同签订之日起到项目结算审核结束止。服务地点※：采购人指定地点。

2）报价要求※。本次报价为人民币报价，报价方式为中标费率包干。以建安工程费 15000 万元为基数，按照《××市物价局关于工程造价咨询服务收费标准的通知》（××价〔2013〕428 号）文件计算跟踪审计费，填报费率和暂定总价，报价不能超过发布的限价。其中包含服务人员和相关工作人员的工资、劳保、医疗、福利、津贴、保险、资料费以及单位的管理费、税金、利润等费用及协助招标人完成各项审批手续办理及相关成果审查评审等费用；招标人不再另行支付其他相关费用。在本合同范围内，无论服务期如何调整和修正，费率均不作调整，也不随市场因素的变化而进行调整。

3）合同价款支付方式和条件※。结算原则依从惯例，咨询费最终结算总金额＝审计结算建安工程费×中标费率。

支付方式依从惯例，在项目完成主体结构工程时，支付 50%（按预算评审金额计算），竣工验收后支付至 60%（按预算评审金额计算），咨询人提交竣工结算审核报告后按照结算审核报告金额计算服务费用并支付至 70%；项目二次结算审计完成后若审减率不足 3%，支付剩余的全部服务费用；若审减率超过 3%不足 5%，服务费用按 90%计算并支付剩余的费用；若审减率超过 5%不足 8%，服务费用按 80%计算并支付剩余的费用；若审减率超过 8%，服务费用按 70%计算不再支付费用，（审减率计算不含有争议部分的费用审减）。支付费用乙方必须向甲方提供等额的符合税务要求的增值税专用发票。支付方式不限于银行转账及银行承兑汇票。

4）知识产权。采购人在中华人民共和国境内使用成交供应商提供的服务时免受第三方提出的侵犯其专利权或其他知识产权的起诉。如果第三方提出侵权指控，成交供应商应承担由此引起的一切法律责任和费用。

5）其他。供应商必须在响应文件中对以上条款和服务承诺明确列出，承诺内容必须达到要求。其他未尽事宜由供需双方在采购合同中详细约定。

7.5　磋商程序及方法、评审标准、无效响应和采购终止

磋商程序及方法、评审标准、无效响应和采购终止格式如下。

1）磋商程序及方法。磋商按竞争性磋商文件规定的时间和地点进行，供应商须有法定代表人或其授权代表参加并签到。竞争性磋商以抽签的形式确定磋商顺序，由本项目依法组建的磋商小组分别与各供应商进行磋商。磋商小组对各供应商的资格条件、响应文件的有效性、完整性和响应程度进行审查。各供应商只有在完全符合要求的前提下，才能参与正式磋商。

资格性检查依从惯例。依据法律法规和竞争性磋商文件的规定，对响应文件中的资格证明等进行审查，以确定供应商具备磋商资格。资格性检查资料见表 7-2。

表 7-2　资格性检查资料

序号	检查因素		检查内容
1	《中华人民共和国政府采购法》第二十二条规定	1. 具有独立承担民事责任的能力	1. 供应商法人营业执照（副本）或事业单位法人证书（副本）或个体工商户营业执照或有效的自然人身份证明或社会团体法人登记证书（提供复印件）。 2. 供应商法定代表人身份证明和法定代表人授权代表委托书
		2. 具有良好的商业信誉和健全的财务会计制度	供应商提供"基本资格条件承诺函"
		3. 具有履行合同所必需的设备和专业技术能力	
		4. 有依法缴纳税收和社会保障金的良好记录	
		5. 参加政府采购活动前三年内，在经营活动中没有重大违法记录	
		6. 法律、行政法规规定的其他条件	
		7. 本项目的特定资格要求	按"供应商资格条件"中"本项目的特定资格要求"的要求提交（如果有）
2	落实政府采购政策需满足的资格要求		按"供应商资格条件"中"落实政府采购政策需满足的资格要求"的要求提交（如果有）

根据《中华人民共和国政府采购法实施条例》第十九条"参加政府采购活动前三年内，在经营活动中没有重大违法记录"中"重大违法记录"，是指供应商因违法经营受到刑事处罚或者责令停产停业、吊销许可证或者执照、较大数额罚款等行政处罚。行政处罚中"较大数额"的认定标准，按照《财政部关于〈中华人民共和国政府采购法实施条例〉第十九条第一款"较大数额罚款"具体适用问题的意见》（财库〔2022〕3 号）"执行。供应商可于响应文件递交截止时间前通过信用中国网站（www.creditchina.gov.cn）、中国政府采购网（www.ccgp.gov.cn）等渠道查询信用记录。

符合性检查依从惯例。依据竞争性磋商文件的规定，对响应文件的有效性、完整性和对竞争性磋商文件的响应程度进行审查，以确定是否对竞争性磋商文件的实质性要求作出响应。符合性检查资料见表 7-3。

根据《财政部关于政府采购竞争性磋商采购方式管理暂行办法有关问题的补充通知》（财库〔2015〕124 号）采用竞争性磋商采购方式采购的政府购买服务项目（含政府和社会资本合作项目），在采购过程中符合要求的供应商（社会资本）只有 2 家的，竞争性磋商采购活动可以继续进行。

表 7-3 符合性检查资料

序号	评审因素		评审标准
1	有效性审查	响应文件签署或盖章	按竞争性磋商文件"响应文件编制要求"要求签署或盖章
		法定代表人身份证明及授权委托书	法定代表人身份证明及授权委托书有效,符合竞争性磋商文件规定的格式,签署或盖章齐全
		响应方案	每个包只能有一个响应方案
		报价唯一	只能有一个有效报价,不得提交选择性报价
2	完整性审查	响应文件份数	响应文件正、副本数量符合竞争性磋商文件要求
3	响应程度审查	实质性响应	竞争性磋商文件、"※"标注部分
		磋商有效期	响应文件及有关承诺文件有效期为提交响应文件截止时间起九十天

澄清有关问题依从惯例。磋商小组在对响应文件的有效性、完整性和响应程度进行审查时,可以要求供应商对响应文件中含义不明确、同类问题表述不一致或者有明显文字和计算错误的内容等作出必要的澄清、说明或者更正。供应商的澄清、说明或者更正不得超出响应文件的范围或者改变响应文件的实质性内容。磋商小组要求供应商澄清、说明或者更正响应文件应当以书面形式作出;供应商的澄清、说明或者更正应当由法定代表人或其授权代表签字或者加盖公章;由授权代表签字的,应当附法定代表人授权书。在磋商过程中磋商的任何一方不得向他人透露与磋商有关的技术资料、价格或其他信息。在磋商过程中,磋商小组可以根据竞争性磋商文件和磋商情况实质性变动采购需求中的技术、服务要求以及合同草案条款,但不得变动竞争性磋商文件中的其他内容;实质性变动的内容,须经采购人代表确认;对竞争性磋商文件作出的实质性变动是竞争性磋商文件的有效组成部分,磋商小组应当及时以书面形式同时通知所有参加磋商的供应商。供应商在磋商时作出的所有书面承诺须由法定代表人或其授权代表签字。

经磋商确定最终采购需求且磋商结束后,供应商应当按照竞争性磋商文件的变动情况和磋商小组的要求重新提交响应文件或重新作出相关的书面承诺,最后书面提交最后报价及有关承诺(填写《竞争性磋商最终报价单》并密封提交);已提交响应文件但未在规定时间内进行最后报价的供应商,视为放弃最后报价,以供应商响应文件中的报价为准。磋商小组采用综合评分法对提交最后报价的供应商的响应文件和最后报价(含有效书面承诺)进行综合评分;综合评分法,是指响应文件满足竞争性磋商文件全部实质性要求且按照评审因素的量化指标评审得分最高的供应商为成交候选供应商的评审方法;供应商总得分为价格、服务、商务等评定因素分别按照相应权重值计算分项得分后相加,满分为 100 分(详见评审标准)。磋商小组各成员独立对每个有效响应(通过资格性审查、符合性审查的供应商)的文件进行评价、打分,然后汇总每个供应商每项评分因素的得分,并根据综合评分情况按照评审得分由高到低顺序推荐 3 名以上成交候选供应商,并编写评审报告;供应商的评审得分相同的,按照最后报价由低到高的顺序排列推荐;评审得分且最后报价相同的,按照服务指标优劣顺序排列推荐;以上都相同的,按商务条款的优劣顺序排列推荐;服务部分得分为 0 分的投标人,将失去成为成交候选供应商的资格。

2) 评审标准。见表7-4。

表7-4 评审标准

序号	评分因素及权值		分值	评分标准	说明
1	投标报价（10%）		10分	有效的投标报价中的最低价为评标基准价，按照下列公式计算每个投标人的投标价格得分。 投标报价得分＝（评标基准价/投标报价）×价格权重×100	对小型和微型企业产品的价格给予10%的扣除，用扣除后的价格参与评审
2	服务方案（60%）		10分	（1）服务目标、岗位职责、职业守则 优8～10分，良5～7分，差0～4分	
			20分	（2）全过程造价控制程序及措施（含对本工程全过程造价控制的重难点分析） 优15～20分，良9～14分，差0～8分	
			10分	（3）全过程造价服务质量控制措施 优8～10分，良5～7分，差0～4分	
			10分	（4）全过程造价服务进度控制措施 优8～10分，良5～7分，差0～4分	
			10分	（5）现场组织协调措施（10分） 优8～10分，良5～7分，差0～4分	
3	商务部分（30%）	企业综合实力（20%）	4分	1. 项目负责人具备工程类高级工程师职称的得4分	提供身份证复印件（或扫描件）、职称证书复印件（或扫描件），提供人员在本公司缴纳2022年9～12月社保记录（以社保部门证明为准），（退休专业技术人员年龄不得超过65周岁，并应提供聘用合同和退休证明复印件），复印件均需加盖投标人公章
			8分	2. 项目负责人在具有注册一级造价工程师或注册全国造价工程师职业资格的基础上，每多一项建筑行业执业资格的得4分，最多得8分	提供有效的建筑行业执业资格证书复印件（或扫描件）
			4分	3. 拟派的项目负责人，具有8年（至2022年12月31日止）及以上职业资格经历的（以取得全国注册造价工程师或一级造价工程师资格时间为准），得4分	提供注册全国造价工程师注册证书和执业资格证书复印件（或扫描件）及"全国建筑市场监管公共服务平台"从业人员截图复印件（或扫描件），加盖投标人公章
			4分	4. 拟派的团队其他专业技术人员：投标人承诺至少有一个造价师（一级注册造价师或二级注册造价师）常驻现场得4分	提供承诺书加盖公章
		业绩（10%）	10分	2022年1月1日至今完成工程审计工作业绩或承揽全过程造价咨询工作的，有一个得5分，本项最多得10分	提供业绩汇总表（工程名称、委托时间、委托单位、建安金额），每项业绩委托合同（复印件）

关于小微企业报价扣除比例说明，供应商为非联合体参与磋商的，对小微型企业给予10%的扣除，以扣除后的报价参与评审。监狱企业、残疾人福利性单位视同小型、微型企业。

3) 无效响应。供应商发生以下10种条款情况之一者，视为无效响应，其响应文件将被拒绝。即供应商不符合规定的资格条件的；供应商的法定代表人（或其授权代表）或自然人未参加磋商；供应商所提交的响应文件不按"响应文件编制要求"要求签署或盖章；供应商的最后报价超过采购预算或最高限价的；法定代表人为同一个人的两个及两个以上法人、母公司、全资子公司及其控股公司，在同一包采购中同时参与磋商；单位负责人为同一人或者存在直接控股、管理关系的不同供应商，参加同一合同项下的政府采购活动的；为采购项目提供整体设计、规范编制或者项目管理、监理、检测等服务的供应商，再参加该采购项目的其他采购活动；供应商磋商有效期不满足竞争性磋商文件要求的；供应商响应文件内容有与国家现行法律法规相违背的内容，或附有采购人无法接受的条件；法律、法规和竞争性磋商文件规定的其他无效情形。

4）采购终止。出现下列 3 种情形之一的，采购人或者采购代理机构应当终止竞争性磋商采购活动，发布项目终止公告并说明原因，重新开展采购活动。即因情况变化，不再符合规定的竞争性磋商采购方式适用情形的；出现影响采购公正的违法、违规行为的；在采购过程中符合要求的供应商或者报价未超过采购预算的供应商不足 3 家的，但《政府采购竞争性磋商采购方式管理暂行办法》第二十一条第三款规定的情形以及《财政部关于政府采购竞争性磋商采购方式管理暂行办法有关问题的补充通知》（财库〔2015〕124 号）规定的情形除外。

7.6 供应商须知

供应商须知格式如下。

供应商须知

1）磋商费用。参与磋商的供应商应承担其编制响应文件与递交响应文件所涉及的一切费用，无论磋商结果如何，采购人和采购代理机构在任何情况下无义务也无责任承担这些费用。

2）竞争性磋商文件。竞争性磋商文件由采购邀请书、项目服务需求、供应商须知、项目商务需求、磋商程序及方法、评审标准、无效响应和采购终止、供应商须知、政府采购合同、响应文件编制要求七部分组成。采购人（或采购代理机构）所作的一切有效的书面通知、修改及补充，都是竞争性磋商文件不可分割的部分。

竞争性磋商文件的解释依从惯例。供应商如对竞争性磋商文件有疑问，必须以书面形式在提交响应文件截止时间三个工作日前向采购人（或采购代理机构）要求澄清，采购人（或采购代理机构）可视具体情况作出处理或答复。如供应商未提出疑问，视为完全理解并同意本竞争性磋商文件。一经进入磋商程序，即视为供应商已详细阅读全部文件资料，完全理解竞争性磋商文件所有条款内容并同意放弃对这方面有不明白及误解的权利。

本竞争性磋商文件中，磋商小组根据与供应商进行磋商可能实质性变动的内容为竞争性磋商文件中项目服务需求、采购商务需求、政府采购合同的全部内容。评审的依据为竞争性磋商文件和响应文件（含有效的书面承诺）。磋商小组判断响应文件对竞争性磋商文件的响应，仅基于响应文件本身而不靠外部证据。

3）磋商要求。响应文件依从惯例。供应商应当按照竞争性磋商文件的要求编制响应文件，并对竞争性磋商文件提出的要求和条件作出实质性响应，响应文件原则上采用软面订本，同时应编制完整的页码、目录。响应文件组成依从惯例，响应文件由"响应文件编制要求"规定的部分和供应商所作的一切有效补充、修改和承诺等文件组成，供应商应按照"响应文件编制要求"规定的目录顺序组织编写和装订，也可在基本格式基础上对表格进行扩展，未规定格式的由供应商自定格式。磋商有效期：响应文件及有关承诺文件有效期为提交响应文件截止时间起九十天。

修正错误依从惯例。若供应商所递交的响应文件或最后报价中的价格出现大写金额和小写金额不一致的错误，以大写金额为准修正。磋商小组按上述修正错误的原则及方法修正供应商的报价，供应商同意并签字确认后，修正后的报价对供应商具有约束作用。如果供应商不接受修正后的价格，将失去成为成交供应商的资格。

提交响应文件的份数和签署依从惯例。响应文件一式三份，其中正本一份，副本两份；副本可为正本的复印件，应与正本一致，如出现不一致情况以正本为准。响应文件按竞争性磋商文件"响应文件编制要求"签署或盖章。

响应文件的递交依从惯例。响应文件的正本、副本均应密封送达磋商地点，应在封套上注明磋商项目名称、供应商名称。若正本、副本分别进行密封的，还应在封套上注明"正本""副本"字样。

供应商参与人员应合规。各个供应商应当派1~2名代表参与磋商，至少1人应为法定代表人（或其授权代表）或自然人（供应商为自然人）。

4）成交供应商的确认和变更。成交供应商的确认依从惯例。采购代理机构应当在评审结束后2个工作日内将评审报告送采购人确认。采购人应当在收到评审报告后5个工作日内，从评审报告提出的成交候选供应商中，按照排序由高到低的原则确定成交供应商，也可以书面授权磋商小组直接确定成交供应商。采购人逾期未确定成交供应商且不提出异议的，视为确定评审报告提出的排序第一的供应商为成交供应商。

成交供应商的变更依从惯例。成交供应商拒绝与采购人签订合同的，采购人可以按照评标报告推荐的成交候选供应商顺序，确定排名下一位的候选人为成交供应商，也可以重新开展政府采购活动。

5）成交通知。当成交供应商确定后，采购代理机构将在××市政府采购网（http：//www.××gp.gov.cn）或××市公共资源交易网（××区）（https：//www.××ggzy.com/naxxhuanweb/）上发布成交结果公告。结果公告发出的同时，采购代理机构将以书面形式发出成交通知书。成交通知书一经发出即发生法律效力。成交通知书将作为签订合同的依据。

6）关于质疑和投诉。质疑依从惯例。供应商认为采购文件、采购过程和成交结果使自己的权益受到伤害的，可向采购人或采购代理机构以书面形式提出质疑。提出质疑的应当是参与所质疑项目采购活动的供应商。

质疑时限、内容应合规。供应商认为采购文件、采购过程、成交结果使自己的权益受到损害的，可以在知道或者应知其权益受到损害之日起 7 个工作日内，以书面形式向采购人、采购代理机构提出质疑。供应商提出质疑应当提交质疑函和必要的证明材料，质疑函应当包括下列 8 方面内容，即供应商的姓名或者名称、地址、邮编、联系人及联系电话；质疑项目的名称、项目号以及采购执行编号；具体、明确的质疑事项和与质疑事项相关的请求；事实依据；必要的法律依据；提出质疑的日期；营业执照（或事业单位法人证书，或个体工商户营业执照或有效的自然人身份证明）复印件；法定代表人授权委托书原件、法定代表人身份证复印件和其授权代表的身份证复印件（供应商为自然人的提供自然人身份证复印件）。供应商为自然人的，质疑函应当由本人签字；供应商为法人或者其他组织的，质疑函应当由法定代表人、主要负责人，或者其授权代表签字或者盖章，并加盖公章。

质疑答复依从惯例。采购人、采购代理机构应当在收到供应商的书面质疑后七个工作日内作出答复，并以书面形式通知质疑供应商和其他有关供应商。供应商应按照《政府采购质疑和投诉办法》（财政部令第 94 号）及相关法律法规要求，在法定质疑期内一次性提出针对同一采购程序环节的质疑。质疑函范本可在财政部门户网站和中国政府采购网下载。

投诉依从惯例。供应商对采购人、采购代理机构的答复不满意，或者采购人、采购代理机构未在规定时间内作出答复的，可以在答复期满后 15 个工作日内按照相关法律法规向财政部门提起投诉。供应商应按照《政府采购质疑和投诉办法》（财政部令第 94 号）及相关法律法规要求递交投诉书和必要的证明材料。投诉书范本可在财政部门户网站和中国政府采购网下载。投诉书应当使用中文，相关当事人提供外文书证或者外国语视听资料的，应当附有中文译本，由翻译机构盖章或者翻译人员签名；相关当事人向财政部门提供的在中华人民共和国领域外形成的证据，应当说明来源，经所在国公证机关证明，并经中华人民共和国驻该国使领馆认证，或者履行中华人民共和国与证据所在国订立的有关条约中规定的证明手续；相关当事人提供的在香港特别行政区、澳门特别行政区和台湾地区内形成的证据，应当履行相关的证明手续。在确定受理投诉后，财政部门自受理投诉之日起 30 个工作日内（需要检验、检测、鉴定、专家评审以及需要投诉人补正材料的，所需时间不计算在投诉处理期限内）对投诉事项作出处理决定。

7）交易服务费。投标人中标后按相关规定缴纳交易服务费。

8）签订合同。采购人应当自成交通知书发出之日起 30 日内，按照竞争性磋商文件和成交供应商响应文件的约定，与成交供应商签订书面合同。所签订的合同不得对竞争性磋商文件和供应商的响应文件作实质性修改。采购人应当自政府采购合同签订之日起 2 个工作日内，将政府采购合同在××市政府采购网上公告，但政府采购合同中涉及国家秘密、商业秘密的内容除外。竞争性磋商文件、供应商的响应文件及澄清文件等，均为签订政府采购合同的依据。合同生效条款由供需双方约定，法律、行政法规规定应当办理批准、登记等手续后生效的合同，依照其规定。合同原则上应按照《××市政府采购合同》签订，相关单位要求适用合同通用格式版本的，应按其要求另行签订其他合同。采购人要求成交供应商提供履约保证金的，应当在竞争性磋商文件中予以约定。成交供应商履约完毕后，采购人应按磋商文件及合同的约定无息退还其履约保证金。

9）政府采购信用融资。供应商参与××市政府采购活动，成为成交供应商，并与采购人签订政府采购合同后，可按照××市政府采购支持中小企业信用融资办法的规定，向开展政府采购信用融资业务的银行申请贷款。具体内容详见××市政府采购网"信用融资"信息专栏。

7.7 政府采购合同

政府采购合同格式如下。

政府采购合同
××市政府采购合同

项目号：

甲方（需方）：＿＿＿＿＿＿＿＿＿＿　计价单位：＿＿＿＿＿＿

乙方（供方）：＿＿＿＿＿＿＿＿＿＿　计量单位：＿＿＿＿＿＿

经双方协商一致，达成以下购销合同。见表 7-5。

表 7-5　购销合同

磋商项目名称	数量	综合单价	总价	服务时间	服务地点

合计人民币(小写)：＿＿＿＿＿＿＿＿＿＿＿＿＿＿＿＿＿＿＿＿＿

合计人民币(大写)：＿＿＿＿＿＿＿＿＿＿＿＿＿＿＿＿＿＿＿＿＿

1）服务要求：＿＿＿＿＿＿＿＿＿＿＿＿＿＿＿＿＿＿＿＿＿＿＿。

2）考核方式：＿＿＿＿＿＿＿＿＿＿＿＿＿＿＿＿＿＿＿＿＿＿＿。

3）付款方式：＿＿＿＿＿＿＿＿＿＿＿＿＿＿＿＿＿＿＿＿＿＿＿。

4）履约保证金：＿＿＿＿＿＿＿＿＿＿＿＿＿＿＿＿＿＿＿＿＿＿。

　　5）违约责任。按《中华人民共和国民法典》《中华人民共和国政府采购法》执行，或按双方约定。

　　6）其他约定事项。采购文件及其澄清文件、响应文件和承诺是本合同不可分割的部分。本合同如发生争议由双方协商解决，协商不成向需方所在人民法院提请诉讼。本合同一式 ＿＿＿ 份，需方 ＿＿＿ 份，供方 ＿＿＿ 份，具同等法律效力。其他：＿＿＿＿＿＿＿＿＿。

　　需方：

　　地址：

　　联系电话：

　　授权代表：

　　供方：

　　地址：

　　电话：

　　传真：

　　开户银行：

　　账号：

　　授权代表：

　　（本栏请用计算机打印以便于准确付款）

　　备注：

　　签约时间：　　年　月　　日　　　　　签约地点：

7.8　响应文件编制要求

　　响应文件包括经济部分，内含竞争性磋商报价函、明细报价表；技术部分，内含技术响应偏离表、其他技术资料（格式自定）；商务部分，内含商务响应偏离表、其他优惠承诺（格式自定）；资格条件及其他，内含法人营业执照（副本）或事业单位法人证书（副本）或个体工商户营业执照或有效的自然人身份证明或社会团体法人登记证书复印件、法定代表人身份证明书（格式）、法定代表人授权委托书（格式）、基本资格条件承诺函（格式）、特定资格条件证明文件；其他应提供的资料，内含中小企业声明函、监狱企业证明文件、残疾人福利性单位声明函，以及其他与项目有关的资料；竞争性磋商最终报价单（格式）。

7.8.1　经济部分

　　1）竞争性磋商报价函。格式如下。

竞争性磋商报价函

（采购代理机构名称）：

我方收到＿＿＿＿＿＿＿＿＿＿＿＿＿（磋商项目名称）的竞争性磋商文件，经详细研究，决定参加该项目的磋商。

愿意按照竞争性磋商文件中的一切要求，提供本项目的服务，初始报价总额为人民币大写：　元整，人民币小写：　元；报价取费费率为　％，大写：　　　。以我公司最后报价为准。我方现提交的响应文件为：响应文件正本　份，副本　份。我方承诺：本次磋商的有效期为提交响应文件截止时间起 90 天。我方完全理解和接受贵方竞争性磋商文件的一切规定和要求及评审办法。在整个竞争性磋商过程中，我方若有违规行为，接受按照《中华人民共和国政府采购法》和《竞争性磋商文件》之规定给予惩罚。我方若成为成交供应商，将按照最终磋商结果签订合同，并且严格履行合同义务。本承诺函将成为合同不可分割的一部分，与合同具有同等的法律效力。如果我方成为成交供应商，保证在接到成交通知书后，向采购代理机构和××联合产权交易所集团股份有限公司缴纳竞争性磋商文件规定的采购代理服务费和交易服务费。我方未为采购项目提供整体设计、规范编制或者项目管理、监理、检测等服务。

供应商（公章）或自然人签署：

地址：

电话：　　　　　传真：

网址：　　　　　邮编：

联系人：

　　年　月　日

2）明细报价表。格式如下。

项目号：

磋商项目名称：

明细报价表见表 7-6。供应商应完整填写本表。该表可扩展。

表 7-6　明细报价表

序号	名称	相关信息	数量	单价	合计
1					
2					
3	人工费				
4	运输费				
5	其他费用				
6					
7	总计				
8					

供应商名称（公章）或自然人签署：

　　年　月　日

7.8.2　技术部分

1）技术响应偏离表。格式如下。

项目名称：

技术响应偏离见表 7-7。本表即为对本项目"项目服务需求"中所列条款进行比较和响应；该表必须按照竞争性磋商要求逐条如实填写，根据响应情况在"差异说明"项填写正偏离或负偏离及原因，完全符合的填写"无差异"。该表可扩展。

表 7-7　技术响应偏离

序号	采购需求	响应情况	差异说明
		提醒:请注明技术参数或具体内容以及响应文件中技术参数或具体内容的位置(页码)	

供应商：　　　　　　　　　　法人授权代表：

（供应商公章）　　　　　　　（签字或盖章）

　　年　　月　　日

2）其他技术资料（格式自定）。

7.8.3　商务部分

1）商务响应偏离表。格式如下。

项目号：

磋商项目名称：

商务响应偏离见表 7-8。本表即为对本项目"采购商务需求"中所列服务要求进行比较和响应；该表必须按照竞争性磋商要求逐条如实填写，根据响应情况在"偏离说明"项填写正偏离或负偏离及原因，完全符合的填写"无差异"。该表可扩展。

表 7-8　商务响应偏离

序号	磋商项目商务需求	响应情况	偏离说明
		提醒:请注明具体内容以及响应文件中具体内容的位置(页码)	

供应商：　　　　　　　　　　法定代表人（或其授权代表）或自然人：

（供应商公章）　　　　　　　（签署或盖章）

　　年　　月　　日

2）其他优惠承诺（格式自定）。

7.8.4　资格条件及其他

1）法人营业执照（副本）或事业单位法人证书（副本）或个体工商户营业执照或有效的自然人身份证明或社会团体法人登记证书复印件。

2）法定代表人身份证明书。格式如下。

项目名称：

致（采购代理机构名称）：

（法定代表人姓名）在（供应商名称）任（职务名称）职务，是（供应商名称）的法定代表人。

特此证明。

（供应商公章）

　年　月　日

法定代表人电话：　　　；电子邮箱：　　　　　（若授权他人办理并签署响应文件的可不填写）

（附：法定代表人身份证正背面复印件）

3）法定代表人授权委托书。若为法定代表人办理并签署响应文件的，不提供此文件。若为联合体参与的，法定代表人授权委托书由联合体主办方（主体）出具。格式如下。

项目名称：

致（采购代理机构名称）：

（供应商法定代表人名称）是（供应商名称）的法定代表人，特授权（被授权人姓名及身份证代码）代表我单位全权办理上述项目的磋商、签约等具体工作，并签署全部有关文件、协议及合同。

我单位对被授权人的签字负全部责任。

在撤销授权的书面通知以前，本授权书一直有效。被授权人在授权书有效期内签署的所有文件不因授权的撤销而失效。

被授权人：　　　　　　　　　　供应商法定代表人：

（签字或盖章）　　　　　　　　（签字或盖章）

（附：被授权人身份证正背面复印件）

（供应商公章）

　年　月　日

被授权人电话：　　　；电子邮箱：　　　　　（若法定代表人办理并签署响应文件的可不填写）

4）基本资格条件承诺函。格式如下。

基本资格条件承诺函

致（采购代理机构名称）：

（供应商名称）郑重承诺：

我方具有良好的商业信誉和健全的财务会计制度，具有履行合同所必需的设备和专业技术能力，具有依法缴纳税收和社会保障金的良好记录，参加本项目采购活动前三年内无重大违法活动记录。我方未列入信用中国网站（www.creditchina.gov.cn）失信被执行人、重大税收违法案件当事人名单中，也未列入中国政府采购网（www.ccgp.gov.cn）政府采购严重违法失信行为记录名单中。我方在采购项目评审（评标）环节结束后，随时接受采购人、采购代理机构的检查验证，配合提供相关证明材料，证明符合《中华人民共和国政府采购法》规定的供应商基本资格条件。

我方对以上承诺负全部法律责任。

特此承诺。

（供应商公章）

　　年　　月　　日

5）特定资格条件证明文件。格式自拟。

7.8.5　其他应提供的资料

中小企业声明函、监狱企业证明文件、残疾人福利性单位声明函。格式如下。

中小企业声明函

本公司（联合体）郑重声明，根据《政府采购促进中小企业发展管理办法》（财库〔2020〕46号）的规定，本公司（联合体）参加（单位名称）的（项目名称）采购活动，服务全部由符合政策要求的中小企业承接。相关企业（含联合体中的中小企业、签订分包意向协议的中小企业）的具体情况如下：

（标的名称），属于（采购文件中明确的所属行业）；承接企业为（企业名称），从业人员×人，营业收入为×万元，资产总额为×万元，属于（中型企业、小型企业、微型企业）；为本标的提供的服务人员×人，其中与本企业签订劳动合同×人，其他人员×人。有其他人员的不符合中小企业扶持政策（适用于服务采购项目）；

（标的名称），属于（采购文件中明确的所属行业）；承接企业为（企业名称），从业人员×人，营业收入为×万元，资产总额为×万元，属于（中型企业、小型企业、微型企业）；为本标的提供的服务人员×人，其中与本企业签订劳动合同×人，其他人员×人。有其他人员的不符合中小企业扶持政策（适用于服务采购项目）；

……

以上企业，不属于大企业的分支机构，不存在控股股东为大企业的情形，也不存在与大企业的负责人为同一人的情形。

本企业对上述声明内容的真实性负责。如有虚假，将依法承担相应责任。

企业名称（盖章）：

日期：

填写时应注意以下 4 方面事项。即从业人员、营业收入、资产总额填报上一年度数据，无上一年度数据的新成立企业可不填报。中小企业应当按照《中小企业划型标准规定》（工信部联企业〔2011〕300 号），如实填写并提交《中小企业声明函》。供应商填写《中小企业声明函》中所属行业时，应与采购文件"采购标的对应的中小企业划分标准所属行业"中填写的所属行业一致。本声明函"企业名称（盖章）"处为供应商盖章。

监狱企业证明文件以省级以上监狱管理局、戒毒管理局（含新疆生产建设兵团）出具的属于监狱企业的证明文件为准。

残疾人福利性单位声明函

本单位郑重声明，根据《关于促进残疾人就业政府采购政策的通知》（财库〔2017〕141 号）的规定，本单位为符合条件的残疾人福利性单位，且本单位参加_____单位的_____项目采购活动提供本单位制造的货物（由本单位承担工程/提供服务），或者提供其他残疾人福利性单位制造的货物（不包括使用非残疾人福利性单位注册商标的货物）。

本单位对上述声明的真实性负责。如有虚假，将依法承担相应责任。

供应商名称（盖章）：

日期：

若中标人为残疾人福利性单位的，将在结果公告时公告其《残疾人福利性单位声明函》。

其他与项目有关的资料（自附）。

7.8.6 竞争性磋商最终报价单

竞争性磋商最终报价单。格式如下。

竞争性磋商最终报价单

××市××区公共资源综合交易中心：

根据磋商会议上明确的各项要求，本人代表本公司对（项目名称）竞争性磋商项目作出最终报价（人民币）如下：

总报价（小写）：　　　　大写：

报价取费费率按《××市物价局关于工程造价咨询服务收费标准的通知》（××价〔2013〕428 号）收费标准的　　%（大写：　　　　）取费。

相关补充说明：_____。

法定代表人或授权代表（签字）：

法定代表人或授权代表联系电话：

供应商名称

　　年　月　日

特别说明：供应商可按此格式制作"竞争性磋商最终报价单"，并加盖单位公章或签字后自行携带到现场，用于最终报价。

第8章 ▶▶▶

××市 PET/MR 机房项目
工程施工招标文件

8.1 封面与目录

政府采购竞争性磋商文件封面应逐行依次注明政府采购竞争性磋商文件；项目号：××S23B00099；磋商项目名称：PET/MR 机房项目工程施工；采购人：××市基础医学研究所；采购代理机构：××建设工程项目管理有限责任公司；日期：2023 年 4 月。

政府采购竞争性磋商文件目录应包括采购邀请书，内含竞争性磋商内容、资金来源、供应商资格条件、磋商有关说明、磋商保证金、采购项目需落实的政府采购政策、其他有关规定、联系方式；项目技术需求，内含项目基本概况介绍、项目内容；项目商务需求，内含施工工期/施工地点及验收方式、报价要求、付款方式、合同价格/计量与支付、售后服务要求；磋商程序及方法、评审标准、无效响应和采购终止，内含磋商程序及方法、评审标准、无效响应、采购终止；供应商须知，内含磋商费用、竞争性磋商文件、磋商要求、成交供应商的确认和变更、成交通知、关于质疑和投诉、采购代理服务费、交易服务费、签订合同、项目验收、政府采购信用融资；政府采购合同（样本）；响应文件编制要求，内含经济部分、技术部分、商务部分、资格条件、其他资料。

8.2 采购邀请书

采购邀请书格式如下。

采购邀请书

××建设工程项目管理有限责任公司（以下简称采购代理机构）接受××市基础医学研究所（以下简称采购人）的委托，对 PET/MR 机房项目工程施工项目进行竞争性磋商采购。欢迎有资格的供应商前来参与磋商。

1）竞争性磋商内容。见表 8-1。

表 8-1　竞争性磋商内容

项目名称	最高限价/万元	投标保证金/万元	成交供应商数量/名	采购标的对应的中小企业划分标准所属行业
PET/MR 机房项目工程施工	196.600212	2	1	建筑业

2）资金来源。财政预算资金，预算金额为 196.600212 万元。

3）供应商资格条件。满足《中华人民共和国政府采购法》第二十二条规定。落实政府采购政策需满足的资格要求：本项目专门面向中小企业采购，供应商应为中小微企业，供应商须出具中小企业声明函或监狱企业证明文件或残疾人福利性单位声明函。

本项目的特定资格要求：供应商具备建设行政主管部门颁发的有效的建筑工程施工总承包三级及以上资质。供应商具备建设行政主管部门颁发的有效的安全生产许可证，企业主要负责人、拟担任该项目的项目经理具备相应的由建设行政主管部门颁发的有效的安全生产考核合格证书。

4）磋商有关说明。供应商应通过××市政府采购网（www.ccgp-××.gov.cn）登记加入"××市政府采购供应商库"。凡有意参加磋商的供应商，请在××市政府采购网上下载或到采购代理机构处领取本项目竞争性磋商文件以及图纸、澄清等磋商前公布的所有项目资料，无论供应商下载或领取与否，均视为已知晓所有磋商实质性要求内容。竞争性磋商公告期限：自采购公告发布之日起 3 个工作日。竞争性磋商文件发售期：2023 年 4 月 18 日至 2023 年 4 月 25 日。

报名方式依从惯例。磋商文件发售期限截止前，供应商将磋商文件购买费用汇至以下账户内进行购买。通过汇款方式购买磋商文件的，将磋商文件汇款凭证（注明项目号）、《磋商文件发售登记表》（加盖供应商公章）扫描后发送至电子邮箱：　　　。户名：××建设工程项目管理有限责任公司××分公司；开户行：工行××支行；账号：　　　　　。竞争性磋商文件售价：人民币 300 元/包（售后不退）。递交响应文件地点：××市公共资源交易中心（地址：××市××区解放南路 999 号胜利广场 D 座 9 栋 21 楼）。响应文件递交截止时间：2023 年 5 月 4 日北京时间 10：00。磋商开始时间：2023 年 5 月 4 日北京时间 10：00。

5）磋商保证金。磋商保证金递交依从惯例。供应商应足额缴纳投标保证金（保证金金额详见"竞争性磋商内容"），并汇至以下任一账户，投标保证金的到账截止时间同投标截止时间。户名：××联合产权交易所集团股份有限公司；分包：1；银行信息见表 8-2。银行行号：请登录××市公共资源交易网（www.××ggzy.com）对应栏目查看。路径：服务导航-政府采购-办事指引-××市公共资源交易中心政府采购项目保证金银行联行行号。各供应商在银行转账（电汇）时，须充分考虑银行转账（电汇）的时间差风险，如同城转账、异地转账或汇款、跨行转账或电汇的时间要求。

表 8-2 银行信息

账号 1	开户行	中国银行××支行
	账号	
账号 2	开户行	平安银行××分行营业部
	账号	
账号 3	开户行	建设银行××支行
	账号	

保证金退还方式依从惯例。未成交供应商的保证金，在成交通知书发放后，××市公共资源交易中心在五个工作日内按来款渠道直接退还。成交供应商的投标保证金，在成交供应商与采购人签订合同后，××市公共资源交易中心在 5 个工作日内按资金来款渠道直接退还。××市公共资源交易中心咨询电话：　　　　　　。

6）采购项目需落实的政府采购政策。按照《关于印发环境标志产品政府采购品目清单的通知》（财库〔2019〕18 号）和《关于印发节能产品政府采购品目清单的通知》（财库〔2019〕19 号）的规定，落实国家节能环保政策。按照财政部、工业和信息化部《关于印发〈政府采购促进中小企业发展管理办法〉的通知》（财库〔2020〕46 号）的规定，落实促进中小企业发展政策。按照《财政部　司法部关于政府采购支持监狱企业发展有关问题的通知》（财库〔2014〕68 号）的规定，落实支持监狱企业发展政策。按照《关于促进残疾人就业政府采购政策的通知》（财库〔2017〕141 号）的规定，落实支持残疾人福利性单位发展政策。

7）其他有关规定。单位负责人为同一人或者存在直接控股、管理关系的不同供应商，不得参加同一合同项（包）下的政府采购活动，否则均为无效响应。为采购项目提供整体设计、规范编制或者项目管理、监理、检测等服务的供应商，不得再参加该采购项目的其他采购活动。本项目的澄清文件（如果有）一律在××市政府采购网（www.ccgp-××.gov.cn）上发布，请各供应商注意下载或到采购代理机构处领取；无论供应商下载或领取与否，均视同供应商已知晓本项目澄清文件（如果有）的内容。超过响应文件截止时间递交的响应文件，恕不接收。磋商费用：无论磋商结果如何，供应商参与本项目磋商的所有费用均应由供应商自行承担。本项目不接受联合体参与磋商，否则按无效处理。本项目不接受合同分包，否则按无效处理。按照《财政部关于在政府采购活动中查询及使用信用记录有关问题的通知》（财库〔2016〕125 号），供应商列入失信被执行人、重大税收违法案件当事人名单、政府采购严重违法失信行为记录名单及其他不符合《中华人民共和国政府采购法》第二十二条规定条件的供应商，将拒绝其参与政府采购活动。

8）联系方式。采购人：××市基础医学研究所；联系人：××老师；电话：　　　　　　；地址：××市××区青衣江路 909 号。采购代理机构：××建设工程项目管理有限责任公司；联系人：××老师；电话：　　　　　　；地址：××市××区工人北路 969 号。

8.3　项目技术需求

项目技术需求格式如下。

项目技术需求

1）项目基本概况介绍见表 8-3。

表 8-3　项目基本概况介绍

项目名称	数量	备注
PET/MR 机房项目工程施工	1 项	

2）项目内容。项目宏观要求依从惯例。本工程装饰改造面积约 300m^2，主要是核医学科负二层部分天棚、地面、墙面、安装部分的改造装饰，精密空调的采购安装，废液收集池、衰变池及其配套设备的采购安装，设备转运的通道施工（含电梯的保护性拆除及安装恢复），配合机房及控制区进行射频屏蔽和磁屏蔽等。项目应满足相应的技术要求。

招标范围为核医学科负二层部分天棚、地面、墙面、安装部分的改造装饰，精密空调的采购安装，独立衰变池及其配套设备的采购安装，设备转运的通道施工（含电梯的保护性拆除及恢复安装），配合机房及控制区进行射频屏蔽和磁屏蔽等，主要包含核医学科 PET/MR 机房改造施工图所示全部范围，包括：土建改造、电梯改造、装饰工程以及原有安装管路的拆除及新做工程（包括电气、给排水、暖通、消防、智能化、医气线路移位等），具体以工程量清单和施工图纸为准（详见附件）。

现场踏勘依从惯例。采购人将组织标前现场踏勘，根据现场踏勘，供应商自己考虑临建及办公场所，费用已包括在投标报价内。具体安排：2023 年 4 月 26 日上午 10 时在××大学附属肿瘤医院门诊楼 9 楼 009 室集中踏勘；联系人：××老师；联系电话：　　　　　。

工期要求：总体工期 90 日历天，其中机房部分须在开工后 50 日历天完成，具备屏蔽进场施工条件；电梯保护性拆除须在 5 日历天内完成，电梯恢复须在设备转进后 15 日历天内完成。质量要求：符合强制性质量标准，符合国家和××市现行有关施工质量验收规范要求，并达到合格标准。安全文明施工：除满足国家及××市安全文明施工规定外，进场施工作业人员须统一着装，施工期间不得影响周边诊疗业务的正常运行，施工作业区与周边环境有严格的物理划分及管理，严格控制噪声及粉尘。所有装饰材料需经采购人认可。施工前需进行样板施工。供应商拟派的项目经理必须已在供应商本单位注册并应具有建筑工程专业二级及以上注册建造师执业资格。项目技术负责人：应具有工程类中级及以上职称。主要管理人员：满足《××市房屋建筑与市政基础设施工程现场施工从业人员配备标准》要求。

8.4 项目商务需求

项目商务需求格式如下。

项目商务需求

1）施工工期、施工地点及验收方式。施工工期：总体工期 90 日历天，其中机房部分须在开工后 50 日历天完成，具备屏蔽进场施工条件；电梯保护性拆除须在 5 日历天内完成，电梯恢复须在设备转进后十五日历天内完成。施工地点：××区青衣江路 909 号核医学科负二层。验收方式依从惯例，在正式施工进场 90 日历天后，经成交供应商自检合格，提请监理人同意后，组织施工方、监理方、设计方及采购人对合同约定范围内的施工内容进行现场验收。本项目须经监理单位、设计单位确认完成全部施工内容后，建设单位联系具有相关测试资质的测试单位进行射线屏蔽效能测试，提供符合相关要求的检测报告后再进行项目竣工验收。施工质量符合强制性质量标准，符合国家和××市现行有关施工质量验收规范要求，并达到合格标准。

2）报价要求。本招标工程由采购人以竞争性磋商文件、合同条件、工程量清单、本次招标范围的设计招标图纸、国家技术和经济规范及标准、《建设工程工程量清单计价规范》（GB 50500—2013）、《××市建设工程工程量清单计价规则》（××JJGZ—2013）、《通用安装工程工程量计算规范》（GB 50856—2013）、《房屋建筑与装饰工程工程量计算规范》（GB 50854—2013）、《××市建设工程工程量计算规则》（××JLGZ—2013）、《××市房屋建筑与装饰工程计价定额》（××JZZSDE—2018）、《××市房屋修缮工程计价定额》（××SDE—2018）、《××市通用安装工程计价定额》（××AZDE—2018）《××市建设工程费用定额》××FYDE—2018）等相关配套文件为依据，由供应商结合自身实力、市场行情自主合理报价。投标报价应包括完成招标范围内工程项目的人工费、材料费、机械费、企业管理费、利润、风险费用、措施费（含材料多次转运和垂直运输等）、规费、安全文明施工费、税金、政策性文件规定等所有费用。采购人除此以外不支付其他费用。

措施费清单包括施工组织措施项目费、施工技术措施项目费。施工组织措施项目费：由供应商结合《××市建设工程费用定额》（××FYDE—2018）自主报价，成交后一律不作调整，但投标报价基数及费率高于 2018××市费用定额规定的，结算时，按定额规定进行计价。

安全文明施工费依从惯例。根据《××城乡建设委员会关于印发〈××市建设工程安全文明施工费计取及使用管理规定〉的通知》（×建发〔2014〕25 号）规定，安全文明施工费由安全施工费、文明施工费、环境保护费及临时设施费组成。本项

目安全文明施工费由采购人根据《建设工程工程量清单计价规范》（GB 50500—2013）、《××市建设工程工程量清单计价规则》（××JJGZ—2013）、《××市城乡建设委员会关于印发〈××市建设工程安全文明施工费计取及使用管理规定〉的通知》（×建发〔2014〕25 号）、《××市建设工程费用定额》（××FYDE-2018）、《××市住房和城乡建设委员会关于适用增值税新税率调整建设工程计价依据的通知》（×建〔2019〕143 号）的相关规定和费用标准单列计算，安全文明施工费为暂定金额，与招标控制价一起公布。《竞争性磋商报价函》及工程量清单报价中的安全文明施工费必须按照采购人给出的暂定金额填报，否则视为对磋商文件不作实质性响应，其响应文件按否决投标处理。

施工技术措施项目费依从惯例。采购人给出的施工技术措施项目清单仅供供应商参考，供应商在投标报价时可参照采购人给出的技术措施费清单并结合本项目的实际情况、国家及××市相关管理规定自行增减项目，并进行报价。如果漏项或不报价，视为已包含在其他项目清单综合单价内，成交后技术措施项目费不因任何原因调整，按成交技术措施费进行结算。

暂估价依从惯例。列出的价格包括暂列金额、暂估价（不含税价格）、专业工程暂估价表、材料暂估价表等，供应商按暂估金额填报，一律不得修改，否则视为对磋商文件不作实质性响应，其响应文件按否决投标处理。

规费、税金（含增值税及附加税）为不可竞争费，报价按 2018 年《××市建设工程费用定额》及《××市住房和城乡建设委员会关于适用增值税新税率调整建设工程计价依据的通知》（×建〔2019〕143 号）所规定费率填写，不得浮动。

工程量清单中的项、量、综合单价依从惯例。除采购人对工程量清单主动补遗或对供应商质疑作修改外，供应商在编制投标报价时不得擅自变改采购人提供的分部分项工程量清单中的序号、项目编码、项目名称、项目特征、工程内容、工程量及计量单位，否则视为对磋商文件不作实质性响应，其响应文件按否决投标处理。

本工程各分部分项工程量清单子项不论其对应的项目特征和工作内容是否描述完整，都将被认为已包括《通用安装工程工程量计算规范》（GB 50856—2013）、《房屋建筑与装饰工程工程量计算规范》（GB 50854—2013）、《××市建设工程工程量计算规则》（××JLGZ—2013）中相应项目编码和项目名称及图纸、相关规范、标准、政策性文件、规定、限制和禁止使用通告等所有工程内容及完成此工作内容而必需的各种主要、辅助工作；其综合单价应包括完成该子项所需的人工费、材料费、机械费、管理费、利润、一般风险费、其他风险费等除税金、安全文明施工费、措施费（含施工排水降水、材料多次转运和垂直运输等）、规费外的所有费用。除磋商文件和合同约定调整综合单价外，成交后无论何种因素采购人不再对综合单价进行调整。

磋商文件及相关补遗文件规定了暂定材料单价或暂定综合单价或专业工程暂定价或暂列金额的，供应商必须按规定的价格进行报价，评标专家手动复核，供应商不得修改，否则视为对磋商文件不作实质性响应，其响应文件按否决投标处理。

供应商只有严格按采购人提供的"工程量清单"和本磋商文件中提供的"已标价工程量清单"内的所有项目进行报价，并且必须列出每项分部分项工程量清单项目综合单价分析表，才能视为总体报价完整，不得出现漏项或增项（措施费除外），否则视为对磋商文件不作实质性响应，其响应文件按否决投标处理。报价空白或报价为零，则视为该子项的价款已包括在工程量清单其他子目的单价和合价中，成交后必须完成该子项工作内容，采购人不对该子项进行结算与支付；若在工程实施过程中，采购人因工程需要而取消该报价空白或报价为零的项目，则在办理竣工结算时将按其他子目投标报价的相同计算原则，在结算中扣除该项费用及其所涉及的措施费、规费及税金等所有费用。

供应商的工程量清单总报价与《竞争性磋商报价函》中填写的投标报价必须一致。否则视为对磋商文件不响应，其响应文件按否决投标处理。供应商应先到工地踏勘以充分了解工地位置、地质情况、进出场道路、项目周边环境干扰、储存空间、装卸限制、行车干扰、平行交叉施工、垂直运输机械等任何其他足以影响承包价格的情况，任何因忽视或误解工地情况而导致的索赔或工期延长申请将不获批准。

综合单价修正原则依从惯例。若供应商的投标报价文件未按采购人提供的工程量清单格式填写（如：未按采购人清单的项目特征填写，修改采购人的工程量填写等，或所报综合单价的人工、材料、机械消耗量高于2018年定额的消耗量（定额规定允许按设计调整用量的，不得高于设计用量），或企业管理费率、利润、一般风险费率高于2018年定额相应标准的，在评标时未发现，在实施时，采购人有权要求成交供应商进行修正，修正消耗量按2018年定额消耗量（定额规定允许按设计调整用量的，按设计用量）修正，企业管理费率、利润、一般风险费率按2018年定额相应费率，修订相应的综合单价，供应商应当接受修正结果。供应商的投标报价中所报的同一种人工、材料有多个单价时，在评标时未发现，在实施时，采购人有权要求成交供应商按此工种或材料的最低报价修正综合单价，供应商应当接受修正结果。

本项目所采用技术、工艺和产品等必须执行××市住房和城乡建设委员会《关于发布××市建设领域禁止、限制使用落后技术通告（2019年版）》（×建发〔2019〕25号）的规定。

3）付款方式。本项目无预付款，工程竣工验收合格后支付至合同总价的80%。供应商报送完整的项目结算资料，结算审核完成后，支付至结算金额的97%，工程竣工验收合格之日起至项目各项质保期结束，且无质量问题支付结算价的3%。

　　4）合同价格、计量与支付。变更估价依从惯例。关于变更的范围的约定：非采购人自身原因改变合同中任何一项工作的施工时间或改变已批准的施工工艺或顺序不属于变更范围。所有工程变更经采购人审批同意后才能实施，否则由此造成的各种费用增加及损失由成交供应商承担。

　　变更估价原则依从惯例。工程量按《建设工程工程量清单计价规范》（GB 50500—2013）、《房屋建筑装饰工程工程量计算规范》（GB 50854—2013）、《通用安装工程工程量计算规范》（GB 50856—2013）、《××市建设工程工程量计算规则》（××JLGZ—2013）《××市建设工程工程量清单计价规则》（××JJGZ—2013）的规定计算。当已标价工程量清单中有适用于变更工程项目的投标综合单价时，则按该项目的投标综合单价计价。当已标价工程量清单中没有适用但有类似于变更工程项目的投标综合单价时，则参照报价中类似项目的投标综合单价进行计价，类似清单的选用需经采购人认可。当报价中无对应项目和参照项目时按《建设工程工程量清单计价规范》（GB 50500—2013）、《房屋建筑装饰工程工程量计算规范》（GB 50854—2013）、《通用安装工程工程量计算规范》（GB 50856—2013）、《××市建设工程工程量计算规则》（××JLGZ—2013）《××市建设工程工程量清单计价规则》（××JJGZ—2013）《××市房屋建筑与装饰工程计价定额》（××JZZSDE—2018）、《××市房屋修缮工程计价定额》（××SDE—2018）、《××市通用安装工程计价定额》（××AZDE—2018）《××市建设工程费用定额》××FYDE—2018）等相关配套定额和文件编制综合单价。其中人工及材料价格按投标报价中已有的价格执行（同种类人工、材料投标有多个价格时，按最低价格），投标报价中没有的人工单价按《××××工程造价》发布的 2023 年二季度价格计价，材料价格由采购人认质认价。按以上原则编制的综合单价按投标报价与最高限价同比例下浮（其中采购人认质认价的材料费不下浮）。

　　竣工结算计价原则依从惯例。本合同价款采用固定单价合同，以成交的工程投标总报价作为暂定的合同总价。工程量的计量原则依从惯例，按《建设工程工程量清单计价规范》（GB 50500—2013）、《房屋建筑装饰工程工程量计算规范》（GB 50854—2013）、《通用安装工程工程量计算规范》（GB 50856—2013）、《××市建设工程工程量计算规则》（××JLGZ—2013）、《××市建设工程工程量清单计价规则》（××JJGZ—2013）等的规定执行。其最终结算价款＝分部分项工程量清单结算价＋措施费＋其他项目清单结算价＋变更增（减）子项结算价（含招标清单漏、缺项）＋暂估价材料调差＋规费＋税金＋合同约定其他费用，各部分的结算原则依从惯例。各分部分项工程量清单结算价依从惯例，以成交供应商实际完成工程量为依据，由成交供应商报送，监理工程师、采购人批准的实际完成工程量以分部分项工程量清单成交综合单价（有修正的，按修正后综合单价计算）。实际完成工程量与招标工程量清单出现偏差，以实际完成工程量结算，分部分项工程量清单中子项综合单价按投标价结算，不作调整（有修正的，按修正后综合单价计算）。

措施费依从惯例。措施费（除安全文明施工费外，含技术措施费及组织措施费）按中标价包干使用，不再因任何原因作调整。但施工组织措施费计费基数及取费费率高于 2018 年定额规定标准的，按 2018 年定额规定标准结算。

安全文明施工费依从惯例。工程竣工结算时按《××市城乡建设委员会关于印发〈××市建设工程安全文明施工费计取及使用管理规定〉的通知》（×建发〔2014〕25 号）、《××市建设工程费用定额》（××FYDE—2018）文件的相关规定按实计算，安全文明施工综合评定结果为不合格的，则不计取。

变更增（减）子项结算价（含招标清单漏、缺项）：按合同专用条款约定变更估价原则执行。暂估价材料调差依从惯例，按采购人核定单价与招标暂定单价的价差×材料用量进行结算，其中材料用量按投标消耗量与 2018 定额消耗量比较，按较低者执行。

规费按《××市建设工程费用定额》（××FYDE—2018）规定执行。税金（增值税及附加税）按 2018 年《××市建设工程费用定额》及《××市住房和城乡建设委员会关于适用增值税新税率调整建设工程计价依据的通知》（×建〔2019〕143 号文）。合同约定的其他费用按磋商文件和合同约定结算。

5）售后服务要求。产品质量保证期：项目整体质保期为不低于验收合格后 24 个月，防水质保期为不低于验收合格后 60 个月，精密空调根据投标年限为不低于验收合格后 24 个月。售后服务内容：接到故障报修，电话响应时间 10min 内，2h 内需到达现场进行维修。精密空调保证全年的开机率≥95％（按照一年 365 天计算，每天不限定工作时间），否则按 1∶7 顺延保修期。培训、知识产权、保密条款（信息安全）等其他售后服务要求：按国家相关要求执行。

8.5　磋商程序及方法、评审标准、无效响应和采购终止

磋商程序及方法、评审标准、无效响应和采购终止格式如下。

1）磋商程序及方法。磋商按竞争性磋商文件规定的时间和地点进行，供应商须有法定代表人（或其授权代表）或自然人参加并签到。竞争性磋商以抽签的形式确定磋商顺序，由本项目依法组建的竞争性磋商小组（以下简称磋商小组）分别与各供应商进行磋商。磋商小组对各供应商的资格条件、响应文件的有效性、完整性和响应程度进行审查。各供应商只有在完全符合要求的前提下，才能参与正式磋商。

资格性审查依从惯例。依据法律法规和竞争性磋商文件的规定，对响应文件中的资格证明等进行审查，以确定供应商是否具备磋商资格。资格性审查资料见表 8-4。

表 8-4　资格性审查资料

序号	检查因素		检查内容
1	《中华人民共和国政府采购法》第二十二条规定	1. 具有独立承担民事责任的能力	1. 供应商法人营业执照(副本)或事业单位法人证书(副本)或个体工商户营业执照或有效的自然人身份证明或社会团体法人登记证书(提供复印件)。 2. 供应商法定代表人身份证明和法定代表人授权代表委托书
		2. 具有良好的商业信誉和健全的财务会计制度	供应商提供"基本资格条件承诺函"
		3. 具有履行合同所必需的设备和专业技术能力	
		4. 有依法缴纳税收和社会保障金的良好记录	
		5. 参加政府采购活动前三年内,在经营活动中没有重大违法记录	
		6. 法律、行政法规规定的其他条件	
		7. 本项目的特定资格要求	按"供应商资格条件"中"本项目的特定资格要求"的要求提交
2	落实政府采购政策需满足的资格要求		按"供应商资格条件"中"落实政府采购政策需满足的资格要求"的要求提交
3	投标保证金		按照磋商文件要求足额交纳所投包的磋商保证金

根据《中华人民共和国政府采购法实施条例》第十九条"参加政府采购活动前三年内,在经营活动中没有重大违法记录"中"重大违法记录",是指供应商因违法经营受到刑事处罚或者责令停产停业、吊销许可证或者执照、较大数额罚款等行政处罚。行政处罚中"较大数额"的认定标准,按照《财政部关于〈中华人民共和国政府采购法实施条例〉第十九条第一款"较大数额罚款"具体适用问题的意见》(财库〔2022〕3 号)"执行。供应商可于响应文件递交截止时间前通过信用中国网站(www.creditchina.gov.cn)、中国政府采购网(www.ccgp.gov.cn)等渠道查询信用记录。

符合性审查依从惯例。依据竞争性磋商文件的规定,从响应文件的有效性、完整性和对竞争性磋商文件的响应程度进行审查,以确定是否对竞争性磋商文件的实质性要求作出响应。符合性审查资料见表 8-5。

表 8-5　符合性审查资料

序号	评审因素		评审标准
1	有效性审查	响应文件签署或盖章	按竞争性磋商文件"响应文件编制要求"要求签署或盖章
		法定代表人身份证明及授权委托书	法定代表人身份证明及授权委托书有效,符合竞争性磋商文件规定的格式,签署或盖章齐全
		响应方案	每个包只能有一个响应方案
		报价唯一	只能有一个有效报价,不得提交选择性报价
2	完整性审查	响应文件份数	响应文件正、副本数量(含电子文档)符合竞争性磋商文件要求
3	响应程度审查	实质性响应	竞争性磋商文件中的全部内容
		磋商有效期	响应文件及有关承诺文件有效期为提交响应文件截止时间起九十天

根据《财政部关于政府采购竞争性磋商采购方式管理暂行办法有关问题的补充通知》（财库〔2015〕124号）采用竞争性磋商采购方式采购的政府购买服务项目（含政府和社会资本合作项目），在采购过程中符合要求的供应商（社会资本）只有2家的，竞争性磋商采购活动可以继续进行。

澄清有关问题依从惯例。磋商小组在对响应文件的有效性、完整性和响应程度进行审查时，可以要求供应商对响应文件中含义不明确、同类问题表述不一致或者有明显文字和计算错误的内容等作出必要的澄清、说明或者更正。供应商的澄清、说明或者更正不得超出响应文件的范围或者改变响应文件的实质性内容。磋商小组要求供应商澄清、说明或者更正响应文件应当以书面形式作出；供应商的澄清、说明或者更正应当由法定代表人（或其授权代表）或自然人（供应商为自然人）签署或者加盖公章；由授权代表签署的，应当附法定代表人授权书；供应商为自然人的，应当由本人签署并附身份证明。在磋商过程中磋商的任何一方不得向他人透露与磋商有关的服务资料、价格或其他信息。

在磋商过程中，磋商小组可以根据竞争性磋商文件和磋商情况实质性变动采购需求中的服务、商务要求以及合同草案条款，但不得变动竞争性磋商文件中的其他内容。实质性变动的内容，须经采购人代表确认。对竞争性磋商文件作出的实质性变动是竞争性磋商文件的有效组成部分，磋商小组应当及时以书面形式同时通知所有参加磋商的供应商。供应商在磋商时作出的所有书面承诺须由法定代表人（或其授权代表）或自然人（供应商为自然人）签署。

经磋商确定最终采购需求且磋商结束后，供应商应当按照竞争性磋商文件的变动情况和磋商小组的要求重新提交响应文件或重新作出相关的书面承诺，最后书面提交最后报价及有关承诺（《最后报价表》在磋商现场向供应商提供）。已提交响应文件但未在规定时间内进行最后报价的供应商，视为放弃最后报价，以供应商响应文件中的报价为准。磋商小组采用综合评分法对提交最后报价的供应商的响应文件和最后报价（含有效书面承诺）进行综合评分；综合评分法，是指响应文件满足竞争性磋商文件全部实质性要求且按照评审因素的量化指标评审得分最高的供应商为成交候选供应商的评审方法；供应商总得分为价格、服务、商务等评定因素分别按照相应权重值计算分项得分后相加，满分为100分。磋商小组各成员独立对每个有效响应（通过资格性审查、符合性审查的供应商）的文件进行评价、打分，然后汇总每个供应商每项评分因素的得分，并根据综合评分情况按照评审得分由高到低顺序推荐3名以上成交候选供应商，并编写评审报告；若供应商的评审得分相同的，按照最后报价由低到高的顺序排列推荐；评审得分且最后报价相同的，按照服务指标优劣顺序排列推荐；以上都相同的，按商务条款的优劣顺序排列推荐；技术部分得分为0分的供应商，将失去成为成交候选人的资格。

2）评审标准见表8-6。

表 8-6 评审标准

序号	评分因素及权值	分值	评分标准	说明
1	报价（70%）	70 分	满足资格性、符合性要求且最后总报价最低的供应商的价格为磋商基准价，其价格分为满分。其他供应商的价格分统一按照下列公式计算： 磋商报价得分＝（磋商基准价/最后磋商报价）×价格权值×100。 磋商报价得分四舍五入，并取小数点后两位	
2	技术部分（20%）	项目总体方案内容完整性和编制水平（3分）	编制要点：包括施工准备工作计划、施工方案、施工进度计划、施工总平面图、劳动力、机械设备、材料和构件供应计划、建筑工地施工业务的组织规划、主要技术经济指标等。有特殊要求的，按照工程特点增加相应内容。内容完整、编制合理得满分，缺 1 项扣 1 分，1 项不完整扣 0.5 分，最低为 0 分	根据供应商提供的方案内容进行评审
		施工方案与技术措施（3分）	编制要点：包括施工程序和施工顺序、施工起点流向、主要分部分项工程的施工方法和施工机械。内容完整、方案科学、措施合理得满分，缺 1 项扣 1.5 分，1 项不合理扣 0.5 分，最低为 0 分	
		质量管理体系与措施（3分）	编制要点：包括质量责任制度、检验检测制度、教育培训、质量保修措施。内容完整、制度完善得满分，缺 1 项扣 1 分，1 项不合理扣 0.5 分，最低为 0 分	
		安全管理体系与措施（3分）	编制要点：安全生产责任制度和安全教育培训制度健全、安全生产规章制度和操作规程完善、安全生产管理机构健全、专职安全管理人员配备齐全。符合要求得满分，缺 1 项扣 1 分，1 项不合理扣 0.5 分，最低为 0 分	
		环境保护管理体系措施（3分）	编制要点：环境保护、环境卫生管理制度完善，责任清晰，措施到位，机制健全。内容完整、制度完善得 3 分；内容基本完整、制度比较完善得 1.5 分；内容不够完整、制度欠完善得 0.5 分	
		工程进度计划与措施（3分）	编制要点：进度计划安排满足招标文件要求，进度控制措施科学具体。内容完整、措施完善得 3 分，内容基本完整、措施比较完善得 1.5 分，内容不够完整、措施欠完善得 0.5 分	
		资源配备计划与先进性（2分）	编制要点：包括劳动力、施工设备及试验、检测仪器设备等资源配备计划。内容完整、计划合理得 2 分，内容基本完整、计划比较合理得 1 分，内容不够完整、计划欠合理得 0.5 分	
3	商务评分（10%）	业绩（4分）	供应商业绩 2018 年 1 月 1 日至今，实施过 PET-CT/MRI/PET-MR 机房的装饰或改造项目的，有一个得 2 分，满分 4 分	提供合同复印件、竣工验收文件。须加盖供应商公章
		精密空调服务（6分）	精密空调免费质保期在 2 年的基础上每增加 1 年得 2 分，最多 6 分	提供服务承诺并加盖供应商公章

3）无效响应。供应商发生以下 10 种条款情况之一者，视为无效响应，其响应文件将被拒绝。即供应商不符合规定的资格条件的；供应商的法定代表人（或其授

权代表）或自然人未参加磋商的；供应商所提交的响应文件不按"响应文件编制要求"签署或盖章的；供应商的最后报价超过采购预算或最高限价的；法定代表人为同一个人的两个及两个以上法人，母公司、全资子公司及其控股公司，在同一包采购中同时参与磋商的；单位负责人为同一人或者存在直接控股、管理关系的不同供应商，参加同一合同项下的政府采购活动的；为采购项目提供整体设计、规范编制或者项目管理、监理、检测等服务的供应商，再参加该采购项目的其他采购活动的；供应商磋商有效期不满足竞争性磋商文件要求的；供应商响应文件内容有与国家现行法律法规相违背的内容，或附有采购人无法接受的条件的；法律、法规和竞争性磋商文件规定的其他无效情形。

4）采购终止。出现下列 3 种情形之一的，采购人或者采购代理机构应当终止竞争性磋商采购活动，发布项目终止公告并说明原因，重新开展采购活动。即因情况变化，不再符合规定的竞争性磋商采购方式适用情形的；出现影响采购公正的违法、违规行为的；在采购过程中符合要求的供应商或者报价未超过采购预算的供应商不足 3 家的，但《政府采购竞争性磋商采购方式管理暂行办法》第二十一条第三款规定的情形除外。

8.6　供应商须知

供应商须知格式如下。

供应商须知

1）磋商费用。参与磋商的供应商应承担其编制响应文件与递交响应文件所涉及的一切费用，无论磋商结果如何，采购人和采购代理机构在任何情况下无义务也无责任承担这些费用。

2）竞争性磋商文件。竞争性磋商文件由采购邀请书，项目技术需求，项目商务需求，磋商程序及方法、评审标准、无效响应和采购终止，供应商须知，政府采购合同，响应文件编制要求七部分组成。采购人（或采购代理机构）所作的一切有效的书面通知、修改及补充，都是竞争性磋商文件不可分割的部分。

竞争性磋商文件的解释依从惯例。供应商如对竞争性磋商文件有疑问，必须以书面形式在提交响应文件截止时间 3 个工作日前向采购人（或采购代理机构）要求澄清，采购人（或采购代理机构）可视具体情况作出处理或答复。如供应商未提出疑问，视为完全理解并同意本竞争性磋商文件。一经进入磋商程序，即视为供应商已详细阅读全部文件资料，完全理解竞争性磋商文件所有条款内容并同意放弃对这方面有不明白及误解的权利。

本竞争性磋商文件中，磋商小组与供应商进行磋商可能产生实质性变动的内容为竞争性磋商文件中"项目技术需求""项目商务需求""政府采购合同"的全部内容。评审的依据为竞争性磋商文件和响应文件（含有效的书面承诺）。磋商小组判断响应文件对竞争性磋商文件的响应，仅基于响应文件本身而不靠外部证据。

3）磋商要求。响应文件依从惯例。供应商应当按照竞争性磋商文件的要求编制响应文件，并对竞争性磋商文件提出的要求和条件作出实质性响应，响应文件原则上采用软面订本，同时应编制完整的页码、目录。响应文件组成应合规，响应文件由"响应文件编制要求"规定的部分和供应商所作的一切有效补充、修改和承诺等文件组成，供应商应按照"响应文件编制要求"规定的目录顺序组织编写和装订，也可在基本格式基础上对表格进行扩展，未规定格式的由供应商自定格式。本项目不接受联合体投标。磋商有效期：响应文件及有关承诺文件有效期为提交响应文件截止时间起 90 天。

磋商保证金依从惯例。供应商提交保证金金额和方式详见"磋商保证金"。发生以下 8 种情况之一者，磋商保证金不予退还。即供应商在提交响应文件截止时间后撤回响应文件的；供应商未按规定提交履约保证金的；供应商在响应文件中提供虚假材料的；除因不可抗力或竞争性磋商文件认可的情形以外，成交供应商不与采购人签订合同的；供应商与采购人、其他供应商或者采购代理机构恶意串通的；供应商将成交项目转让给他人或者在响应文件中未说明且未经采购人同意，将成交项目分包给他人的；成交供应商不按规定的时间或拒绝按成交状态签订合同（即不按照采购文件确定的合同文本以及采购标的、规格型号、采购金额、采购数量、技术和服务要求等事项签订政府采购合同的）；其他严重扰乱招投标程序的。

修正错误依从惯例。若供应商所递交的响应文件或最后报价中的价格出现大写金额和小写金额不一致的错误，以大写金额为准修正。磋商小组按上述修正错误的原则及方法修正供应商的报价，供应商同意并签字确认后，修正后的报价对供应商具有约束作用。如果供应商不接受修正后的价格，将失去成为成交供应商的资格。

提交响应文件的份数和签署依从惯例。响应文件一式四份，其中正本一份，副本两份，电子文档一份（电子文档内容应与纸质文件正本一致，如不一致以纸质文件正本为准。推荐采用光盘或 U 盘为电子文档载体）；副本可为正本的复印件，应与正本一致，如出现不一致情况以正本为准。响应文件按竞争性磋商文件"响应文件编制要求"签署或盖章。

响应文件的递交依从惯例。响应文件的正本、副本以及电子文档均应密封送达磋商地点，应在封套上注明磋商项目名称、供应商名称。若正本、副本以及电子文档分别进行密封的，还应在封套上注明"正本""副本""电子文档"字样。

供应商参与人员应合规，各个供应商应当派 1～2 名代表参与磋商，至少 1 人应为法定代表人（或其授权代表）或自然人（供应商为自然人）。

4）成交供应商的确认和变更。成交供应商的确认依从惯例。采购代理机构应当在评审结束后 2 个工作日内将评审报告送采购人确认。采购人应当在收到评审报告后 5 个工作日内，从评审报告提出的成交候选供应商中，按照排序由高到低的原则确定成交供应商，也可以书面授权磋商小组直接确定成交供应商。采购人逾期未确定成交供应商且不提出异议的，视为确定评审报告提出的排序第一的供应商为成交供应商。

成交供应商的变更依从惯例。成交供应商拒绝与采购人签订合同的，采购人可以按照评标报告推荐的成交候选供应商顺序，确定排名下一位的候选人为成交供应商，也可以重新开展政府采购活动。

5）成交通知。成交供应商确定后，采购代理机构将在××市政府采购网（www.ccgp-××.gov.cn）上发布成交结果公告。结果公告发出的同时，采购代理机构将以书面形式发出成交通知书。成交通知书一经发出即发生法律效力。成交通知书将作为签订合同的依据。

6）关于质疑和投诉。质疑依从惯例。供应商认为采购文件、采购过程和成交结果使自己的权益受到伤害的，可向采购人或采购代理机构以书面形式提出质疑。提出质疑的应当是参与所质疑项目采购活动的供应商。

质疑时限、内容应合规。供应商认为采购文件、采购过程、成交结果使自己的权益受到损害的，可以在知道或者应知其权益受到损害之日起 7 个工作日内，以书面形式向采购人、采购代理机构提出质疑。供应商提出质疑应当提交质疑函和必要的证明材料，质疑函应当包括下列 8 方面内容，即供应商的姓名或者名称、地址、邮编、联系人及联系电话；质疑项目的名称、项目号以及采购执行编号；具体、明确的质疑事项和与质疑事项相关的请求；事实依据；必要的法律依据；提出质疑的日期；营业执照（或事业单位法人证书，或个体工商户营业执照或有效的自然人身份证明）复印件；法定代表人授权委托书原件、法定代表人身份证复印件和其授权代表的身份证复印件（供应商为自然人的提供自然人身份证复印件）。供应商为自然人的，质疑函应当由本人签字；供应商为法人或者其他组织的，质疑函应当由法定代表人、主要负责人，或者其授权代表签字或者盖章，并加盖公章。

质疑答复依从惯例。采购人、采购代理机构应当在收到供应商的书面质疑后 7 个工作日内作出答复，并以书面形式通知质疑供应商和其他有关供应商。供应商应按照《政府采购质疑和投诉办法》（财政部令第 94 号）及相关法律法规要求，在法定质疑期内一次性提出针对同一采购程序环节的质疑。质疑函范本可在财政部门户网站和中国政府采购网下载。

投诉依从惯例。供应商对采购人、采购代理机构的答复不满意，或者采购人、采购代理机构未在规定时间内作出答复的，可以在答复期满后 15 个工作日内按照相关法律法规向财政部门提起投诉。供应商应按照《政府采购质疑和投诉办法》（财政部令第 94 号）及相关法律法规要求递交投诉书和必要的证明材料。投诉书范本可在财政部门户网站和中国政府采购网下载。投诉书应当使用中文，相关当事人提供外文书证或者外国语视听资料的，应当附有中文译本，由翻译机构盖章或者翻译人员签名；相关当事人向财政部门提供的在中华人民共和国领域外形成的证据，应当说明来源，经所在国公证机关证明，并经中华人民共和国驻该国使领馆认证，或者履行中华人民共和国与证据所在国订立的有关条约中规定的证明手续；相关当事人提供的在香港特别行政区、澳门特别行政区和台湾地区内形成的证据，应当履行相关的证明手续。在确定受理投诉后，财政部门自受理投诉之日起 30 个工作日内（需要检验、检测、鉴定、专家评审以及需要投诉人补正材料的，所需时间不计算在投诉处理期限内）对投诉事项作出处理决定。

7）采购代理服务费。供应商成交后向采购代理机构缴纳采购代理服务费，采购代理服务费以成交金额为计费基数，按照表 8-7 标准的 76％执行。采购代理服务收费按差额定率累进法计算。例如：某工程采购代理业务成交金额为 500 万元，计算采购代理服务收费额如下：100 万元×1.0％＝1 万元；（500－100）万元×0.7％＝2.8 万元；合计收费＝（1＋2.8）×76％＝2.888（万元）。采购代理服务费缴纳账号　　　　　户名：××建设工程项目管理有限责任公司××分公司；开户行：工行××支行；账号：　　　　　　　　。

表 8-7　采购代理服务费标准

采购类型		货物采购	服务采购	工程采购
中标金额/万元	100 以下	1.5％	1.5％	1.0％
	100～500	1.1％	0.8％	0.7％
	500～1000	0.8％	0.45％	0.55％
	1000～5000	0.5％	0.25％	0.35％
	5000～10000	0.25％	0.1％	0.2％
	10000～100000	0.05％	0.05％	0.05％
	1000000 以上	0.01％	0.01％	0.01％

8）交易服务费。供应商成交后向××联合产权交易所集团股份有限公司缴纳交易服务费，服务费的收取标准按×发改收费〔2023〕115 号执行。××市公共资源交易中心咨询电话：　　　　　　　　。

9）签订合同。采购人原则上应在成交通知书发出之日起 20 日内和成交供应商签订政府采购合同，无正当理由不得拒绝或拖延合同签订。所签订的合同不得对竞争性磋商文件和供应商的响应文件作实质性修改。其他未尽事宜由采购人和成交供应商在采购合同中详细约定。采购人应当自合同签订之日起 7 个工作日内，在"政府采购业务管理系统"进行合同登记备案；2 个工作日内按相关管理要求在××市政府采购网上公告政府采购合同，但政府采购合同中涉及国家秘密、商业秘密的内容除外。未按要求公告及备案的，应当及时进行补充公告及备案。竞争性磋商文件、供应商的响应文件及澄清文件等，均为签订政府采购合同的依据。合同生效条款由供需双方约定，法律、行政法规规定应当办理批准、登记等手续后生效的合同，依照其规定。合同原则上应按照《××市政府采购合同》签订，相关单位要求适用合同通用格式版本的，应按其要求另行签订其他合同。采购人要求成交供应商提供履约保证金的，应当在竞争性磋商文件中予以约定。成交供应商履约完毕后，采购人根据采购文件规定无息退还其履约保证金。

10）项目验收。合同执行完毕，采购人或采购代理机构原则上应在七个工作日内组织履约情况验收，不得无故拖延或附加额外条件。

11）政府采购信用融资。供应商参与××市政府采购活动，成为成交供应商，并与采购人签订政府采购合同后，可按照××市政府采购支持中小企业信用融资办法的规定，向开展政府采购信用融资业务的银行申请贷款。具体内容详见××市政府采购网"信用融资"信息专栏。

8.7　政府采购合同（样本）

政府采购合同（样本）格式如下。合同样本很庞大，限于篇幅，本书只列出了其中极少一部分内容。

8.7.1　第一部分　合同协议书

合同协议书

发包人（全称）：

承包人（全称）：

根据《中华人民共和国民法典》《中华人民共和国建筑法》及有关法律、法规规定，遵循平等、自愿、公平和诚实信用的原则，双方就 PET/MR 机房项目工程施工及有关事项协商一致，共同达成如下协议：

1）工程概况。工程名称：PET/MR 机房项目工程施工。工程地点：××区青衣江路 909 号核医学科负二层。工程立项批准文号：_____。资金来源：财政资金_____。工程内容：本工程装饰改造面积约 300 平方米，主要是核医学科负二层部分天棚、地面、墙面、安装部分的改造装饰，精密空调的采购安装，废液收集池、衰变池及其配套设备的采购安装，设备转运的通道施工（含电梯的保护性拆除及安装恢复），配合机房及控制区进行射频屏蔽和磁屏蔽等。工程承包范围：核医学科负二层部分天棚、地面、墙面、安装部分的改造装饰，精密空调的采购安装，独立衰变池及其配套设备的采购安装，设备转运的通道施工（含电梯的保护性拆除及恢复安装），配合机房及控制区进行射频屏蔽和磁屏蔽等，主要包含核医学科 PET/MR 机房改造施工图所示全部范围，包括：土建改造、电梯改造、装饰工程以及原有安装管路的拆除及新做工程（包括电气、给排水、暖通、消防、智能化、医气线路移位等），具体以工程量清单和施工图纸为准。

2）合同工期。总体工期 90 日历天，其中机房部分须在开工后 50 日历天完成，具备屏蔽进场施工条件。电梯保护性拆除须在 5 日历天内完成，电梯恢复须在设备转进后 15 日历天内完成。

3）质量标准。工程质量符合强制性质量标准，符合国家和××市现行有关施工质量验收规范和标准要求，并达到合格标准。

4）签约合同价与合同价格形式。承包人竞争性磋商报价函中承诺的中标价为：_____人民币（大写）（￥　　元）。签约合同价为：_____人民币（大写）（￥　　元）；其中：安全文明施工费：_____人民币（大写）（￥　　元）；材料和工程设备暂估价金额：_____人民币（大写）（￥　　元）；专业工程暂估价金额：_____人民币（大写）（￥　　元）；暂列金额：_____人民币（大写）（￥　　元）。人工费（工资款）_____。该项目实行人工费（工资款）与其他工程款分账管理，发包人将不低于已完成合同价款的应付工程款中的人工费（工资款），以及农民工工资单独支付至承包人设立的农民工工资专用账户。合同价格形式：固定单价，要求：按清单计价。

5）项目经理及技术负责人。承包人投标文件中承诺的项目经理：×××；姓名：×××，身份证号码：×××××××，建造师注册证书号：××××。承包人投标文件中承诺的技术负责人：×××；姓名：×××，身份证号码：××××，证书名称及号码：××××。

6）合同文件构成。合同由以下文件构成，即合同协议书；中标通知书；竞争性磋商报价函；专用合同条款及其附件；通用合同条款；投标文件（竞争性磋商报价函除外）；招标文件及修改文件；技术标准和要求；图纸；其他合同文件。在合同订立、履行过程中形成的与合同有关的书面形式的文件均构成合同文件组成部分。上述各项合同文件包括合同当事人就该项合同文件所作出的补充和修改，属于同一类内容的文件，应以最新签署的为准。专用合同条款及其附件须经合同当事人签名或盖章。

7）承诺。发包人承诺按照法律规定履行项目审批手续、筹集工程建设资金并按照合同约定的期限和方式支付合同价款。承包人承诺按照法律规定及合同约定组织完成工程施工，确保工程质量和安全，不进行转包及违法分包，并在缺陷责任期及保修期内承担相应的工程维修责任。发包人和承包人通过招投标形式签订合同的，双方理解并承诺不再就同一工程另行签订与合同实质性内容相背离的协议。

8）词语含义。本协议书中词语含义与专用合同条款及通用合同条款中赋予的含义相同。

9）签订时间。合同于××年××月××日签订。

10）签订地点。合同在××签订。

11）补充协议。合同未尽事宜，合同当事人另行签订补充协议，补充协议是合同的组成部分。

12）合同生效。合同在以下条件全部满足之后生效，即合同经双方法定代表人或其委托代理人签名并加盖单位公章或合同专用章；采用保函形式递交履约担保的，承包人按合同约定向发包人提交履约担保后；_____。

13）合同份数。合同一式×份，其中正本×份，双方各持×份，副本×份，双方各执×份。副本与正本不一致时，以正本为准。

（以下为签名盖章页）。

发包人：（盖单位公章或合同专用章）

法定代表人或其委托代理人：（签名）

统一社会信用代码：

纳税人识别号：

地址：

电话：

开户银行：

账号：

承包人：（盖单位公章或合同专用章）

法定代表人或其委托代理人：（签名）

统一社会信用代码：

纳税人识别号：

地址：

电话：

开户银行：

账号：

签约时间：　　年　月　日

8.7.2　第二部分　通用合同条款

通用合同条款直接引用《建设工程施工合同（示范文本）》（GF-2013—0201）第二部分的"通用合同条款"。

（限于篇幅，本书略）

8.7.3　第三部分　专用合同条款

（限于篇幅，本书略）

8.7.4　合同附件

以下附件是本合同的有效组成部分，即附件1　工程质量保修书；附件2　主要建设工程文件目录；附件 3　承包人项目管理机构组成表；附件 4　履约担保（如有）；附件 5　预付款担保（如有）；附件 6　支付担保（如有）；附件 7　专业工程暂估价表；附件 8　廉洁从业协议；附件 9　安全管理协议；附件 10　保障农民工工资支付协议；附件 11　质量保证金保函（如有）。

8.7.5　附件 1　工程质量保修书

发包人（全称）：

承包人（全称）：

发包人和承包人根据《中华人民共和国建筑法》和《建设工程质量管理条例》，经协商一致就＿＿＿＿＿＿＿＿＿＿（工程全称）签订工程质量保修书。

1）工程质量保修范围和内容。承包人在质量保修期内，按照有关法律规定和合同约定，承担工程质量保修责任。质量保修范围包括地基基础工程，主体结构工程，屋面防水工程，有防水要求的卫生间、房间和外墙面的防渗漏，供热与供冷系统，电气管线、给排水管道、设备安装和装修工程，以及双方约定的其他项目。具体保修的内容，双方约定如下。

承包人承包范围内容均属质量保修范围内容；其中属于设计原因造成的质量问题，承包人负责维修，不留隐患，费用由发包人承担；属于施工造成的质量问题，承包人负责维修，不留隐患；属于业主使用不当造成的质量问题，配合抢修，费用由发包人承担。

2）质量保修期。根据《建设工程质量管理条例》及有关规定，本工程质量保修期约定如下。项目整体质保期为不低于验收合格后 24 个月，防水质保期为不低于验收合格后 60 个月，精密空调根据投标年限为不低于验收合格后 24 个月（提示：如有不同，根据具体情况修改）。建设工程的保修期自工程竣工验收合格之日起计算。

3）质量保修责任。质保期 24 个月。接到故障报修，电话响应时间 10min 内，2h 内需到达现场进行维修。精密空调保证全年的开机率≥95％（按照一年 365 天计算，每天不限定工作时间），否则按 1∶7 顺延保修期。如质保期内发现质量问题，采购人有权追溯中标人责任（参考违约条款执行）。

4）保修费用。保修费用由质量缺陷的责任方承担。

5）双方约定的其他工程质量保修事项。按国家相关法律和规定执行。本工程质量保修书由发包人、承包人在工程竣工验收前共同签署，作为施工合同附件，其有效期限至保修期满。

6）本文件生效。本工程质量保修书经发包人与承包人盖章后生效。

发包人：（盖单位公章）

法定代表人或其委托代理人：（签名）

承包人：（盖单位公章）

法定代表人或其委托代理人：（签名）

签约时间：　　年　月　日

8.7.6 附件2 主要建设工程文件目录

主要建设工程文件目录见表 8-8。

表 8-8 主要建设工程文件目录

文件名称	套数	移交时间	责任人

8.7.7 附件3 承包人项目管理机构组成表

承包人项目管理机构组成见表 8-9。

表 8-9 承包人项目管理机构组成

名称	姓名	职务	职称	主要资历、经验及承担过的项目
一、总部人员				
项目主管				
其他人员				
二、现场人员				
项目经理				
项目副经理				
技术负责人				
造价管理				
质量管理				
材料管理				
计划管理				
安全管理				
其他人员				

8.7.8 附件4 履约担保（如有）

履约保函示范文本格式如下。

申请人：

地址：

受益人：

地址：

开立人：

地址：

（受益人名称）：

鉴于（受益人名称）（以下简称"受益人"）与（申请人名称）（以下简称"申请人"）就（工程名称）（以下简称"本工程"）施工和有关事项协商一致，根据本工程中标通知书、招标文件和投标文件，了解到申请人为本工程项下之承包人、受益人为本工程项下之发包人，基于申请人的请求，我方（即"开立人"）同意就申请人履行本工程依据中标通知书、招标文件和投标文件签订的《　　　　　》（合同名称）（以下简称"基础合同"）约定的义务，向贵方提供不可撤销、不可转让的见索即付保函（以下简称"本保函"）。

本保函担保范围：承包人未按照基础合同的约定履行义务，应当向贵方承担的违约责任和赔偿因此造成的损失、利息、律师费、诉讼费用等实现债权的费用。本保函担保金额最高不超过人民币（大写）＿＿＿＿＿＿元（￥　　）。本保函有效期自受益人与申请人签订的合同生效之日起至合同约定的工期截止日后　　天，最迟不超过　　年　月　日。

我方承诺，在收到受益人发来的书面索赔通知和本保函原件后的　　个工作日内无条件支付至受益人指定账户，前述书面索赔通知即为付款要求之单据，且应满足以下 5 条要求，即索赔通知到达的日期在本保函的有效期内；载明要求支付的金额；载明申请人违反合同义务的条款和内容；声明不存在合同文件约定或我国法律规定免除申请人或开立人支付责任的情形；索赔通知应在本保函有效期内到达的地址是：＿＿＿＿＿＿＿＿＿＿＿＿＿。受益人发出的书面索赔通知应由其为鉴明受益人法定代表人（负责人）或授权代理人签名或盖个人名章并加盖公章。

本保函项下的权利不得转让，不得设定担保；贵方未经我方书面同意转让本保函或其项下任何权利，对我方不发生法律效力。与本保函有关的基础合同不成立、不生效、无效、被撤销、被解除，不影响本保函的独立有效。贵方应在本保函到期后的七个工作日内将本保函正本退回我方注销，但是不论贵方是否按此要求将本保函正本退回我方，我方在本保函项下的义务和责任均在保函有效期到期后自动消灭。本保函适用的法律为中华人民共和国法律，争议裁判管辖地为中华人民共和国。本保函自我方法定代表人或授权代表签名或盖个人名章并加盖公章或合同专用章之日起生效。本保函在××市辖区范围内的核验地点：＿＿＿＿＿＿＿＿＿＿；核验方式：＿＿＿＿＿＿。

开立人：（公章）

法定代表人（或授权代表）：（签名或盖个人名章）

地址：

邮政编码：

电话：

传真：

开立时间：　　年　月　日

8.7.9 附件5 预付款担保（如有）

格式如下。

（发包人名称）：

根据（承包人名称）（以下简称"承包人"）与（发包人名称）（以下简称"发包人"）于 年 月 日签订的（工程名称）《建设工程施工合同》，承包人按约定的金额向你方提交一份预付款担保，即有权得到你方支付相等金额的预付款。我方愿意就你方提供给承包人的预付款为承包人提供连带责任担保。

担保金额人民币（大写）＿＿＿＿＿＿＿元（￥ ）。担保有效期自预付款支付给承包人起生效，至你方签发的进度款支付证书说明已完全扣清止。在本保函有效期内，因承包人违反合同约定的义务而要求收回预付款时，我方在收到你方的书面通知后，在7天内无条件支付。但本保函的担保金额，在任何时候不应超过预付款金额减去你方按合同约定在向承包人签发的进度款支付证书中扣除的金额。你方和承包人按合同约定变更合同时，我方承担本保函规定的义务不变。

因本保函发生的纠纷，可由双方协商解决，协商不成的，按下列第×种方式解决，即①向仲裁委员会申请仲裁；②向人民法院起诉。本保函自我方法定代表人（或其委托代理人）签名并加盖单位公章之日起生效。

担保人：（盖单位公章）
法定代表人或其委托代理人：（签名）
地址：
邮政编码：
电话：
传真：
　　年 月 日

8.7.10 附件6 支付担保（如有）

格式如下。

（承包人）：

鉴于你方作为承包人已经与（发包人名称）（以下简称"发包人"）于 年 月 日签订了（工程名称）《建设工程施工合同》（以下简称"主合同"），应发包人的申请，我方愿就发包人履行主合同约定的工程款支付义务以保证的方式向你方提供如下担保。

1) 保证的范围及保证金额。我方的保证范围是主合同约定的工程款。本保函所称主合同约定的工程款是指主合同约定的除工程质量保证金以外的合同价款。我方保证的金额是主合同约定的工程款的 %，数额最高不超过人民币 元（大写： ）。

2）保证的方式及保证期间。我方保证的方式为：连带责任保证。我方保证的期间为：自合同生效之日起至主合同约定的工程款支付完毕之日后　日内。你方与发包人协议变更工程款支付日期的，经我方书面同意后，保证期间按照变更后的支付日期作相应调整。

3）承担保证责任的形式。我方承担保证责任的形式是代为支付。发包人未按主合同约定向你方支付工程款的，由我方在保证金额内代为支付。

4）代偿的安排。你方要求我方承担保证责任的，应向我方发出书面索赔通知及发包人未支付主合同约定工程款的证明材料。索赔通知应写明要求索赔的金额，支付款项应到达的账号。在出现你方与发包人因工程质量发生争议，发包人拒绝向你方支付工程款的情形时，你方要求我方履行保证责任代为支付的，需提供符合相应条件要求的工程质量检测机构出具的质量说明材料。我方收到你方的书面索赔通知及相应的证明材料后 7 天内无条件支付。

5）保证责任的解除。在本保函承诺的保证期间内，你方未书面向我方主张保证责任的，自保证期间届满次日起，我方保证责任解除。发包人按主合同约定履行了工程款的全部支付义务的，自本保函承诺的保证期间届满次日起，我方保证责任解除。我方按照本保函向你方履行保证责任所支付金额达到本保函保证金额时，自我方向你方支付（支付款项从我方账户划出）之日起，保证责任即解除。按照法律法规的规定或出现应解除我方保证责任的其他情形的，我方在本保函项下的保证责任亦解除。我方解除保证责任后，你方应自我方保证责任解除之日起　个工作日内，将本保函原件返还我方。

6）免责条款。因你方违约致使发包人不能履行义务的，我方不承担保证责任。依照法律法规的规定或你方与发包人的另行约定，免除发包人部分或全部义务的，我方亦免除其相应的保证责任。你方与发包人协议变更主合同的，如加重发包人责任致使我方保证责任加重的，需征得我方书面同意，否则我方不再承担因此而加重部分的保证责任，但主合同第×条（变更）约定的变更不受本款限制。因不可抗力造成发包人不能履行义务的，我方不承担保证责任。

7）争议解决。因本保函或本保函相关事项发生的纠纷，可由双方协商解决，协商不成的，按下列第×种方式解决，即①向仲裁委员会申请仲裁；②向人民法院起诉。

8）保函的生效。本保函自我方法定代表人（或其委托代理人）签名并加盖单位公章之日起生效。

担保人：（盖单位公章）

法定代表人或委托代理人：（签名）

地址：

邮政编码：

传真：

　年　月　日

8.7.11 附件7 专业工程暂估价表

专业工程暂估价表见表8-10。

表 8-10 专业工程暂估价表

序号	专业工程名称	工程内容	金额
小计：			

8.7.12 附件8 廉洁从业协议

格式如下。

发包人（全称）：

承包人（全称）：

根据国家有关部门以及有关工程建设、廉政建设的规定，为做好工程建设中的党风廉政建设，保证工程建设高效优质，保证建设资金的安全和有效使用以及投资效益，建设工程的项目法人（以下简称"发包人"）与承包人（以下简称"承包人"），特订立如下协议。

1）发包人承包人的权利和义务。严格遵守党的政策规定和国家有关法律法规及相关部门的有关规定。严格执行工程的合同文件，自觉按合同办事。双方的业务活动坚持公开、公正、诚信、透明的原则（法律认定的商业秘密和合同文件另有规定除外），不得损害国家和集体利益，违反工程建设管理规章制度。建立健全廉政制度，开展廉政教育，设立廉政告示牌，公布举报电话，监督并认真查处违法违纪行为。发现对方在业务活动中有违反廉政规定的行为，有及时提醒对方纠正的权利和义务。发现对方严重违反协议义务条款的行为，有向其上级有关部门举报、建议给予处理并要求告知处理结果的权利。

2）发包人的义务。发包人及其工作人员不得索要或接受承包人的礼金、有价证券和贵重物品，不得由承包人报销任何应由发包人或发包人工作人员个人支付的费用等。发包人工作人员不得参加承包人安排的超标准宴请和娱乐活动；不得接受承包人提供的通信工具、交通工具和高档办公用品等。发包人及其工作人员不得要求或者接受承包人为其住房装修、婚丧嫁娶活动、配偶子女的工作安排以及出国出境、旅游等提供方便等。发包人工作人员及其配偶、子女不得从事与发包人工程有关的材料设备供应、工程分包、劳务等经济活动等。发包人及其工作人员不得以任何理由向承包人推荐分包单位或推销材料，不得要求承包人购买合同规定外的材料和设备。发包人工作人员要秉公办事，不准营私舞弊，不准利用职权从事各种个人有偿中介活动和安排个人施工队伍。

3）承包人义务。承包人不得以任何理由向发包人及其工作人员行贿或馈赠礼金、有价证券、贵重礼品。承包人不得以任何名义为发包人及其工作人员报销应由发包人单位或个人支付的任何费用。承包人不得以任何理由安排发包人工作人员参加超标准宴请及娱乐活动。承包人不得为发包人单位和个人购置或提供通信工具、交通工具和高档办公用品等。

4）违约责任。发包人及其工作人员违反协议第 1）、2）条，按管理权限，依据有关规定给予党纪、政纪或组织处理；涉嫌犯罪的，移交司法机关追究刑事责任；给承包人单位造成经济损失的，应予以赔偿。承包人及其工作人员违反协议第 1）、3）条，按管理权限，依据有关规定给予党纪、政纪或组织处理；给发包人单位造成经济损失的，应予以赔偿。

5）双方约定。协议由双方或双方上级单位的纪检监察机关负责监督执行。由发包人或发包人上级单位的纪检监察机关约请承包人或承包人上级单位纪检监察机关对合同执行情况进行检查，提出在协议规定范围内的裁定意见。

6）协议有效期为甲乙双方签署之日起至该工程项目竣工验收后止。

7）协议作为工程施工合同的附件，与工程施工合同具有同等的法律效力，经合同双方签署立即生效。

（以下无正文）

甲方：　　　　　　　　　　　　　乙方：

法定代表人　　　　　　　　　　　法定代表人

或其授权的代理人：　　　　　　　或授权的代理人：

8.7.13　附件 9　安全管理协议

格式如下。

发包人（全称）：

承包人（全称）：

为了确保实现安全生产目标，进一步明确双方的安全管理责任，加强安全生产管理工作的协调、管理力度，（发包人名称）（以下简称"发包人"）与（承包人名称）（以下简称"承包人"）依据国家安全生产相关的法律、法规和安全方面的强制性国家标准或行业标准，双方同意签订该协议作为正式合同安全管理方面的补充规定，并承诺本协议具有与合同相同的法律效力。具体条款如下。

1）协议有效期限。本协议中所涉及的安全管理责任自合同签订之日起开始生效，至合同工程全部完工验收且经发包人与承包人签订移交协议生效后之日终止。

2）责任目标。承包人承诺承担和履行合同和发包人所规定的安全责任，且满足要求。承包人的安全控制目标是确保本工程在实施过程中不发生人身重伤事故；不发生火灾事故；不发生负有同等及以上事故责任的造成人身重伤的一般交通事故；不发生集体食物中毒事件（同时 5 人及以上的食物中毒）；不发生流行性传染病（无甲型传染病、其他常见传染病未形成多人同时患病）；不发生重大环境污染事件（生活、工业垃圾及其他污染物造成环境污染和大面积水土流失）；不发生对施工区附近生产、生活造成重大影响的事件（如造成重大设备损坏、重大财产损失、人员伤害等）；不发生治安保卫事件（构成刑事拘留及以上的事件、盗窃直接损失超过 1 万元人民币的事件）。承包人承诺在施工中控制以下安全事故的发生，即人员轻伤事故；负有同等及以上事故责任的人身轻伤交通事故；其他安全未遂事故和异常事件。

3）安全责任。承包人负有安全生产的管理责任和直接责任。承包人的法人或签署合同的公司总经理或受委托的代理人对合同安全负有全面的领导责任。承包人项目经理对施工现场的安全工作负有全面的直接领导责任。承包人保证执行"谁施工、谁负责"的施工安全原则。承包人保证服从发包人对安全工作的统一协调和管理。承包人保证对本工程项目安全生产条件及其管理资源自行投入，保证安全资金的专款专用。承包人保证建立本工程项目的安全管理体系及安全保证体系（注：项目安全管理大纲/手册、管理性的程序文件等）。承包人保证现场的安全管理专职人员必须持有建设主管部门安全生产培训考核合格证书。承包人保证为现场所有工作人员（含分包商员工及劳务人员）配备符合国家标准的有承包人和/或其下属分包商标志的个人基本劳动保护用品。承包人保证按照国家法律规定为现场所有工作人员（含分包商员工及劳务人员）购买意外伤害保险。承包人保证施工生活营地（包括自建的和租用的营地）满足消防、安全用电、卫生防疫、防暴雨、防雷击等方面的安全要求。承包人保证对带入现场的设备、工具、材料按照国家法规和标准进行检测、试验，并持有法定部门出具的检验证书。承包人保证制订施工现场的文明施工措施，保护环境、树木和植被，保持施工现场的良好秩序和整洁的作业环境。承包人负责在施工过程中与当地政府、周边群众及其他承包商保持良好的沟通和交流。承包人遇到与周边群众发生纠纷时，应负责协调工作，确保工程能够顺利进行。

4）接口及协调。发包人委托监理公司对该工程实施监理，监理公司在安全管理方面代表发包人行使监督检查职能，承包人必须给予配合和支持。承包人人员、车辆的出入，带入现场的设备、机具、材料，在现场使用的或直接管理的办公、生活、生产性设施的安全管理须满足发包人现场管理的基本要求。承包人应指定专职安全管理人员与发包人委托的监理公司接口，参与安全协调和管理。安全协调和管理的内容包括职业健康、工业安全、消防安全、卫生防疫、交通安全、环境保护、治安保卫等各方面。承包人的专职安全管理人员应具备协调安全工作的能力和授权。发包人委托的监理公司有权对专职安全管理人员的能力和权力作出评价，对于不能胜任的专职安全管理人员，发包人委托的监理公司有权要求承包人换人。承包人指定的专职安全管理人员应与发包人委托的监理公司建立联系，在业务上接受发包人委托的监理公司的协调和指导。开工后承包人的专职安全管理人员应按照发包人委托的监理公司的规定，定期报送安全月度快报、季报、年报和各种专项事故报告等。在工程实体未全部正式移交发包人施工管理部门之前，承包人依旧对施工范围内的安全管理负责。

5）安全资质审查。承包人在项目开工前 5 个工作日内向发包人委托的监理公司提供以下安全资质供审查和存档，即企业安全生产许可证书复印件；企业近 3 年的施工简历及安全施工业绩证明文件；企业主要安全管理人员（包括项目经理、专职安全管理人员）经建设主管部门安全生产知识考核合格证书；特种作业人员资格证书；项目安全管理机构及其人员配备（承包人必须配有专职的安全员）；适用于项目的安全管理体系及保证体系文件（安全管理大纲及管理程序文件）。

6）人员基本素质。承包人提供的人员必须满足下列要求，即身体健康，无影响工作的精神疾病，无传染病和其他重大疾病，承包人需对其雇佣的施工人员签发健康声明并保证其健康，其中体检证明材料（县级以上医院）和健康声明作为人员办理入场证件的必备材料；无刑事案件牵连；无吸毒、酗酒、赌博、嫖娼等恶习及违法行为。

7）劳动保护。承包人负责为本单位任何用工形式的员工提供个人劳动保护用品（包括工作服、安全帽、安全鞋等）。承包人负责向特殊工种的员工提供特殊劳动保护，否则不得从事特殊工种作业。发包人委托的监理公司有权检查承包人的个人劳动保护用品是否符合国家的相应标准。承包人在特殊风险场所作业而需要特殊防护用品或安全仪表时，必须在上述防护用品全部到位后才能开工。承包人应配备临时安全围栏、警示带、警告标志、防火布等集体防护用品。

8）施工机具与材料。承包人对带入现场的施工机械和工器具的安全负责。对于承包人带入现场的特殊工器具，如起重设备、索具、机动车辆、压缩气瓶等，承包人必须按国家法规和标准进行检测、试验，并持有法定部门出具的检验证书。对于不属于法定检测的工器具，承包人也必须建立相应的管理、检测制度，这些工器具包括登高工具、脚手架材料、电动工具、安全防护设备及用具等。

9）开工前安全条件检查。发包人委托的监理公司将在合同生效后，工程项目正式开工五个工作日前，依据合同安全条款的要求逐项对承包人安全准备情况进行检查。不满足开工安全条件时，承包人将不得开工，由此产生的工期和成本的影响，由承包人自行负责。开工前安全条件检查的基本内容包括：安全管理体系建设、安全资金投入、危险源识别和安全风险分析、施工机械的安全状况、安全工器具和材料、安全培训教材和教员、专职安全人员的到岗情况、培训的有效性、人员控制、个人劳动保护用品配备等内容。发包人委托的监理公司检查发现的缺陷，承包人应在规定期限内完成整改。对于重大缺陷，发包人委托的监理公司有权要求承包人推迟开工，由此对工期产生的影响或经济损失，由承包人承担。

10）安全监督。承包人应配备有满足项目安全管理需要的专职安全管理人员。承包人的专职安全管理人员必须持建设主管部门颁发的安全生产知识考核合格证书。

承包人的专职安全管理人员在业务上接受发包人委托的监理公司和发包人安全管理部门的协调和指导。承包人应建立班前安全交底制度；施工期间坚持开展安全检查和日常安全监督并形成相应的记录。承包人应在每个作业区任命兼职安全员，赋予兼职安全员相应的授权和义务，并对兼职安全员进行定期考核。承包人应接受和配合发包人专业部门及委托的监理公司的监督与安全评价。发包人和委托的监理公司有权对承包人履行安全管理协议的情况进行监督，并有权对违章行为实行停工和处罚，处罚情况将通知承包人。涉及经济处罚时将直接通知合同管理部门从合同结算中扣除。

11）安全培训与授权。承包人所有特殊工种人员必须持证上岗，发包人和发包人委托的监理公司有权对其进行抽查。承包人要建立特殊工种定期培训和检查计划，这些工种包括但不限于：机动车驾驶员、焊工、起重工、电工等。承包人应在特殊工种之外的其他工种中，筛选出高风险工种，并对其开展针对性的专题安全培训。承包人应组织入场培训和考核。发包人委托的监理公司有权监督培训、考核情况或组织抽查考核。承包人应建立安全培训和考核机制，编制培训教材和培训滚动计划。承包人应组织安全考试/考核，建立培训考核记录，发包人委托的监理公司有权查看这些记录。

12）职业健康与卫生防疫。承包人应有特殊健康检查制度，预防有禁忌证患者从事有关职业，如恐高症患者不得从事高空作业，患有心血管疾病的人员不得从事繁重的体力劳动，特殊工种人员的体检应符合国家的规定。承包人应保证卫生防疫基本设施的投入，以满足医疗、急救的要求，建立外部医疗支持渠道。应建立卫生防疫措施计划，做好生活区和施工区的卫生防疫工作；制订和执行保证饮水卫生、饮食卫生、环境卫生和预防集体食物中毒的措施；有灭蚊、灭鼠和消毒的专项工作计划；有针对性地制订预防 SARS、禽流感、疟疾、霍乱、肠道传染病、肝炎、H1N1 流感等疾病的措施。

13）文明施工与环保要求。承包人需制订施工现场的文明施工措施，保持良好的施工现场秩序。施工现场的物料堆放要摆放整齐，安全标志和宣传标志要清楚醒目，废料、废物要分类收集，安全通道要畅通。承包人作业时应避免建筑材料抛洒、飞扬、流淌；应尽可能降低噪声、震动。承包人应根据实际需要，在施工现场布置临时卫生设施（洗手间、卫生间等），施工作业不破坏环境卫生，不污染现场环境。承包人在施工中应充分重视对环境的保护，保护绿色植被，保护古树。施工如需伤害古树，必须报告发包人委托的监理公司，在未得到指令前，禁止擅自伤害古树。承包人应及时清理现场废物和垃圾。工业废料与生活垃圾必须分开，有害废物与普通废物必须分开（如油品废物、电池灯管等，必须单独收集、存放）；禁止在非指定场所乱倒、乱堆垃圾。禁止违章处理危险化学品和工业垃圾。承包人在施工中应禁止向环境排放工业污水、生活污水、废油或其他有害物质。承包人在施工中应防止水土流失，应及时对裸露的地基、边坡、开挖出来的沙/土以及砂、石、水泥等建筑材料予以保护，防止风刮扬尘，雨水冲刷，流入下水道、排洪沟。如因防护不及时而造成大量水土流失、淤塞道路、沟道或污染环境的，承包人应承担清淤、清扫以及相应的赔偿责任。

14）工程风险管理与事故预防。基本要求依从惯例。承包人应对施工过程进行全面、深入的危险源识别和风险分析。在施工安全组织设计中提供危险源及重要危险源清单、作业风险分析报告，该报告应包括（但不限于）如下信息。即高风险作业和工种清单：作业名称、类别和数量、主要事故风险；施工能源和机械的种类、数量和主要事故风险；施工作业条件的类型和主要事故风险；主要工艺过程（或施工活动）的类别及其相关的事故风险；主要火灾危险（可燃物、点火源）；主要自然灾害（洪水、大风、雷暴、暴雨、地质灾害等）；主要环境保护事件（有害垃圾、机械的跑冒滴漏、原材料流失、水土流失等）；其他。承包人应针对识别出的危险源制订有针对性的事故预防措施并确保在施工中得到有效落实。承包人应建立日常施工活动的动态作业风险分析和安全交底制度；该制度应明确规定风险分析的方法、责任和交底的内容、时间及记录。

现场作业基本安全条件应确保。承包人应规定现场作业的基本安全条件，包括照明条件、通风条件、作业平台和通道条件、物料堆放条件、供电供水条件、吸烟点、休息点等，并对临边现场、道路上作业现场、立体交叉作业现场、地面坑洞和沟道、夜间作业现场等的基本安全条件作出规定。

15）事故报告与应急救援。承包人应制订对于未遂事故及以上级别的安全事件和事故，定期报送安全月度快报、季报、年报和各种专项事故报告等的制度。承包人应建立安全事故统计记录、未遂事故统计记录、违章统计记录，并根据统计情况进行分析，并就分析结果制订相应的预防措施。承包人应建立事故应急救援机制，明确事故处置的基本原则，即现场发生事故时，首先抢救生命，向救援组织报警，并采取措施限制事故扩大。承包人应建立相应的应急响应组织，以便能迅速处理突发意外。承包人应建立专项应急响应预案，包括重大人身伤亡事故的救护预案、火灾响应预案、"四防"预案（防风、防冻、防雷、防暴雨）、重大疫病防护预案、环境污染防护预案、地质灾害防护预案等。承包人应对应急预案进行适当演练，保证应急预案的可操作性。在工地的其他施工单位发生重大事故时，承包人应无条件立即配合、支持事故抢险。承包人必须为事故处置支付各项费用，包括受伤者的抚恤、补偿等费用，并按合同要求赔偿对发包人造成的损失。由于发包人原因而造成的事故，发包人应负责按事故的具体损失情况给予承包人经济赔偿。涉及承包人员工的伤害事故，承包人除要报告发包人委托的监理公司外，还应负责按照国家、行业和本单位上级公司的要求，上报事故。

16）安全业绩考核。为了落实安全管理的责任，承包人在施工过程中发生安全事故时，承包人除应按国家有关规定承担责任和处罚外，发包人还将按照表8-11的考核标准进行考核。

表 8-11　考核标准

事件类型	违约金额/%
较大事故	签约合同价的 0.05
重大事故	签约合同价的 0.2
特别重大事故	签约合同价的 0.4

较大事故是指造成 3 人以上 10 人以下死亡，或者 10 人以上 50 人以下重伤，或者 1000 万元以上 5000 万元以下直接经济损失的事故；重大事故是指造成 10 人以上 30 人以下死亡，或者 50 人以上 100 人以下重伤，或者 5000 万元以上 1 亿元以下直接经济损失的事故；特别重大事故是指造成 30 人以上死亡，或者 100 人以上重伤（包括急性工业中毒，下同），或者 1 亿元以上直接经济损失的事故。所称的"以上"包括本数，所称的"以下"不包括本数。如整个施工过程未发生以上安全事故，则给予承包人建安费总额的 0.1% 的安全奖励。

发包人委托的监理公司负责对承包人的安全业绩进行考核。每次合同支付前，承包人提交自我安全业绩评估报告，然后交发包人委托的监理公司评价。发包人委托的监理公司在签署评价意见后，将作为合同支付依据之一，同时也作为是否可接受承包人再次参加发包人项目投标的依据之一。

17）协议条款的修订。在项目实施过程中，经双方友好协商，本协议的有关条款也可作出相应的修改。本工程安全管理协议，由发包人、承包人双方在施工承包合同签订后 7 天内共同签署，作为施工合同附件。

发包人（单位公章）：

法定代表人（签名）：

或其委托代理人（签名）：

承包人（单位公章）：

法定代表人（签名）：

或其委托代理人（签名）：

8.7.14　附件 10　保障农民工工资支付协议

格式如下。

发包人：（发包人）

承包人：（承包人）

为贯彻落实《国务院办公厅关于全面治理拖欠农民工工资问题的意见》（国办发〔2016〕1 号），《××市人民政府办公厅关于全面治理拖欠农民工工资问题的实施意见》（××府办发〔2016〕101号），健全预防和解决拖欠农民工工资问题的长效机制，切实保障农民工劳动报酬权益，维护社会公平正义，促进社会和谐稳定。经甲、乙双方结合实际情况，友好协商，达成如下协议。

承包人申报工程进度款时，应对上月已支付工程款用于农民工工资发放的情况进行说明，并附农民工代表按时足额收取了工资的签名确认书。监理单位应对相关情况说明和签名确认书（详见附件）进行审查签名后，与工程进度款申报资料一并提交给发包人。发包人审核合格后，才进行当期工程进度款的支付。

由于工程进度款申报和审查需要一定时间，其与农民工工资发放时间存在一定时间的延后，承包人应具有垫付不低于3个月农民工工资的能力。承包人在本补充协议签订后申请的第一笔工程进度款时应出具垫付不低于3个月农民工工资的书面承诺给发包人。发包人将承包人是否作出承诺作为支付工程进度款的前提条件之一。

承包人每月10日前将本月作业班组、班组人数、农民工身份信息等报监理单位，10～15日分别以作业班组为小组，每小组自行选举产生一名农民工代表，监理单位应全程监督，选举结果与当期工程款支付申请一并报送发包人。

若发现承包人有下列事项的，发包人在支付当期进度款时暂扣当期应支付进度款5%比例的款项。即现场检查发现项目存在拖欠农民工工资情况并经核查属实的；相关行政管理部门检查发现存在拖欠农民工工资情况并经核查属实的；有拖欠农民工工资投诉事项并经核查属实的。

对发现的存在拖欠农民工工资事项，承包人应在3天内限时整改，并将整改措施和结果报发包人审查，经发包人批准同意后，在下一期工程进度款支付中返还暂扣的工程款；如承包人未在3天内限时整改，暂扣工程款将继续扣留，直至整改完毕。暂扣款不计息。

本协议经双方法定代表人或委托代理人签名并加盖单位公章后生效，履行完毕后自然失效。

备忘：

关于农民工工资发放情况的说明表见表8-12。

（以下无正文）

发包人：（发包人）

法定代表人：

或委托代理人：

联系人：

承包人：（承包人）

法定代表人：

或委托代理人：

联系人：

表 8-12　保障农民工工资支付协议备忘——关于农民工工资发放情况的说明表

工程名称：	
施工单位：	
监理单位：	

（项目业主单位名称）：

　　我单位负责承建的(工程名称)无拖欠农民工工资的情况,贵单位先期支付我单位的工程款已优先用于支付了农民工工资,农民工工资全部按时足额进行了发放,请贵单位予以审核。

　　施工单位项目负责人签名(加盖项目章)：

监理单位意见：	
	总监签名并加盖项目章：
工程部项目负责人意见：	
	项目负责人签名：

8.7.15　附件 11　质量保证金保函（如有）

　　工程质量保函示范文本格式如下。

　　申请人：

　　地址：

　　受益人：

　　地址：

　　开立人：

　　地址：

　　（受益人名称）：

　　鉴于（受益人名称）（以下简称"受益人"）与（申请人名称）（以下简称"申请人"）于　　年　月　日就（工程名称）（以下简称"本工程"）施工和有关事项协商一致共同签订《　　　　》（合同名称），合同编号：　　　　，我方（即"开立人"）根据上述合同了解到申请人为合同项下之承包人，受益人为合同项下之发包人，基于申请人的请求，我方同意就申请人履行与贵方签订的合同项下的义务，向贵方提供不可撤销、不可转让的见索即付保函（以下简称"本保函"）。

　　1）本保函担保范围：承包人未按照合同约定履行工程缺陷责任期内的保修义务，应当向贵方承担的违约责任和赔偿因此造成的损失、利息、律师费、诉讼费用等实现债权的费用。

　　2）本保函担保金额最高不超过人民币（大写）　　　　　　元（￥　　　）。

　　3）本保函有效期（保证期间）为以下第×种，即①本保函有效期至　　年　月　日；②　　　　　。

4）我方承诺，在收到受益人发来的书面索赔通知和本保函原件后的个工作日内无条件支付至受益人指定账户，前述书面索赔通知即为付款要求之单据，且应满足以下要求，即索赔通知到达的日期在本保函的有效期内；载明要求支付的金额；载明申请人违反合同义务的条款和内容；声明不存在合同文件约定或我国法律规定免除申请人或开立人支付责任的情形；索赔通知应在本保函有效期内到达的地址是：_____。受益人发出的书面索赔通知应由其为鉴明受益人法定代表人（负责人）或授权代理人签名或盖个人名章并加盖公章。

5）本保函项下的权利不得转让，不得设定担保。贵方未经我方书面同意转让本保函或其项下任何权利，对我方不发生法律效力。

6）与本保函有关的合同不成立、不生效、无效、被撤销、被解除，不影响本保函的独立有效。

7）贵方应在本保函到期后的 7 个工作日内将本保函正本退回我方注销，但是不论贵方是否按此要求将本保函正本退回我方，我方在本保函项下的义务和责任均在保函有效期到期后自动消灭。

8）本保函适用的法律为中华人民共和国法律，争议裁判管辖地为中华人民共和国。

9）本保函自我方法定代表人或授权代表签名或盖个人名章并加盖公章或合同专用章之日起生效。

10）本保函在 × × 市辖区范围内的核验地点：_____；核验方式：_____。

开立人：（公章）

法定代表人（或授权代表）：（签名或盖个人名章）

地址：

邮政编码：

电话：

传真：

开立时间：　　年　月　日

8.8　响应文件编制要求

响应文件应包括经济部分，内含竞争性磋商报价函、已标价工程量清单；技术部分，内含技术响应偏离表、其他资料（格式自定）；商务部分，内含商务响应偏离表、其他优惠承诺（格式自定）；资格条件，内含法人营业执照（副本）或事业单位法人证书（副本）或个体工商户营业执照或有效的自然人身份证明或社会团体法人登记证书复印件、法定代表人身份证明书（格式）、法定代表人授权委托书（格式）、基本资格条件承诺函（格式）、特定资格条件证明文件；其他资料，内含中小企业声明函、监狱企业证明文件、残疾人福利性单位声明函，以及其他与项目有关的资料。

8.8.1 经济部分

1）竞争性磋商报价函。格式如下。

竞争性磋商报价函

（采购代理机构名称）：

我方收到＿＿＿＿＿＿＿＿＿＿＿＿＿＿＿＿（磋商项目名称）的竞争性磋商文件，经详细研究，决定参加该项目的磋商。

愿意按照竞争性磋商文件中的一切要求，提供本项目的服务，初始报价为人民币大写：　　　元整（其中安全文明施工费：　　　）；人民币小写：　　　元（其中安全文明施工费：　　　元）。以我公司最后报价为准。我方现提交的响应文件为：响应文件正本×份，副本×份，电子文档×份。我方承诺：本次磋商的有效期为提交响应文件截止时间起90天。我方完全理解和接受贵方竞争性磋商文件的一切规定和要求及评审办法。在整个竞争性磋商过程中，我方若有违规行为，接受按照《中华人民共和国政府采购法》和《竞争性磋商文件》之规定给予惩罚。我方若成为成交供应商，将按照最终磋商结果签订合同，并且严格履行合同义务。本承诺函将成为合同不可分割的一部分，与合同具有同等的法律效力。如果我方成为成交供应商，保证在接到成交通知书后，向采购代理机构和××联合产权交易所集团股份有限公司缴纳竞争性磋商文件规定的采购代理服务费和交易服务费。我方未为采购项目提供整体设计、规范编制或者项目管理、监理、检测等服务。

供应商（公章）或自然人签署：

地址：

电话：　　　　传真：

网址：　　　　邮编：

联系人：

　年　月　日

2）已标价工程量清单。格式自拟。

8.8.2 技术部分

1）技术响应偏离表。格式如下。

项目号：

磋商项目名称：

见表8-13。本表即为对本项目"项目技术需求"中所列条款进行比较和响应。

本表可扩展。

表 8-13 技术响应偏离表

序号	采购需求	响应情况	差异说明
		提醒:请注明技术参数或具体内容以及响应文件中技术参数或具体内容的位置(页码)	

供应商: 法定代表人（或其授权代表）或自然人:

(供应商公章) (签字或盖章)

年 月 日

2）其他资料（如人员证件、方案等，格式自定）。

8.8.3 商务部分

1）商务响应偏离表。格式如下。

项目号:

磋商项目名称:

见表 8-14。本表即为对本项目"项目商务需求"中所列条款进行比较和响应。本表可扩展。

表 8-14 商务响应偏离表

序号	磋商项目商务需求	响应情况	偏离说明
		提醒:请注明具体内容以及响应文件中具体内容的位置(页码)	

供应商: 法定代表人（或其授权代表）或自然人:

(供应商公章) (签署或盖章)

年 月 日

2）其他优惠承诺（格式自定）。

8.8.4 资格条件

1）法人营业执照（副本）或事业单位法人证书（副本）或个体工商户营业执照或有效的自然人身份证明或社会团体法人登记证书复印件。

2）法定代表人身份证明书。格式如下。

磋商项目名称：

致（采购代理机构名称）：

（法定代表人姓名）在（供应商名称）任（职务名称）职务，是（供应商名称）的法定代表人。

特此证明。

（供应商公章）

　　年　月　日

法定代表人电话：　　　　　；电子邮箱：　　　　　（若授权他人办理并签署响应文件的可不填写）

（附：法定代表人身份证正背面复印件）

3）法定代表人授权委托书。若为法定代表人办理并签署响应文件的，不提供此文件。格式如下。

磋商项目名称：

致（采购代理机构名称）：

（供应商法定代表人名称）是（供应商名称）的法定代表人，特授权（被授权人姓名及身份证代码）代表我单位全权办理上述项目的磋商、签约等具体工作，并签署全部有关文件、协议及合同。

我单位对被授权人的签署负全部责任。

在撤销授权的书面通知以前，本授权书一直有效。被授权人在授权书有效期内签署的所有文件不因授权的撤销而失效。

被授权人：　　　　　　　　　　　供应商法定代表人：

（签署或盖章）　　　　　　　　　（签署或盖章）

（附：被授权人身份证正背面复印件）

（供应商公章）

　　年　月　日

被授权人电话：　　　　　；电子邮箱：　　　　　（若法定代表人办理并签署响应文件的可不填写）

4）基本资格条件承诺函

基本资格条件承诺函

致（采购代理机构名称）：

（供应商名称）郑重承诺：

我方具有良好的商业信誉和健全的财务会计制度，具有履行合同所必需的设备和专业技术能力，具有依法缴纳税收和社会保障金的良好记录，参加本项目采购活动前三年内无重大违法活动记录。我方未列入在信用中国网站（www. creditchina. gov. cn）失信被执行人、重大税收违法案件当事人名单中，也未列入中国政府采购网（www. ccgp. gov. cn）政府采购严重违法失信行为记录名单中。我方在采购项目评审（评标）环节结束后，随时接受采购人、采购代理机构的检查验证，配合提供相关证明材料，证明符合《中华人民共和国政府采购法》规定的供应商基本资格条件。

　　我方对以上承诺负全部法律责任。

　　特此承诺。

　　（供应商公章）

　　　　年　月　日

　　5）特定资格条件证明文件。格式自拟。

8.8.5　其他资料

　　1）中小企业声明函、监狱企业证明文件、残疾人福利性单位声明函。格式如下。

中小企业声明函

　　本公司郑重声明，根据《政府采购促进中小企业发展管理办法》（财库〔2020〕46号）的规定，本公司参加（单位名称）的（项目名称）采购活动，工程的施工单位全部为符合政策要求的中小企业。相关企业的具体情况如下：

　　（标的名称），属于建筑业；承建企业为（企业名称），从业人员　　　人，营业收入为　　　万元，资产总额为　　　万元，属于（中型企业、小型企业、微型企业）；

　　（标的名称），属于建筑业；承建企业为（企业名称），从业人员　人，营业收入为　万元，资产总额为万元，属于（中型企业、小型企业、微型企业）；

　　……

　　以上企业，不属于大企业的分支机构，不存在控股股东为大企业的情形，也不存在与大企业的负责人为同一人的情形。

　　本企业对上述声明内容的真实性负责。如有虚假，将依法承担相应责任。

　　企业名称（盖章）：

　　日期：

　　填写时应注意以下4方面事项。即从业人员、营业收入、资产总额填报上一年度数据，无上一年度数据的新成立企业可不填报。中小企业应当按照《中小企业划型标准规定》（工信部联企业〔2011〕300号）如实填写并提交《中小企业声明函》。供应商填写《中小企业声明函》中所属行业时，应与采购文件"采购标的对应的中小企业划分标准所属行业"中填写的所属行业一致。本声明函"企业名称（盖章）"处为供应商盖章。

监狱企业证明文件以省级以上监狱管理局、戒毒管理局（含新疆生产建设兵团）出具的属于监狱企业的证明文件为准。

残疾人福利性单位声明函

本单位郑重声明，根据《关于促进残疾人就业政府采购政策的通知》（财库〔2017〕141号）的规定，本单位为符合条件的残疾人福利性单位，且本单位参加_____单位的_____项目采购活动提供本单位制造的货物（由本单位承担工程/提供服务），或者提供其他残疾人福利性单位制造的货物（不包括使用非残疾人福利性单位注册商标的货物）。

本单位对上述声明的真实性负责。如有虚假，将依法承担相应责任。

供应商名称（盖章）：

日期：

若成交供应商为残疾人福利性单位的，将在结果公告时公告其《残疾人福利性单位声明函》。

2）其他与项目有关的资料。其他与项目有关的资料（自附），包括供应商总体情况介绍、其他与本项目有关的资料等。

第 ⑨ 章 ▶▶▶

××市楼体亮化整治项目投标书技术标

9.1 技术标编制原则及依据

9.1.1 编制原则

在完全接受本工程有关质量、技术措施、进度、安全、文明施工的各项要求的基础上，编制本工程的投标书技术标。利用网络计划合理安排施工进度，采用流水作业法，以保证施工的连续性、均衡性和有节奏性，合理使用人力、物力和财力，在确保安全、质量的情况下好、快、省地完成施工任务。恰当安排冬、雨期施工项目，落实好季节性施工措施。农忙季节优选劳动力，加大措施，保证工程施工的连续性。贯彻"节材、节能、提高质量、增进效益"的原则，充分推广应用"新材料、新设备、新工艺、新技术"。合理布置施工现场，尽可能避免二次倒运，做到文明施工。遵循目标管理的原则，对分部分项工程设定目标，做好各个环节的过程控制，以各分项所设定的目标逐项实现来保证整个工程目标的落实。与施工项目管理相结合，使管理工作按规划有序地进行，使施工组织设计，从仅服务于施工发展为服务于经营管理和施工管理。强调质量管理，用先进的技术和管理手段保证质量，加强现场人员教育，人人讲质量，人人抓质量，人人树立"质量第一"的意识。强调安全管理，确保安全无事故。切实落实"安全第一、预防为主"的工作方针，建立健全安全生产的责任制。结合以往的施工经验，针对本工程的特殊性及复杂性，编制具有预见性的方案。

9.1.2 编制依据

本工程应用的国家主要行业规范、规程、法规及公司内部管理文件包括《中华人民共和国建筑法》《中华人民共和国环境保护法》《中华人民共和国安全生产法》《工程测量标准》《屋面工程质量验收规范》《建筑装饰装修工程质量验收标准》《建筑工程施工质量验收统一标准》《建设工程文件归档规范（2019年版）》《质量体系程序文件（ISO 9001 质量认证）》《环保体系程序文件（ISO 14001 环境管理体系认证）》《职业健康安全程序文件（OHSAS 28001 职业健康安全管理体系认证）》《安全生产管理规章制度》等。

9.1.3 工程概况

项目名称：××市楼体亮化整治项目施工。

项目内容：胜利大街中段诸建筑楼体夜景亮化。

质量标准：合格。

工期要求：30 日历日。

质保期：7 年。

9.2 施工方案

施工方案制订是在充分理解领会项目施工要求的基础上，做到明确分工，建立健全管理制度，准确地选择适合的主材、辅材，采取科学、先进、适合的生产施工工艺、生产施工措施，科学地安排生产施工设备、劳动力，细致地遵循标准要求，细致地进行安装施工，细致地考虑工程运行及维护防护等，保证使用最优良的产品，确保按期完成施工工作，确保产品视觉效果符合设计要求，确保工程施工过程及运行过程中的安全，确保安装的灯具、线缆、配套设施等对白天效果的影响最大限度地降低，确保白天效果、夜间效果达到最大限度的完美，并达到合格标准。

1）明确职责分工。文明施工领导小组成员职责见表 9-1。

表 9-1 文明施工领导小组成员职责

序号	岗位名称	管理职责
1	项目经理	现场经理是项目文明施工第一责任人,负责现场文明施工领导工作,确定阶段文明施工管理目标
2	生产经理	负责现场文明施工领导工作,指导现场文明施工按项目经理部的要求实施
3	技术负责人	负责文明施工技术领导工作,编制的施工方案要有文明施工内容
5	物资部经理	负责进场材料管理,保证材料总平面布置的定位存放、码放整齐、标识齐全
6	安全部	配合工程部进行检查,消除安全隐患
7	综合办	负责文明施工目标、制度制订和卫生文明达标管理

2）建立健全管理制度。规范执行教育制度，深入广泛开展"文明施工管理、创建文明工地达标活动"的教育，提高全员文明施工积极性、主动性，使职工养成保护建筑物品、爱护建筑物品、人人遵守施工秩序的美德。规范执行责任区制度，把现场划分为若干责任区进行管理，明确责任单位、总包和劳务单位责任人，并挂牌明示。规范执行定期检查制度，定期（每周一次）、不定期（阶段性抽查）由现场经理和总承包管理经理组织相关部门参加文明施工检查，并评定、汇总、建档，查出的问题立项、整改，落实责任人、

限定整改期限。规范执行奖罚制度，对文明施工做出贡献的人员、单位给予奖励；对违反文明施工规定，给项目造成损失或损害集团公司声誉的人员、单位给予处罚；奖励、处罚由项目部负责实施。规范办理工地保险，工地开工之前，应到该工地所在地保险公司投保短期保险和人员意外保险，以免火警、失盗、人员伤害等意外事故造成损失，将事故风险交给保险公司承担，避免劳资双方为赔偿问题产生过多纠纷。

3）施工进度计划的实施方案。依次为现场勘验→编制施工计划→确定施工工艺→精确定位→组装及安装→灯光调试→交付使用。项目的施工进度计划的落实通过编制天、周、月施工进度计划实现；天、周、月施工进度计划应逐级落实，最终通过施工任务书由班组实施。跟踪计划的实施并进行监督，当发现进度计划执行受到干扰时，应采取调度措施。在计划图上进行实际进度记录，并跟踪记载每个施工过程的开始日期、完成日期，记录每日完成数量、施工现场发生的情况、干扰因素的排除情况。执行施工合同中对进度、开工及延期开工、暂停施工、工期延误、工程竣工的承诺。跟踪形象进度，对工程量，总产值，耗用的人工、材料和机械台班等的数量进行统计与分析，编制统计报表。落实控制进度措施，应具体到执行人、目标、任务、检查方法和考核办法。

4）冬雨季施工方案。雨季施工要合理安排好施工项目，尽可能在雨季到来之前做好地下工程，不宜雨季施工的项目，应尽量避开。做好现场的防水、排水机具、防雨、排水材料的准备。应注意原材料及半品的储存和堆放的防雨、防潮，现场所有机电设备应提前搭设好防雨棚或防雨罩，雨季期间设专人经常检查机电设备接零的漏电保护装置，每次雨后必须检查其绝缘和防雨情况，以保证机电设备的正常运转。对临时设施及时检修，加固并做好防雨防风措施。雨季施工吊装构件的地点要平实，塔吊基础要高出自然地坪并做好排水。雨季不进行屋面防水及外墙抹灰。露天电气设备要有可靠的防漏电措施。对施工人员进行雨季的必要安全教育。

进入冬期施工时，应进行全面的调研，掌握必要的数据。进入冬期施工的工程项目，应全面进行图纸复查，如不适合冬期施工要求的工程项目，应及时向建设单位及设计单位提出建议。根据冬期施工的技术要求，掌握资源供应情况。对于复杂工程、技术要求高的工程，要进行冬期施工技术可行性的综合分析。有针对性地对冬期施工方法进行评估、筛选、调研和进行必要的专项试验。

5）农忙季节施工措施和人员安排。根据实际情况，技术人员采用固定式管理，农忙季节不停工，为保证一定人员，如职工不满足施工要求时，也可自劳务市场雇用部分职工进行施工，不影响工程的正常进行。提高工人工资，搞好生活福利待遇，吸引部分地方技术工人，以补充人员上的不足。施工前各班组长签订保证工期合同，推行班组承包责任制，提高生产效率，制订提前完成计划奖励，拖后工期罚款的奖罚制度。提前备好农忙季节所需材料和设备，以免因材料设备不足影响工程施工。

6）减少噪声、降低环境污染、地下管线设施的保护加固实施方案。施工现场将遵照《建筑施工场界噪声排放标准》（GB 12523—2011）制订降噪的相应制度和措施。严禁在施工区内高声喧叫，猛烈敲击铁器，增强全体施工人员防噪扰民的自觉意识。施工现场的强噪声机械，如电锤、电钻等，施工作业时，最大限度地降低其噪声，使其不影响工人与居民的休息。对噪声超标造成环境污染的机械施工，其作业时间限制在 7：00—12：00 和 14：00—22：00 之内。各项施工均选用低噪声的机械设备和施工工艺，施工场地布局要合理，尽量减少施工对居民生活的影响，减少噪声强度和受噪声干扰时间。不使用老化陈旧的设备。工人操作时不得大声喧哗。建筑安装施工的建筑垃圾较少，但也应必须采用临时专用垃圾容器装运，严禁随意抛撒垃圾。施工垃圾及时清运，做到当天的垃圾当天清运，并适量洒水，减少扬尘。施工队伍进场后，清理建筑原有的垃圾时，应随时减少扬尘污染。建筑垃圾如包装、盒等应随拆随收集随清理，防止大风时，垃圾乱飞。所有垃圾的清场均要按类别运至当地政府指定的垃圾堆放场。

施工前进行调查分析，加强对施工区域管线的调查工作，将工作放在前面，防患于未然。施工过程中应重视地下管线：在施工前，首先根据管线图，摸清各管线的管位和走向，对明确的管线按距离打一样洞，确认其埋深和走向，在拐角处，须找到转向位置，明确角度变化后管线的走向，并标明管线名称、走向、埋深等。如在施工路段有现状管线，则根据不同的管线性质、各管道材料情况，分别采取行之有效的保护措施，确保管线安全无事故。

详细阅读、掌握设计、建筑单位提供的地下管线图纸资料，并在工程实施前召开各管线单位施工配合会议，收集管线资料，对影响施工和受施工影响的地下管线开挖必要的样洞（开挖样洞时通知管线单位监护人员到场），核对弄清地下管线的确切情况，做好记录。工程实施前，向有关单位提出监护的书面申请，办理"地下管线监护交底卡"手续。施工现场地下管线的详细情况和制订管线的保护措施向项目经理、现场技术负责人、施工员、班组长和操作工做安全交底，随即填写"管线交底卡"，并建立"保护地下管线责任制"，明确各级人员的责任。落实保护管线的组织措施，委派管线保护专职人员负责本工程地下管线的监护和保护工作。施工队和保班组兼职管线保护人，组织地下管线监护体系，严格将公司审定批准的施工组织和经管线单位认定的保护地下管线的技术措施要求落实到现场，并设置必要的管线安全标志牌。

在敷设有地下管线、电缆的地段进行施工时，应事先取得有关管理部门的书面同意，施工时应采取措施，以防破坏管线造成严重事故，施工时尽量避开或尽量将其移走，无法避免的，施工时安排专人监控，禁止施工机械直接触碰，并及时采取措施加固或防护。对地上架空线路等设施，采取设置警戒标志或搭高防护栏防护。

7）施工协调管理。合理做好公司内部协作管理、外部协调管理、与监管部门的对接、与业主的协调配合等工作。

8）施工技术交底工作。认真做好、规范执行施工技术交底工作。

9）原材料和设备质量管理。坚持贯彻执行设备、材料的质量管理检验制度。对原材料、设备的检验，必须严格把关。重要设备，甲、乙双方要共同开箱验收，合格后双方签证，并做好开箱记录。做好原材料交付使用管理。交付现场施工的各类材料、零配件和设备必须有出厂合格证、质保书，严禁使用不合格的产品和伪劣产品。材料进货和领用要按规定开具入库和出库登记手续。进入现场的非采购设备、外购件、外协件也必须进行检验，没有出厂合格证或未盖检验合格章的不准进入现场使用。

保管和提交原材料、设备合格凭证。工程竣工后，应及时提交与工程有关材料的质量说明书、材料合格证等。原材料和设备的检验和检测应合规，原材料和设备的采购必须符合设计规定的质量技术要求，必须符合国家规定的技术标准，必须是正规厂家生产的一级品和上等品，必须有产品合格证和质量保证书，并且经过甲方及监理方认可。材料设备在订货前必须选择经过考察有实力的、能提供优质产品的合格供货厂家，并取得甲方认可。材料进货、入库检验由项目材料员负责，按规定标准验证是否符合要求。所有进货验证必须做好记录，填写进货验证记录。

检验和检测应合规。电气产品的技术文件（如合格证等）应齐全。电缆、导线的名称、产地、型号、规格、长度、截面应符合订货要求，附件应齐全，外观不应受损，电缆封端应严密。当外观检查有怀疑时，应进行受潮判断或试验。电气设备及器材到达现场后，应及时做检查，包装或密封应良好。产品的技术文件应齐全，并符合国家现行标准的规定，有合格证件。设备应有铭牌。开箱检查清点，规格应符合设计要求，设备无损伤，附件备件应齐全。按规范要求做好外观检查工作。

碳素钢电线套管应合规。电线管应有质保书及制造厂名称、规格、材质、牌号、批号、数量等。内外表面不得有裂纹和结疤。钢管两端应切直，并应清除毛刺。两端带有圆柱形螺纹的，螺纹应整齐、光洁、无裂缝，每支钢管一端需拧管接头一个。镀锌钢管外表面应有完整的镀层，表面不得有剥落、气泡。

管道部分应合规。使用的材料、设备、组件、管件应符合设计要求和国家现行标准的规定，并应有出厂合格证或技术质量鉴定文件。消防工程上用的喷头、报警装置、压力开关、水流指示器等主要系统组件应经国家消防产品质量监督检验中心检测合格，并且该生产厂家须获国家消防部门质量体系认证证书。应核验管道等配件的材质、规格、型号、质量、附件且附件应配备齐全。应进行外观检查，不得有加工缺陷和机械损伤，并应符合下列3条要求，即表面应无裂纹、缩孔、夹渣，不得有压扁和弯曲现象；螺纹密封面应完整、无损伤、无毛刺；镀锌管内外表面的镀锌层不得有脱落、锈蚀等现象。法兰密封面应完整光洁，不得有毛刺及径向沟槽；螺纹法兰的螺纹应完整、无损伤。阀门及其附件安装前还需做抽查检验；阀门的壳体试验压力不得小于公称压力的1.5倍，试验时间不得小于5min，以壳体填料无渗漏为合格，密封试验宜以公称压力进行，以阀瓣密封面不漏为合格。

10）工程质量的检验和监督。加强施工过程的质量检验工作。坚持质量"三检"制度，做好自检、互检和专检，施工中个人和班组及班组之间都要坚持施工质量的自检和互检，并做好检查记录。坚持"上下工序制"，上道工序不合格的，不准转入下道工序施工。对存在的问题未解决或未整改之前不得继续施工，项目质量员有权停止下道工序施工。严格隐蔽工程验收手续，凡隐蔽工程验收必须经甲方代表和监理方验收合格并签证后方能隐蔽。项目专职检查和验收要认真，针对国家颁布的《建筑安装工程质量检验评定标准》的内容对施工质量进行严格监督、检验和评定。

分项工程和分部工程验收必须在项目经理主持下由项目和公司专职质量员进行验收和评定，并及时做好质量记录。单位工程竣工验收必须在公司技术负责人主持下由公司和项目专职检查员进行检查验收和初步评定，并做好竣工验收准备，及时提出竣工验收报告。质量检验方法一般可用目测和检验工具进行，测量工具必须是经计测部门计量合格的工具，测量数据要正确。项目施工现场要自觉接受建设单位、监理单位和质量监督单位的监督和检查，及时听取他们的意见，发现问题立即采取纠正措施，加强检测、检验，层层把好质量关。施工过程中的设备开箱检验，隐蔽工程验收、水压试验、设备试运转及工程质量重要控制部位，都要预先及时通知甲方或监理方人员参加和验收。

9.3 施工准备工作计划

1）工程量的计算。根据施工图纸，结合预算书的内容，统计出各项施工项目单位数量，并制成统一表格按照区域范围或项目范围列出主要材料清单、劳动力工种、机械工具设备清单，为施工计划提供可供操作的依据。

2）工地现场勘察。开工前应进行工地现场实地勘察，了解施工现场的环境，例如了解材料最适合堆放的地点，施工用水、用电的来源以及是否需要设置临时设施；另外尚需了解施工地点是否易与相邻施工单位产生摩擦而导致工作上的纠纷，以便提早予以沟通和定出解决办法，使施工能够顺利进行。

工地勘察的主要目的是核对施工空间与设计图纸是否有误差，尤其是具体部位的尺寸，若有误差应及时反映给设计人员进行修正。其次需了解工地的交通运输、施工人员的食宿情况，以及施工地点周围材料供应商的分布和品种供应能力情况，以便施工中材料短缺时，能及时就近购买。

3）接通工地临时水电。临时用水的设置，尽可能利用原有固定管道；水管工在铺设时，尽量按原设计的路线敷设，这样既能保证用水又有助于提早完成施工目标。临时用电的布置一般以架空线路和电缆拖板的形式提供。架空线路的用电端，应装设自动开关或闸刀开关，必须符合架设临时线路有关规范的要求。

4）施工现场准备。根据施工现场的情况，在施工现场设立工程项目部。搭建临时工棚、材料仓库。安排好临时设施和办公场所。确定施工临时用电的取处。熟悉施工作业场地。

5）施工人员准备。施工管理人员在掌握了全盘施工资料后，按施工内容进行人员部署，划分各工序的职责范围，签订承包责任书，编制施工作业人员进出工作场地计划，针对施工现场作业的特殊性，强化安全制度，建立完整的安全责任体系，对所有施工人员和后勤保障人员做好安全教育，强化安全意识。提高所有人员的认识高度。在负责各个工序施工的人员中挑选有技术、有经验、责任心强的人员作为该工种负责人。施工展开后，施工管理人员应直接抓各工种负责人，各工种负责人要承担各工序的责任，这样可简化工地管理程序，避免管理人员陷入事无巨细统统都要管的窘境，可将精力放在做好工地事务的协调和监督方面。

6）施工机械的准备。施工使用的机械设备和材料及时供应是保证施工正常进行的重要条件，因此，要编制施工机械和设备的具体使用计划，编制灯具、电缆等主要材料的采购计划；组织主要机械设备进场，组织安排首批材料进场，保证设备和材料及时到达施工现场；根据材料供应计划，做好材料的采购、加工、订货及质量检查验收，做好备料加工工作；检查和检修所有的机械设备，保证机械设备完好，不带病作业，测量设备必须事先经过计量部门校对和校准。

7）施工资料的准备。进一步组织有关人员熟悉图纸及相关规范，认真审核施工图纸，对施工图纸进行会审。建立和完善一整套技术和安全交底资料。根据现场调查报告、施工力量及工程实际状况编制施工组织设计、施工技术措施及物资供应计划，提前为工程的施工做好准备。制订工程、技术、质量、安全、计划、经营财务、设备机具、现场文明、生活福利、后勤服务等一系列管理制度。制订各岗位的工作职责。

8）材料计划安排。将工程所需之材料名称、规格型号和预计数量逐一列表归类，同时应注明用途和掌握市场上同类品质材料的可比价格，以便购料时有依据地选择生产厂家和材料供应商，使之符合成本开支，保证材料的进货渠道能够满足工程质量验收标准。鉴于工期紧张，可将须订货的材料，早做安排；同时，相同类型的材料尽量一次性到货，节省时间。

应做好材料进场相关工作。根据材料计划表，并配合工程进度表确定材料品种、规格数量以及进场时间，属厂商送货上门的应预先与厂商联络拟定送货时间。材料堆放位置应预先安排好，地点宜集中以便于管理，切勿任意堆放以免影响工程施工和材料管理的严密性。堆放时应注意以下8点，即不得影响施工的进行并不得因施工造成多次搬迁，损材费工；选择较高的、干燥的地势堆放；按照材料的不同类别堆码，便于取用；易燃易爆物品分开地点堆放，并配备相应的消防用具，以保安全；易碎易潮易污染的材料，应注意堆放方法，采取保护措施以免造成损害；即用的材料，进场时应直接放置于工作面，以减少搬运时间和工序；机械工具应与材料分开存放，防止机械工具进出时损伤装饰材料；做好材料进场的验收工作核对材料是否与设计图和封样的材料样板相符，检查有无明确的材料标识，有无规范的出厂验收报告和合格证书，并按材料的品种、数量进行登记以备查验。

9.4　施工进度计划

1）项目施工总工期。30日历天，开工日期以甲方开工通知为准。

2）主要施工项目。施工准备：2日历天；引线、穿管施工：4日历天；电气工程：5日历天；灯具施工：15日历天；系统施工：2日历天；试运行工程：1日历天；工程验收：1日历天。

3）施工进度横道图。施工进度横道图见图9-1。

4）工期的保证体系及措施。合理地安排工期，既可以节约时间，又可以降低成本。合理地编制施工计划、缜密的工作统筹安排是任何一个项目保证工期的一个先决条件。编制施工组织计划横道图，可将施工的各个环节安排得紧凑且有序，分多节同时工作，提高工作的效率。现场施工人员必须严格执行每一个工作日内的工作布置，处理好交叉施工对工作效率所造成的影响，在自然条件恶劣的情况之下发扬不怕苦、不怕累的精神，在规定的时间之内出色地完成施工任务。各项资源需求量计划、主要技术经济指标应合理，根据不同楼体清单工程量及设计要求，合理配备人力、物力、机械设备，从而达到技术和经济高度统一。

序号	项目名称	（总工期 30 日历天，单位：日历天）														
		2	4	6	8	10	12	14	16	18	20	22	24	26	28	30
一	施工准备															
二	引线、穿管施工															
三	电气工程施工															
四	灯具工程施工															
五	系统工程施工															
六	试运行工程															
七	工程验收															

图 9-1 施工进度横道图

5）施工总平面布置图。施工总平面布置图见图 9-2。

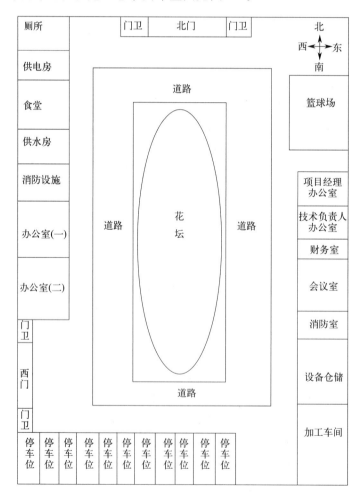

图 9-2 施工总平面布置图

施工现场平面布置目的：使施工现场美观、整洁、道路通畅，材料存放有序，施工有序、安全文明，管理方便有序。平面布置应科学合理，满足交通运输、施工区域划分和场地占用要求，符合施工部署、施工流程要求，应充分利用既有建筑物降低费用；临时设施要方便生活、生产和办公，同时还应符合节能、环保、安全、消防等方面的要求。应根据项目施工用地范围内的地形状况，合理确定全部拟建工程所在位置，包括项目施工范围内的加工运输道路，供水、供热、供电、排水、排污设施，办公、生活用房，以及施工现场必备的安全、消防、保卫、环保等设施。

施工现场平面布置应满足施工要求，现场文明，安全有序，整洁卫生，不扰民，不损害公共利益，绿色环保施工现场应实行封闭管理，并应采用硬质围挡，市区主要路段围挡高度不低于2.5m，一般路段围挡高度不低于1.8m，围挡应牢固稳定，整洁美观，其0.8m以上部分应采用通透性围挡并应采取交通疏导和警示措施，现场设大门，应设置门卫，安排门卫人员24h值班，保证人员、财产安全。及时清理现场垃圾，根据现场情况进行绿化布置。现场应配设设置符合要求的防火设施和报警系统，严禁吸烟，严禁焚烧各类废弃物。建立卫生防疫责任人，杜绝传染病和食物中毒事故的发生。

9.5 施工技术组织保证措施

1）工程质量保证措施。项目管理班子和全体施工人员在思想上、行动上确立质量第一、用户至上的思想，精心施工，严把质量关。加强施工过程的质量检验，各施工作业人员在做好技术质量交底的基础上坚持"三检制"（自检、互检、专检）把质量问题消灭在施工过程中，坚持"上下工序制"（即上道工序不合格，不准转入下道工序），各级质量检验人员要认真贯彻执行国家颁布的《建筑电气工程施工质量验收规范》和《建筑安装工程质量检验评定标准》，对施工质量进行严格监督、检验和评定，严格把好每道工序质量关。坚决执行设备、原材料的质量管理和检验制度，重要设备和材料，甲、乙双方要共同验收，检验合格后，双方签证。工程需要的各种材料、零配件和设备都要有合格证、质量书和材质化验单，严禁使用不合格产品或假冒伪劣品。认真做好施工技术资料工作，原始技术资料填写和编制要求及时、完整、准确、可靠和规范化，并按规定的要求进行汇总和立档。每一分项工程结束以后，必须及时做好分项工程的质量检验和评定工作，实现施工和技术资料的同步。严格按图纸和国家相关的施工规范及标准图集施工。

2）质量管理组织措施。充分发挥公司的整体优势和力量，采取多方位调控、现场项目集中管理的模式，确保工程目标圆满实现。组建精干的安装项目班子，公司将选派思想作风过硬、技术素质高的人员担任项目经理和主要管理人员；在公司的统一领导下和总承包方的统一调度下，精心施工，密切配合，协同作战。建立以项目经理为第一责任人的质量责任制，项目经理对工程项目质量目标的确保和实现，对现场管理制度的制订和落实，质量体系和质保措施的建立和运行全面负责，各级管理人员将按质量责任制的要求各负其责，各司其职。进一步开展对全体员工质量意识和管理制度的教育，牢固树立"质量第一"的思想，公司将按教育培训计划组织上岗培训，同时项目要结合工程特点对班组进行质量标准、操作工艺等的再学习，保证项目的每一个施工人员都是技术熟练、作风正派且能吃苦、能攻坚的精兵，确保工程质量达到高标准的要求。

3）质量管理技术措施。施工前工程项目负责人、技术负责人和各专业施工员要先做好图纸会审工作，熟悉、吃透施工图纸。明确工程项目各分部（专业）安装的技术要求和质量标准，采用哪些规范、规程和标准。在图纸会审中对施工图纸不明之处或另有建议和意见，应及时同设计等有关部门进行商讨改正，以减少施工中的问题和矛盾。项目负责人及各专业施工技术人员要在开工前做好技术交底工作，应在已经施工图会审的基础上，按本施工组织设计及图纸、规范要求，结合工程具体情况，在正式开工前向项目班子和现场班组每个操作人员进行项目总体和分部、分项的技术交底。着重明确各安装专业具体的技术和质量要求，关键部分的施工方法的质量控制，采用哪些新技术、新工艺、新材料，采取的措施和解决方法，工程施工的质量目标、工期、进度和工作量等。要求施工人员和工人严格按图施工，按规范操作。未经一定程序审批的，不得随意改动图纸。收集齐全工程中要用的规范、规程和标准，及时提供最新颁发的有关规范和标准，已过期的老规范和标准均不得在公司和工程中使用。

4）安全施工组织保证措施。项目经理对整个工程安全负责，分管生产的项目副经理对安全生产负直接领导责任，具体组织实施各项安全措施和安全制度；分管技术的项目工程师负责组织安全技术措施的编制和审核、安全技术交底和安全技术教育；工地设专职安全管理人员两名，负责日常安全管理和安全监督；施工员对施工范围内的安全生产负责，贯彻落实各项安全技术措施。做到各专业人员有岗位职责，操作班组、班长、安全组干事以至每个工人都有安全职责。

劳动人才公司在人员调动时，必须提供个人劳动保护卡（劳动保护卡必须记有：年龄、工龄、现岗位工龄、身体状况、三级安全教育情况），对没有劳动保护卡的，项目部有权拒绝接受，项目经理部使用外包工、临时工，必须经劳动人才公司审核，办理有关进场安全教育，符合条件的持人才公司发放的临时上岗证上岗。

对项目部新招聘的人员，由项目部劳动部门负责，质安科配合安全教育，各专业队、班组进行本专业安全教育及入场教育，合格后，方可上岗操作，并建立劳动保护卡，对未经三级教育的人员，班组应拒绝分配工作。对特种作业人员（电工、焊工、架子工等），必须经培训考试合格后，持证上岗。项目部每月组织召开一次安全会，传达上级文件精神，总结前期的安全情况，布置后一阶段的安全工作。各专业施工队每周组织召开一次安全会，各施工班组每周做"三上岗、一讲评"记录。各分部、分项工程施工前，施工员必须对操作班组进行有针对性的安全技术交底，对外架的搭设、拆除，井架、塔吊的安装和拆除要有施工技术措施，向操作工人进行详细交底，并亲临现场指导。凡未经安全生产技术交底的，班组有权拒绝接受工作。班组在接到安全技术交底时，必须组织组员认真学习并熟悉，在施工过程中，必须严格按交底要求施工，如因交底错误而发生事故，由交底者负责，如因不按交底要求操作而发生事故，由操作者负责。事故发生后，项目经理应组织有关人员对事故的原因、责任分析总结，事故处理坚持做到"三不放过"原则。

5）安全检查制度。本工程在施工的各个阶段，将配合安全教育，提出安全目标口号与安全施工警句，在醒目位置如脚手架及主要干道上布置。此口号与警句能增强安全生产气氛，提高职工的安全生产意识。工地每月两次全面安全检查，工段每星期进行一次定期检查，由施工员实施，每个作业班组结合上岗安全交底，每天安全上岗检查。通过安全检查活动，不断提高和加强职工的安全意识，落实各项安全制度和安全措施，并且通过检查活动本身可以发现和解决隐患。

6）施工安全防护措施。在现场入口显著位置设立现场施工总平面图，总平面管理制度，安全生产、文明施工、环境保护、质量控制、材料管理等的规章制度和主要参建单位名称及工程概况说明等的图板。为确保工程安全施工须设立足够的标志，宣传画，标语，指示牌，警告牌，火警、匪警和急救电话提示牌等。应配备安全带、安全绳、安全帽、安全网、绝缘鞋、绝缘手套、防护口罩和防护衣等安全生产用品。施工场地附近应有装备良好的临时急救站并配备称职的医护人员。主要作业场所和临时安全疏散通道须配备 24h 36V 安全照明和必要的警示等以防止各种可能的事故。应在施工现场配备足够数量的合格的手提灭火器。装备良好的易燃易爆物品仓库应制订相应的使用管理制度。对涉及明火施工的工作制订诸如用火证等管理制度。安全文明施工费用必须专款专用，否则相关责任人须对因安全文明施工费用和施工安全措施不到位而发生的安全事故承担全部责任。

建立专门的施工场地（现场）安全生产管理机构，配备足够数量的符合有关规定的专职安全生产管理人员，负责日常安全生产巡查和专项检查，召集和主持现场全体人员参加的安全生产例会（每周至少一次），负责安全技术交底和技术方案的安全把关，负责制订或审核安全隐患的整改措施并监督落实，负责安全资料的整理和管理，及时消除安全隐患，做好安全检查记录，确保所有的安全设施都处于良好的运转状态。承包人项目经理和专职安全生产管理人员均应当具备有效的安全生产考核合格证书。编印安全防护手册发给进场施工人员，做好进场施工人员上岗前的安全教育和培训工作，并建立考核制度，只有考核合格的人员才能进场施工作业。特种作业人员还应经过专门的安全作业培训，并取得特种作业操作资格证书后方可上岗。在任何分部分项工程开始施工前，承包人应当就有关安全施工的技术要求向施工作业班组和作业人员等进行安全交底，并由双方签字确认。

为进场施工人员配备必需的安全防护设施和设备，承包人还应为施工场地（现场）邻近地区的所有者和占有者、公众和其他人员，提供一切必要的临时道路、人行道、防护棚、围栏及警告等，以确保财产和人身安全以及最大程度地降低施工可能造成的不便。成立应急救援小组，配备必要的应急救援器材和设备，制订灾害和生产安全事故的应急救援预案，并将应急救援预案报送监理人。应急救援预案应能随时组织应急救援专职人员，并定期组织演练。发生施工安全事故后，承包人必须立即报告监理人和发包人，并在事故发生后 1h 内向发包人提交事故情况书面报告，并根据《生产安全事故报告和调查处理条例》的规定，及时向工程所在地县级以上地方人民政府安全生产监督管理部门和建设行政主管部门报告。

7）机械设备安全管理措施。施工现场机械设备安全管理措施是非常重要的，机械设备使用不当造成的危害是非常大的，在使用的时候要了解每个操作细节。施工现场的机械、设备应按其技术性能的要求正确使用。缺少安全装置或安全装置已失效的机械设备不得使用。严禁拆除机械设备上的自动控制机构、力矩限位器等安全装置，及监测、指示、仪表、警报器等自动报警、信号装置。其调试和故障的排除应由专业人员负责进行。

处在运行和运转中的机械严禁对其进行维修、保养或调整等作业。机械设备应按时进行保养，当发现有漏保、失修或超载带病运转等情况时，有关部门应停止其使用。机械设备的操作人员必须身体健康，并经过专业培训，考试合格，在取得有关部门颁发的操作证、特殊工种操作证后，方可独立操作；学员必须在师傅的指导下进行操作。违反安全操作规程的命令，操作人员有权拒绝执行；由于发令人强制违章作业造成事故者，应追究发令人的责任，直至追究刑事责任。机械作业时，操作人员不得擅自离开工作岗位或将机械交给非本机操作人员操作；严禁无关人员进入作业区和操作室；工作时，思想要集中，严禁酒后操作。

机械操作人员和配合作业人员，都必须按规定穿戴劳动保护用品，长发不得外露。高空作业必须系安全带，不得穿硬底鞋和拖鞋。严禁从高处往下投掷物件。进行日作业两班及以上的机械设备均须实行交接班制；操作人员要认真填写交接班记录。机械进入作业地点后，施工技术人员应向机械操作人员进行施工任务及安全技术措施交底；操作人员应熟悉作业环境和施工条件，听从指挥，遵守现场安全规则。现场施工负责人应为机械作业提供道路、水电、临时机棚或停机场地等必需的条件，并消除对机械作业有妨碍或不安全的因素；夜间作业必须设置有充足的照明。操作人员必须配备适用的安全防护用品。当机械设备发生事故或未遂恶性事故时，必须及时抢救，保护现场，并立即报告领导和有关部门听候处理。企业领导对事故应按"三不放过"的原则进行处理。

8）施工现场临时用电安全管理措施。工地配电必须按 TN-S 系统设置保护接零系统，实行三相五线制，杜绝疏漏；所有接零接地处必须保证可靠的电气连接；保护线 PE 必须采用绿/黄双色线；严格与相线、工作零线相区别，严禁混用。设置总配电箱，门向外开，配锁，并应符合下列要求：配电箱、开关箱应有防雨措施，安装位置周围不得有杂物，便于操作；由总配电箱引至工地各分配电箱电源回路，采用 BV 铜芯导线架空或套钢管埋地敷设高空作业用电，套 PVC 塑料管引上，不准沿脚手架敷设。用电设备与开关箱间距不大于 3m，与配电箱间距不大于 30m，开关箱漏电保护器的额定漏电动作电流应选用 30mA，额定漏电动作时间应小于 0.1s，水泵及特别潮湿场所，漏电动作电流应选用 15mA。配电箱、开关箱上设危险标志。做防雷接地的电气设备，必须同时做重复接地，同一台电气设备的重复接地与防雷接地可使用并联于基础防雷接地网，所有接地电阻值 $\leqslant 4\Omega$。

保护零线不得装设开关或熔断器。保护零线的截面应不小于工作零线的截面；同时必须满足机械强度要求。正常情况时，电气设备不带电的金属外露导电部分应做保护接零；

保护零线除必须在配电室或总配电箱处做重复接地外，还必须在配电线路的中间处和末端处再做重复接地。每台用电设备应有各自专用的开关箱，必须实行"一机、一闸、一漏"制。所有配电箱门应配锁，配电箱和开关箱应由现场电工专人管理。所有配电箱、开关箱应每天检查一次，维修人员必须是专业电工，检查维修时必须按规定穿戴绝缘鞋、手套，必须使用电工绝缘工具。手持式电动工具的外壳、手柄、负荷线、插头开关等，必须完好无损，使用前必须做空载检查，运转正常方可使用。

9）消防安全管理措施。治安消防工作坚持"预防为主，以消为辅"的指导思想，加强施工现场的物资、器材和机械设备的管理，防止物资被哄抢、盗窃或破坏。开展法治宣传和"四防"教育，项目经理部定期开展以防火防盗为主的安全大检查，堵塞漏洞，防患于未然，健全现场保卫机构，统一领导治安保卫工作。施工现场设置安全标志，危险作业区悬挂"危险"或者"禁止通行""严禁烟火"等标志，夜间设红灯警示。工地设门卫值班室，由保安昼夜轮流值班，对外来人员和进出车辆及所有物资进行登记，夜间设专人巡逻护场，重点是仓库、木工棚、办公室及成品、半成品保护。加强对外地民工的管理，摸清人员的底数，掌握每个人的思想动态，及时进行教育。每周对职工进行一次治安教育，每月召开一次治保会，定期进行治安检查，并将会议检查整改记录存入资料内备查。

对易燃易爆有毒化学危险品设专库专管，非经单位领导人批准，任何人不得动用。施工现场必须按照"谁主管，谁负责"的原则，确定党政主要领导干部负责保卫工作，层层签订保卫工作责任制，建立保卫领导小组，护场守卫人员要佩戴执勤标志。做好成品保护工作，制订具体措施；严防被盗、破坏和治安灾害事故的发生。施工现场发生各类案件和灾害事故，要立即汇报并保护好现场，配合公安机关侦破。工地布置要符合防火、防雷击等有关安全规则及环卫要求。保证施工现场临时排水沟畅通，并积极配合甲方及时疏通工程周围的既有排水系统，做好排水排污工作。对施工项目进行定期检查，对食堂、生活区等部位要派专人进行维护，确保劳务人员不发生集体食物中毒和群发性传染病事件。成立由保安队员组成的巡逻队，负责施工现场以及生活区的24h不间断巡逻监控，及时处理、上报各种隐患、事故、保证工地安全。

10）文明施工保证措施。建立项目安全管理监督保证体系，施工组织设计或项目实施规划应设安全管理专篇，安全管理应具有针对性和可操作性。项目部应建立安全生产管理体系，要求机构健全，体系完整，责任到人。安全管理机构设置专职安全生产管理人员。实施绿色施工，一是要进行总体方案优化，在施工组织和策划阶段，充分考虑绿色施工的总体要求，为绿色施工提供基础条件；二是对材料采购、现场施工、工程验收等各阶段进行控制，加强整个施工过程的管理和监督。

施工场区和生活区的配备建设按照标准化工地进行布置。现场文明施工将严格执行《施工现场安全生产、文明施工管理细则》的有关规定，保证施工安全和文明达到有关标准的要求。民工每间宿舍指定1人为寝室长，负责宿舍内日常事务管理，宿舍内卫生实行轮流值日清扫，室外公共卫生由项目部安排专人清扫。现场施工，严格按材料管理，做好用旧利废工作，及时清理建筑垃圾；按专业班组分工负责各自班组在生产中的垃圾清理工作；现场施工管理人员随时检查，检查情况作为班组责任制考核的依据，公共设施由后勤管理员负责监督检查。

安全生产情况由现场专职安全员负责实施监督，安全员做到实时检查，对重点部位施工操作实行旁站管理，并定期检查施工安全设施的完整性和可靠性；同时，安全员须定期对各班组安全生产、文明施工情况作出评价，作为班组责任制考核依据。民工管理由后勤管理员负责，所有进场工人按工种进行登记，进场人员须符合上级有关部门对招用工人的有关规定，保证身份合法，证件齐全，退场工人应及时注销其身份；外来人员进入现场应严格查验身份并进行登记，与工程无关的人员严禁进入施工现场；班组长招用工人时，必须确认招用人员的劳动技能，并对工人进行必要的技能培训和安全教育。施工现场应有安全标志布置平面图，安全标志应按现场安全标志布置图挂设，特别是主要施工部位，应随机挂设安全操作规程，各种安全标志应符合国家关于安全标志的规定，制作美观、统一。

11）施工环保保证措施。实行环保目标责任制，把环保指标，以责任的形式分到个人，列入岗位责任制，建立一支环保自我监控体系，项目经理是环保工作的第一责任人，加强对施工现场粉尘、噪声、废气的监测和监控工作。严格控制人为噪声，进入施工现场不得高声喊叫，无故摔打模板，乱吹哨，使用对讲机进行远距通话，车辆进场禁止鸣喇叭，最大限度减少噪声扰民。严格控制作业时间，一般晚 10 点到次日早 6 点之间停止强噪声作业，确定特殊情况必须昼夜施工时，尽量采取降低噪声措施。

从噪声源上降低噪声，尽量选用低噪声设备和工艺代替高噪声设备和加工工艺，如低噪声的电锯、低噪声冲击钻等；尽可能在声源处安装消声器消声；电气安装工程的噪声主要来自材料加工与开孔槽作业，因而尽可能将材料在场地外加工，非特殊情况，不得在施工现场加工材料；从传播途径上尽量控制噪声，采用吸声、隔声、隔振和阻尼等声学处理的方法来降低噪声。水泥、粉煤灰、白灰等细颗粒粉状材料等，要采用遮盖措施，防止遗撒扬尘，车辆进场，行驶不猛拐，不急刹，防止撒土。施工过程中有尘土产生时，应事先洒水，尽可能减少扬尘。按工艺要求，避免夜间施工扰民。夜间施工时，应安排噪声低的工种进行施工。施工工艺要求，必须 24h 连续施工的，应先到环保部门办理夜间施工许可证。

成立以项目经理、施工员、安全员以及班组长为主的防止扰民领导小组。对施工人员进场进行文明教育，施工中或生活中不准大声喧哗，特别是晚 10 点之后，早 6 点前不准发出人为噪声。施工现场设专人负责卫生保洁，保持现场整洁卫生，道路畅通、无积水；在现场大门口设置简易洗车装置，对进出现场的运输车辆车轮携带物进行清洗，做好防遗撒工作。现场设封闭垃圾站，集中堆放生活及施工垃圾。办公室实行轮流值班，每天清扫，保持室内清洁，窗明地净；施工现场不许随地大小便，厕所墙壁、屋顶要严密，门窗要齐全，并设专人管理，经常冲洗，防止蚊蝇滋生。食堂及时办理卫生许可证，炊事人员健康证和卫生知识培训证，上岗必须穿戴整洁的工作服、帽，个人卫生做到"四勤"；食堂内无蝇、无鼠、无蛛网，保持炊具卫生，杜绝食物中毒。设立开水间，保证开水供应，做到不喝生水；职工宿舍达到整齐干净，空气清新；现场必须节约用电，白天不准有长明灯、昼夜不准有长流水。

12）成品保护管理措施。项目经理部根据施工组织设计编制成品保护方案；以合同、协议等形式明确各分包对成品的交接和保护责任，确定各工种为主要的成品保护责任单位。上道工序与下道工序要办理交接手续；交接工作在各工种之间进行，项目经理部起协调监督作用，项目经理部各责任工程师要把交接情况记录在施工日记中。接受进户作业的人员，必须严格遵守现场各项管理制度，不准吸烟；所有入户作业的人员必须接受成品保护人员的监督。各工种在进行本道工序施工时，如需要碰动其他专业的成品时，各工种必须以书面形式上报项目经理部，项目经理经与其他专业工种协调后，其他专业派人协助施工，待施工完成后，其他人员恢复其成品。

第 ❿ 章 ▶▶▶

××通信楼项目投标书技术标

10.1 项目概况

10.1.1 工程基本情况

本项目是××省××市××区通信楼工程，包括主控楼及通信楼、220kV屋外配电装置、综合楼、门房、消防小间、泵房及水池、站区道路。

主控楼、通信楼为连体结构，基础形式为柱下独立基础（设地梁），埋深－2.5m。主控楼一层半，通信楼一层。主控楼为框架结构，两跨，每跨六m，柱距3.9m。电缆夹层2.7m，现浇梁，第二层5m、12m跨钢屋架，3榀，下设水平支撑，预制大型屋面板。通信楼砖混结构，240mm砖墙，墙下条基，一层3.6m，屋面为全现浇结构。外墙贴白色面砖，内墙刷防火涂料，会议室、门厅、主控室、观察平台、楼梯、厕所贴地砖，门厅、休闲平台、会议室轻钢龙骨石膏板吊顶。

综合楼为单层砖混结构，高度4.6m，条形基础，基底埋深－2.6m，±0.000m以下墙体采用MU7.5红砖、M10水泥砂浆砌筑，±0.000m以上墙体采用MU7.5红砖、M10混合砂浆砌筑，－0.06m处设20mm厚水泥砂浆掺5％防水剂作为防潮层。屋面板为预应力空心板和预制平板两种，门厅屋面板为现浇板（6600mm×6600mm）。建筑平面尺寸22800mm×16200mm，设有材料库、宿舍、门厅、汽车库、餐厅、厨房、厕所。汽车库、材料库地面为水泥砂浆地面，其他部分为地砖地面；外墙采用白色面砖，部分贴仿清水砖墙面砖；卫生间、餐厅、厨房内墙面采用白色瓷砖，其余墙面及所有顶棚均为1：3水泥砂浆刷乳胶漆；屋面为二布三胶防水层、水泥膨胀珍珠岩保温层、地砖面层。

220kV屋外配电装置基础部分包括主变进线构架、出线构架基础、隔离开关支架基础、电压互感器支架基础、避雷器支架基础、接地器支架基础、断路器支架基础等，基础形式除出线构架斜撑基础为独立基础外均为杯形基础，局部回填区架构及设备基础为连体杯形基础，基础置于第二层黏土上，局部回填区基础下超挖部分用C20毛石混凝土从砂垫层垫至设计地面标高。主变进、出线构架及设备支架采用C40混凝土环形杆，顶部预埋铁件，钢梁水平连接。

10.1.2 工程特点

架构基础及各类设备基础较多，间距较小。局部基础地面位于回填土之上。各类设备支架安装工作量较大，工期紧，土建与安装需紧密配合。本标段建（构）筑物多，交叉作业多，各工种整体流水作业较为复杂。

10.1.3 工程实施目标

针对本工程的指导思想是：质量第一，服务周到，业主满意，以质量为中心，按照《质量管理体系 GB/T 19001—2016 应用指南》（GB/T 19002—2018），建立工程质量保证体系，选配高素质的项目经理，积极推广应用新技术、新工艺、新设备、新材料，精心组织、科学管理，优质、高速地完成本工程的施工任务。

1）质量目标。在本工程施工过程中，将严格按《质量管理体系 GB/T 19001—2016 应用指南》（GB/T 19002—2018）组织施工，加强施工全过程质量控制，达到国家有关施工验收规范和设计要求，达标创优质工程，分部分项工程合格率达 100%，建筑分部分项工程优良品率≥85%，质量承诺：甲方可在我方报价中提取 20 万元作为质量保证金，由甲方每月考核乙方工程质量完成情况，若达不到合同质量要求，可每月扣除 2 万～5 万元，累计不超过 20 万元；若达到合同质量要求，则从质量基金中每月支付 3 万元给乙方。工程最终验收达到合同质量要求，质量保证金的剩余款全部支付给乙方。

2）工期目标。将组织技术过硬，素质高的施工作业队伍，加强施工过程中的组织管理及平衡调度，同时制订切实可行的工期奖罚措施，如果 2023 年 6 月 1 日开工，确保 11 月 8 日厂房交工。工期承诺：若达不到该工期目标，每延误一天扣 3000 元，最高扣罚不超过 30 万元。如延误合同工期达 3 个月，甲方除按上述原则罚款外，有权终止合同。

3）安全目标。将加强职工安全教育，在职工思想中树立牢固的安全意识，同时加大安全资金投入，从而杜绝死亡及重伤事故，轻伤频率控制在 0.15% 以下，实现"双零"标准。安全承诺：甲方可在我方报价中提取 10 万元作为安全基金，由甲方每月考核乙方工程安全情况，若达不到合同规定的安全要求，可每月扣除 1 万～3 万元，累计不超过 10 万元；若达到合同规定的安全要求，则从安全基金中每月支付 2 万元给乙方。工程最终验收达到合同规定的安全要求，安全基金的剩余款全部支付给乙方。

4）文明施工目标。严格按××省文明施工的各项规定执行。各种施工机械停放整齐，实行禁烟、无垃圾管理，保持场容、市容环境卫生，创建优良达标现场。文明施工承诺：甲方可在我方报价中提取 10 万元作为文明施工基金，由甲方每月考核乙方文明施工情况，若达不到合同规定的要求，可每月扣除 1 万～3 万元，累计不超过 10 万元；若达到合同规定要求，则从文明施工基金中每月支付 2 万元给乙方。工程最终验收达到合同规定的文明施工要求，文明施工基金的剩余款全部支付给乙方。

10.2 技术标编制依据与编制说明

10.2.1 编制依据

本技术标的编制依据为××市××区通信楼工程招标文件；现场实际情况，工程地点周边环境情况及与本工程施工相关的××地区气象资料；本公司同类型工程施工经验以及ISO 9001：2015质量体系及程序文件；现行的国家有关建筑设计规范、规程和规定，包括《住宅设计规范》《住宅建筑规范》《商店建筑设计规范》《民用建筑设计统一标准》《建筑设计防火规范（2018年版）》《建筑地面设计规范》《民用建筑热工设计规范》《××省夏热冬冷地区居住建筑节能设计标准》《夏热冬冷地区居住建筑节能设计标准》等。

10.2.2 编制说明

本技术标是指导××省××市××区通信楼工程施工的纲领性文件，依照上列依据针对项目管理机构设置、劳动力组织、施工进度计划控制、机械设备及周转材料配备、主要分部分项工程施工方法、工程质量控制措施、安全生产保证措施、文明施工及环境保护措施、降低成本措施、推广新技术、工程技术资料管理、成本控制、材料采购以及工程回访等诸多因素尽可能充分考虑，突出科学性、适用性及针对性，是确保优质、低耗、安全、文明、高速完成全部施工任务的重要经济技术文件。

本技术标编制时未考虑门窗工程、二次设计部分，电梯及其安装工程，电视、宽带等弱点部分系统穿线（只埋管不穿线），给排水工程中卫生洁具、角阀、减压阀，消防报警系统中的安装模块和烟感等设备安装。

10.3 施工组织与施工准备

10.3.1 施工组织

为确保优质、高速、安全、文明地完成××区通信楼的施工任务，根据该工程的特点及重要性，该项目采用二级组织进行管理，一是公司组成由公司经理任领导小组组长，由公司生产科、质量安全科、材料科、动力科、劳资科、财务科等科室负责人参加的工程指挥组，以确保该工程施工所需的各种资源的及时到位和全面履行合同中的各项承诺；二是配备有丰富施工管理经验的同志担任项目经理，对工程施工进行组织、指挥、管理、协调和控制。项目经理部本着科学管理、精干高效、结构合理的原则，选配具有改革开拓精神、施工经验丰富、服务态度良好、勤奋实干的工程技术和管理人员。项目经理部设项目经理一名，项目副经理一名，项目总工一名组成项目领导层，下设工程技术部、质量安全部、财经部、器材部、综合办公室组成项目管理层，由管理单位统一组织劳务作业层。

10.3.2　主要职责

1) 项目领导层职责。贯彻执行国家和工程所在地政府的有关法律、法规和政策,执行企业的各项管理制度。项目经理要向项目人员解释和说明项目合同、项目设计、项目进度计划及配套计划、协调程序等文件。做好施工准备,落实具体计划,形成切实可行的实施计划系统。协调好各方面的关系,预见问题,处理矛盾。建立高效率的通信指挥系统。对工程的进度、质量、安全、成本和场容等进行监督管理、考核验收、全面负责。注意在工作中开发人才、培养下属管理人员的工作能力。组织好项目生产调度会、项目经济活动会等关键性会议。组织制订项目经理部各类管理人员的职责权限和各项规章制度,搞好与公司各职能部门的业务联系和经济往来,每月向公司经理报告工作。严格财经制度,加强财务、预算管理,推行项目内部承包责任制。按照企业法定代表人与业主签订的工程承包合同,严格履行全部合同条款。

2) 项目各部门职责。工程技术部对施工范围内的工程质量、技术措施、进度等进行管理,协调土建与安装的交叉配合,解决图纸及设计上的问题,编制单项施工方案或施工技术交底工艺卡,编制与调整周、旬、月施工进度计划。对工程管理人员和劳务人员进行调配指导施工,并保证进入施工现场的管理人员和劳务人员有相应的技术素质。并对施工档案资料进行收集、整理。

质量安全部对施工过程中的生产安全、文明施工进行综合管理。对施工范围内的工程质量进行监督控制、评定,对工程施工进行测量放线、沉降观测及按规范要求进行试验检验、计量管理。

器材物资部对施工机械设备、临时用水、用电进行管理协调。负责工程材料及施工用材的采购、验收、保管、发放等管理工作。

经营财务部对工程用款有计划、有测算,并进行成本控制,对施工范围内的工程预决算、报量进行审查,参与谈判及对工程合约进行综合管理。

综合办公室负责公关、接待、后勤保障及消防保卫工作。

10.3.3　施工准备

1) 施工技术准备。认真做好调查工作。气象、地形和水文地质的调查应全面,应掌握气象资料,以便综合组织全过程的均衡施工,制订夏季、雨季、大风天气的施工措施,根据水文地质及气象情况,相应地采取有效的防排水措施。各种物质资源和技术条件的调查应周详,由于施工所需物质资源品种多,数量大,故应对各种物质资源的生产和供应情况、价格、品种等进行详细调查,以便及早进行供需联系,落实供需要求;由于施工用水、用电量均对施工影响较大,用电的起动电流大,负荷变化多,移动式、手动式用电机具多,因此,对水源、电源等的供应情况应做具体落实,包括给水的水源、水量、压力、接管地点;供电的能力、线路距离等。

应做好与设计的结合工作。由公司技术部门组织项目部相关人员认真学习图纸,并进行自审、会审工作,以便正确无误地施工。通过学习,熟悉图纸内容,了解设计要求施工达到的技术标准，明确工艺流程。进行自审，组织各工种的施工管理人员对本工种的有关图纸进行审查，熟悉和掌握图纸中细节。组织各专业施工队伍共同学习施工图纸，商定施工配合事宜。组织图纸会审，由设计方进行交底，理解设计意图及施工质量标准，准确掌握设计图纸中的细节。

应认真编制施工组织设计。由技术部门认真编制该工程的施工组织设计，作为工程施工生产的指导性文件。

应认真编制施工图预算和施工预算。由预算部门根据施工图、预算定额、施工组织设计、施工定额等文件，编制施工图预算和施工预算，以便为施工作业计划的编制、施工任务单和限额领料单的签发提供依据。

2）物资条件准备。建筑材料的准备应合规。应根据施工组织设计中的施工进度计划和施工预算中的工料分析，编制工程所需的材料用量计划，做好备料、供料工作和确定仓库、堆场面积及组织运输的依据。根据材料需用量计划，做好材料的申请、订货和采购工作，使计划得到落实。组织材料按计划进场，并做好保管工作。施工所用黄砂就近选用，由于施工高峰期正处于汛期，黄砂将在汛期之前准备，并在施工期间与供应商联系提前储备；石子选用当地产青石，钢筋选用宝钢，由于××市到人民路段道路正在修筑，车辆只能单行，材料运输尽量在夜间进行，保证运输通畅。

应做好构配件的加工订货准备工作。根据施工进度计划及施工预算所提供的各种构配件数量，做好加工翻样工作，并编制相应的需用量计划。合同签订之后，向甲方提出环形杆及钢构架的需用量和进场计划，电缆沟沟盖板的预制加工在现场已施工完毕的道路路面上进行。

3）施工机械准备。根据施工组织设计中确定的施工方法，施工机具、设备的要求和数量以及施工进度的安排，编制施工机具设备需用量计划，组织施工机具设备需用量计划的落实，确保按期进场。

4）现场准备。为保证施工控制网的精确性，工程施工时设置测量控制网，各控制点均应为半永久性的坐标桩和水平基准点桩，必要时应设保护措施，以防破坏，利用测量控制网控制和校正建筑物的轴线、标高等，确保施工质量。在施工准备阶段，进行现场施工道路的修筑，利用场内拟建的永久性道路路基作为施工道路。根据施工进度，在拟建建（构）筑物施工之前，完成周围道路与场外道路的贯通。沿拟建（构）建物四周修筑排水沟，施工过程基坑中的积水或雨水由潜水泵抽出后，经排水沟集中排入站外低洼地带。

5）施工队伍准备。根据确定的现场管理机构建立项目施工管理层，选择高素质的施工作业队伍进行该工程的施工。进场后，到当地劳动部门、公安部门及时办理有关手续。根据该工程的特点和施工进度计划的要求，确定各施工阶段的劳动力需用量计划。对工人进行必要的技术、安全、环保和法治教育，教育工人树立"质量第一、安全第一"的正确思想，遵守有关施工和安全的技术法规，遵守地方治安法规，牢固树立环保意识。做好生活后勤保障工作：在大批施工人员进场前，必须做好后勤工作的安排，为职工的衣、食、住、行、医等全面考虑，认真落实，以便充分调动职工的生产积极性。

10.4　施工部署

10.4.1　施工总体部署

根据××省设计院的施工图、招标范围及相关资料，结合现场勘察和类似工程的施工经验，总结出工程特点后，该工程施工部署如下。

在施工准备阶段，完成进场施工道路的修筑。场内临时道路利用场内拟建的永久性道路路基作为施工道路，由于现场施工道路闭合，将闭合的施工道路分为两段，在确保其中一段道路畅通的前提下，对两段路进行流水施工，在本标段拟建建（构）筑物完工之前，标段内规划道路路面及路缘石施工完毕。在道路施工过程中，现场排水与道路施工同步进行，确保现场施工文明有序。施工过程基坑中的积水或雨水由潜水泵抽出后，经排水沟集中排入站外低洼地带。生活污水经化粪池处理后排出。

本标段 220kV 屋外配电装置构架基础与主控楼及通信楼施工同时进行，主控楼及通信楼施工与综合楼及其他构筑物的施工进行流水施工。220kV 屋外配电装置构架基础施工分为三个施工段，三个施工段之间进行工序间流水施工，电缆沟施工与 220kV 屋外配电装置构架基础施工同步进行。

在现场集中布置三台 JZS350 搅拌机用于整个施工现场混凝土的制备，一台 HJ200 砂浆搅拌机用于砌筑砂浆的制备。配备四台机动小翻斗进行混凝土水平运输。工程所需钢筋和模板统一在场区西侧的钢筋车间、木工车间加工成型后运至施工现场。在主控楼及通信楼南侧设 2S763B 型井架一台，用于混凝土及其他材料的垂直运输。

10.4.2　主要单位工程施工部署

1）220kV 屋外配电装置。基础土方开挖采取人工开挖，按规范要求进行放坡，土方就近堆放，及时回填。220kV 屋外配电装置构架基础施工按轴线拟采取分三段施工，以便于模板的周转，具体施工段划分如下：1～4 轴为一施工段；5～8 轴为二施工段；9～10 轴为三施工段。施工过程中，各专业工种进行流水作业。架构及设备支架基础为杯形基础，模板均采用 18mm 厚木夹板，钢管支撑，杯口吊模。在一施工段进行的同时进行本标避雷针安装，以便场区内及时形成避雷体系。混凝土浇筑采用四台机动小翻斗负责水平运输，人工翻揪入模。220kV 屋外配电装置构架基础施工完毕，经检验符合要求后进行环形杆及钢构架安装，安装时采用一台 25t 汽车吊吊装，两台经纬仪控制环形杆位置及垂直度。

2）主控楼及通信楼、综合楼施工部署。主控楼及通信楼为连体结构，施工同时进行。综合楼在主控楼及通信楼结构完毕后进行。通信楼、综合楼砖混结构，主控楼框架结构。预制板安装采取搭设斜道，人工运输的方法。主控楼梁、柱、板一次浇筑成型，通信楼屋面为全现浇。基础及上部结构模板均采用 18mm 厚木夹板，钢管支撑。在各个单位工程施工过程中，土建与安装的良好配合是使整个工程能够优质、高速、安全、文明完成的关键，这样就要协调好土建与安装的关系，控制好各项安装工程的插入点，土建与土建之间，土建与安装工程之间，安装与安装之间做到协调配合，有条不紊。主要建筑物施工时，将充分利用有限的时间和空间，拟采用先地下，后地上，先主体结构，后围护及装修施工，以主体施工为先导，分部分项工程紧随其后，有序组织交叉作业。

10.4.3 主要分部分项工程的施工方法

1）测量工程。本项目建（构）筑物多，分布面积大，为精确快捷测定出建（构）筑物轴线，严格控制结构构件的位置及几何尺寸，拟定各个单位工程的施工主轴线为四点平面控制网，采用直角坐标法定位放线。主要测量仪器有：瑞士徕卡全站仪一套，苏州产经纬仪两台，S3普通水准仪一台。配一名测量工程师和两名经验丰富的测量放线员，针对建（构）筑物平面与立面的形状特点，结合工程进度，分阶段采用不同的测量方法，做好测量放线工作，满足工程施工进度和质量的要求。

应做好测量准备工作。了解设计意图，掌握工程总体布局、工程特点、施工部署、进度情况、周围环境、现场地形、定位依据、定位条件，做好内业计算工作。进行测量仪器的选定和检定，检校专用仪器，准备测量资料和表格。建立定位依据的坐标控制点与场地平面控制网和标高控制网及平面设计图之间的对应关系，进行核算。测设场地平面控制网和标高控制网。在基坑外围稳固地点和围墙上，做好控制桩并做出明显标记，妥善保护。

测量误差依据《混凝土结构工程施工规范》（GB 50666—2011）、《混凝土结构工程施工质量验收规范》（GB 50204—2015）、《电力建设施工质量验收规程》（DL/T 5210）等确定。首级控制网应满足一级小三角网的测量精度要求。平面控制网的控制线，包括建（构）筑物的主轴线，其测距精度不低于1/10000，测角精度不低于$20''$。建筑物竖向垂直度应合规，层间垂直度小于10mm，全高垂直度小于$H/10000$（H为建筑物高度），且不大于30mm。

合理选择平面测量方法。平面测量结合施工部署和工程进度分阶段采取相应的测量方法。平面控制网根据甲方提供的坐标控制点为测量放线依据，结合施工图进行施工测量定位放线，确定出测量控制主轴线，测量控制主轴线应能满足分段施工时能独立定位的要求，建立起平面控制网，作为轴线传递的依据。控制主轴线施测到现场后，应保护好控制轴线标志不被破坏，标记明显，为稳妥起见，每条控制轴线桩在基坑远处和近处分别施测两点，近点便于引用投测，远点用于保护和校测，定期检查各轴线间的尺寸。

建（构）筑物和各类设备基础在轴线放线前，对控制点进行复查。主轴线采用经纬仪测设，建立平面控制网，以此为依据，利用校核过的钢卷尺进行次轴线及细部放线，轴线测量精度符合二级导线的精度要求，建（构）筑物每层施工完毕，将轴线引测至上一层表面，并用墨线标识。

标高控制网的建立应合规，对甲方移交的标高水准点进行现场确认和校测，办理移交手续，进行妥当保护，据此建立场地内的标高控制网点。利用水准点作为高程控制依据，测控时要利用施工时建立的±0.000标高，用钢卷尺沿建筑物外柱向上竖直引测。同时，定期对±0.000标高进行复核。建（构）筑物每层和基础施工完毕，将标高引测至上一层表面，并用墨线标识。以此为基准，用钢尺向上传递，要求用 S3 级精密水准仪抄平，定出＋500mm 的标志，作为该建筑的高程控制点。

坚持先整体后局部和高精度控制低精度的工作程序，先测设场地整体的平面控制网和标高控制网，再以控制网为依据进行各局部建（构）筑物的定位、放线和标高测设，做到依据正确，方法科学，严谨有序，步步校核，结果正确。在测量精度满足工程需要的前提下，力争做到简便、快捷、测设合理、科学。测量记录做到原始、正确、完整、工整，坚持测量作业与计算工作步步有校核。各个单位施工放线工作完成，检查各轴线是否符合设计几何尺寸，并填好轴线位移表格，作为调整的依据。认真做好水平观测记录工作。工程完工认真整理观测记录资料。

各项表格资料应合规，包括施工测量控制点交桩记录表、单位工程垂直度观测记录表、建筑物高程控制点引测设置记录表、标高控制检查记录表、工程基线复核签证单、单位工程坐标定位测量记录表等。

2）土方开挖。根据施工图和地质勘测报告及现场具体情况，本标段土方开挖均采取人工开挖，依据基础埋深和地质情况按规范要求放坡，现场西侧综合楼部位为回填区，东侧为挖方区且地质情况较好。基坑上部采用明沟排水，防止地面水流入坑内。基坑开挖，先进行测量定位，抄平放线，定出开挖宽度，依据基础埋深按规范要求放坡，对于主变进、出线构架基础，相邻一侧间距只有 60cm，开挖时采取垂直开挖，必要时设临时支护；基坑底面每边留出 30cm 工作面。为避免对地基土的扰动，基坑挖好后，预留 30cm 土层待下道工序开始前挖至设计标高。挖出的土体就近堆放摊平，在基坑边缘上临时堆土或堆放临时材料，应与基坑保持 1m 以上距离。基础置于第二层黏土上，局部回填区基础置于砂垫层上，超深处用 C20 毛石混凝土从砂垫层垫砌至基础底部。

回填区基槽成型后，对基底回填土进行夯实处理，夯实严格按规范要求。基坑挖好后及时进行验槽，做好记录。首批开工的单位工程所挖土方就近堆放，待有部位需要回填土时，将挖出的土方尽量运到回填区，以满足回填的需要，这样减少土方的重复挖运，降低成本。回填工作中要注意土方的回填质量，必须分层夯实，层层取样，达到密实度要求后方可继续填下一层。每层回填土厚度不大 300mm。

3）钢筋工程。钢筋原材管理应合规。钢筋工程是一个非常重要的分项工程，它是否符合质量标准，将直接影响结构的安全，在施工中必须加强对钢筋原材料的检验与保管。混凝土结构中所使用的钢筋，都必须有出厂质量证明书或实验报告单，每捆（盘）钢筋均必须有标牌，进场时按炉（批）及直径分批验收，每批重量不超过 60t，验收的内容包括查对标牌、外观检查，并抽样送检合格后方可使用。钢筋运至施工现场后，严格按批分等级、牌号、直径、长度挂牌存放保管，并注明数量，以免混淆，且不得与酸、盐、油等物品堆放在一起，堆放钢筋地点附近也不得有有害气体，以免腐蚀钢筋。钢筋设专人管理，建立严格的验收、保管与领取的管理制度。

钢筋加工应合规。钢筋在按设计成型之前，必须经过除锈、调直、切断、弯曲成型等加工过程。所有钢筋的半成品加工均在现场钢筋车间统一进行。制作时先按料单放样，试制合格后才能成批生产。为确保加工的几何尺寸准确，同批材料操作人员无特殊情况不得更换，特别是钢箍和弯起钢筋尤为重要，所制作的钢筋形状要准确，无翘曲现象。钢筋末端弯钩的弯心净空直径不小于钢筋直径的 2.5 倍，钢筋弯起点处不得有裂痕。所加工的半成品应按规格、数量分类堆放，车间设专人对加工完的半成品挂牌登记，统一发放，在下料前应对领料单合理编排，严禁长材短用，做到物尽所用，减少浪费。钢筋加工质量标准应符合设计的规范要求。

4）模板工程。基础模板应合规。本工程基础形式包括综合楼条形基础，架构杯形基础及独立基础，局部填方区架构及设备基础为连体杯形基础，对于回填区域基础，在支设模板之前，对基底进行夯实，夯实要求应符合设计和规范要求。模板体系均采用 18mm 厚木模板作为基础的侧模，ϕ48mm 钢管支撑加固，不同类型基础支设方法见图 10-1 和图 10-2。

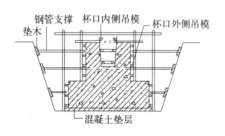

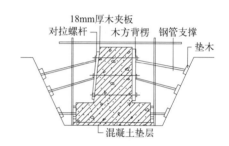

图 10-1　杯形基础模板　　　　　图 10-2　主变出线构架斜撑基础

框架模板制安应合规。主控楼为二层框架结构，施工中柱、梁、板的模板均采用九层胶合板，ϕ48mm×3.5mm 钢管支撑（钢管和扣件要有出厂合格证）、50mm×100mm 木方、ϕ12mm 对拉螺栓组成支撑体系。在安装梁、板模板时，板平台模板的搁置和梁竖向模板的加固均要利用木方的窄边；平台模板的水平拼缝要搁置在木方的窄边上；平台模板边和梁、柱竖向模相交处，平台模要压在梁、柱的竖向模板上；主梁梁端与次梁与主梁交接部位，要求主梁或次梁的底模、侧模就搁置在墙或主梁的衬口档上，以保证接缝严密及刚度要求；转角处要设置剪刀撑，并且柱的水平加固管均要同平台模支撑体系的支撑钢管拉结在一起；剪刀撑和拉结钢管的扣件一定要旋紧，扣件扣牢，以保证构件对位置的准确性；对跨度大于 4m 的梁板，设计无具体要求时，中间起拱高度为梁板跨度的 1/1000～3/1000；平台模板、梁模板安装完毕后，应在具体部位留设清扫口，以利于模板上杂物的清扫。梁、板模板支设方法见图 10-3。

柱模板的施工工艺应合规。立柱面模板，钉竖向木方；用 ϕ48mm×3.5mm 短钢管两根并排进行横向加固。木方为 50mm×100mm×2000mm 的规格。作为柱子的竖向加固支撑，木方的间距不得超过 250mm。安装柱模板时，应先在楼板面上弹出柱的纵横轴线和四周边线，固定小方盘，在小方盘面上调整标高，再立柱模板，小方盘的一侧要留清扫口。为保证边柱外侧及分段施工的结构柱上下层交接处平整，在下层结构施工中，距柱顶 20cm 处预留两根螺栓，上层模板紧贴下层柱支设，并用螺栓夹紧。柱模板支设方法如图 10-4 所示。圈梁模板支设方法如图 10-5 所示。

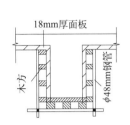

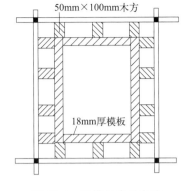

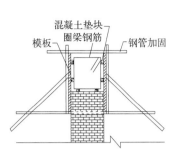

图 10-3　梁、板模板支设方法　　　图 10-4　柱模板支设方法　　　图 10-5　圈梁模板支设方法

5）楼地面工程。水泥砂浆地面应合规。主控楼、通信楼及综合楼部分房间地面为水泥砂浆，做法如下：20mm 厚 1∶2 水泥砂浆抹面压光；素水泥砂浆结合层一道；60mm 厚 C20 混凝土。为避免因基土的不均匀沉降而导致地面下沉、起鼓、开裂等现象，对基土进行夯实处理。60mm 厚 C20 混凝土垫层（找平层）施工前，要求素土基层平整，清除表面杂物，并洒水湿润。垫层混凝土浇筑时，纵横向每隔 1.5～2m 设中间水平桩以控制厚度和标高。水泥砂浆面层施工前，应保持基层平整，清除落地灰，每隔 1.5～2m 做灰饼，后做掺 107 胶的素水泥浆结合层一道。水泥砂浆面层收光后，以锯木覆盖，并进行浇水养护。

地砖地面应合规。主控楼、通信楼及综合楼部分房间地砖地面用料做法如下：地砖面层；3～4mm 厚水泥胶结合层、20mm 厚 1∶3 水泥砂浆找平、60mm 厚 C20 混凝土。施工前应清除基层上污渍，铲除表面混凝土锅巴及落地灰，将混凝土表面清扫干净。铺贴地砖采用湿贴法，铺设前先刷一遍水泥浆，并随刷随铺 20mm 厚干硬性水泥砂浆，拉控制线后直接铺贴，将地板对缝后干贴上去，用橡皮锤轻轻锤实，要求表面平整，接缝无高低差，接缝均匀，线条平直无错缝，砂浆饱满，无空鼓现象，色调一致，无明显色差。面层铺贴 24h 内，对地面砖采用水泥砂浆勾缝，深度不小于砖厚 1/3，随做随即清理面层水泥，并表面覆盖湿润，常温下养护不小于 7d，踢脚线施工宜在面层基本完工及墙面最后一遍抹灰（或刷涂料）前完成。对于卫生间楼地面铺设面砖时，必须按设计要求进行排水找坡，地漏及各种管线部位必须整块套割留孔。

10.5　总平面布置

10.5.1　现场平面布置

本工程临时设施拟分两部分。其中，办公区和生活区设在主控楼及通信楼的东面，包括职工食堂、职工宿舍、现场办公室等；生产临建及材料堆场设在综合楼以北的空地，包括钢筋车间及堆场、木工车间、机修车间、水泥仓库、养护室、搅拌站、砂石堆场等；另考虑在附近租用部分民房，以满足施工高峰期工人的需求。场区施工道路拟利用站内永久性道路，在施工到该处构建筑物前必须完成路基施工，有条件的情况下可浇筑部分混凝土路面。场区道路两侧挖设临时排水沟，沟内积水汇流后统一排入下水道，必要时进行沉淀排污处理。施工总平面图如图 10-6 所示。

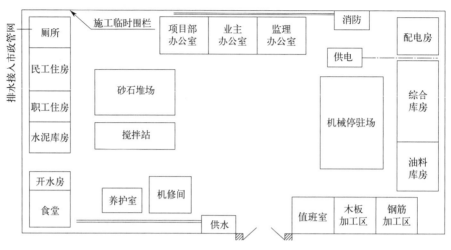

图 10-6 施工总平面图

10.5.2 用电负荷计算

在整个工程施工阶段，现场用电设备主要是施工生产用电、临时生活用电和保安照明用电，根据主要施工机械设备表提供的用电设备功率，计算负荷为电动机总功率 $\sum P_1 =$ $(10+3\times6.05+3+3+4+3+4+3+1.1\times10+2.2\times5)=70.15\text{kW}$；电焊机总功率 $\sum P_2 = 104\text{kV} \cdot \text{A}$；照明总功率 $\sum P_3 = (\sum P_1 + \sum P_2) \times 15\% = 27\text{kW}$；供电设备总容量 $P = 1.1\times(K_1 \sum P_1 / \cos\varphi + K_2 \sum P_2 + \sum P_3) = 1.1\times(0.7\times70.15/0.65 + 0.6\times104 + 27) = 182\text{kV} \cdot \text{A}$，取 $S=185\text{kV} \cdot \text{A}$。如果现场用电负荷量不足，可采取如下方法处理，即错开用电高峰期，钢筋的焊接尽量安排在晚上进行，白天主要满足其他生产用机械设备用电。

10.5.3 配电方式与现场用电布置

配电室将视具体情况设在生产区附近，高压电缆应高空架设至配电室，降压后接至生活区、生产区和办公区，干线电缆采用 XV 型橡皮绝缘电缆。水电管线均沿道路侧面布置。

10.5.4 施工供水管线布置

根据招标文件，本站 $\phi150\text{mm}$ 管径的正式供水系统作为施工水源在开工前引至站区内，水管线路依次经过办公区、生产区和生活区，施工现场临时用水管路可从上述三区引接。

10.5.5　总平面管理措施

要使现场施工按计划有条不紊地进行，施工现场总平面的使用必须严格执行统一的管理。由项目经理部负责施工现场的使用，对现场进行分片管理，根据进度计划安排施工内容，实行动态管理。现场出入口处悬挂出入制度牌、安全警示牌、场容管理条例、工程简介、消防保卫牌、施工平面图等，教育职工维持良好的工作秩序和纪律。进入现场一律佩戴统一的施工证。凡进入现场的设备、材料必须按平面图所指定的位置堆放整齐，不得任意堆放。施工现场的水准点、轴线控制点、埋地电缆线等应设置醒目的标志，并加以保护。现场设专人检查、维护、打扫、清理，项目经理部定期检查，使现场管理制度得到有效执行。

10.5.6　质量目标、质量保证体系及措施

1）质量目标。在本工程施工过程中，将严格按《质量管理体系 GB/T 19001—2016 应用指南》（GB/T 19002—2018）质量保证体系组织施工，加强施工全过程质量控制，达到国家有关施工验收规范和设计要求，创建优质工程，分部分项工程合格率达 100%，建筑分部分项工程优良品率≥85%，质量承诺：甲方可在我方报价中提取 30 万元作为质量保证金，由甲方每月考核乙方工程质量完成情况，若达不到合同质量要求，可每月扣除 2 万元，累计不超过 30 万元；若达到合同质量要求，则从质量基金中每月支付 2 万元给乙方。工程最终验收达到合同质量要求，质量保证金的剩余款全部支付给乙方。

2）组织机构。成立以项目经理为组长，项目总工程师、质检负责人为副组长的工程质量领导小组。施工质量管理组织机构见图 10-7。

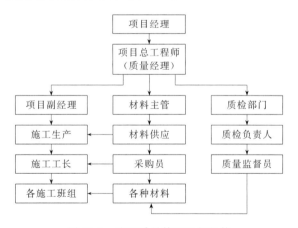

图 10-7　施工质量管理组织机构

第⑪章 ▶▶▶

××安置房项目投标书技术标

11.1 安置房施工项目技术标编制依据及原则

1）编制依据。本工程的设计文件及施工图等相关项目资料，现场踏勘及考察情况，现行建筑系统的相关标准、规范、规程及国家和地方的法规，包括《中华人民共和国建筑法》《建设工程质量管理条例》《××省建筑安全生产管理规定》《××省新型墙体材料发展应用与建筑节能管理规定》《××省建筑市场管理条例》等。

2）编制原则。遵循建设方的规定、规范进行编制。遵循设计文件、规范和质量验收标准的原则，在编制主要项目施工方法中，严格按设计要求，执行现行的技术规范及验收标准，优化施工方案，正确组织施工，确保工程质量合格。坚持质量第一的原则，实事求是地确立合理的工期，周密的劳动组织，优化的施工方案，通过切实可行的施工方法、精良的施工队伍、可靠的技术措施，确保按期、优质、安全、高速高效地完成本合同赋予的全部工作内容。坚持实事求是的原则，在制订施工方案中，坚持科学组织、合理安排、均衡生产，用工程项目管理法组织本工程的施工，通过与业主、监理和设计单位充分合作，实现人力、机械、物资、方法的最佳组合。尽可能地减少占地，控制环境污染，压缩临时设施规模，搞好文明施工。

3）工程概况。本工程为××安置房项目施工项目，总建筑面积 9 万平方米，框剪结构。本项目位于清芳街道办清芳北片区西侧，二环北路以北，大桥路以西。本次拟建建筑主要包括住宅楼及周边地下车库，住宅楼采用剪力墙结构，地基处理桩基筏板基础；地下车库采用框架结构，地基处理筏板基础。

质量要求：合格。

质量目标：优良。

工期目标：总工期 410 日历天。

计划开工时间：2021 年 12 月 30 日。

计划竣工时间：2023 年 2 月 13 日。

安全、文明施工目标：达到国家行业标准《建筑施工安全检查标准》"合格"要求。

11.2　施工技术方案

11.2.1　施工段划分

根据图纸与进度计划要求，按照南北向后浇带位置将车库工程分为五个区段，主楼按照 11 个单体划分成 6 个施工区段，21#、22# 楼为一个区段，23# 楼和小区换热站为一个区段，24#、26# 楼为一个区段，25#、28# 楼为一个区段，27#、29# 楼为一个区段，30#、31# 楼为一个区段，每个区段设置独立的施工班组进行施工，每个班组配备相应的辅助工种（如电焊工、架子工、钢筋工、木工、混凝土工）以及相应数量的钢筋后台操作设备、混凝土浇筑设备等。每个区段根据轴线划分为 3～4 个相等面积的小施工段，采用各个区段平行施工，每个区段小施工段流水施工的方法，车库竖向构件与水平构件一次浇筑成型，主楼竖向构件一次浇筑成型，水平构件采用装配式叠合板施工。合理安排施工顺序和流水方向，合理穿插，避免相互制约，本着均衡劳动力，最大限度地利用机械设备的原则，依据施工工序，将整个工程划分为四个主要阶段。即基础施工阶段（基坑开挖、基坑支护、钢筋混凝土框架结构）、主体结构阶段（钢筋混凝土框架结构、安装预埋预留、砌体工程）、内外装饰及设备安装阶段（门窗安装、外墙饰面、室内装修、屋面保温防水、楼地面、给排水、电气、消防等）、安装调试、土建装饰清理收尾。

11.2.2　施工部署要求

1) 加强管理。进入现场后，立即成立工程施工项目项目经理部。项目经理部把工作重点放在保安全、保质量、保工期上，在人力、物力、机具方面给予施工充分保证，项目施工班子组织好施工工作，搞好各方面、各专业的协调配合。

2) 划分合理的施工段。本工程进行分段流水施工作业，确保实现工期目标。从后浇带位置将车库分为五个区段，每个区段根据轴线划分为 3～4 个相等面积的小施工段，采用各区段平行施工，每个区段小施工段流水施工的方法进行施工，11 个主楼按照单体、塔吊布置及总平面布置图分成 6 个施工区段，每个区段安排一个施工班组进行施工。

3) 组织合理。组织配合施工，穿插作业，重点部位抢工。工程施工配合要做好，暗设于楼地面、墙体内的管道、箱盒必须配合土建主体施工作业进行，应安排计划先行抹灰，为安装创造条件，确保工程总进度目标的实现。

4) 技术进步。继续抓好技术进步，推行先进施工方法和施工机具，提高机具化作业水平，安装施工作业中，大量采用电气、液动小型工具，垂直吊装采用机械吊装，以提高机械作业水平及工效。

5) 合理的施工顺序。各分部分项施工先后原则是先土建，后安装；先室内，后室外；先高空，后地面；先主体结构，后装饰装修。管道安装工程应先安主管，后安支管；先大管，后小管；先里面后外面。各种管线的施工原则是电气配管让上下水管道，上下水管道让消防管道，消防管道让通风管道。

11.2.3　关键施工技术、工艺及工程实施的重点、难点和解决方案

关键施工技术工艺控制计划应合理。工序为钢筋、模板、混凝土工程、装配式工程、装饰工程，质量控制点主要是钢筋的焊接、模板支撑的稳固性、混凝土的强度和振捣密实度等。应做好工程施工重点、难点的分析工作，本工程的特点是施工现场场地狭小、质量要求高、涉及专业多、施工人员密集，对安全管理、文明施工、环境管理的要求高。另外，本工程对结构的质量要求较高，必须确保材料质量和施工人员素质，通过有效的质量控制措施确保施工质量。本工程涉及专业多，施工人员较多，应加强人员管理，强化消防保卫措施，以保证工程顺利进行。本工程施工必须合理安排施工工序，以保证按期竣工，绿色环保材料的选用以及材料的管理是本工程的重点，安全、文明、环保施工降低噪声是本工程的重点。

11.2.4　施工难点解决方案

1）工程质量。制订详细的质量保障措施。认真审核设计图纸，了解设计意图。提前做好材料采购计划，严格材料进场和报验制度，使工程顺利进行。抽调技术能力强的专业作业人员组成精干的施工队伍。认真执行样板制和工序交接检等行之有效的质量控制手段，严格施工过程的质量控制，精心施工，尤其要抓好关键工序的细部工程质量。班组混杂、人员众多的消防保卫工作的解决办法是制订详细的安全生产措施、文明施工措施、治安保卫措施；入场施工人员资料存档，随身佩戴胸卡（资料卡）。

2）消防保卫。在施工现场配备安全员和保安人员负责现场消防保卫工作。在项目部中设立消防安全小组，指定防火负责人，严格执行消防安全制度，实行逐级负责制，做到责任到人，层层落实。工程开工前，由消防安全小组组织全体施工人员进行消防安全教育，学习消防法规、规章和防火技术规范，定期进行业务学习训练。施工现场随时配备足够数量的消防器材，特别是在库房等重要防火场所增加临时消防人员和消防器材。施工现场的消防器材和设施要随时保持良好的使用状态，做到标志明显，取用方便，任何人不允许对消防器材埋压、圈占或挪作他用。所有施工用火必须先取得用火证且有人监护方可进行。

3）工期安排。解决办法是制订施工进度保证措施。合理安排施工流水，巧妙穿插各工种作业。加强进度的计划性，确保施工按计划进行。加强水电等专业与土建的配合，为土建创造良好的施工条件，减少实际占用的工期。每天下午 5 点召开现场协调会，及时解决各类问题。

4）绿色环保材料选用及管理。本工程的室内环境应符合《民用建筑工程室内环境污染控制标准》中限量的规定。在材料上选用优等品及有国家绿色环保标志的产品。其放射性、总挥发性有机化合物（TVOC）、游离甲醛、苯等指标应控制在限量以内。建筑装饰工程所用材料的品种、规格、性能均应符合设计的要求及国家现行的有关标准的规定。进场的主要材料应由驻地监理、业主及设计代表对品种、规格、性能进行验收；各材料必须要有有关部门对各项理化指标的验收合格证、检验报告和生产单位质量检查合格证及使用说明，必要时在加工、安装中由产品生产单位进行技术指导；各材料涉及的结构部分均应经结构验算后确定，主要材料应有产品合格证书，有特殊要求的应有相应的经国家承认的

建筑材料检测机构出具的性能检测报告。现场配置的材料严格按设计要求或产品说明书制作。配备满足施工要求的配套机具设备及检测仪器。

5）安全文明施工。建立健全现场治安、消防责任制度和组织。本工程实行项目经理负责制，由项目经理对现场治安、防火全面负责；现场建立安全保卫队，配备现场保安十名巡视检查，同时设置专（兼）职消防员和义务消防员。公司保卫部门定期检查督促现场保卫、消防工作并主动与当地公安部门及消防部门取得联系，取得公安、消防部门支持与指导。实行挂名牌制度；凡进入现场的施工人员必须戴统一的名牌；未佩戴名牌人员一律不准入内；外来人员必须与项目管理部取得联系，获得临时出入名牌方可进入现场。做好现场物品保管和防盗工作；对贵重材料、小型生产工具等要实行专人保管责任到人制度；材料、设备出入现场必须有收发领用手续和出门证明。

加强法治教育。进入现场的所有人员必须自觉遵纪守法；严禁在工地聚众赌博、偷盗公司财物；严禁打架斗殴、无理取闹、扰乱正常的生产、工作和生活秩序；发现上述情况时要及时制止、严肃处理，情况严重的报送公安机关处理。在办公和施工作业区域应根据工作性质、工作范围配备足够的灭火器材；对重点部位如木工间、危险品仓库、油漆间以及危险作业区如装饰、保温、油漆等作业区要重点配备足够的消防器材并在墙柱面悬挂醒目的禁烟、禁火标志，由专人定期检查消防器材的可靠性。

施工现场因生产需要动用明火时，必须事先申领动用明火许可证；对操作中可能引起的火花，应有控制和隔离的措施；在操作结束离开现场前，要对作业面进行检查，彻底熄灭火源及熔渣，消除隐患。下班前要实行点名制度，下班后除指定保卫人员外，其他人员一律不得再进入施工现场；保卫人员要不停巡视操作现场，消除一切可疑点和危及安全的隐患。加强工地治安保卫工作；坚持24h值班，包括节假日；进出施工现场出示证件，做到无证不得入内，创建省级文明工地。

在本次装饰工程施工中，应按照业主的要求认真做好施工降噪工作；电动机械发出的噪声为主要的噪声源，为防止现场产生过大的施工噪声，如木工盘锯、电锤、空压机、各种切割机等，装饰施工开始前，项目部应向业主提交施工进度计划表，精心安排施工工序，合理安排电锤、切割机等噪声大的设备的使用时间，并尽可能对这些设备采取降噪措施，把对周边环境的影响尽量降至最低。

6）新工艺、新技术、新设备、新材料的采用。先进的施工技术是提高企业施工能力，增加经济效益，在竞争中保持优势地位的主要手段。结合工程特点，将广泛采用“建设部重点实施技术”和“建筑业十项新技术”。其中包括：深基坑支护技术、预拌混凝土技术、高性能混凝土技术、粗直径钢筋连接技术、新型模板和脚手架应用技术、建筑节能和新型墙体应用技术、新型建筑防水和塑料管应用技术、计算机应用和工程信息管理技术。用管理进步和技术进步的有机结合确保工程质量达标，同时为缩短工期降低成本，实现良好的经济和社会效益起到积极作用。

7）主要分部分项工程的施工方案和技术。施工测量包含以下测量技术，即规划定位测量、定位测量、标高测量、沉降观测、测量监控及验线。本项目采用钢筋混凝土框剪结构，结构工程包含以下工程技术，即钢筋工程、模板工程、混凝土工程、装配式工程。另外，本项目还包括防水工程、门窗工程、装饰工程、脚手架工程、建筑给排水及采暖工程、电气工程等分部分项工程的施工方案和技术。

8）劳动力、机械设备和材料投入计划。劳动力安排保证措施及计划应合理。应保证工程不受农忙及节假日的影响，技术工人的技术等级高，经验丰富，具备施工本工程的技术实力。按照工程进度调配具有丰富施工经验的施工技术人员进场，同时保证项目经理部组成人员的稳定。全体动员，重点教育，使全体职工在施工中集中精力，想工程所想，急工程所急。本工程拟定施工高峰期人员 380 人左右方能满足施工要求。施工准备阶段派40 个普工，进行临时设施施工。结构施工中土建以钢筋工、混凝土工、木工及砌筑工为主，拟派 984 人左右入场施工，水电安装工程派 90 人进行预留预埋。装修阶段将派 937人左右入场施工，其中以抹灰工、粉刷工、地面工、水电安装工为主。

机械设备需求计划及保证措施和计划应合理。机械设备供应计划是机械管理的重要环节，合理的供应计划是保证施工生产顺利进行的保障之一。本工程机械设备供应计划是根据施工进度计划、施工段划分、施工工艺和现有可调配机械编制而成的。根据现场实际拟投入本工程的主要施工设备见表 11-1，拟配备本工程的试验和检测仪器设备见表 11-2。

表 11-1　拟投入本工程的主要施工设备

序号	设备名称	型号规格	数量	国别产地	制造年份	额定功率/kW	生产能力	用于施工部位	备注
1	塔吊	ST5610	7	济南	2020	95	1t/56m	垂直运输	租赁
2	施工电梯	SC200/200TD	13	章丘	2020	44	双笼/2 吨	垂直运输	租赁
3	混凝土输送汽车泵	SY5423THB-560C-8A	7	湖南	2019	—	85m³/h	混凝土工程	租赁
4	混凝土输送车载泵	SY5128THB-6016-6E	14	湖南	2019	—	60m³/h	混凝土工程	租赁
5	混凝土输送地泵	HBT6013C-5	12	湖南	2019	—	45m³/h	混凝土工程	租赁
6	插入式振动棒	HZ50	35	泰安	2020	6.6	满足	混凝土工程	自有
7	钢筋切断机	GJ40	8	泰安	2019	28	满足	钢筋工程	自有
8	钢筋弯曲机	GJ405	8	泰安	2019	11.2	满足	钢筋工程	自有
9	钢筋调直机	JK66	6	成都	2019	6	满足	钢筋工程	自有
10	电焊机	BX3-300-2	6	苏州	2020	84kV·A	满足	机电安装	自有
11	蛙式打夯机	HW-60	9	济南	2019	1.5	满足	土方回填	自有
12	潜水泵	QS15	34	××	2020	6	满足	主体	自有
13	套丝机	GGZL-40A	15	××	2019	16	满足	钢筋工程	自有
14	平板振动器	HZ6X-50	14	××	2021	2.5	满足	混凝土工程	自有
15	圆盘锯	MJ114	7	济南	2020	12	满足	模板工程	自有
16	木工压刨	MB103	7	常州	2019	3	满足	模板工程	自有
17	木工平刨	MB503A	7	常州	2018	3	满足	模板工程	自有
18	台钻	EQ3025	14	上海	2020	0.5	满足	机电安装	自有
19	气割设备	GG1-30	14	广东	2019	—	满足	机电安装	自有

表 11-2　拟配备本工程的试验和检测仪器设备

序号	仪器设备名称	型号规格	数量	国别产地	制造年份	已使用台时数	用途	备注
1	全站仪	徕卡 TS09	2	瑞士	2021	5 个月	工程测量	自有
2	经纬仪	DT-02L	3	南宁	2020	1 年	工程测量	自有
3	水准仪	DS3	6	南京	2021	3 个月	工程测量	自有

续表

序号	仪器设备名称	型号规格	数量	国别产地	制造年份	已使用台时数	用途	备注
4	塔尺	LF-3S	2	苏州	2021	3 个月	工程测量	自有
5	钢卷尺	5m	55	南宁	2021	—	工程测量	新购
6	线锤	CJ-5056	66	长沙	2021	—	工程测量	新购
7	水平尺	2m	34	桂林	2021	—	工程测量	新购
8	钢卷尺	50m	12	中国	2021	—	工程测量	新购
9	取土环刀	200cm^3	9	中国	2021	—	实验检测	新购
10	兆欧表	21C-38mm	11	中国	2021	—	实验检测	新购
11	坍落筒	ϕ150	8	衡水	2021	—	实验检测	新购
12	击实仪	ϕ150	3	衡水	2021	—	实验检测	新购
13	试块模具	100×100×100	100	柳州	2021	—	试块取样	新购
14	靠尺	3m	13	桂林	2021	—	实验检测	新购
15	试块模具	70.7×70.7×70.7	66	柳州	2021	—	试块取样	新购
16	回弹仪	SC1200kN	9	中国	2021	—	实验检测	新购
17	毫安表 T25mA	HY-S	11	中国	2021	—	电气检测	新购
18	电动试压泵	SY-350	13	中国	2021	—	给水管道检测	新购
19	万用表	V-201	13	中国	2021	—	电气检测	新购
20	绝缘摇表	500V	7	中国	2020	—	电气检测	新购
21	涂层测厚仪	TT220	15	北京	2021	—	涂层厚度检测	新购
22	压力计	1.6~6MPa	11	中国	2020	—	给水管道检测	新购
23	水表	WS-50/100	12	中国	2020	—	给水管道检测	新购

　　9）机械设备进场计划及保证措施。应采用技术先进、施工机械化程度高的机械设备，以确保工程施工进度，机械设备安装完成后需报安全质量监督站验收方可使用，使用时需先经设备管理人员检查确认，从而确保设备性能优良、安全可靠。塔吊要满足足够的吊运重量和吊运距离要求，除满足安全使用规范外，还应对塔吊本身的钢材和螺栓等进行材料强度疲劳检测，使其安全可靠，性能优良稳定，确保施工期间能长时间使用，不会出现较大的机械故障和安全隐患。实行人机固定，要求操作人员必须持证上岗，必须遵守安全操作规程，积极为施工服务。提高机械施工质量，降低消耗，将机械的使用效益与操作人员的经济利益联系起来。遵守技术试验规定，凡进入现场的施工机械设备，必须测定其技术性能、工作性能和安全性能，确认合格后才能验收。为施工机械的使用创造良好的现场环境，如交通、照明设施，施工平面布置要适合机械作业要求。加强机械设备的安全作业，作业前必须向操作人员进行安全操作交底，严禁违章作业和机械带病作业。由操作人员每日班前、工作中和工作后进行例行保养，防止有问题的施工设备继续使用，并及时维修；同时对一些小型机具设有备用机械，确保现场施工的顺利进行。

　　机械设备必须按照使用说明书的要求定期保养，使其经常保持良好的状态，提高使用率和生产效率。此项工作由专业机械工程师完成。大型机械设备的保养按照与厂家签订的维修保障合同由厂家进行维护。在机械设备每次使用前的检查中如发现问题，应及时交由专业维修人员修理，合格后方可投入使用。大型机械需要修理时，根据与厂家签订的维修保障合同及时联系厂家维修。

　　测量、检测试验仪器设备由专人保管，定期维护，对坏的试验、检测仪器设备及时修理，保证施工的顺利进行。

为确保本工程所需材料的质量及连续供应，项目部组织成立材料供应领导小组，由项目经理任组长，其他工程负责人为小组成员，由材料领导小组全面负责材料的选择、提料、订货、质量检查、复试等工作。本工程所用材料均需符合国家规定的技术标准，进场前所有原材料（包括商品混凝土）均需由建设单位、监理单位及施工单位共同对生产厂家进行质资审查，审查合格后方可订货。

材料的检测、试验工作实行签证封样制度，现场设专职试验员，负责原材料（包括商品混凝土）的进场前检查、验收与进场后取样、送检复试等工作。材料进场必须出示出厂合格证和技术检验报告，使用前必须依据现行的国家规范要求进行复试，复试合格后方可用于本工程。现场材料员根据施工图纸及施工进度及早提出材料计划，积极组织采购工作，确保材料按进度计划提前进场。

11.3　施工现场平面布置

1）施工总平面布置的原则。施工现场布置紧凑合理；合理布置起重机械和各种施工设施，科学规划施工道路，尽量降低运输费用；尽量采用装配式临建设施，提高安装速度，尽快投入使用；各项临建设施要本着"有利生产、经济适用、安全防火和环境保护"的要求进行布置；加强总平面管理首先要建立总平面管理责任制；其次严格施工平面和道路交通管理，各种作业场地、机具、材料都按划定的区域和地点操作或堆放，车辆进场路线必须按规划安排，避免混乱。

2）施工总平面布置的思路。根据现场红线区域、各施工区域及临设范围，充分利用现有条件。鉴于本工程场地狭窄，前期将办公区设置在场区东侧规划道路上，为基础阶段及主体初级阶段提供生产场地，生活区在场外租赁场地，统筹安排、合理规划。

3）临时道路布置。根据现场实际条件，本工程场地狭窄，在各施工阶段，在场区内部各楼之间设置宽度为8m的临时道路，分别在场区北侧、东侧、西侧设置三个工地大门，大门连通场区内部道路，进入大门的硬化道路宽度为10m，方便进出车辆通行。基础阶段、主体阶段和装饰装修阶段，根据主楼施工需要，合理调整场区施工道路布置图。

4）施工场地硬化。施工场地道路全部硬化，各区域硬化要求如下：材料运输通道，尤其是进出大门口处，采用200mm厚、C20混凝土硬化；人行道路将基层夯实后，采用15cm厚、C20混凝土硬化。

5）临时设施的布置。应统筹兼顾，包括生活区临建设施的布置、办公区临建设施的布置、加工厂临建设施的布置、生产设施布置。生产设施布置包括标养间、土建仓库、安装仓库以及各类加工厂（钢筋加工厂、模板加工厂、安装加工厂）、材料堆场等。

6）洗车设备。在施工现场出入大门处分别设置自动洗车设备，并配备高压冲洗水枪。所有从工地出去的车辆均要将泥水冲洗干净。

7）钢筋操作场地。本工程因占地面积较大，考虑设置多处钢筋操作场地，包括钢筋加工棚、钢筋原材料堆场、钢筋半成品堆场，用方钢拼装，上盖彩钢板和木跳板，内设切断机，弯曲机，调直机及加工操作平台。钢筋场地的地面硬化方法为：浇筑 10cm 厚 C20 混凝土面层。

8）模板加工及钢管堆放场地。模板加工场及模板、木方堆放场地考虑设置在各楼周边。

9）砌体材料堆场。本工程砌体量大，并在结构后期进行，砌体材料堆场考虑设置在各楼周边。

10）安装设备堆场。本工程用于安装的设备和配件较多，主要为施工预留、预埋配件的加工堆放场地，施工前期这方面的数量较少，设置在工地的安装加工场位置。

11）大型机械的布置。施工期间的机械布置主要为塔吊、施工电梯、输送泵、钢筋加工机械、木工加工机械、汽车吊等。应合理布置。

12）塔吊的布置。本工程共投入 6 台型号 ST5610 塔吊，塔吊安装在基础施工阶段安装，以提高工程施工效率，加快施工进度。本工程塔吊布置位置见施工总平面布置图（限于篇幅，本书略）。

13）混凝土输送泵的布置。基础阶段，设置 5 台 SY5423THB-560C-8A（三一重汽）汽车泵，臂架垂直高度 56m，6 台 SY5128THB-6016-6E（三一重汽）车载泵。主体结构阶段，设置 11 台 SY5128THB-6016-6E（三一重汽）车载泵。装饰阶段，设置 11 台 HBT6013C-5 混凝土输送泵，进行主楼建筑地面混凝土浇筑作业，待装饰阶段施工完毕后撤除。

14）施工电梯的布置。根据总体部署，为满足二次结构及装饰装修工程垂直运输的需求，设置 11 台型号为 SC200/200 的施工电梯，待正式电梯启用，主楼施工电梯拆除。

15）临时用地表。临时用地见表 11-3。

表 11-3　临时用地

用途	面积/m²	位置	需用时间
项目办公室	500	现场平面布置图	开工至竣工
标养室	30	现场平面布置图	开工至竣工
卫生间	50	现场平面布置图	开工至竣工
食堂	70	现场平面布置图	开工至竣工
仓库	70	现场平面布置图	开工至竣工
会议室	85	现场平面布置图	开工至竣工
生活区宿舍	2000	场外租赁	开工至竣工
物料加工堆场	1500	现场平面布置图	开工至竣工
门卫室	60	现场平面布置图	开工至竣工

11.4　施工进度计划

1）工程总进度计划的内容。本工程总进度计划包括的内容为工程施工图及设计文件规定的内容。按照"先主体后装修、先内后外、再竖向"的原则施工。本工程的进度管理拟采用三级计划进行控制，即：总进度计划、月进度计划、周进度计划。将计划逐级细化分解落实到每个作业队，每个工作日。同时对可能影响施工项目进度的种种因素进行分析预控，对于各种不利因素通过积极协调，早做准备，将各种不利预先排除在工程施工之前。

2）总工期。根据工程特点、现场情况及社会环境等，在保证工程质量、安全文明施工的前提下快速施工，施工总进度控制点作如下安排，即施工总工期410日历天，开工时间2021年12月30日，计划竣工时间2023年2月13日。

3）进度计划关键控制点。为保证总工期目标的实现，施工进度控制计划中设置了个施工关键工序日期控制点，该控制点是施工阶段性目标，是编制各班组、专业分包单位进度计划的依据。依据总进度控制计划，项目工程部将编制周进度计划，施工专业队依据周进度计划编制日进度计划并报项目施工管理部审批，现场施工工长依据日进度计划编制日早班、下午班及夜班进度计划，并于每天生产例会提出，经各专业队平衡认可后作为第二天计划，发给各有关执行人。

4）工期保证措施。施工计划管理应科学。编制工程总进度控制计划，即为一级计划，该计划作为我方与业主签订合同的条款之一，一旦制订便不得更改。该计划有工期控制点，即地下室底板完、地下结构完、主体结构完、砌体完、粗装修完、精装修完、竣工交验等，该计划关键控制点既是施工方和各指定业主、指定专业分包签订合同的依据，又是分别编制各专业进度计划的依据。根据总进度计划由项目工程部编制月进度计划，施工专业队编制周进度计划报项目工程部审批，现场施工工长编制日进度计划，于每天生产例会提出，经各专业队平衡认可后作为第二天计划，发给有关执行人。

计划的执行与控制应合理。建立每日生产例会制度，定期检查计划落实情况，解决实际存在问题，协调各专业工作。如有延误找出原因制订追赶计划，如仍不能完成计划并延误关键日期者处以罚款，直到解除该部分任务承担者的施工资格。为保证计划的实施，编制施工进度计划的同时也编制相应的人力、资源需用量计划如劳动力计划，现金流量计划，材料、构配件、加工、装运等到场计划并派人追踪检查，确保人力资源满足计划执行的需要，为计划的执行提供可靠的物质保证。施工进度网络图见附图（本书略）。

11.5 施工保障措施

施工质量保证措施应到位。本工程要求的质量标准为符合现行国家有关工程施工验收规范和标准的合格要求。"百年大计，质量第一"是我国基本建设的方针和宗旨。为此，现场的各级管理人员，按相关规范的质量要求，必须把工程质量自始至终抓紧、抓实、抓好，采取行之有效的质量保证措施。从本工程的建筑结构特点可以看出，其竣工质量主要取决于主体结构和装饰工程的施工质量，主体结构的质量取决于混凝土的内在质量（各种试验报告数据）和模板工程质量（混凝土的外观）；装饰工程的质量取决于细部处理和外观质感等因素。

安装质量控制措施应到位。安装工程质量直接关系到建设项目功能的使用，以及人民生命财产的安全。安全事故的出现，给业主和人民群众造成了巨大的损失，究其原因与部分大宗建筑工业产品质量不稳定，管理不严有关，更为直接的原因是不少施工企业忽视了工程质量管理。在工程质量管理方面需根据工程实际情况提出质量目标，制订工程质量管理措施，保证精心组织施工，创精品工程。

技术质保措施应科学。在图纸会审的基础上，编制可行的施工组织设计，并经论证和审批，施工前进行认真的技术交底，主要技术问题及主要分项工程开工应由项目总工程师组织交底，并有书面记录。严格按图纸、标准、工艺、规程组织施工，发现问题应及时上报，经技术部门和设计单位核定后再处理。加强质量监督检查工作，严格控制施工过程中的工程质量通病，把好各道工序质量关，隐蔽工程和重要工序必须经建设单位或监理单位签字认可后，才能进行下道工序施工，施工中原始记录要填写真实齐全。严格执行材料的检验制度，并做好记录，建立必要的各项管理台账，各工序操作人员使用时，必须核对各种材料清单，检查无误后方可使用；不合格的材料、半成品不允许使用在工程上。抓好重点部位、关键部位的管理和施工，对其进行重点控制；重点部位、关键部位施工时先做出样板，经有关部门验收达标后，再按样板进行大面积施工。配齐现场施工机具、设备，提高生产施工机械化水平，改善劳动条件，提高工程质量。配置必要的检测仪器，按《中华人民共和国计量法》要求，管好用好施工用全部计量器具，确保测量数据准确。做好特殊工种培训，尤其是新材料、新工艺施工方法的培训。实行严格的奖惩制度，确保创优目标的实现。尊重建设单位、监理单位和质检部门对该工程的监督检查并做好配合工作。

安全生产保证措施应到位。应达到国家现行《建筑施工安全检查标准》"合格"要求。以项目经理为首，由现场各职能部门、专业分公司等各方面的管理人员组成安全保证体系。

安全管理制度应抓牢。规范执行安全技术交底制，根据安全措施要求和现场实际情况，各级管理人员需亲自逐级进行书面交底。规范执行班前检查制，现场专职安全员必须督促与检查施工方、专业分公司是否对安全防护进行了检查。规范开展周一安全活动，项目部每周一要组织全体工人进行安全教育，对上一周安全方面存在的问题进行总结，对本周的安全重点和注意事项做必要的交底，使广大工人能心中有数，从意识上时刻绷紧安全这根弦。规范执行定期检查与隐患整改制，项目部每周要组织一次安全生产检查，对查出的安全隐患必须定措施、定时间、定人员整改，并做好安全隐患整改消项记录。规范执行管理人员和特种作业人员年审制，每年由公司统一组织进行，加强施工管理人员的安全考核，避免违章指挥。规范执行安全生产奖罚制与事故报告制。规范执行危急情况停工制，一旦出现危及职工生命财产安全的险情，要立即停工，并即刻上报公司有关部门，及时采取措施排除险情。规范执行持证上岗制，特殊工种必须持有上岗证，严禁无证操作。外脚手架、大中型机械设备安装实行验收制，凡不经验收的，一律不得投入使用。

11.6　文明施工措施

文明施工的程度体现了企业的综合管理水平。整洁文明的施工现场、井然有序的平面布置，给人的将是焕然一新的感觉。因此，将以文明施工为突破口，全面抓好施工现场管理。遵守国家和工程所在地有关法规、规范、规程和标准的规定，履行文明施工义务，确保文明施工专项费用专款专用。

建立工地文明施工领导小组。组长：项目经理；副组长：项目副经理、技术负责人；组员：工程部经理、各专业工长、各分包队伍负责人。

现场实施动态管理。现场管理必须以施工组织设计中的施工总平面布置和当地政府及主管部门对场容的有关规定及依据，进行动态管理。要分基础施工阶段、结构施工阶段、装饰施工阶段分别绘制施工平面布置图，并严格遵照执行。

建立岗位责任制。按专业分工种实行现场管理岗位责任制，把现场管理的目标进行分解，落实到有关专业和工种，这是实施文明施工岗位责任制的基本任务。例如砌筑、抹灰用的砂浆机、水泥、砖砂堆场和落地灰、余料的清理，由瓦工、抹灰工负责；钢筋及其半成品、余料的堆放，由钢筋工负责。为了明确责任，可以通过施工任务或承包合同落实到责任者。

勤于检查，及时整改。对文明施工的检查工作要从工程开工做起，直到竣工交验为止。由于施工现场情况复杂，也可能出现三不管的死角，在检查中要特别注意，一旦发现要及时协调，重新落实，消灭死角。

11.7 环境保护及防尘施工措施

环境保护设施的配备应到位。现场在每个工地大门处设置自动洗车台，并配备相应的手持洗车机为辅助，确保进出工地车辆无泥污。项目在工地各合适区域设置多处视频监控、空气自动测微站，确保工地施工未污染空气。项目进场后购买雾炮车一台，用于土方开挖等扬尘较大的作业过程降尘。

按照《建筑与市政工程绿色施工评价标准》制订相应的保证措施，达到节能、节材、节水、节电、节地、环境保护，五节一环保的施工标准，在土方开挖阶段、结构阶段、装饰装修阶段，充分利用土方平衡方针减少土地资源利用，制订粉尘、噪声排放措施；结构阶段减少钢筋、混凝土资源浪费，提前策划模板排版，减少木材浪费；装饰装修阶段优先选用低污染的环保型材料，并达到绿色环保的要求。

11.8 施工现场交通组织方案

确保交通畅通无阻，保证过往行人、车辆的通行安全，施工不妨碍当地企业的生产及居民的生活。尽量减少施工对交通的影响，把交通疏导工作做细做好，贯彻始终，实现施工、交通双顺利。在施工期间保证车辆、行人的顺利通行。

把交通疏导作为项目管理的重要工作内容，切实做到领导集中精力抓，岗位协调配合抓。通过政府与业主协助，与交警、路政部门及当地基层组织密切合作，成立联合交通疏导协调小组，定期碰头，互通情报，共同研究，联手解决交通疏导中碰到的难题。

施工过程中保证沿线车辆通过工地不受影响，如有矛盾，根据实际情况协调解决。设立交通标志，提醒司机放慢速度行驶，注意交通安全，安全通过施工区域，并对交通标志进行经常的检查维护。加强安全防护，在交叉大小路口道路附近开挖基坑及施工危险地段要设置安全围护栏，以防交通事故发生。设置交通值勤看守人员，专门负责轮班看管、巡查施工控制区的交通标志和安全设施，防止被盗、丢失或人为破坏。并负责及时维修标志和设施，保证施工期间标志、设施始终保持齐全、有效。

11.9 冬/雨季施工措施

雨季施工措施针对该地区的气候特点，合理制订雨季施工技术措施以确保施工生产顺利进行，确保工程质量，对此，首先对机具棚做全面检查和维修，做好防淋防漏工作。做好现场排水系统，将地面及场内雨水有组织及时排入指定排放口；在塔吊基础四周、道路两侧及建筑四周设排水沟，保证水流通畅，雨后不陷、不滑、不存水。信道入口、窗洞、梯井口等处设挡水设施。所有机械棚搭设严密，防止漏雨，机电设备采取防雨、防淹措施；安装接地安全装置；电闸箱要防止雨淋、不漏电、接地保护装置灵敏有效，各种电线防浸水漏电。做好防雷电设施，塔吊和电梯安装避雷装置，认真检查做好接地系统。在暴风雨期间，着重做好防止脚手架联结不牢、滑移等安全检查工作。

雨季施工中，在工程质量上注意以下 5 方面问题，即砌体不得过湿，防止发生墙体滑移，加强对已完砌体垂直度和标高的复核工作。浇筑框架混凝土时，需先了解 2～3 日的天气预报，尽量避开大雨，浇混凝土遇雨时，立即搭设防雨棚，用防水材料覆盖已浇好的混凝土。遇大雨停止外装修、砌体工程施工，并做好成品防雨覆盖措施，雨后及时修补已完成品及半成品。对砂、石含水量及时测量，掌握其变化幅度，及时调整配合比。加强对原材料的覆盖防潮措施，尤其是水泥、钢材；钢筋半成品存放在 20cm 垫体上，避免水淹、粘泥。

雨季施工，安全上要注意以下 4 方面问题，即加强安全教育，认真做好防洪、防雷、防触电、防火、防风暴、防滑、防暑等工作，通过交底贯彻到班组。下大雨时停止所有吊装作业；塔吊、高脚手架做避雷及接地，塔吊在工作结束时卡牢道钳，挂好吊钩。经常检查施工用电，电闸箱、机电设备要有完善的保护接零，可靠的防雨、防潮措施；应绝缘良好，严防漏电，设漏电保护器，手持电动工具佩戴齐个人安全保护用具。尽力改善工作环境，调整作业时间；在工地设医务室，有兼职急救员，对突发情况进行处理。

高温季节施工措施应到位。夏季气温高、时间长，要重点做好安全生产和防暑降温工作，保证工程质量，保障广大职工的安全和健康，防止各类事故的发生，确保夏季施工顺利进行。成立夏季施工领导小组，由总包项目经理任组长，综合办公室主任担任副组长，对施工现场管理和职工生活管理做到责任到人，切实改善职工食堂、宿舍、办公室、厕所的环境卫生，定期喷洒杀虫剂，防止蚊、蝇滋生，杜绝常见病的流行。关心职工，特别是生产第一线和高温岗位职工的安全和健康，对高温作业人员进行体格检查，凡检查不合格者不得在高温条件下作业。保证茶水和清凉饮料的供应。

做好用电管理。夏季是用电高峰期,定期对电气设备逐台进行全面检查、保养,禁止乱拉电线,特别是对职工宿舍的电线及时检查,加强用电知识教育。做好各种防雷装置接地阻测试工作,预防触电和雷击事故的发生。加强对易燃、易爆等危险品的贮存、运输和使用的管理,对露天堆放的危险品采取遮阳降温措施,严禁烈日暴晒,避免发生泄漏、自燃、火灾、爆炸事故。高温期间合理安排生产班次和劳动作息时间,对在特殊环境下(如露天、封闭等环境)施工的人员,采取诸如遮阳、通风等措施或调整工作时间,早晚工作,中午休息,防止中暑、窒息、中毒和其他事故的发生,炎热时期派医务人员深入工地进行巡回防治观察;一旦发生中暑、窒息、中毒等事故,立即进行紧急抢救或送医院急诊抢救;同时教育职工不得擅自到江河湖泊中洗澡、游泳,以免发生意外事故。

夏季施工中注意以下 4 方面问题。即对塔吊、脚手架和室外架空线路等定期进行安全防患检查,防止大风暴袭击造成事故。砌体要充分湿润,砌筑砂浆稠度稍加大,控制在 9cm 左右。对混凝土、水泥砂浆等半成品派专人分片管理,及时用草袋覆盖或浇水养护。对特殊材料采取遮阳或特殊管理,以防材料变质。

冬季施工措施应到位。包括施工准备、气象资料获取。当室外日平均气温连续五天低于 5℃ 时,按冬季施工采取措施。进行冬季施工的工程项目,必须复核施工图纸,查对其是否适应冬季施工要求。进行冬季施工前,对掺外加剂人员、测温保温人员及管理人员专门组织技术业务培训,学习工作范围内有关知识,明确职责。指定专人进行气温观测并做记录,收听气象预报防止寒流突然袭击。根据实物工程量提前组织有关机具、化学外加剂和保温材料进场。搭建烧热水炉灶,备好柴煤等燃料,对搅拌机棚相应进行保温。对工地的地上临时供水管外包石棉,做好保温防冻工作。做好冬季施工混凝土、砂浆及掺外加剂的试配、试验工作,提出施工配合比。冬季施工采取有效的防滑措施,特别是梁、板施工时防止人员滑倒。大雪后将架子上的积雪清扫干净,并检查马道平台,如有松动下沉现象务必及时加固。

冬季施工安全措施要扎实。应做好冬期施工的职工防火、防爆、防冻、防风、防滑、防触电、防中毒教育。严格执行冬期施工用火规定,木工棚等易燃易爆场所严禁点火取暖,室内取暖及工程保暖设专人管理。施工现场不得随意点火,因工程需要保暖生火,经项目安全员检查后发用火证。脚手架及上下人梯,及时清扫积雪,有防滑措施,从事高空作业人员,挂好安全绳,衣着灵便。解冻后即检查脚手架是否下沉,及时整修。电源开关、控制箱等设施搭防雪篷,加强线路检查,防止漏电,并设触电保护器。对大型机械加强维修,检查是否满足冬期施工需要,对塔吊及时检查电器传动部位。

11.10 紧急情况的处理预案、保证措施

施工现场紧急情况有机械伤害事故、触电事故、高空坠落事故、坍塌事故、倾覆事故、物体打击事故等建筑施工事故。

应急事故保障措施:设立应急领导小组明确组成员职责,经常组织应急事故培训演练并对应急响应的有效性进行评价,必要时对"应急响应"的要求进行调整或更新。演练、

评价和更新的记录应予以保持。下面以常见触电事故为例说明紧急情况的处理预案、保证措施。

触电事故应急预案包括应急准备、组织机构及职责等。设置项目部触电事故应急领导小组，组长：项目经理；组员：施工员、安全员、各专业工长、技术员、质检员、值勤人员。触电事故应急处置领导小组负责对项目突发触电事故的应急处理。做好培训和演练工作，项目部安全员负责主持、组织全机关每年进行一次按触电事故"应急响应"要求进行的模拟演练；各组员按其职责分工，协调配合完成演练；演练结束后由组长组织对"应急响应"的有效性的评价，必要时对"应急响应"的要求进行调整或更新；演练、评价和更新的记录应予以保持。项目管理部负责对相关人员每年进行一次培训，包括应急物资的准备、维护、保养；应急物资的准备，比如简易担架。应急物资要配备齐全并加强日常管理。应急响应应及时，应脱离电源对症抢救。当发生人身触电事故时，首先使触电者脱离电源，迅速急救，关键是"快"。

对于低压触电事故，可采用下列方法使触电者脱离电源。如果触电地点附近有电源开关或插销，可立即拉开电源开关或拔下电源插头，以切断电源。可用有绝缘手柄的电工钳、干燥木柄的斧头、干燥木把的铁锹等切断电源线；也可采用干燥木板等绝缘物插入触电者身下，以隔离电源。当电线搭在触电者身上或被压在身下时，也可用干燥的衣服、手套、绳索、木板、木棒等绝缘物为工具，拉开提高或挑开电线，使触电者脱离电源；切不可直接去拉触电者。

对于高压触电事故，可采用下列方法使触电者脱离电源。立即通知有关部门停电。戴上绝缘手套，穿上绝缘鞋，用相应电压等级的绝缘工具按顺序拉开开关。用高压绝缘杆挑开触电者身上的电线。触电者如果在高空作业时触电，断开电源时，要防止触电者摔下来造成二次伤害。

如果触电者伤势不重，神志清醒，但有些心慌，四肢麻木，全身无力或者触电者曾一度昏迷，但已清醒过来，应使触电者安静休息，不要走动，并对其严密观察。如果触电者伤势较重，已失去知觉，但心脏跳动和呼吸还存在，应将触电者抬至空气畅通处，解开衣服，让触电者平直仰卧，并用软衣服垫在身下，使其头部比肩稍低，以免妨碍呼吸，如天气寒冷要注意保温，并迅速送往医院。如果发现触电者呼吸困难，发生痉挛，应立即准备对心脏停止跳动或者呼吸停止后的抢救。如果触电者伤势较重，呼吸停止或心脏跳动停止或二者都已停止，应立即通过口对口人工呼吸法及胸外心脏挤压法进行抢救，并送往医院；在送往医院的途中，不应停止抢救，许多触电者就是在送往医院途中死亡的。人触电后会出现神经麻痹、呼吸中断、心脏停止跳动，呈现昏迷不醒状态，通常都是"假死"，万万不可草率从事。

对于触电者，特别高空坠落的触电者，要特别注意搬运问题，很多触电者，除电伤外还有摔伤，搬运不当，如折断的肋骨扎入心脏等，可造成死亡。对于"假死"的触电者，要迅速持久地进行抢救，有不少的触电者，是经过 4h 甚至更长时间的抢救而抢救过来的；有经过 6h 的口对口人工呼吸及胸外挤压法抢救而活过来的实例；只有经过医生诊断确定死亡，才能够决定停止抢救。

11.11 项目单位关系协调措施

1）与业主协调配合。项目经理的外部关系中，最主要的是处理好与业主的关系，项目经理部全体人员应持有"业主是顾客、是上帝"的观念，把业主期望的工期和工程质量作为核心，为业主建造一流的建筑产品，让业主满意。应定期向业主提供工程进度报告。为保证项目的顺利建设，应积极与业主交流汇报，主动为业主排忧解难，想业主所想，急业主所急，和业主融洽相处。经常核实项目建设的施工范围是否与签定的标书与图纸一致；发现有不符的及时查找原因，并请业主与监理核实和签证。

2）与监理单位工作的协调。在施工全过程中，严格按照经发包方及监理师批准的"施工组织设计"进行对施工单位的质量管理。在自检、交接检、专检三级内部检验的基础上，接受监理师的验收和检查，并按照监理要求，予以整改。贯彻质量控制、检查、管理制度，并据此进行检查，确保产品合格。所有进入现场使用的成品、半成品、设备、材料、器具均主动和监理师提交产品合格证或质保书，使用前需进行物理化学试验检测的材料，主动递交检测结果报告，使所使用的材料、设备不给工程造成浪费。按部位或分项、工序检验的质量，严格执行"上道工序不合格，下道工序不施工"的准则，使监理师能顺利开展工作。对可能出现的工作意见不一的情况。遵循"先执行监理的指导后予以磋商统一"的原则，在现场质量管理工作中，维护好监理工程师的权威性。

3）与设计单位的协调配合。了解设计意图及工程要求，根据设计意图提出我们的施工实施方案，协助设计院完善施工图设计。参加施工图会审，提出建议，完善设计内容。对施工中出现的情况，除按设计院、监理的要求及时处理外，还应积极修正可能出现的设计错误，并会同业主、设计师按照总进度计划进行部位验收、中途质量验收、竣工验收等。协助工程师解决诸如因多管道并列等原因引起的标高、几何尺寸的平等协调工作，协助工程师解决不可预测因素引起的裂缝等变化。

第 ❶❷ 章 ▶▶▶

××综合客运枢纽站前广场项目投标书技术标

12.1 工程概况

本项目作为现代化综合客运枢纽工程建设项目，预打造成为以高速铁路出行为核心、兼顾商业、公路长途、轨道交通、出租车、快速公交、社会停车场等功能的大型综合客运枢纽。项目位于市生态文化旅游区。主要工程建设内容包括：市政配套、站前广场和地下空间、进出站匝道和市政道路、旅客集散中心、装饰装修和设备安装、景观绿化等工程。工程总投资达到 18 亿元左右。站前广场总占地 57000m² 左右，地下空间内净长为 225m，净宽为 256m。基坑开挖深度约为 15.9m，局部开挖深度达到 18.9m，地面覆土厚度约为 1.5m。地下空间一共分为三层。负一层主要是社会停车场、出租车场和公交车站，设计高度为 6.0m。负二、负三层都是社会停车场，设计高度为 4.2m，广场层主要进行景观绿化。本工程设计使用年限为 50 年，建筑结构的安全等级为二级，抗震设防烈度为 7 度。由于气候的过渡性、季风年强度的不均匀性及其进退早迟，所以地区经常有气候灾害发生，具体包括：暴雨、洪涝、雾霾、干旱、冰雹、霜冻、连阴雨等。

12.2 施工部署

12.2.1 主要工程管理目标

1）施工进度目标。本工程计划在 2022 年 9 月 1 日开始施工，2023 年 12 月 31 日完成施工，施工总工期为 487 天。

2）质量管理目标。杜绝直接经济损失在 5 万元以上的工程质量事故及质量缺陷。交付验收的工程质量要符合国家及行业的相关质量验收标准，还要满足相关设计文件及技术规范的要求。单位工程的一次验收合格率要求达到百分之百。本项目工程质量达到省部级优质工程标准，争创"××杯"和国家级优质建设工程。

3）安全管理目标。杜绝因工造成的轻伤及以上的生产安全事故。杜绝主要责任道路交通事故。杜绝一般及以上的机械设备安全责任事故。杜绝特种设备责任事故。杜绝火灾责任事故。

4）环境保护管理目标。杜绝环境污染事件。实现污水、扬尘、噪声、固体废物、建筑垃圾等各类环境污染物的排放均达到国家和市政府有关主管部门要求的排放标准。实现办公场所和施工区域的工作环境达到国家和××市的相关标准。履行业主以及地方相关合同环保条款规定。水土保持符合国家和××市地方法规规定以及其他环境控制目标等。严格执行国家、××省和××市有关主管部门颁布的现行的相关法律、法规以及××高新控股有限公司下发的有关安全文明施工的最新管理办法。

5）职业健康目标。加强对作业场所有害气体、粉尘、噪声的检测和控制，要求达到国家和行业卫生标准。加强对现场施工作业人员劳动防护用品使用指导和监督，严把采购关，确保为他们提供的劳动保护设施及个人防护用品满足国家相关安全卫生标准的要求。杜绝急性、大规模、群体性的职业中毒事件。

6）节能减排目标。认真贯彻并严格执行现行的相关法律法规和标准，限制或禁止使用落后的或已淘汰的施工技术、工艺和产品，积极促进新技术、新材料、新设备等的使用。工程项目按图纸进行施工，并且严格落实建筑节能的相关要求。在施工过程中，要做到施工现场整洁、生活环境清洁、施工产品美观洁净。

12.2.2 施工安排

本工程主要分为主体结构和围护结构施工，结合本工程特点和工程实际，对施工顺序做如下安排。即第一步进行主体结构桩基施工，从南、北、东三个方向同时向中心平行推进，围护结构附近的桩基先不施工，预留作为场内施工道路，同时施工格构柱桩基，待其他轴施工5～6个承台后，再施工道路范围内的桩基。第二步同时进行 TRD 和地下连续墙施工，围护桩施工紧跟 TRD，在进行地下连续墙施工前先施工三轴搅拌桩加固槽壁和导墙。第三步按照 TRD 和地下连续墙的施工顺序，进行围护结构附近的桩基施工。第四步进行汽车坡道上的桩基和二次基坑开挖的围护桩施工。第五步进行基坑土方开挖、圈梁和第一道混凝土支撑施工。第六步进行基坑土方开挖和第二道混凝土支撑施工。第七步进行主体结构施工（顶板采用竹胶板＋满堂支架施工，侧墙采用竹胶板＋外架施工）和混凝土支撑拆除施工（采用挖掘破碎机＋部分人工进行拆除，顶板下支架暂不拆除）。第八步进行装饰装修和设备安装工程施工。第九步进行景观绿化工程等工程施工。

12.2.3 工程重难点分析

本项目包含主要市政配套工程、站前广场和地下空间工程、匝道和市政道路工程等，合同工期 16 个月，工期紧张。作为本项目的控制性工程，站前广场施工作业面比较集中，施工体量比较大，如何合理地组织施工作业，直接影响本工程工期和效益。因此，要提前梳理工程作业内容，做好施工调查，制订切实可行的施工计划，明确关键节点工程和控制性工程的工期，做好主要工程进度指标的分析，按照工期计划组织资源的投入；做好施工作业区间划分，加强各方沟通及同专业的协调管理，充分调动各方资源，根据现场情况及时调整平面布置方案，做好动态控制，因势利导，推进工程施工；做好施工生产管理及服务工作，履行项目部的管理、协调和服务监督职能，要结合工程特点科学合理地安排施工顺序和工序穿插，尽量减少各施工队伍之间的矛盾和干扰。

站前广场基坑最深约 18.9m，252m（长）×230m（宽），土方近 100 万立方米，工程量大，开挖安全风险高，如何合理地组织土方工程施工是本工程的重点。针对土开挖施工，把基坑分为相对独立的 9 个分区，每个分区开展流水作业，互不干扰；提前找好容量满足要求的土方弃土场；提前谋划组织，并编制深基坑开挖方案，合理规划好运输通道；按照施工方案进行土方工程施工，并执行日上报、周统计，按照节点工期计划做好动态调整，保证土方的工期可控。

基坑共设置两道环撑，共计 26000m³，拆除方量大，主结构楼板较薄，设计允许施工荷载不大于 3kN/m²，大型机械作业条件受到限制，直接影响主体结构施工进度，为本工程难点。经过受力检算，楼板下层支架不予拆除时，可以直接在楼板上进行大型机械作业，提高作业效率。同时，划分破碎料堆载区域，并进行支架的加强，按照计算的允许荷载严格控制堆载高度，破碎时对楼板采用隔离、减震等保护措施。

12.2.4 施工进度安排

根据施工图纸到位情况和现场施工条件，把站前广场及地下空间工程总体施工顺序拟分为以下 5 个阶段。第一阶段（2022 年 9～12 月）施工桩基（先施工围护桩、格构柱桩基及主体桩基）和围护结构；计划 2022 年 12 月 31 日完成所有围护结构和桩基施工，同时完成站前广场第一道环撑施工。第二阶段（2023 年 1～3 月）完成第二道环撑施工。第三阶段（2023 年 4～6 月）完成底板垫层施工。第四阶段（2023 年 7～9 月）完成第一道环撑拆除施工。第五阶段（2023 年 10～12 月）完成主体结构和剩余工程施工。

12.2.5 施工总体资源配置

本工程施工过程中涵盖了很多不同的专业和工种，所涉及的人员素质水平也复杂多样。人时刻为项目的正常运转注入动力，是项目运行的首要关键性因素。在项目建设各个阶段，项目的众多利益相关方不断进入与退出使得人力资源成本不断增加，也使得人员的质量与素质水平直接考验着工程的质量。为此，在工程实施之前就要对人员进行合理部署与配备，整合优质人力资源，降低不确定因素导致的交易风险，减少项目不必要支出，从而提升项目整体质量水准。本工程除了组成项目部的管理人员外，还包含土方开挖、桩基础、水暖电等专业人员。

本工程采取劳务分包模式将施工中的劳务作业分包给符合要求的劳务队伍。根据本工程不同时期的施工作业内容和业主要求的工期，及时按照程序组织安排施工经验丰富、技术熟练、综合能力强的作业人员参与本工程的施工，并依据施工进度计划，统筹安排施工队伍进场作业，可以大大提高劳动生产率，从而保证工程的施工进度和质量。

12.2.6 施工平面布置

按照工程项目建设的相关标准，结合施工场地的实际情况，遵循合理、经济、能满足作业空间要求、易于管理的原则，突出"文明、环保、有序、安全"的特点，充分利用现有的场地条件，合理地布置各项临时设施，降低工程造价。确保施工期间交通组织有序、通畅，环境协调。

12.3 主要工程施工方案

12.3.1 深基坑施工

首先，在地下连续墙施工范围内，采用三轴搅拌桩对其槽壁进行加固，以保证地下连续墙的成槽质量；等到槽壁加固施工完成并且达到强度要求后，采用液压槽壁机同时从两端向中间进行地下连续墙成槽开挖；地下连续墙施工完成并且达到强度要求后，再进行圈梁和第一道混凝土撑施工，等到圈梁和混凝土支撑达到设计强度后进行抽水试验，确定基坑降水参数以及坑外水位变化，最后进行基坑开挖施工。

进行土方开挖时，将基坑土方以环形支撑为界纵向分为 3 层，平面分为 25 块，采用两种开挖方法进行施工。第一道混凝土支撑以上土方采用岛式开挖法，首先开挖环撑范围内的土方，分段进行环撑施工，同时开挖环撑内部的土方；待环撑混凝土强度达到设计要求后，采用盆式开挖法进行第一道环撑以下的土方开挖，挖至第二道环撑下 5cm 处，进行第二道混凝土支撑施工，待混凝土强度达到设计要求后，继续采用盆式开挖法，由中心向四周开挖至基底上 3cm，最后采用人工开挖进行清底。

12.3.2 主体结构施工

根据主体土方的分区域开挖，主体结构采取由下向上、由中心向四周的方法进行施工。然而大体积混凝土进行一次浇筑后，随着强度的不断增长，它将产生水化热并损失大量水分，从而导致混凝土发生收缩变形，结合工程的具体施工组织安排、设计要求和施工缝的设置情况，将底板分为 25 个浇筑区，结构竖向分层参照规范要求。水平施工缝设置分别为底板、楼板以上 300mm 处；顶板和侧墙之间的水平施工缝，宜设置在接缝线以下 150～300mm 处；当墙体上有预留孔洞时，施工缝与孔洞边缘之间的距离一般不应小于 300mm。水平分段：根据总体施工计划及后浇带留置情况，将主体结构划分为 25 个区域，结合现场土方开挖情况，采用由中间向四周依次推进的方式进行施工，具体施工顺序如下：施工 8 区、9 区、11 区、13 区、14 区底板；施工 4 区、7 区、15 区、16 区、18 区底板；施工 5 区、6 区、20 区、21 区、23 区底板；施工 1 区、10 区、22 区、24 区、25 区底板；施工 2 区、17 区、19 区底板；施工 3 区、12 区底板。

12.4 施工保障管理体系

12.4.1 安全管理措施

健全安全管理制度,构建安全保证体系。科学健全的安全管理制度是顺利开展工程项目各项工作的前提,只有制订出一套完整可行的安全管理制度,才能确保各项安全管理工作有据可依。因此施工单位应首先明确安全管理制度的重要性和建立的必要性,在此基础上结合施工实际构建切实可行的安全保证体系,并明确各层各级人员的安全管理责任,此外还需加强安全管理制度普及工作的开展,定期进行安全教育培训和考核,借助激励手段使施工现场的每位人员都能充分重视安全问题。施工企业还需及时编制安全技术保证措施和工程事故应急预案,定期进行安全总结和评价。加强对于安全设备的购入和发放的监管,制订合理的安全防护设施及用品验收、使用管理制度。同时,还需制订日常的安全检查和巡查制度、各工种及机具的安全操作规程、每日的验收制度、交接班制度等。通过建立这样一套规范化的安全保证体系,规范施工的各个环节,从而最大限度地保证施工过程的安全。

制订安全保证措施,落实安全生产责任制。在进行安全管理时,应遵循"预防为主"的原则。针对可能造成危害、不良影响的,危险性高的施工,如模板及支架工程施工、起重吊装施工、深基坑开挖工程施工等均应提前制订具有针对性的安全保证措施,从源头降低不安全事故发生的可能性,进而保证施工安全。工程开工前还应把工程总的安全管理目标按照各自的职责进行逐级分解,落实到各职能部门、各岗位,并且形成文件,发放给各级管理人员,确保各级人员各司其职,开工后还可将形成的安全管理责任文件张贴于施工现场、项目部,使得各级人员在严密监管下提高自身的责任意识,切实履行好自己的职责。

12.4.2 质量管理措施

完善施工质量管理体系。结合综合客运枢纽工程站前广场项目的施工特点,制订各项质量管理制度,包括工程质量责任及考核制度、工程质量检查及验收制度、隐蔽工程检查及施工旁站制度等。加强质量保证组织结构的建设,完善质量保证体系,以此明确各职能管理部门、岗位人员的质量管理职责、权限以及质量目标,从而确保整个施工过程能够正确实施,保证施工的质量目标能够顺利实现。

制订质量保证措施。首先要加大对施工材料质量的管控力度,严把质量验收关,加强对采购人员的业务培训,提升他们的业务能力,保证入场材料的质量;其次要加强对施工设备质量的管控力度,并加强对施工设备操作人员资质的监管,完善机械设备的相关管理办法;再次要充分调动人员的积极性,树立质量管理,人人有责的观念,明确相关技术人员的质量管理职责和目标,提高质量管理水平。最后针对主要施工工序、工艺流程制订专门的质量保证措施,包括地下连续墙施工、防水工程施工、钻孔桩施工、基坑开挖施工、模板施工、混凝土施工等。通过制订以上一系列的质量保证措施，确保工程建设有效进行。

12.4.3 进度保证措施

建立科学的施工组织管理制度。结合综合客运枢纽工程站前广场项目的实际情况，明确各职能部门的责任，并在此基础上进行岗位职责细化，建立基于绩效的奖惩制度，依据考核结果，表现优秀的给予奖励，表现差的给予惩罚，运用制度手段强化施工人员的责任感。各项管理工作在项目经理统筹安排下开展；对关键线路上的重点工程实行领导负责制，充分发挥职能部门的保障作用，构建进度保证体系；明确工程的阶段性进度目标，及时有序地组织各阶段的施工，并设立预警机制，这样才能确保工程项目在规定期限内完成。

制订合理的施工进度计划。工程开工以后，结合施工过程中的重点和难点，根据合同的工期要求，编制科学合理的进度计划，用以明确各项施工活动的时间节点和搭接关系，同时还要利用计算机技术进行进度计划网络图编制，找出影响施工进度的关键因素和关键线路，在施工过程中进行重点控制。还要根据施工组织设计，做好对关键工序和主导工序的资源配置；加强施工过程的动态管理，科学安排各工序的施工工期，合理进行资源调配；在施工过程中要定期检查各项施工活动的实际进度，并将其与计划进度进行比对，若实际比计划落后，需尽快找出落后的原因并及时制订合理的纠偏方案，力求在之后的施工中赶上，同时要保证工程的施工质量和安全。以此类推，保证工程如期完成。

12.4.4 成本控制措施

构建完善的成本控制体系。能否进行有效的成本控制，直接关系到项目的收益。成本控制贯穿整个施工项目的全程，需要各级人员的共同参与和配合，因此首先应提高各级人员的成本控制意识，构建相对科学的成本控制体系。本工程构建的成本控制体系由项目经理进行统一领导，由下设部门如工程部、物设部、安质部、工经部、财务部等实施具体的成本管理工作。通过对成本管理目标的分解，明确各部门、各级人员，以及各作业层的成本目标和控制责任；从进行实际成本控制的角度出发，制订相关管理办法和具体的成本控制举措；根据权责利相结合的原则，制订相应的激励措施。

落实动态成本控制措施。工程项目的成本会受到组织内部和外界各种因素的影响，而这些因素往往是动态的、变化的，有些因素容易被项目管理者掌控，而有些因素则不受项目管理者控制。影响施工成本的因素主要有人员工资、材料供应和机械设备供应情况、劳务队伍选择等。其中人员工资相对可控；而材料的价格有时会在施工期间猛涨，涨幅很难预料，有时甚至能涨到工程开工时的十倍以上，针对这种状况，项目部应做好事前控制，在开工前或中标前即可与当地的供应商签订预采购合同，提前储备货物以应对价格上涨的影响；在机械管理方面也应提前做好规划，对比租赁和购买的成本后再做出合理的采购选择；另外项目部可与优质的劳务队伍建立长期的关系，从而使劳务队伍成为相对可控的要素。在施工过程中还要加强成本核算并贯穿工程始终，实时收集工程实际成本状态，作为动态成本控制的依据，通过对比实际成本和计划成本差异，制订出科学合理的纠偏措施，将成本偏差控制在允许范围之内，从而将实际项目成本控制在我们希望的范围以内。

12.4.5　环境保护和文明施工管理措施

完善环境保护及文明施工管理制度。项目管理组织在实现自身目标的同时，也需承担相应的社会责任，如环境保护。为更好地履行组织的社会责任，特制订以下环境保护及文明施工管理制度，包括环保责任制度、环保教育培训制度、环保检查制度、职业健康管理制度等。确定责任到人，对每个部门和每位施工人员的责任进行明确的划分，实行相应的奖罚制度，构建环境保护及文明施工管理体系。

落实环境保护和文明施工管理保证措施。为落实文明施工，首先应使全体施工人员认识到环境保护的重要性，以及不文明施工的危害，由于施工人员的素质普遍不高，因此还需向施工人员普及与环境相关的法律法规知识，并制订与之相关的激励措施。其次，一定要明确文明施工的具体内容，如在施工现场要做到三通一平，按照批准的平面布置图进行平面布置，加强临时、办公区域等现场各区域的管理等。加强施工现场管理对减轻环境污染有非常积极的作用。另外，对于施工废水的排放，必须要按照"清污分流"和"雨污分流"的原则进行，对于施工污水也必须要经过沉淀池进行三级沉淀，通过净化处理，并且达到要求后才可以排放；施工过程中尽量选用噪声低，并且符合尾气排放标准的机械设备，而一些高噪声的机械设备尽量避免在夜间施工；土方开挖过程中，在出口处搭建洗车平台，并安排专门的人员对运输道路进行洒水、清洗；所有污染环境的废物，如弃土、建筑垃圾等，必须弃在指定地点进行处置。

第 13 章

××商业城办公楼项目投标书技术标

13.1　编制依据

本投标书的编制依据是"××商业办公楼"施工图纸和现行国家、省、市有关法规、条例、规定。本项目施工合同对工程安全、进度、质量等目标要求较高，对进度延误进行高额的经济处罚，因此项目实施过程中必须精心组织施工进度，切实保证在主节点前完成施工；项目施工过程中，对存在的较大危险分项工程必须编制专项的安全施工方案，确保工程实施的安全责任目标的实现；同时由于项目进度要求较高，因此对质量目标的实现就提出严峻的考验，必须落实公司检查、纠偏、整改制度，确保质量目标的实现。项目总体目标为以下 3 个。

1）质量管理目标。工程质量达到合格标准；分项工程合格率 98％以上，质量事故为 0；确保市优质结构和争创省建设工程优质工程奖。

2）职业健康安全管理目标。轻伤率控制在 0.2％以下；其他事故为 0；无职业病、爆炸、火灾事故和严重设施事故；不发生严重交通事故；保障员工身心健康安全；落实安全生产责任制和考核全覆盖；开展施工现场标准化建设，争创省级安全文明施工示范工地。

3）环境管理目标。本项目将根据本工程所处地理环境的特殊性，高标准依照当地对于建筑工程施工的管理规定，强化施工现场文明施工管理，克服不利条件，绿色施工，达到省级文明施工示范工地要求。

13.2　工程概况

工程名称：××商业城办公楼项目。

工程地点：××市胜利路。

商业城办公楼工程是 2022 年市政府投资的大型商业项目，项目选址××市胜利路，总建筑面积 19830.49m² 。该项目的实施将极大地改善周边商业，为社会提供必需的服务，有利于提高地区整体经济效益。

本工程按照合同时间于 2022 年 8 月份开始，2023 年 8 月结束，施工周期长，将历经冬季、雨季施工。秋季施工主要为土方工程、基础施工；冬季气温较低将对主体混凝土、砌筑施工产生不利影响，尤其是会影响混凝土、砂浆强度；雨期可能会对全屋外围、室外油漆、涂料施工的质量和进度产生不利影响，必须利用一切条件保障季节性施工，确保施工进度和工程质量。

13.3 总体施工部署

13.3.1 施工部署的指导思想

严格执行我国的质量管理条例及各项施工规范，落实质量第一、安全第一的指导思想，根据合同要求抓好工期、文明施工，编制本工程的质量计划和工期计划，落实各项管理职责，杜绝不合格品产品进入工地，以确保工程质量。同时严格执行我国现行的建筑安全法律、法规，各种施工规范、操作规程，以确保施工安全。工程总体组织原则为"先地表建筑、后设备安装""先下部工程、后上部工程""先大设备进场、后小设备进场"，合理安排劳动力资源，组织好各专业施工班组交叉作业，确保工期顺利实现。不断加大科技投入，积极运用钢筋与混凝土新技术、信息化手段等技术，通过科学的组织管理，确保工程质量、安全、工期目标的实现。

13.3.2 施工总体部署

根据不同施工阶段动态进行平面布置，是保证物流畅通、加快施工进度的前提。将整个施工过程按照施工阶段来进行平面布置，地下室的结构应根据各区域所处的部位，并结合各区域与上部结构的关系合理确定，同时还应兼顾工期、关键线路的要求，各区域的材料尽量做到塔吊直接取料。上部结构施工作为第二个施工阶段。装修装饰和机电安装作为第三个施工阶段，该阶段以穿插施工为主，结合场地情况和结构完成情况，分别在室内和室外安排材料堆放场地、加工场地，并确保垂直运输的畅通。

本工程作为综合性施工项目，其中一个特点是施工专业多，除结构施工外，其他专业均随结构完成而先后进入施工。专业穿插包括室外工程与楼层结构、装修装饰与机电、幕墙与结构、幕墙与室外工程等。对于专业的穿插施工，总包必须理顺各专业施工的关系，协调好施工作业面、通道等施工条件。专业穿插是保证工期的前提，总包协调是保证专业交叉工作的基本保证。

13.3.3 主要施工方案选择

1）土方工程。土方开挖应合规。在基槽开挖之前，应做好场地平整、工程高程复核、定位放线、规划验线等管理程序。场内所有的红线及建筑物的定位等经规划部门测量复核无误后，方可进行土方开挖施工。在开始施工之前，必须进行所有级别的技术准备和技术说明。要求施工和测量人员熟悉图纸，把控放线质量。

土方回填应合规。地下室施工完成后，在地下室室外墙 800mm 以内，用三七石灰土回填，分层压实，压实系数不小于 0.97，其余均用平土回填，压实系数 0.95。基础工程完工并经监理单位组织相关单位进行质量验收合格后，应立即进行土方回填工程。回填部分的底部应进行必要的清理，不得带水、淤泥、大块岩石或有机杂质进行回填。回填土的质量必须符合设计要求，回填土的水分含量应控制在 10％ 左右。回填时，使用 8t 振动辊进行分层回填。分层夯实和空铺的厚度为 300cm。边、角碾压不到的部位用蛙式打夯机或人工夯实。

2）钢筋工程。根据现场的实际情况设置 4 个加工场地，钢筋区内必须挂牌标明文明施工负责人，本工程钢筋绑扎采用绑丝绑扎。机械连接和绑扎连接接头要按设计、规范要求错开。梁的上下层双排钢筋之间加垫直径为 25mm 钢筋分隔开。钢筋领班负责钢筋区域的文明建设。钢筋类型编号排列整齐，并有铭牌。标签上注明了工厂标准、钢号、批号、直径、制造日期、检验状态等。当钢筋进入现场时，供应商应随车辆提供钢证书和记录证书。如果证书是副本，则应注明原始存储地点、购买日期和吨位。详细内容应由测试人员和钢筋工头验证。钢筋进入现场时，必须分批检查，在监理单位见证下取样送到有资质的检测站进行质量检验，取样由每批现场使用的相同规格，相同牌号的钢筋组成，按重量不大于 60t 送一组。检查内容包括规格、类型、外观检查、机械性能复验和重量偏差检测，第三方检测合格后才能使用。检验合格后，应按规格、种类整齐排列，并备好防雨设施。钢筋表面应清洁，已生锈的，也可以手动除锈。在除锈过程中，不能损伤钢筋，以免破坏钢筋的强度。

3）模板工程。本工程采用木模板工程。根据设计外墙保温采用复合保温板，施工时复合保温板作为外模板使用，具体施工过程见图 13-1。模板采用 12mm 厚木模板，50mm×80mm 方木做背楞（立放），间隔不超过 200mm；为防止柱截面尺寸收模，柱模板内设 φ14 钢筋内撑，水平及垂直间距不大于 450mm，以保证柱截面尺寸。梁、顶板模板采用 18mm 厚木模板（楼板跨度大于 4m 时按设计起拱）；次龙骨选用 50mm×50mm×3.0mm 方钢，主龙骨选用；钢管扣件支撑体系。剪力墙模板采用 18mm 厚木模板，龙骨采用 50mm×80mm 方木，内墙采用 50mm×50mm×3.0mm 方钢做背楞，地下室外墙加设 φ16mm 三段式对拉止水螺杆，内墙加设 φ14mm 对拉螺杆加套管，间距为 400mm×400mm，下三排对拉螺栓采用双螺母加固，为防止墙截面尺寸收模，模板内设 φ14mm 水平定位筋和竖向梯子筋，水平定位筋沿墙体上中下各设一道，竖向梯子筋间距不大于 2000mm，内支撑采用水泥支撑条，以保证截面尺寸；为避免漏浆，模板底部接槎处粘贴海绵条。

4）混凝土工程。本工程主体施工 8 层（含 8 层）以下的结构混凝土输送采用 56m 臂汽车泵，8 层以上采用地泵输送。混凝土一律采用商品混凝土，混凝土的技术要求严格执行设计文件要求。考虑项目现场的混凝土输送泵，并配合塔式起重机的施工。输送混凝土的泵管应笔直，转弯应缓慢，接头应紧密，活塞和输送管的内壁与混凝土直接接触。泵管的方向应合理，平台板上有一个 300mm×300mm 的孔与泵管竖向连接，使用时借助木楔将泵管插入混凝土分配器中，木楔环绕分布在地板上方的孔的周边。泵压超过 100％ 的位置

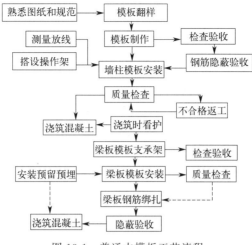

图 13-1 普通木模板工艺流程

无法添加木楔。木楔的主要作用是固定泵管，应采用搭架子的方式固定泵管。当柱与梁板混凝土整体浇筑时应先浇筑柱，待柱浇筑完成 1～1.5h 发生初凝后再浇筑水平构件（梁板）混凝土。

13.3.4 总体施工准备

制订总体工作安排，这是根据施工组织设计要求和总体施工进度计划而准备的。"计划为先，样板先行"是保障工期和质量的重要手段之一。在项目施工之前，项目的技术负责人将组织相关技术人员根据项目的特点进行技术交底、工作人员计划及分工。

13.3.5 施工器具准备

主要施工器具配置见表 13-1。

表 13-1 主要施工器具配置

序号	器具名称	型号规格	制造厂家	配备部门	备注
1	钢卷尺	(0～50)m	雄狮	技术质量部	
2	混凝土振动台	CK-60BT	北京切克	技术质量部	
3	回弹仪	HT-225	京润	技术质量部	
4	自动安平水准仪	25g		技术质量部	
5	楔形塞尺	150mm×15mm×17mm		技术质量部	
6	对角检测尺	970mm×22mm×13mm		技术质量部	
7	靠尺	2m		技术质量部	
8	游标卡尺	0～150mm	广陆	技术质量部	
9	水准仪	DZS3-1	索佳	技术质量部	
10	全站仪	DTM-352C	NIKON	技术质量部	
11	塔尺	5m		技术质量部	
12	力矩扳手			技术质量部	
13	通规止规	16～25mm		技术质量部	

13.3.6 施工管理组织机构

针对本工程的特点，结合项目各专业情况组建"商业城项目部"，同时，项目部门由部门的各个职能部门组成。由项目经理全权负责，通过对项目部各管理职能部门的管理、统一协调，来实现对项目的质量、安全、技术、工期、成本等进行有效控制。项目部共设五个职能部门，职能部门负责人负责本部门的管理工作。这种直线式管理为项目的良好运作提供了有效保证，施工管理组织机构见图13-2。

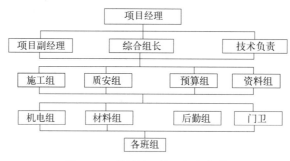

图 13-2 项目施工管理组织机构

13.4 工程质量保证措施及成本控制措施

13.4.1 工程质量保证

项目部建立工程质量管理体系，是保证工程施工质量的重要手段。为了确保工程质量，本工程将建立严格执行的质量管理体系，精心组织、严格执行我国建筑行业的各种施工规范，确保项目施工质量。为实现该项目的质量目标，将建立相应的质量保证体系，形成一个由项目人员构成的质量三级管理体系：项目负责人为第一责任人，项目技术负责人为第二责任人，项目的所有质量管理人员和材料人员为第三级责任人，监督和检查所有子项目。施工过程中，按照《质量管理体系》要求和《工程建设施工企业质量管理规范》（GB/T 50430—2017）进行质量控制。按"质量、安全、工期、投资、环保、稳定"的管理目标，关注员工职业健康，从科学角度保障质量管理水平；牢固树立预防为主的管理方针，运用科学的管理手段，建立健全有效的质量保证体系，完全发挥质量保证体系的监督管控作用，使建设和生产能够在有效的监督和控制下进行，并控制每个过程，以实现预控制和过程控制以及后期控制的连续性和可靠性，以确保实现质量目标。

1）施工质量管理体系。质量保证体系见图13-3。

2）施工质量管理组织机构。为了保证施工质量，在本工程中，将组建如下的质量管理组织机构来全面地进行质量的管理及控制。质量管理组织机构见图13-4。

3）质量管理职责。项目负责人作为项目部的最高权威者，对整个工程的质量全面负责，在保证施工质量的前提下，权衡施工进度计划、成本等各项指标的完成，确保质量保证计划的实施。项目技术负责人为项目的质量控制及管理的执行者，对整个项目工程的质

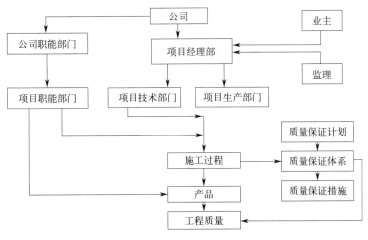

图 13-3　质量保证体系

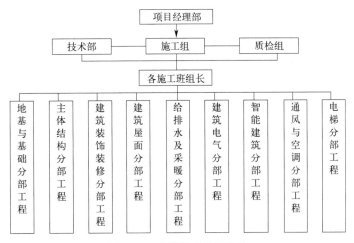

图 13-4　质量管理组织机构

量工作做全面管理,从质保计划的编制到质保体系的设置、运转等,均由项目技术负责人负责;同样,作为项目技术负责人应组织编写各样方案、作业指导书、施工组织设计,审核分包商所提供的施工方案等,主持质量分析会,监督各施工管理人员质量职责的落实。质检人员作为项目对工程施工质量进行全面检查的现场管理人员;应有相当丰富的施工经验并熟悉各种施工规范,对发现的质量问题有独立的处理能力,在质量检查过程中有预见性,为作业人员提供准确而齐备的质量要求数据,对出现的质量问题及时发出整改通知单,监督整改达到相应的质量要求。施工工长为施工现场的直接指挥者,首先自身应树立质量第一的理念,在施工过程中随时对作业班组进行质量检查,及时纠正不规范的作业行为,质量达不到要求的要求班组及时返工,并督促整改。

4)质量控制体系的运行。质量控制体系必须按科学的程序运转,其运转方式是 PD-CA 的循环管理方式,通过计划、执行、检查、总结四个阶段把施工过程的质量有机地联系起来,形成一个高效的整体,保证工程施工质量。

应合理设置各阶段工作任务。以质量管理目标为依据，编制各分项工程质量管理目标计划，让参加管理的全体人员均熟悉了解该质量目标计划；然后，现场管理人员按照该质量目标计划，编制相应的质量工作标准，并对施工班组质量技术交底。在实施过程中，质检人员要加强检查，在检查中发现的质量问题要及时解决，使得所发现质量问题解决于施工之中；并同时对这些问题进行书面汇总，以便于指导以后类似的问题。实施完成后，对分部分项工程进行全面检查，使之符合设计、工艺要求。体系的运作方式应高效，质量保证体系是需要运作的，是以质量管理为中心，保证工程施工质量达到合格要求的循环系统，质量保证体系的运行应以我国现行质量管理条例为依据。运转的保障措施应落实。

5）施工质量控制体系的保证。项目领导班子成员要求树立质量第一的理念。配备经验丰富、责任心强、技术过硬的质量检查管理人员。提供必要的资金，添置必要的检测设备。制订有力的措施、健全的制度，以保证质量保证体系的运转。每星期召开一次质量分析会，对在施工过程中发现的质量问题进行全面分析、处理和解决。抓好关键工序质量控制，做到质量问题预防性的统筹安排，从工序质量控制点的入手、分析、制订有效的管理办法。

6）施工质量控制的落实。施工质量控制主要围绕"人、机、料、环、法"五大要素进行，任何一个环节出了差错，则势必影响施工质量，在因此质量保证计划中，对施工过程中的五大要素必须予以监督和控制。

施工中人的因素是关键，其素质、责任心等的好坏将直接影响本工程的施工质量，故对于"人"主要从培训、管理、评定等方面来保证人员的素质；在进场前，对所有的施工管理人员及施工作业人员进行岗前培训，关键的岗位必须持证上岗，向管理人员积极推广计算机的技术应用，加强现代信息化技术的推广。进入现场的施工机械，必须确保机械处于最佳状态；在施工机械进场前必须对进场机械进行一次全面的保养，使施工机械在投入使用前达到最佳状态，而在施工中，要使施工机械保持最佳状态，就必须对其进行定期的养护、检修；以保证在施工过程中所有机械在任何施工阶段均能处于最佳状态。进场材料必须符合质量标准，具有合格证明材料，经监理单位审批才能进场，该见证送检的材料，必须在监理单位见证下取样，检测合格才能使用。"环"是指施工现场的工作环境，必须对施工现场进行环境整治，做到绿色施工、文明施工，制造一个绿色、安全、文明的施工环境，确保施工作业有序进行。而"法"则是指本项目施工的方法，制订合理的施工流程，采用先进的施工方法确保项目工程的施工按时按质完成。

13.4.2 成本控制

编制一份合理的施工组织设计是成本控制的源头，按时交工可以在人力、物力、财力方面节约资金，无论是人员成本、设备成本还是时间成本，保障工期可谓是成本控制的命脉。越晚交工一天，对成本的损失越大，为了从源头控制成本，必须要保证工期和质量，按规定时间内完工。在项目施工过程中，要对施工方法和施工工艺进行多方面比较，选择最具有经济效率的施工方法和施工工艺，提前准备好人员和设备，一环扣一环；在开源的同时也要节流，全方位寻找能节约成本的措施，加强现场的管理水平，让每位工作人员都树立节约光荣、浪费可耻的理念，从而达到节约项目成本，提高经济效益的目的。

劳动力成本也是建筑施工过程中成本构成的重要一部分，大概占比百分之十，而劳动力市场是随着建筑市场不断变化的，因此在施工期间，要从以下几个方面入手：第一就是要让劳动人员树立节约的意识，如果劳动人员没有节约的意识，那么长期下来对于整个成本的损耗是相当大的。建筑成本一方面是材料成本，一方面是人工成本，要想控制成本，必须要将人工成本降下来，如果每位劳动者都树立了节约的意识，和没有树立节约意识的工地相比，那么每天节约的资金成本将是庞大的。

其次，要根据每天的施工计划组织工人施工，按照多少活多少人的理念，防止出现活多人少或者人少活多的情况，从而避免消极怠工和延误工期。项目将配备专门的劳资员对农民工进行管理，每个月按照实际用工人数进行招工，月底对完成情况进行绩效考核，将劳动力短缺的短板补上去，保障工期的正常进行。最后，要根据实际发生的劳动力成本费用每月定期进行测算，对于不合理的劳动力费用或者严重偏离市场实际的费用要进行追责。从而形成一个管理闭环，从一开始的招工到最后的完工，将人力资源完整地管控起来，达到节约项目人力成本的目的。

13.5　职业健康安全管理及施工安全保证措施

13.5.1　安全生产管理体系

安全生产管理体系是整个项目施工过程中最为重要的环节之一，如果没有安全，那么就谈不上管理，一方面要牢固树立"安全第一，预防为主，综合管理"的管理理念，另一方面要建设符合施工现场实际的安全管理机构。安全生产管理体系一方面要满足项目对安全生产的要求，也同时需要满足业主和政府及其他相关部门对于安全生产的要求。这就要求项目经理带头树立安全防护意识，构建安全管理体系，让安全生产深入人心。安全管理组织机构由项目经理领导，由安全生产经理、项目总工程、施工安全部长、施工队以及其他管理人员组成，见图13-5。

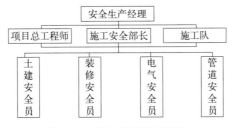

图 13-5　安全管理组织机构

13.5.2　现场安全工作检查与整改

根据日常安全员检查的结果和监理单位发布的整改通知单的内容，将责任分配给个人并单独执行。整改完成后，由专人根据整改通知单的内容进行专项检查和实施，并将整改情况反馈给监理单位，由监理单位检查整改情况是否符合安全要求。安全工作制度见表 13-2。

表 13-2　安全工作制度

工作制度	安全检查内容及检查时间	参加部门和人员
定期安全检查	项目经理部每月两次，普遍检查；元旦、春节、五一前，全面检查	安全部门组织相关部门、工长、班组长参加
季节性安全检查	防传染病检查，一般在春季；防暑降温检查，一般在夏季；防火检查一般在秋季；防寒、防冰冻检查，一般在冬季	由各级主管施工的领导主持，安全部门组织相关部门、工长、班组长参加
临时性安全检查	施工高峰期、机构和人员重大变动期、职工大批探亲前后、分散施工、离开基地之前、工伤事故发生后、上级临时安排的检查	基本同上，或由安全技术部门主持
专业性安全检查	焊接工具、起重设备、电气设备、高空作业、吊装、支模拆除、易燃易爆、尘毒噪声污染	由安全部门主持，安全管理员及有关人员参加
群众性安全检查	安全技术操作、安全防护装置、安全防护用品、违章作业、违章指挥、安全隐患	由安全部门主持，安全管理员及有关人员参加
安全管理检查	规划、制度措施、责任制、原始记录、台账、图表、资料、报表、总结、分析、档案等以及安全网点和安全管理小组活动	由安全部门组织进行

13.6　施工进度计划及保障措施

13.6.1　施工进度计划说明

施工进度计划见附图（本书略）。该计划根据施工合同中的施工期要求，制订了符合实际的施工期，根据施工安排将施工段和流水段进行了划分，并结合施工方法，考虑了季节性施工的影响，明确专业交接、供水和供电日期。一方面既要保证工程质量和安全，另一方面还要兼顾工期，也要根据项目的特点、场地条件和社会环境进行综合考虑。为了保证工期，本项目根据项目概况、工序绘制施工进度计划横道图（本书略）。

13.6.2　进度计划保证措施

选择有技术、经验丰富的工程管理骨干组成商业城工程项目部。加强项目部队伍建设，是确保工程能够顺利进行的关键。在项目管理组织构架设置方面，按照招标文件要求，并结合工程特点，按职能设置不同部门。在专业分包单位进场前，将事先考察其施工资质、信用度，以保证工程进度。在施工过程中，根据不同施工阶段进行现场平面布置的合理调整，保证管理秩序有条不紊。

由于该项目工作量大，并且一次要花费大量的周转工具，因此有必要在开始施工之前根据需求计划进行充分的准备。该项目投资的主要周转工具有木制模板、钢管、木肋支撑、脚手架等。在施工过程中，应根据流水施工要求，确保及时提供周转工具并符合要求。"计划至上，模型带路"是项目建设管理的特点。根据项目建设总进度计划和阶段计划目标要求，结合各个季节的特点，合理地进行资源投入，加强现场管理和协调等措施，满足工程的需求。

13.7　绿色施工及环境卫生措施

13.7.1　现场管理原则

本项目采用动态管理原则，管理人员必须根据"施工组织设计"中的总体施工布置图和有关规定，以及政府部门对现场的动态管理要求。设立专门岗位进行现场绿色文明施工管理，实行一人一岗，以岗定薪。

由于施工现场的条件复杂，可能还存在一些安全管理的盲点。检查期间应特别注意，一旦发现，应及时上报，及时处理，消除隐患。在本项目施工现场产生粉尘的部分主要包括：现场临时道路、装修阶段的地板和室外项目。主要措施如下：现场临时道路，物料堆场和办公区域均用混凝土硬化。将安排人员洒水以减少现场灰尘。车门处设有环保监督围栏，所有车辆进出均清洁轮胎，并在行驶过程中不带泥土。在地上结构施工过程中，采用了全封闭的外部框架，外部框架的外部完全悬挂有密集的网状安全网。

装修期间的工作区分开划分，及时清理地板上的垃圾。在地面装修之前，每个分包团队都安排一个专门的人员负责在自己的区域洒水和减少灰尘。

在室外项目的土方开挖过程中，要开挖的土方应盖上防尘网。施工现场设有两个封闭的垃圾池，定期清理施工垃圾。指定了专门人员来清理地板上的建筑垃圾。清洁时，将其装载在手推车上，并通过施工升降机运送到地面上封闭的垃圾池。

13.7.2　扬尘治理措施

施工现场通过现有的围墙与周围环境隔离开来，现场进行了硬化、绿化和覆盖以防止扬尘的发生，并安装了排水系统，例如排水沟和沉淀池。在进出口处设置一个洗车水槽，配备高压冲洗水枪，以防止车辆进出携带泥土。洗车产生的泥水经三阶段沉淀达到排放标准后应再利用，也可排入城市公共管网。沉淀池由专人定期清洁，通常每 2～3 天清洁一次。

为了控制粉尘污染，将在现场的施工道路上使用洒水器，并定期在道路上喷水以防止灰尘飞扬。为了确保道路的平整度和避免运输车辆的颠簸，应定期清洁道路。配备足够数量的洒水器，以定期在路面上洒水。天气干燥时，增加洒水装置的数量以限制车辆的速度。土方车辆应加盖以减少灰尘。认真落实建筑工地扬尘治理六个 100% 措施：施工工地周边 100% 围挡；露土、物料堆放 100% 覆盖；出入车辆 100% 冲洗；施工现场地面路面

100％硬化；拆迁工地 100％湿法作业；渣土车辆 100％密闭运输。

13.8 季节性施工措施

13.8.1 夏季施工方案

根据夏季温度高的特点，首先要做好环境卫生工作，要定期消毒杀菌，喷洒杀虫剂，切实做好宿舍、食堂和厕所的卫生防护，从源头上杜绝流行病。在供电管理上，一是要加强用电安全知识教育；二是定期对电器设备进行检查，尤其是宿舍员工私拉电线的情况。夏天还应防范火灾危险，施工区域内投放宣传标语，严禁发生火灾或者自燃事故，从而避免发生较大的爆炸事故。

在夏季炎热期间，要对一线员工进行安全和健康教育，尤其是对高温作业人员发放防暑降温物资，同时对他们进行体检，如果体检不合格，严禁高温作业。采取有效措施，保证职工夏季身体健康，防止员工发生中暑、中毒等事故。同时要教育员工不得擅自下河洗澡、游泳，以免发生溺水事故。

夏季高温期间，要做好混凝土的防护工作，混凝土浇捣前要充分吸水，对于厚度较薄的露面或屋顶，要在夜间施工，因为混凝土水分不足会产生收缩裂缝。高温砌砖时，要注意砖块的浇水，用水把砖块充分浇水湿透，在临砌砖的时候再给砖块浇水，让砖块保湿润，以防止砂浆因缺水而影响砂浆强度。

13.8.2 冬季施工方案

根据施工进度计划，本工程施工将经过一个冬季，一个雨季。项目人员应树立防止影响冬季施工质量的意识，做好预防冬季施工出现质量问题的防范措施。编制冬季施工专项方案，确保冬季施工质量、安全、进度能够顺利协同进行。加强天气预报工作，建立现场温度调查表，安排专人进行温度测量，每天收听天气预报，提前了解寒流情况，如果寒流来袭，要提前制订技术方案应对。

13.8.3 雨季施工方案

在雨季施工首先是要编制防洪防汛施工专项方案，做好预警工作，加强对施工人员的培训，检查施工现场应对雨季防洪防汛物资的准备情况，尤其是临时设施安全的情况。因此每班都要安排夜间值班员，如遇到大雨要及时通知办公室，办公室负责联系协同整个项目其他部门，做好大雨防护措施。为了从源头上做好雨季防洪防汛工作，要安排专职人员每天收听天气预报，提前了解天气情况，报告项目负责人，合理安排每日的工作。要定期检查施工现场和生活区的排水设施。路面要全部进行硬化，硬化的道路要求坚实平整，保证雨后路面可以正常通行，尤其是车辆和人员在上面不打滑，避免人员跌倒和交通事故发生。要定期清理各项排水设施，防止大雨之后排水不畅造成施工现场积水，从而影响施工。要将雨水排放到集水沟，最后统一排放到市政管网的雨水井里面。雨季来临的时候要对现场的电器设备进行全面检查，遇到缺盖的要及时安装，对电线进行加固，确保用电安全。施工现场的大型机械设备，要用专业的防雨棚或者防护罩保护，不得擅自用塑料布包裹，大型电器设备要做好接地保护工作。雨季所需的材料和设备要提前进场，尤其是水泵和抽水管等设施，做好未雨绸缪的工作。

参 考 文 献

[1]　白如银，邵月娥，王赟．政府采购非招标采购方式法条释解与疑难解析．北京：机械工业出版社，2021：29.

[2]　白如银，苏静．政府采购合规指南：法条解读、案例梳理、实务流程图指引．北京：中国法制出版社，2022：18.

[3]　白志远．政府采购．北京：经济科学出版社，2021：25.

[4]　财税学研中心．政府采购全解．北京：中国财政经济出版社，2022：22.

[5]　曹富国．加入WTO《政府采购协定》法律调整比较研究．北京：中国经济出版社，2023：15.

[6]　曹富国．加入WTO政府采购协定背景下中国政府采购法律改革问题研究．北京：法律出版社，2022：17.

[7]　丁志俊，胡祖奎，肖飞．专家手把手教你参加政府采购．重庆：西南师范大学出版社，2020：38.

[8]　韩宗保．政府采购．北京：中国财政经济出版社，2022：20.

[9]　杭正亚．政府采购活动争议处理：实务指引与案例分析．北京：法律出版社，2020：36.

[10]　杭正亚．政府采购救济争议处理：实务指引与案例分析．北京：法律出版社，2020：35.

[11]　何国平，何彬，刘艳琼．政府采购行政诉讼案例选编．上海：上海远东出版社，2022：16.

[12]　侯艳丽．政府采购实务操作指南．济南：山东大学出版社，2020：34.

[13]　湖北省招标股份有限公司．政府采购实务．武汉：华中科技大学出版社，2020：32.

[14]　黄冬如．中国现代政府采购制度改革战略选择．北京：经济科学出版社，2019：45.

[15]　黄发强．卫生健康系统政府采购工作手册．北京：企业管理出版社，2018：51.

[16]　李承蔚．招标投标和政府采购法律实务操作指引与风险防控．北京：人民法院出版社，2020：37.

[17]　李胜利．政府采购领域中垄断行为的法律规制研究．武汉：武汉大学出版社，2021：31.

[18]　李喜洲，李琛．政府采购应用研究．北京：经济科学出版社，2019：40.

[19]　刘云．政府采购促进科技创新的政府法规与实证研究．北京：科学出版社，2021：28.

[20]　罗道胜．政府采购实务操作简明手册．南昌：江西人民出版社，2018：49.

[21]　时培成，杨爱喜．政府采购招标操作全案．北京：中国经济出版社，2022：21.

[22]　宋丽颖．政府采购案例．西安：西安交通大学出版社，2022：24.

[23]　汪昌海．政府采购工作教程．武汉：华中师范大学出版社，2018：47.

[24]　王楠楠．英国PPP政府采购改革实践及对我国的启示．北京：经济科学出版社，2020：39.

[25]　王乔，汪林平．政府采购与PPP评论：第四辑．北京：经济科学出版社，2019：44.

[26]　王胜辉．政府采购评审专家工作指南．北京：电子工业出版社，2019：46.

[27]　王周欢．政府采购制度研究．上海：上海人民出版社，2019：41.

[28]　吴华．政府采购实务操作：常见问题与案例分析．北京：中国法制出版社，2018：50.

[29]　吴小明．政府采购法律法规、实务操作与案例解析．北京：经济科学出版社，2018：48.

[30]　向伟，李海燕．高校政府采购实务．武汉：华中科技大学出版社，2023：11.

[31]　谢枭鹏，黄黎平，郭长金．高校政府采购廉政风险防控．北京：冶金工业出版社，2019：43.

[32]　张磊．内蒙古自治区政府采购法律法规指引．北京：中国法制出版社，2022：19.

[33]　张松伟．招标投标政府采购高频法规．北京：中国财富出版社有限公司，2020：33.

[34]　张堂云．WTO《政府采购协议》框架下中国政府采购安全问题研究．北京：经济科学出版社，2022：23.

[35]　张志军，白如银，邵月娥．政府采购实务与热点答疑360问．北京：机械工业出版社，2021：30.

[36]　张志军．政府采购全流程百案精析．北京：中国法制出版社，2019：42.

[37]　赵谦．我国政府采购制度改革发展研究——市场经济体制改革与行政体制改革的协同推动．北京：经济科学出版社，2021：26.

[38]　中国政府采购杂志社．政府采购500问：修订版．北京：经济科学出版社，2023：13.

[39]　周列美．消防救援队伍政府采购法规应用指南．合肥：中国科学技术大学出版社，2023：14.

[40]　朱龙杰．政府采购流程管理与标书制作．南京：东南大学出版社，2021：27.

[41]　朱中一．政府采购法一本通：全国通用版．北京：经济科学出版社，2023：12.